바울서신 배경 연구

| 한천설 |

historical and theological background
of
Paul's letters

솔로몬

바울서신 배경 연구

2016년 4월 5일 초판 1쇄 인쇄
2016년 9월 2일 초판 2쇄 발행

지은이 | 한천설
펴낸이 | 박영호
펴낸곳 | 도서출판 솔로몬

주소 | 서울시 동작구 사당로 155, 신주빌딩 B1
전화 | 599-1482
팩스 | 592-2104
직영서점 | 596-5225

등록일 | 1990년 7월 31일
등록번호 | 제 16-24호

2016 ⓒ 한천설
Korean Copyright ⓒ 2016
by Solomon Publishing Co., Seoul, Korea

ISBN 978-89-8255-546-6 03230

저작권법에 의하여 한국 내에서 보호를 받는 저작물이므로
무단전재와 복제를 금합니다.

historical and theological background of Paul's letters

한천설 교수

총신대학교 신학과(B. A.)와 신학대학원(M. Div.)을 거쳐 Theologische Universiteit van de Gereformeerde Kerken in Nederland에서 신약학 전공으로 독투란두스(Drs. Theol.)와 박사학위(Dr. Theol.)를 받았다. 현재 총신대학교 신학대학원에서 신약학 교수로 바울서신을 가르치고 있으며, 총신대학교 부총장 및 신학대학원장, 일반대학원장, 목회신학전문대학원장, 선교대학원장, 상담대학원장으로 섬기고 있다. 또한 세계신약학회(Studiorum Novi Testament Societas) 정회원과 한국성경공회 성경 번역·연구위원으로도 활동하고 있다.

저서로는 *Raised for Our Justification: An Investigation on the significance of the Resurrection of Christ within the Theological Structure of Paul's Message* (Kampen: Kok, 1995)이 있으며, 이 책에서 "바울 메시지의 신학적 구조 속에 나타난 그리스도의 부활의 중요성"이라는 주제를 심도 있게 다루었다. 이 외에도 『성경 헬라어』(서울: 그리심, ³2014), 『HOW 주석 시리즈』(서울: 두란노, 2003-현재), 『설교자를 위한 신학』(서울: 두란노 아카데미, 2010), 『공부하는 목사들』(서울: 순출판사, 2012)을 저술하였다.

논문으로는 "Gods genade en de menselijke respons"(1993), "Pauline Soteriology and the Korean Church"(2011), "A Study on the Early Jerusalem Church"(2013), "새 관점 학파의 칭의론과 한국교회"(2011), "희생 제물로서의 그리스도의 죽음의 의미"(2013), "『바른 성경』의 원문 충실도에 대한 연구"(I, II)(2015, 2016) 외 바울서신 배경 연구, 바울신학 연구, 특히 새 관점(New Perspective on Paul) 학파 비판을 위한 바울의 칭의론과 구원론에 관련된 연구, 그리고 바울서신의 주해 및 적용과 관련된 논문 등 약 50여 편의 논문이 있다.

차 례

머리말 … 11

PART 1
바울서신 개관

1. 서론: 바울서신이란? … 17
상황성을 지닌 서신
바울서신 해석의 어려움

2. 바울서신의 상황성 … 22
바울: 유대와 헬라, 두 세계를 살았던 사람
바울서신의 성격
바울서신의 상황성
바울 복음의 일관성(coherence)과 상황성(contingency)

3. 연구 자세 … 34
기록 당시의 역사적인 상황을 복원하라
시간과 장소에 국한되지 않는 보편적이고 영원한 메시지를 발견하라
추출한 메시지를 오늘 그리스도인들이 당면한 구체적인 상황에 적용하라

4. 결론: 현대에 주는 교훈 … 39

contents

PART 2
바울과 그의 생애

1. 바울, 그는 누구인가? ⋯ 43
　바울의 출생
　바울의 성장 과정
　바울의 교육 배경
　바울의 이름
　로마 시민권
　교회의 박해자, 사울
　바울의 생애 연대

2. 회심과 소명 ⋯ 51
　다메섹에서 부활하신 주님과의 만남
　계시 이전 사고와 계시 이후 사고

3. 바울과 예루살렘 회의 ⋯ 56
　서론: 세계 선교를 향한 첫걸음
　배경: 먼 배경 및 가까운 배경
　예루살렘 교회 회의(행 15:6-22)
　결론: 예루살렘 회의의 현대적 의의

4. 사도 바울의 전도여행 ··· 87
  제1차 전도여행(행 13:4-14:28)
  제2차 전도여행(행 15:26-18:22)
  제3차 전도여행(행 18:23-21:16)
  로마 호송여행(행 27:1-28:16)

PART 3
바울서신 석의 방법론

1. 석의(Exegesis)란 무엇인가? ··· 157

2. 바울서신 석의 방법론 ··· 160
  역사적 해석(Historical Interpretation)
  문학적 해석(Literal Interpretation)
  해석학적 접근(Hermeneutical Interpretation)
  신학적 해석(Theological Interpretation)

3. 바울서신 연구 자세:
  왜 바울서신으로 복음서를 읽으려 하는가 ··· 164
  서론
  자신의 틀을 가진다는 것은 바람직한가
  바울서신은 복음서를 읽는 기준이 될 수 있는가
  바울서신 연구, 어떻게 할 것인가
  결론

PART 4
바울서신 배경 연구

1. 로마서 배경 연구 ··· 177
  서론
  수신자의 상황
  바울의 상황
  로마서의 기록 목적
  결론: 현대에 주는 교훈

2. 고린도전서 배경 연구 ··· 194
  서론
  고린도의 역사적 상황
  고린도 교회의 설립 배경
  고린도 교회의 구성
  고린도 교회의 상황과 성격
  고린도전서의 기록 동기 및 목적
  바울의 교훈
  고린도전서를 어떻게 읽을 것인가?
  결론: 현대에 주는 교훈

3. 갈라디아서 배경 연구 ··· 219
  서론
  갈라디아서의 수신자
  갈라디아서의 기록 시기와 장소
  갈라디아서의 역사적 배경

갈라디아 교회
예루살렘 회의와 안디옥 사건의 의미
바울의 구원 이해
결론: 현대에 주는 교훈

4. 빌립보서 배경 연구 ··· 250
서론
빌립보의 역사적 배경
빌립보의 종교적 배경
빌립보 교회
빌립보서의 기록 배경
빌립보서의 기록 목적
결론: 현대에 주는 교훈

5. 골로새서 배경 연구 ··· 273
서론
골로새의 역사적 배경
골로새의 문화적 배경
골로새의 종교적 배경
골로새 교회의 상황
골로새 교회의 이단 사설
결론: 현대에 주는 교훈

6. 데살로니가전서 배경 연구 ··· 291
    서론
    데살로니가의 역사적 배경
    데살로니가 교회
    데살로니가 교회의 상황
    기록 동기와 목적
    반대자의 비난에 대한 자기 변호
    박해에 대한 교훈
    데살로니가전서에 나타난 종말론
    바울의 종말론
    데살로니가전서가 우리에게 주는 교훈
    결론: 현대에 주는 교훈

PART 5
바울서신의 특성과 구조 분석

1. 1세기 그레코-로만 시대의 바울서신 ··· 321
    서론
    바울 편지의 독특성

2. 바울서신의 간략한 구조 분석 ··· 329
    로마서 구조 분석
    고린도전서 구조 분석
    고린도후서 구조 분석
    갈라디아서 구조 분석
    에베소서 구조 분석
    빌립보서 구조 분석

골로새서 구조 분석
데살로니가전서 구조 분석
데살로니가후서 구조 분석
디모데전서 구조 분석
디모데후서 구조 분석
디도서 구조 분석
빌레몬서 구조 분석

PART 6
결론 ··· 353

**〈부록〉 초기 예루살렘 교회는
 교회의 이상적 모형이 될 수 있는가?** ··· 361

미주(Endnotes) ··· 393
참고 문헌(Bibliography) ··· 479
색인 ··· 505

| 머리말 |

사도 바울에 관한 한 권의 책을 발간하면서 A.D. 2세기 *Act of Paul* 의 저자가 남긴 글이 떠오른다. *Amore Pauli*(바울을 사랑하기 때문에!). Kampen에서의 공부를 마치고 1996년부터 고국에서 신약학을 가르쳐 오면서 다른 어떤 부분보다 바울연구에 더 많은 시간과 노력을 기울여 왔다. 다메섹에서 부활하신 주님을 인격적으로 만나 그의 신학이 재조정되고 온 삶이 변화하여 이방인의 사도로 은혜의 복음을 증거했던 선교사, 목회자, 교사, 구도자였던 바울을 연구하면서 그 보람과 기쁨을 넘치게 받을 수 있었다. 그리고 시공(時空)을 초월하여 바울서신이 오늘 우리 한국교회에게 주는 메시지를 발견하고 적용하는 은혜도 깊이 경험할 수 있었다. 본서를 쓴 이유는 사도 바울을 연구하는 가운데 거두었던 그 풍성한 열매들을 독자들과 함께 나누고 싶었기 때문이다.

지금까지 사도 바울에 대한 연구서들이 많이 나와서 한국교회의 목회자와 신학도들에게 큰 유익을 주었다. 많은 이들이 바울을 사랑하여 그의 서신을 애독하고 또 바울서신에 관한 책들을 읽지만 애쓴 만큼의 열매를 거두지는 못하는 듯하다. 이것은 신학생들, 심지어는 목회자들의 경우도 크게 다르지 않아 보인다. 바울은 아직도 이해하기 어려운 성경저자로, 바울서신은 여전히 깨닫기 어려운 글들로 다가온다. 그 이유가 무엇일까? 여러 이유가 있겠지만 무엇보다도 바울서신의 기록 당시의 역사적 배경과 상황을 잘 모르기 때문이고, 그때와 오늘 사이의 역사적, 종교적, 철학적, 언어적 간격을 넘어서지 못하기 때문이다. 최근 바울서신 연구 경향은 사도 바울의 복음을 상황context과 상관없는 무시간적timeless인 글로 이해하지 않고, 그의 선교의 현장mission field과의 상호관련성 속에서 이해하는 데 힘을 모으고 있다.

흔히 바울서신을 가리켜 상황서신occasional letter이라 부른다. 즉, 여러 교회가 처해있는 상황에 맞추어 성도들을 교훈하고, 교회를 말씀 위에 바로 세우기 위하여 목회적·선교적·변증적·신학적 목적에서 기록한 서신이라는 것이다. 따라서 그 당시의 기록 상황을 알게 되면 바울서신에 대한 이해의 폭이 훨씬 깊어지고 넓어지게 된다. 본서는 이 목적을 위하여 쓰여졌다. 즉, 독자들이 바울서신의 기록 배경과 당시의 상황을 파악하여, 바울서신을 올바로 읽고 해석하고 적용할 수 있도록 돕기 위해서이다.

본서는 크게 다섯 부분으로 구성된다. 바울서신 개관, 바울의 생애와 전도여행, 바울서신 석의방법론, 바울서신 배경 연구, 그리고 바울서신의 형식과 구조에 관한 논의들이다. 본서의 중심이 되는 핵심 부분은 제4장 '바울서신 배경 연구'이다. 그 이외의 부분은 바울서신의 기록 배경을 더욱 효과적으로 파악하는 데 뒷받침이 되어주는 내용들이라 할 수 있다. 이 책의 모든 글은 단지 바울서신의 배경 연구에서 그치지 않고 더 나아가 오늘 우리 한국교회를 향한 애틋한 외침으로, 또한 실제적인 적용을 위한 다양한 논의들로 이어진다.

본서는 필자가 향후 지속적으로 출간할 예정인 바울서신 주석들의 서론서이다(2017년 한국복음주의신학회 주석총서 『데살로니가전서』 출간 예정). 다시 말하면, 각권의 주석을 쓸 때마다 바울서신의 역사적 배경, 문학적 구조, 석의방법론 등을 일일이 다룰 수 없기에, 먼저 이 한 권의 책을 통하여 독자들이 바울서신에 관한 배경적 지식을 우선적으로 가지게 되기를 바라며 본서를 출간하게 된 것이다. 그러나 바울서신을 진지하게 읽고자 하는 독자는 이 한 권의 책만으로도 많은 열매들을 거둘 수 있을 것이다.

본서의 일차 독자는 바울서신을 공부하는 신학도이다. 그러나 바울서신에 남다른 관심을 갖고 깊이 있게 공부하는 평신도 역시 이 책의 독자로 생각하였고, 또한 오랜 기간 여러 방면으로 바울의 서신들을 연구한 목회자에게도 도움이 될 수 있도록 전문적인 내용을 다루기도 했다. 그럼에도 이글은 '배경 연구'라는 특성이 있기에, 독자들이 쉽게 이해하고 적용할 수 있도록 대부분 간명하고 평이한 용어를 사용하고자 했다. 따라서 장황한 신학적인 논증들은 되도록 피하였고, 각주도 미주로 처리하며 내용 파악에 도움을 주고자 했다. 향후 출간될 저서들은 본서에서 제시한 배경을 기초로 훨씬 더 구체적인 내용들이 논의될 것이다.

본서는 많은 분들의 도움 없이는 빛을 보지 못했을 것이다. 오랜 기간 동역하며 격려해 주셨던 총신대학교 신학대학원 신약학과의 이한수, 심상법, 김상훈, 박형대, 신현우, 고병찬, 이풍인 교수님과 교정에 도움을 준 김주한 박사에게 감사드린다. 또한 본서의 출간을 위하여 수고를 아끼지 않으신 도서출판 솔로몬의 박영호 대표와 여러 직원들께 감사드리며, 사랑하는 아버님과 가족들에게도 고마운 마음을 전한다.

무엇보다도 바울을 부르시고 그 부르심의 끝에서 부족한 자를 종으로 부르셔서 사용하시는 주님께 감사드리며, 이 작은 책을 통해 바울서신을 공부하는 모든 이들이 바울서신의 기록 배경과 석의 방법을 올바로 알고 성실하게 배우고 익히는 노력을 통하여 바울서신을 읽을 때마다 말씀의 광맥을 캐어가는 풍성한 기쁨을 누리게 되기를 소망해 본다.

2016년 4월

한천설

PART 1

바울서신 개관

1. 서론: 바울서신이란?
2. 바울서신의 상황성
3. 연구 자세
4. 결론: 현대에 주는 교훈

Historical and theological background of Paul's letters

서론: 바울서신이란?

1. 상황성을 지닌 서신

바울은 신약과 교회사에서 매우 중요한 인물로서 교회의 성장과 발전에 있어서, 그리고 그리스도 안에 나타난 하나님의 은혜를 해석하고 적용함에 있어서 매우 중요한 역할을 했다. 또한 예수 그리스도의 인격과 사역의 의미를 가장 명확히 해석한 사람이기도 하다. 이뿐 아니라 바울은 그의 13편의 서신을 통하여 오늘날 우리에게도 계속해서 말하고 있다. 바울서신은 신약 성경 중에서 최초로 기록된 문서들로서, 권수로 따진다면 신약 성경 27권의 거의 절반에 해당하고, 그 분량으로는 신약의 3분의 1을 차지한다.[1]

바울서신은 여러 교회가 처해있는 상황에 맞추어 성도들을 교훈하고, 또한 교회를 말씀 위에 바로 세우기 위하여 목회적·선교적·변증적·신학적 목적에서 바울이 기록한 상황서신 occasional letters이다.[2] 즉, 바울서신은 신학적인 논문이나 어떤 체계적인 교리를 제공하기 위해서라기보다는, 특정한 교회가 처한 구체적인 상황과 필요에 부응하기 위해 1세기의 구체적인 상황에서 기록된 상황 적합적 성격을 지닌 편지occasional documents인 것이다.³ 따라서 이 서신들을 바울의 신학을 집대성한 논문으로 이해해서는 안되며, 1세기 특정한 상황에 처한 수신자들에게 그들의 문제에 대한 권면, 설득, 경고, 책망, 목회적 가르침을 주기 위한 글임을 분명히 이해해야 한다. 즉, 바울서신은 교리책이 아니라 각기 다른 환경에 놓여 있던 공동체의 여러 문제를 해결하기 위한 서신이므로, 바울서신을 올바로 해석하기 위해서는 무엇보다도 기록 목적과 배경에 대한 전반적인 연구가 우선되어야 한다. 따라서 역사적 상황을 연구하는 것은 바울서신을 바로 해석하기 위한 기초요 중요한 열쇠가 되는 것이다.

2. 바울서신 해석의 어려움

그러나 문제는 바울이 살았던 시대적 배경이나 그가 처했던 상황을 이해하는 것이 그리 쉽지 않다는 데 있다. 이는 21세기를 살아가는 우리와 이천여 년 간의 시간적 간격이 있고, 종교적, 문화적, 철학적 간격이 있기 때문이다. 우리는 바울이란 인물 자체를 이해하는 데도 많은 어려움을 느낀다. 그 이유는 바울이 두 세계를 살았던 인물이어서 그의 성장배경이나 그가 받은 교육, 그가 가진 사상이 매우 복잡하기 때문이다.

또한 우리는 바울서신을 연구하는 데 있어서 제한된 자료와 정보를 의지할 수밖에 없는 한계를 지닌다. 직접 사용할 수 있는 자료는 사도행전과 바울이 기록한 서신들뿐이다. 그리고 그 정보들도 편지로 기록되어 있다. 대부분의 경우, 편지는 제한된 상황 아래서 반드시 알려야 할 핵심적인 내용들만 간략히 기록한다는 한계를 가진다. 즉, 장르적 한계가 있다는 것이다. 물론 바울이 그의 서신에 기록하지 않았다고 해서 중요하지 않은 것이 아니라 다만 수신자의 상황에서는 그것이 긴박한 필요가 없었기 때문이다. 수많은 바울 연구가들은, "바울은 서신 안에 그의 모든 사상을 다 기록했을 것이다."라는 전제를 가지고 연구를 시작하면서, 만일 특정한 주제가 언급되지 않았을 때는 그 문제가 별로 중요하지 않았기 때문이라고 가정하곤 했다. 그러나 이것은 매우 위험한 생각이다.

사실, 바울은 다른 성경 저자보다 더 조직적인 사고를 가지고 있었다. 따라서 그가 기록한 서신들은 상황적이지만 또한 신학적이다.[4] 그러나 사도 바울은 '신학'이란 이름을 붙인 단 한 권의 책도 우리에게 남겨주지 않았다. 그의 신학은 오늘날 흔히 말하는 조직신학적 의미의 체계적이고 정리된 신학이 결코 아니다. 그가 남긴 것이라고는 특수한 역사적 상황에 처해 있던 성도들에게 보낸 서신들뿐이다. 바울서신은 - 심지어 교리서신이라 불리는 로마서까지도 - 상아탑 속에서 자신의 신학적 체계를 후대에 남기기 위한 목적으로 기록한 신학서적이 아니라, 긴박한 선교의 현장에서 바울 자신과 독자들의 특수한 역사적 상황과 필요에 의해 기록한 상황서신 occasional letter 인 것이다.

바울의 복음은 이처럼 특수한 상황적 성격을 지니고 있다. 비록 바울의 사상이 그가 처한 특수한 상황에 따라 다양한 모습으로 보이는 것이 사실이지만, 그의 신학은 단순히 상황의 산물이 아니라 그가 받은 복음의 구체적 해석이요 적용이라는 점에서 바울의 신학은 일관성과 통일성을 지니고 있다고 할 수 있다.

사도 바울은 하나님의 구속 사역을 확증하는 데 관심을 쏟기보다는 오히려 구속 사역을 해석하는 데 더 많은 관심을 쏟았다. 환언하면, 바울의 관심은 구속 역사가 그리스도의 죽음과 부활에서 그 절정을 이룬 것을 믿고 그 구속 역사를 설명하는 데 있었다. 바로 이것이 바울 복음의 핵심이라 할 수 있고,[5] 이러한 바울 복음은 다양한 상황성 속에서 표출되고 있는 것이다.

그럼에도 지금까지의 바울에 대한 연구들은, 바울서신을 그가 선교사역의 현장에서 부딪쳤던 구체적이며 다양한 사회적, 종교적, 개인적 사건들과의 관계적인 측면보다는 신학적인 측면에서 해석하려는 경향이 없지 않았다. 바울서신에 나타난 동일한 주제의 본문들을 모아 체계화시키는 소위 도그마틱dogmatic 방법론이 그것인데, 이제 그러한 방법론은 그 설 땅을 잃어버린 듯 보인다. 비록 그것이 전통적인 방법론이며 아직까지 교회에서 활용되고 있다 할지라도, 이러한 접근은 우선 연구 대상의 성격과 일치하지 못하기 때문에 바울 연구의 정당한 방법론으로는 적당치 않다. 이런 맥락에서 보면, 주로 조직 신학의 주제들로 발전되었던 이전의 바울 연구들은 바울서신의 중요한 상황적 성격을 인식하지 못했거나 충분히 고려하지 않았고, 또한 제대로 반영하지 않았기에 바울의 의도를 파악하는 데 적합하지 않았다. 따라서 이런 점에 더욱 집중해서 바울서신을 해석해야 한다는 것이 최근 바울 연구의 동향이다.[6]

결론적으로 말하면, 바울서신을 올바로 이해하고 해석하는 중요한 열쇠는 서신의 기록 당시의 상황을 이해하는 것이다. 그리고 그 상황성과 관련이 있는 보편성, 즉 영원성을 파악하는 것이다. 여기서 상황성contingency이란 서신을 쓴 저자 바울과 독자, 그리고 그들의 과거와 현재에 연결된 삶의 개인적, 역사적 배경을 뜻한다. 즉, 바울서신이 기록되는 과정에서 이에 관련된 모든 사람들의 역사적, 문화적, 종교적 요소가 필수 요소로 포함되어 있다. 바울은 수신자의 상황으로부터 편지를 쓸 동기를 얻었으며, 수신자의 상황을 고려하여 편지를 썼던 것이다. 물론, 바울은 독자들의 어떤 상황을 염두에 두지 않고 자신이 보고 듣고 아는 것을 알리기 위한 목적만으로 서신을 쓴 경우도 없지 않다. 이런 경우 서신의 기록 목적이나 배경은 바울 자신으로부터 유래된다. 그러나 대부분의 바울서신은, 바울이 당장 달려갈 수 없는 상황 속에서 독자의 긴급한 필요라는 상황성이 서신을 탄생시키게 된 것이다.

2 바울서신의 상황성

사도 바울은 왜 편지를 써야만 했는가? 그 대답은 그가 전도하며 목회하는 과정에서 경험하고 부딪쳤던 실제 상황에 있었다고 해야 한다. 바울서신이 존재하기 전에 바울의 복음전도가 있었고 그 결과로 탄생한 교회가 있었다. 편지를 쓸 수밖에 없었던 상황이란, 그가 전도해서 탄생시킨 여러 교회에 일어나는 실제 역사적 문제들에 있었다. 이제 막 기독교인이 되고 그리스도와 함께 새로운 삶을 살아가기 시작한 사람들, 그리스도의 교회가 당하는 심각한 어려움을 전해 들었지만 바울은 자신이 그들에게 직접 갈 수 없었기 때문에 글을 보내서라도 이 문제들을 해결하고자 했던 것이다. 이것이 바울서신에 흐르는 상황성이다.[7]

바울서신이 상황성을 지닌 '상황서신'이라는 것은 누구나 인정하지만, 그럼에도 이 '상황성' contingency은 바울 연구에서 자주 간과되는 요소 중의 하나가 아닌가 생각된다.[8] 즉, 바울서신의 상황성은 바울 해석에 가장 핵심적 요소임에도, 너무나도 빈번하게 잊혀지고 간과되고 있다. 한국교회의 강단에서 선포되는 설교에서 그 결정적인 증거를 찾을 수 있다.

1884년(혹은 1882년)⁹ 이 땅에 처음 복음이 전해진 후, 우리 한국교회의 강단에서는 지금까지 수많은 설교들이 선포되었다. 이 설교들의 유형을 살펴보면 크게 두 가지의 양분된 모습을 볼 수 있다. 이와 같은 두 현상은 보수와 진보의 양 측면에서 각각 왕성하게 진행되어 왔고, 특히 1970년대 후반을 지나면서 더욱 두드러지게 나타났다.

먼저, 개혁주의 진영에서는 청중의 상황이 제시하는 문제점을 거의 고려하지 않은 채 추상적이고 탈(脫)역사적인 설교가 주로 선포되었다. 상황을 고려하지 않은 설교는 시대 상황에 따라 변화하는 청중과 그들이 소속한 공동체의 문제에 별로 관심을 가지지 않았다. 대신, 복음의 영원성을 지나치게 강조한 나머지 성경에서 추출한 메시지를 상황적 고려 없이 오늘날에 그대로 대입시키려고만 했었다.

그러나 상황을 무시하는 설교란 성경 저자의 의도를 제대로 파악할 수 없었기에 허공에 메아리칠 수밖에 없었다. 따라서 복음의 생명력을 기대할 수 없었고, 삶의 구체적인 문제에 해결을 제시할 수도 없었다. 단지 복음의 초월성만을 강조한 결과, 신앙과 삶의 이원화를 심화시켰고, 따라서 구원과 윤리는 아무 관계없이 평행선을 긋게 되는 현 상황을 초래하고 말았다.

반면, 이와는 정반대로 진보적인 진영에서는 청중이 처한 상황을 지나치게 절대화함으로써 복음의 초월성과 영원성을 상실해버린 설교가 강단에서 행해졌다. 상황을 절대화하는 설교는 복음을 역사 속에 내재화시켜 버렸다. 예컨대, 70~80년대 이후 진보주의 계열에서 진행된 상황신학이라는 것이 그러했다. 그들은 복음의 전체성과 구속사적인 연속성을 보지 못하고, 상황에 맞는 몇몇 특정 구절들만을 뽑아 증거 구절로 사용함으로써 복음의 초월성을 무시하는 모습을 보였다. 특히 이들은 "복음은 현 상황을 서술해야 한다."고 하는 당위성과 적응성을 강조하고 현 상황의 문제를 절대화하여, 마치 복음이 현 상황의 문제만을 말하는 것으로 잘못 인식하였다.

그러나 이러한 복음의 내재화는 복음을 왜곡시키고, 복음이 그 힘을 잃어버리게 만들 수밖에 없었다. 왜냐하면 초월성을 상실하게 되면, 복음은 그 힘을 잃어버리게 되기 때문이다. 복음이 힘있게 역사할 때는 역사를 초월하는 입장에서 현재의 상황을 비판적으로 드러낼 때이지, 상황 속에 묻힐 때는 아닌 것이다. 그 결과 진보주의 계열의 설교 또한 자연히 일관성을 결여할 수밖에 없었으며, 복음이 가지고 있는 확신과 힘을 잃게 되었다.

위에서 살펴본 대로 안타깝게도 보수와 진보, 양진영은 모두가 복음을 균형 있게 해석하며 설교하는 데에 실패했다고 볼 수밖에 없다. 이러한 점이 오늘날 보수와 진보 양진영을 통틀어 한국교회의 강단이 약화되고 분열되게 된 중요한 원인 중 하나라고 말할 수 있다.

그러나 예수님은 우리와는 분명히 다른 모습을 보이셨다. 예수님의 설교는 결코 어느 한 편으로 치우치지 않으셨다. 예수님께서는 당시 자신의 말을 듣고 있던 청중들의 삶의 상황과 역사 인식을 잘 파악하고 계셨다. 즉, 청중들이 구약을 익히 알고 있는 유대인이었다는 사실, 또한 그들이 로마의 식민 통치 아래 있었다는 사실 등을 염두에 두시고, 그들에게 '들려지는 메시지'를 선포하셨던 것이다.

만일 예수님께서 이러한 상황을 전혀 무시한 채 복음을 전하셨다면,

과연 어떤 결과가 야기되었을 것인가를 상상해 보라. 만약 예수님께서 바울이 고린도에서 이방인에게 설교하던 내용과 형식을 그대로 당시 갈릴리 사람들에게 전했다면, 아무도 그 메시지를 귀담아 들으려 하지 않았을 것이다.

예수님과 더불어 복음의 상황성과 일관성의 문제에 가장 뛰어난 해답을 제시하고 있는 사람은 바울이다. 사도 바울은 성도와 공동체가 처한 삶의 정황에 가장 민감하게 반응했던 사람이다. 그가 전한 복음은 세계 어느 곳, 어느 인종에 관계없이 초월적으로 누구에게나 동일하게 적용될 수 있는 영원하고 보편적인 것이었다. 그럼에도 불구하고 바울은 설교할 때 언제나 동일한 형식과 접근 방식으로 복음을 전하지는 않았다. 사도 바울은 먼저 설교하기 전에 청중들이 처한 상황과 문제점이 무엇인지, 그들이 무엇을 필요로 하고 있는지, 그것을 정확히 파악하고 복음을 전함으로써 효과적인 복음을 전했던 것이다.

사도 바울은 자신이 처했던 1세기 초대교회의 상황을 얼마나 지혜롭게 분석하고 복음을 일관성 있게 전함으로써 복음을 복음되게 했는가! 그리고 그러한 바울의 모습이 오늘날 우리와 우리 한국교회에게 주는 교훈은 무엇인가! 이러한 상황성의 문제, 대상 연구의 문제는 오늘 바울 연구자들이 결코 놓쳐서는 안 되는 핵심적 문제이다.

1. 바울: 유대와 헬라, 두 세계를 살았던 사람

기독교는 본래 이스라엘 안에서 유대교를 모태로 하여 태동되었다. 유대인인 예수님에 의해 시작되었고, 그의 제자들도 유대인이었다. 그리고 스승이 떠난 후에 그들은 자신들에게 위탁된 복음을 특별한 경우를 제외하고는 대부분 유대인들에게만 전했다. 그리고 그들이 주축이 되어 설립된 교회도 지역적, 인종적, 사상적으로 협소한 유대 판도를 벗어나지 못했다.

그러나 한 세대가 지나기도 전에, 기독교는 로마 제국에서 이방 종교로 인정받을 정도로 널리 퍼지게 되었다. 이렇게 된 것은 한 행동의 사람, 바울의 선교활동에서 비롯된 것이다. 바울은 예수 그리스도의 구원의 복음을 지중해 전역에 전파함으로써, 원시 교회를 세계적인 교회로 성장하게 한 주역이었다. 물론 바울 이외에도 많은 사람들이 복음을 전한 것이 사실이지만, 그는 개척 선교사로서, 그리고 많은 교회의 목회자로서 다른 모든 사람들을 능가했던 사람이었다.

특히 바울은, 일관성 있는 복음의 주제가 전파되어야 하는 당시 상황에 적절하게 복음과 조화시킬 수 있었던 초대 기독교의 인물 가운데 가장 뛰어났던 사람이었다. 바울의 이러한 모습 뒤에는 성장 배경을 간과할 수 없다. 바울은 매우 독특한 인물이었고, 두 세계, 즉 유대와 헬라를 동시에 살았던 사람이었다. 그는 내적으로는 철저히 유대적인 기질을 가진 사람이었으며, 또한 당시 유대인들이 거의 알지 못했던 로마와 헬라 세계를 매우 잘 알았던 사람이었다. 그는 하나님께서 두 세계의 다리가 되게 하는 도구, 또한 이방인에게까지 복음이 전파되게 하는 도구로서 준비시킨 자였던 것이다. 그러므로 바울을 바르게 이해하려는 사람들은 바울이 그 나름대로의 특수한 성장 배경을 지녔고, 이 요소들이 그가 기록했던 서신들에 반영되었다는 사실을 분명히 기억할 필요가 있다.

2. 바울서신의 성격

전 세계를 향한 바울의 가장 탁월한 공헌은 예수님의 가르침을 다시 확증한 복음, 즉 자신의 생애와 사역을 통하여 구현된 은혜의 복음을 친히 기록했다는 것이다. 바울의 13편의 서신은 기독교의 근본 원리를 가르쳐주고 있으며, 또한 사복음서에 진술된 예수님의 사역에 대한 해석책이기도 하다. 바울은 그의 편지들 안에서 몇 가지 교의적 논제들을 발전시키고, 또한 신자들이 좀 더 바른 신앙생활을 하도록 격려하고 있다. 그의 서신들은 이러한 이중 목표를 가지고 기록되었다. 이러한 이중 목표를 감안해본다면, 우리는 어떻게 하여 그의 서신들 안에 계시의 요소, 원시적 복음 선포 the primitive Kerygma, 그리스도의 가르침, 구약 성경의 해석, 그리스도 사건에 대한 해석, 그리고 개인적인 인사와 의견들로 다양하게 구성되어 있는지를 짐작할 수 있다.

이 서신들은 어떤 신학자가 상아탑 속에 앉아 사색하며 발전시킨 추상적이고 보편적인 이론들의 집약서나 논문이 아니었다. 바울서신의 또 다른 특성은 선교 현장에서 복음을 전하며 교회를 세워 나가는 과정에서 그가 부딪쳤던 문제들과 교회들이 처한 구체적인 상황에 답을 주는 편지 형식의 글이었다는 점이다. 그러므로 그가 기록한 대부분의 서신들에는 독자의 상황뿐 아니라, 동시에 저자인 바울 자신의 상황도 같이 포함되어 있다.[10] 따라서 바울서신을 바르게 연구하려는 사람은 바울의 사고와 그 표현이 지닌 다양한 변조를 염두에 두어야 하고, 그의 서신들이 가지고 있는 기록 목적이나 성격을 올바로 아는 것이 필요하다.

그런데 만일 이러한 바울서신의 성격과 특성을 무시한 채 단순히 문자적으로 해석한다거나, 또는 상황적 고려 없이 오늘 이 시대의 성도와 교회에게 그대로 대입시키려 한다면, 그는 바울서신을 잘못 해석하고 적용하는 심각한 실수를 범할 수 있다.

하지만 안타깝게도 이와 같은 잘못된 모습들을 우리 주변에서 흔히 발견할 수 있다. 실제적인 예를 한번 들어보자. 바울이 고린도전서에서 "여자는 교회에서 잠잠하라."[11]고 교훈한 것을 아무런 상황적 고려 없이 그대로 오늘에 대입시키려는 사람들이 있다. 혹시 자신의 공동체에 문제가 되는 여성도나 그룹이 있을 때, 그들을 향하여 "앞으로 여자 성도들은 교회에서 잠잠하십시오. 왜냐하면 바울이 그렇게 말했기 때문입니다." 그러한 사람들에게는 바울이 이런 말을 할 수밖에 없었던 당시 고린도 교회의 상황이나 그 속에 잠재해 있는 바울의 의도는 전혀 문제가 되지 않는다. 그저 자신의 생각을 바울의 말을 빌어 전달하려고 할 뿐이다.

그러나 그렇게 자신 있게 말할 수 있는 사람은, 이와 동일한 논리로 바울이 고린도 교회를 향해 말했던 "여자는 머리에 수건을 쓰라."[12]고 하는 또 다른 교훈도 그대로 전해야만 한다. 만일 두 교훈 중 하나는 그대로 전하고, 다른 하나는 "상황이 그때와는 다르다."고 하면서 다르게 전한다면 그는 스스로 자기 모순에 빠지게 되는 것이다.

이런 예를 통해서 본다면, 바울서신을 해석할 때 당시 상황과 배경을 아는 것이 얼마나 중요한 것인가, 그리고 바울의 메시지가 얼마나 상황을 반영한 것인가 하는 것을 새삼 느끼게 될 것이고, 동시에 이와 같은 관점을 무시하는 것이 얼마나 위험한 태도인가 하는 것도 깨닫게 될 것이다.

바울서신을 해석하는 과정에서 바울의 사상을 그의 사고와는 전혀 상관없는 범주에 맞추려 하거나, 혹은 단순하게 미리 모호한 신학 체계를 세워놓고 바울의 사고를 하나의 예증으로 갖다 붙이려 한다면, 그와 같은 체계화는 아무런 가치도 없다. 그러므로 바울서신을 연구하는 사람이 가장 관심을 기울여야 할 것은, 먼저 "바울이 서신을 통해 그 당시의 독자들에게 말하고자 했던 교훈은 무엇인가?" 그리고 "그 메시지가 오늘의 우리에게 무엇을 의미하는가?" 하는 것을 정확하게 밝혀내는 것이다. 이를 위해 바울 당시의 '삶의 정황' Sitz im Leben 이 어떠했는가를 아는 것이 매우 중요하다.

3. 바울서신의 상황성

성경을 기록한 사람은 역사적으로 실재(實在)했던 독자와 그들의 일정한 필요를 충족시키기 위하여 준비된 메시지를 가지고 있었다. 독자(서신의 수신자)의 이러한 필요성은 저자에게 영향을 미칠 수밖에 없었다. 따라서 성경 저자는 독자들에게 가장 인상적인 방법으로 성경을 기록했으며, 독자가 귀담아 들을 수 있는 자료를 사용했고, 독자가 이해하기 편한 방식으로 메시지를 기록했던 것이다. 그러므로 수신자의 상황이 성경 저자의 메시지에 많은 영향을 주었다고 할 수 있다.

독자의 상황이 저자에게 큰 영향을 미쳤다고 하는 점은 바울서신의 경우도 마찬가지이다. 바울서신을 연구할 때 가장 중요한 문제는 "바울이 그 서신을 왜 기록해야만 했는가?" 하는 저작 동기와 공동체의 상황이다. 우리는 이것을 각 서신의 '서론적 문제'라고 하며, 이는 각 서신을 해석하는 결정적인 열쇠가 된다. 왜냐하면 바울의 서신들은 근본적으로 각기 다른 환경에 놓여 있던 공동체의 문제를 해결하기 위해 기록되었기 때문이다.

실제로 바울은 어떤 교회의 특별한 상황이 그의 교훈을 필요로 할 때만 여러 주제들을 논하였다. 만일 부활의 문제가 고린도 교회에서 의문시되지 않았다면, 우리는 부활에 관한 바울의 사상 가운데 많은 부분을 알지 못했을 것이다. 또한 은사나 성찬의 문제가 고린도 교회에서 제기되지 않았다면, 바울은 굳이 이와 같은 주제에 관해 설교하지 않았을 것이다. 이것이 우리가 가지고 있는 바울 연구의 제한이요, 어려움인 것이다.

다만 로마서만이 어떤 면에서 지역 교회의 필요에 의하지 않고 기록한 유일한 서신이라 할 수 있기에, 로마서는 우리가 가지고 있는 바울의 가장 균형 잡힌 메시지라 할 수 있다.[13] 그러나 로마서조차도 그의 복음의 핵심일 뿐 역시 완전한 메시지는 아니다. 실제로 교회론이나 종말론에 관한 언급도 몇 군데에서만 나타날 뿐이고, 기독론에 관한 구체적인 서술도 발견할 수 없기 때문이다.

이처럼 바울서신을 해석하는 데 있어 가장 어려운 문제점은 우리가 바울의 완전한 사상을 모두 가지고 있지 않다는 데에 있다. 바울에 관한 수많은 연구가들은, "바울은 서신 안에 그의 모든 사상을 다 기록했을 것이다."라는 전제를 가지고 연구를 시작하면서, 만일 특정한 주제가 언급되지 않았을 때는 그 문제가 별로 중요하지 않았기 때문이라고 가정하였다. 반복해 말하지만, 이러한 생각은 매우 위험하다.

바울은 대부분 교회의 상황과 문제에 대처하기 위하여 서신을 기록

했다. 그런데 이러한 특성을 지닌 바울의 교훈을 설교하는 사람이, 이와 같은 배경을 무시하거나 모른 채 해석을 시도한다면, 어떻게 바울의 메시지를 바로 추출해낼 수 있겠는가? 하물며 한 구절이나 한 문맥만을 가지고 바울을 해석하려 한다면, 얼마나 무모하고 위험한 해석을 하고 있는지 설교자는 심각하게 생각할 필요가 있는 것이다.

그렇다면 이제 우리의 관심이 집중되는 것은 바울의 설교 가운데 어떤 것이 시대 상황에 따라 변할 수 있는 가변적인 것이고, 또 어떤 것이 특정한 상황이나 시간의 영향을 받지 않는 영원한 메시지인가 하는 것이다. 바로 여기에서 우리는 바울 설교의 일관성과 상황성, 즉, 복음의 일관성과 상황성의 문제를 만나게 된다.

4. 바울 복음의 일관성(coherence)과 상황성(contingency)

바울이 선포한 모든 설교의 핵심은 한마디로 예수 그리스도 안에서 하나님의 구원사건이 성취되었다는 것이다. 바울은 설교 어느 곳에서나 구속사적인 성취를 이루신 이 예수를 주로 믿어 구원을 받으라고 강조한다. 이와 같은 통일적이고 초월적인 메시지가 바울의 설교에 지속적으로 나타나고 있는 일관성coherence이다.[14] 이 메시지는 시대를 초월하여 누구에게나 동일하게 적용될 수 있는 영원한 것이다.

그러나 설교는 허공에서 울려 퍼지는 메아리가 아니다. 바울의 일관적인 설교는 메시지를 받는 청중들이 가지고 있는 구체적인 상황과 역사 속에서 적절히 선포된 것이었다. 바울은 구원 역사를 성취하신 예수 그리스도의 복음을 그것이 선포되는 각각의 상황에 매우 적절하게 적용할 줄 알았다. 그렇기에 바울의 설교는 청중과 상관없는 종교적 연설이 아니라, 청중들의 영적 필요와 삶의 요구에 꼭 들어맞아 그들이 믿고 따를 수 있도록 했던 것이다.

다시 말해, 바울은 그가 섬겼던 여러 교회들과 선교 현장에서 자신이 직면해야 했던 여러 상황에 매우 민감했고, 따라서 자신의 편지를 통해서 그러한 상황 속에 있는 교회를 향해 복음을 설교했던 것이다. 사도행전에 나타난 바울의 설교가 그러했고, 각 교회에 보낸 편지들 또한 이런 맥락에서 이해될 수 있다. 이것이 사회학적, 경제학적, 그리고 심리학적 상황을 심도있게 고려한 후에 선포되는 바울 설교의 상황성 contingency이라고 할 수 있다.[15]

그렇다면 일관성과 상황성은 바울 설교에서 어떤 모습으로 나타나고 있는가? 바울의 설교는 하나의 교리적인 주장을 가지고 역사적 상황에 그대로 투영하는 것은 아니다. 또한 즉흥적인 직관적 사고로 복음을 파편화하는 것도 아니다. 대신 특수와 보편, 다양성과 통일성을 통합하고 있다. 정리해보자면, 바울의 설교는 통일적이고 불변하는 복음의 일관성coherence과 청중의 구체적인 형편과 영적 필요에 따르는 상황성이 교차되고 통합되어 나타난다. 이것이 바울 설교의 일관성과 상황성 간의 상호관계인 것이다. 그러므로 우리는 바울서신을 읽을 때 바로 이 점을 항상 염두에 두어야 한다. 즉, 복음의 보편성과 통일성을 견지하면서, 이 복음을 청중의 특별한 상황을 위한 복음으로 재해석해내고 선포해야 하는 것이다.

그러나 오늘날 한국교회 강단에서는 바울의 설교가 구체적인 상황성은 무시된 채 설교자의 주관대로 선포되고 있는 경우가 많다. 그렇지만 우리들이 분명히 알아야 할 것은, 바울의 설교는 그가 선포했던 역사적인 상황성 속에서 이해되어야 한다는 것이다. 이는 하나님의 절대적인 복음은 상황에 적절히 적용되어 선포될 때에야 진정으로 '들려지는 메시지'가 될 수 있고, 그 결과 교회를 교회되게 할 수 있기 때문이다.

3 연구 자세

① PAUL'S LETTERS

바울을 연구한다는 것은 그가 서신에서 원래 의도하는 바를 바르게 이해하고, 동시에 그것이 21세기를 살아가고 있는 우리에게 어떠한 의미가 있는지를 찾아내는 작업이라 할 수 있다. 바울이 원래 의도하는 바를 정확히 찾아내기 위해서는 몇 가지 작업을 거쳐야 한다.

1. 기록 당시의 역사적인 상황을 복원하라

성경은 이천여 년 전에 기록된 과거의 책이다. 1세기에 일어난 일들을 언급하고 있고, 초대교회의 상황을 전제로 하여 우리에게 이야기하고 있다. 그렇기 때문에 우리는 21세기의 눈으로 성경을 무리하게 해석하려는 오류를 범해서는 안 되며, 1세기의 저자와 청중, 혹은 독자의 관점에서 읽을 수 있어야 한다. 바울서신을 연구하는 사람은 무엇보다도 먼저 그 서신이 기록될 당시의 독자들에게 무엇을 의미했는지 발견해야 한다. 우리는 이것을 역사적인 상황을 복원하는 '역사적인 접근'이

라 부르며, 이것은 모든 성경 해석에 동일하게 적용되는 것이다.[16]

바울이 전한 복음은 하나님께서 바울을 통해 어느 시대에나 동일하게 주시는 하나님의 메시지이지만, 일차적으로는 당시 그 시대의 문제를 안고 살아가던 사람들에게 주신 것이라는 사실을 잊어서는 안 된다. 서신서는 당시 독자들이 당면했던 문제들을 다루고 있다. 이것은 다른 성경도 마찬가지이다. 예컨대, 예수님의 강론은 그 당시 사람들의 요구에 직접적으로 호응하는 것이었으며, 사복음서는 성격이 저마다 다른 특수한 목적과 상황에서 기록된 것이다. 계시록도 그리스도와 그의 백성들의 최후 승리를 말하고 있지만, 역시 그 당시의 실제 삶의 정황에 근거한 것이었다. 그러므로 성경 해석에 있어서 제일 첫 목표가 되는 것은, 본문 말씀이 그 당시 듣고 읽었던 자들에게 무엇을 의미했는지를 알아내는 것이다.

이를 위해서는 역사를 재구성해내는 작업이 필요하다. 설교자는 다시 초대교회로 돌아가 바울이 되어 설교해보기도 하고, 또한 청중이나 독자가 되어 바울의 말을 들어보려고 노력해야 한다. 만일 우리가 초대교회의 역사적인 상황을 재구성할 수 있다면 오늘날 신학적으로 많은 문제가 되는 것들이 좀 더 분명해지고 설명될 수 있을 것이다. 동시에 이러한 작업은 "바울에 대한 우리의 해석이 정당한가."를 스스로 검증하고 비판할 수 있도록 만들어주며, '바울 연구의 객관화'를 가능하게 해주는 가장 기본적인 작업이라 할 수 있다.

이처럼 역사를 재구성하는 문제는 설교자들에게 가장 선행되어야 하는 작업이지만, 실제로는 매우 어려운 문제이다. 그러나 설교자는 자신이 역사가의 안목이 없다고 미리 걱정할 필요는 없다. 왜냐하면 이것은 실제로 우리의 과제는 아니기 때문이다. 다행히도 평생 동안 이 일만을 해온 성경 역사가들이 우리 주변에는 많이 있다. 따라서 우리는 '신약 시대 배경사'나 '신약사' 등을 다룬 책들을 읽음으로써, 전문가들의 도움을 얻게 될 것이다.[17]

필자가 강조하고 싶은 것은 이 모든 작업이 단지 전문가들을 위한 일이라고 미리 포기하지 말라는 것이다. 대신 바울서신이나 성경의 깊은 이해를 위해 설교자가 반드시 거쳐야 하는 길이라는 인식을 가지고 노력을 게을리하지 않았으면 하는 것이다. 왜냐하면 이러한 역사적인 복원 없이는, 본문이 자칫 개인의 의도에 따라 왜곡될 수 있는 위험이 있고, 그 결과 바울이 의도한 바와는 전혀 다른 복음이 전해질 위험성이 있기 때문이다.

2. 시간과 장소에 국한되지 않는 보편적이고 영원한 메시지를 발견하라

비록 바울의 글이 역사적인 상황 속에서 목적을 가지고 기록된 것이지만, 해석자는 어떤 일정한 시간과 장소에 국한되지 않는 보편적인 원리를 발견하는 것이 중요하다. 즉, 바울서신은 역사적으로 잠시 나타났다가 없어지고 마는 한시적인 문제만을 다루고 있어서 지금은 그의 편지를 더 이상 읽을 필요조차 없다고 말해서는 안 된다. 역사적인 문제들을 취급하고 조절하며 교정하는 그의 서신에는 분명히 시대를 초월하는 영원하고 보편적인 진리의 메시지가 들어 있다. 따라서 우리의 관심은 바울서신의 상황적 요소들을 분석하여 구체적이고 역사적인 교회의 모습과 문제를 이해하면서도 이러한 것을 다루는 사도 바울의 진지한 글 속에서 우리에게도 적용되는 영원한 진리를 찾을 수 있어야 할 것이다.

예컨대, 바울이 고린도 교회의 여인들에게 "머리에 무엇을 쓰고 기도하라."고 한 것은, 오늘에도 "여인들이 머리에 무엇을 쓰고 예배드리라."는 의미는 아니다. 그보다 설교자는, 그리스도인이 그렇게 실행하지 않아서 복음이 비난을 받게 된다면, 비록 '개인의 단장에 관한 권리'까지 포기할 수 있어야 한다는 '자기 권리 제한', 또는 '자기 권리 포기'라는 보편적인 원리를 추출해내야 하는 것이다.

3. 추출한 메시지를 오늘 그리스도인들이 당면한 구체적인 상황에 적용하라

이제 설교자가 마지막으로 해야 할 작업은, 과거의 상황에서 나온 보편적이고 일관성있는 메시지를 오늘날 그리스도인이 당면한 구체적인 상황에 적용시키는 것이다. 바로 이것이 복음을 복음되게 하는 작업이다.[18]

예를 들어, 고린도전서 11장 5절에 나오는 '권리 포기의 원리'는 어떤 개인이 당면한 특수 문제에 적용될 때만, 때와 장소에 상관없이 누구에게든 맞는 말이 될 수 있다. 따라서 어떤 사람에게는 그것이 가족 문제와 관계될 수 있고, 다른 이들에게는 고용주와 피고용자와의 관계에 적용될 수 있는 것이다.

바울을 해석하는 과정에서 이 세 가지의 단계 중 어느 하나만 우선시

될 수 없다. 처음 두 가지 작업은 세 번째 것을 이해하는 데 필수적이다. 그러나 모든 성경 해석의 최종적인 관심은 세 번째 단계, 즉, 역사적인 상황에서 나온 보편적인 원리를 오늘날의 성도들의 삶과 교회의 정황에 적용하는 것이 중요하다. 이렇게 하여 과거 이천여 년 전에 기록된 성경을 오늘 우리에게도 동일하게 말씀하시는 하나님의 말씀인 성경이 되도록 해야 하는 것이 바로 우리에게 주어진 책임이요, 사명이요, 특권인 것이다.

바울은 시대가 흐름에 따라 시대정신에 의해 해석이 되고, 그 시대에 영향을 미쳤다. 오늘날도 바울은 무궁무진한 연구와 탐색이 필요한 신비의 인물로 우리 앞에 서 있다. 바울은 자신이 오늘도 정당하게 해석되기를 요청하고 있다. 교리적인 편견이나 지나친 상황화의 제물이 되기를 거부하면서, 바울은 오늘도 우리 앞에 서 있다. 그러므로 바울을 설교하려는 사람은 바울을 연구하기 전에 겸허하게 자기 성찰의 과정을 통해서 진정한 바울의 모습에 접근해야 할 것이다.

결론: 현대에 주는 교훈

우리 한국교회는 1884년(혹은 1882년) 선교가 시작된 이래 세계에서 유례를 찾아볼 수 없을 정도로 급성장하여, 1세기 만에 860만 신도를 가진 동양 최대의 개신교회로 발전하였다.[19] 그러나 오늘날의 한국교회는 심각하게 세속화되어 교회 내외로부터 비판을 받고 있으며, 정체 상태를 맞아 위기의식이 고조되고 있다.[20] 앞으로 우리 한국교회는 어떻게 될 것인가? 그것은 정해진 것이 아니라 우리 한국교회와 성도들의 말씀에 대한 순종의 자세 여하에 따라 결정될 것이다.

이제 우리들은 선배들이 소홀히 했던 복음의 일관성과 상황성의 문제, 즉, 초월성과 역사성의 균형 상실이라는 잘못을 더 이상 되풀이해서는 안 될 것이다. 이 일을 위해서 우리는 한편으로는 복음의 진리를 더욱 깊이 연구하고, 동시에 21세기의 우리 한국교회를 위협하고 있는 문제들과 우리 교회가 처한 상황들을 바로 분석함으로써 복음을 힘있게 선포해야 한다. 이러한 복음 선포를 통해 교회를 위기로부터 구할 책임과 사명이 우리에게 주어져 있는 것이다.

PART 2

바울과 그의 생애

1. 바울, 그는 누구인가?
2. 회심과 소명
3. 바울과 예루살렘 회의
4. 사도 바울의 전도여행

Historical and theological background of Paul's letters

바울, 그는 누구인가?

1. 바울의 출생

바울은 소아시아 남동쪽에 위치한 다소^{Tarsus}에서 태어났다(행 22:3).[1] 다소라는 지명은 주전 400년경부터 불려왔으며, 주전 67년 로마 제국의 폼페이우스^{Pompeius} 장군이 지중해 연안 여러 부족들을 멸한 후 소아시아 지역을 개편할 때 길리기아 지방^{Province of Cilicia}의 수도가 되었다(참조. 행 21:39).[2] 다소는 시리아의 안디옥에서 서북쪽으로 39km, 지중해 해안에서 16km 내륙에 위치하고 있으며 소아시아에서 시리아로 가는 길목에 자리하고 있다. 또한 현대는 그렇지 못하지만,[3] 바울 당시에는 상업과 무역의 요충지로 아테네(아덴)와 견줄 만큼 수사학, 스토아 철학, 문학이 발달한 학문의 도시로 아우구스투스 황제의 스승인 아테노도루스^{Athenodorus}와 같은 중요한 스토아 철학자들이 활동했던 헬라 문화의 중심지였다. 바울 당시 다소는 에베소, 서머나와 더불어 정치, 경제, 교육, 문화의 중심지로, 소아시아의 3대 도시 중 하나였다.[4] 그의 부모는 다소에 이민을 가서 살고 있던 이민자로,[5] 바울의 아버지

는 왕가 가문인 베냐민 지파 출신이었고 바리새인이었다(행 23:6).[6]

2. 바울의 성장 과정

바울은 특별히 자랑스러운 유대인의 유산Jewish heritage을 갖고 있었다.[7] "내가 팔일 만에 할례를 받고 이스라엘의 족속이요 베냐민 지파요 히브리인 중의 히브리인이요 율법으로는 바리새인이요."(περιτομῇ ὀκταήμερος, ἐκ γένους Ἰσραήλ, φυλῆς Βενιαμίν, Ἑβραῖος ἐξ Ἑβραίων, κατὰ νόμον Φαρισαῖος)(빌 3:5).[8] 이 모든 것들은 바울의 과거의 화려한 유대적 유산을 말하는 것인데, 그 중에서도 바울을 특징짓는 가장 핵심적 용어는 '바리새인'(Φαρισαῖος)이라는 말과 '율법'(νόμος)이라는 말이다.[9] 즉, 그는 종교적으로는 유대교에서 가장 엄한 파인(행 26:5) 바리새파로서 "율법의 의로는 흠이 없는 자"였다(빌 3:5-6). 빌립보서 3장에서 바울은 자신의 적대자들을 향해 자신의 화려했던 과거적 유산을 자랑하는 장면을 통해 우리는 바울이라는 인물과 그의 과거를 정확히 파악할 수 있다.

(1) 팔일 만에 할례를 받은 자(περιτομῇ ὀκταήμερος): 팔일 만에 할례를 받았다는 것은 순수 유대인 혈통을 지닌 사람이고, 그의 부모가 율법을 잘 따르는 사람이었음을 보여 준다.

(2) 베냐민 지파(φυλῆς Βενιαμίν): 유다 지파와 더불어 끝까지 다윗 왕조를 지킨 지파로서 사울 왕을 배출한 왕가 가문이었다.

(3) 히브리인 중의 히브리인(Ἑβραῖος ἐξ Ἑβραίων): "히브리인 중의 히

브리인ᵃ Hebrew born of Hebrews"은 히브리어(아람어)¹⁰를 모국어로 말하는 부모에게서 태어나 히브리어를 말할 수 있는 사람이라는 자부심을 뜻한다.¹¹

(4) 바리새인(κατὰ νόμον Φαρισαῖος): 사울은 유대인이 받는 정상적인 교육 이외에, 랍비가 되는 특별한 교육을 받았다.¹² 특히 산헤드린에서도 권위 있었던 가말리엘 문하에서 수학(행 22:3)했고,¹³ 다른 바리새인들과 마찬가지로 직업을 소유ᵗᵉⁿᵗ ᵐᵃᵏᵉʳ(행 16:3)했으며, 나이 많은 사람들보다 더 열심히(갈 1:14) 유대교와 조상의 유전ᵗʳᵃᵈⁱᵗⁱᵒⁿ에 열중했다. 그리고 '저주받은 자'(신 21:23) 예수를 하나님의 아들이라고 전파하는 신성모독자인 스데반 사형에 주도적 역할을 하고(행 7:58), 산헤드린 공회(71명으로 구성된 국회)를 움직여 다메섹까지 기독교인들을 체포하러 갈 만큼 막강한 권한을 소유했다.

3. 바울의 교육 배경

바울의 교육 과정을 살펴보면 그의 자서전 고백이 기록된 사도행전 22장 3절에 잘 나타나 있다:

> "나는 유대인으로 길리기아 다소에서 났고(γεγεννημένος), 이 성(예루살렘)에서 자라(ἀνατεθραμμένος),¹⁴ 가말리엘의 문하에서 우리 조상들의 율법의 엄한 교육을 받았고(πεπαιδευμένος), 오늘 너희 모든 사람처럼 하나님께 대하여 열심이 있는 자라."

이 구절에 의하면(특별히, 밑줄 친 부분), 바울은 어린 시절 예루살렘에 와서[15] 전문적인 율법학자로서의 훈련을 받았을 가능성이 높아 보인다(약 7-8세로 추정[16]: 랍비 교육은 보통 7-10세 정도에 시작)[17]. 그의 서신을 보면, 바울은 당시 율법학자들의 문학적인 기술을 익히 알고 사용하였다.[18] 이러한 사실들은 팔레스타인 유대교의 배경이 바울의 신학 형성에 주요한 영향을 미쳤다는 것을 말해준다.[19]

그러나 이것은 바울이 헬라 문화권 밖에 있었다는 것을 의미하지는 않는다. 그가 예루살렘에서 유대 랍비 훈련을 받았던 1세기는 300년 동안 지속돼 온 헬레니즘Hellenism의 영향권에 있었다. 따라서 그는 이미 팔레스타인과 유대교에 침투해 들어 왔던 로마 제국의 지배 문화인 헬라 문화를 접할 수밖에 없었다.[20] 또한 바울은 개종 후 약 10년 동안 다소에서 사역을 하면서 헬라 사상의 영향을 많이 받았다. 그러나 이러한 사실이 그가 헬라주의가가 되었다는 것은 아니라는 점은 강조되어야 할 것이다.

요약하면, 바울은 성장 과정에서 헬라 세계와 유대교 교육의 영향을 모두 받은 '두 세계의 사람'이었다.[21] 따라서 바울의 유대-바리새인적인 배경과 헬라적 배경은 바울의 신학에 긍정적이건 부정적이건 흔적으로 남아 있다. 길리기아 다소는 헬라 문화의 중심지 역할을 했기에, 황제숭배the imperial cult와 스토아 철학과 같은 사상이 바울에게 영향을 미쳤을 것이다. 그러나 동시에 바울은 엄격한 디아스포라의 유대교 가문 출신임을 기억해야 한다. 더욱이 그는 어릴 때 예루살렘에 이사 와서 바리새인으로서 교육을 받았다(빌 3:5). 즉, 그는 비록 디아스포라 유대인이었지만 이방 문화의 영향보다 조상의 전통을 따라 유대교의 영향을 깊이 받은 정통 유대인, 헬라 문화 속에 살아가는 정체성이 분명한 유대인이었던 것이다.[22]

4. 바울의 이름

신약성경은 사도의 이름을 '사울' 또는 '바울'이라고 부른다. 사울(שָׁאוּל)은 히브리 이름으로 베냐민 지파 출신의 사울 왕의 이름에서 유래된 것이다.[23] 반면, 바울(Παῦλος)은 로마식 이름으로 그의 가문명cognomen: family name이다(행 13:9). 당시 로마 제국 내에 살던 대부분의 디아스포라 유대인들은 히브리 이름과 로마 이름을 겸하여 가지고 있었다. 특히 로마 시민권자들은 세 개로 구성된 이름, 즉, 이름praenomen, 씨족명praenomen gentile, 가문명cognomen을 사용했다.[24] '바울'이란 이름은 로마 사회에서 매우 흔한 가문의 이름으로(행 13:7), 라틴어로 '작다'little라는 의미를 지녔다.[25] 사도 바울은 자신의 로마식 이름인 '바울'을, 다메섹에서 회심한 지 14년이 지나 이방 지역으로 제1차 전도여행을 떠나면서 비로소 사용하기 시작했다.

5. 로마 시민권(Roman citizenship)

사도행전 22장 28절을 보면, 바울은 나면서부터 로마 시민권Roman citizenship을 소유하였다.[26] 바울이 다소 시민이었다는 것보다 더 중요한 것은 그가 로마 시민권자였다는 것이다. 사도행전을 보면 바울의 로마 시민권 언급과 그 권리를 사용하는 모습을 여러 번 볼 수 있다(행 16:36-39; 22:23-28; 23:26-27; 24:27; 25:8-12). 이 권리는 로마 제국의 모든 사람에게 주어진 것이 아니고 대략 10분의 1 정도의 소수 특권층만 향유하였는데, 이것은 바울의 가족이 특권층이었음을 말해준다.[27] 바울의 가문이 어떻게 하여 로마 시민권을 취득하게 되었는지에 대해서는 다양한 의견이 있으나, 사도행전은 바울이 시민권을 소유했다고 세 번이나 언급한다. 이 시민권은 바울의 선교사역에서 많은 혜택을 주었을 중요한 권한과 여러 특권을 지니고 있었다. 즉, 로마 시민은 여행의 자유, 병역 면제, 판결에 의하지 않고는 감금이나 굴욕적 체형을 당하지 않을 권리, 십자가형의 면제,[28] 재판 후 항소권, 지방 법원이나 로마 법원을 선택할 권리, 특히 부당한 판결로 생명의 위협을 받을 때는 황제에게까지 호소할 수 있는 권리가 있었다.[29] 바울은 부당한 판결로 생명의 위협에 처했을 때 황제에게 호소할 수 있었고, 그렇게 하여 로마까지 갈 수 있었다(행 25:11, 12).

바울은 로마 시민권 외에 다소 시민권도 가지고 있었다. 사도행전 21장 39절에 "나는 유대인이라 소읍이 아닌 길리기아 다소 시의 시민이니"라는 구절이 있다. 여기서 '다소 시의 시민'은 다소의 시민권을 가졌다는 뜻이다. 바울은 날 때부터 다소 시민이었다. 그의 조상이 다소 시민권을 취득해 바울이 물려받았다고 볼 수 있다.

6. 교회의 박해자, 사울

율법주의 교육을 받고 성장한 바리새인 사울은 예수님과 동시대를 살았기 때문에 아마도 나사렛 예수에 대하여 적지 않게 알고 있었을 것이다. 기독교의 복음도 당연히 들었을 것이다. 그러나 이것이 그에게 신앙을 불러일으킨 것이 아니라 오히려 걸림돌이 되었고, 그래서 복음을 부끄러워하게 되었다.[30] 왜냐하면 산헤드린의 판결로 십자가에 못 박힌 예수는 하나님의 저주받은 자(신 21:23)에 불과했기 때문이다(계시 이전 사고).

따라서 그리스도인들이 전하는 부활, 승천의 복음은 신성모독에 불과했고, 바울은 기독교인들이 거짓을 선전한다고 생각했다. 그래서 그는 스데반을 죽이는 데 앞장을 서고, 그의 순교 사건 이후 교회를 핍박하고 박해하는 사람으로 등장한다. 이런 그의 모습을 누가는 "사울이 주님의 제자들을 향하여 살기가 가득했다."고 묘사(행 9:1)한다. 사울은 믿는 사람들의 집을 찾아내어 신자들을 잡아다가 옥에 넘기고(행 8:3), 교인들이 흩어지자 기독교인을 찾아 예루살렘으로 끌어오기 위하여 대제사장의 명령서를 요청했으며, 다메섹으로 달려가는 열심을 소유했다(행 9:2). 또한 사울은 믿는 사람들을 가두고 때렸으며(행 22:19), 강제로 예수 그리스도를 모독하는 말을 하도록 유도(행 26:11)했다. 그리고 기독교인들을 죽일 때 찬성표를 던지고 스데반의 사형을 주도할 정도로 교회의 박해자였다(행 26:10). 바울이 이렇게 교회를 핍박하고 '잔멸'하기를 원했다고 단언할 때, 이 말은 아마도 예수님의 제자들이 '회당'이라는 기관을 출입하고 회당 안에 존재하는 것을 불가능하게 하기를 원했다는 의미일 것이다.[31]

7. 바울의 생애 연대

바울의 출생 연도는 대략 주후 5-10년 사이로 추정된다. 1905년 그리스 델피Delphi에서 한 비문(碑文)이 발견됨으로써 바울의 생애 연대를 측정할 수 있게 되었다. 이 비문에는 루키우스 유니우스 갈리오Lucius Junius Gallio에 관한 일들이 적혀 있었는데, 이 사람은 사도행전 18장 12-18절의 인물로 판명되었다. 이 비석이 발견되기 이전에는 갈리오에 관한 사도행전의 기록은 역사성에 의문이 제기되었다.[32] 이 비문으로 갈리오가 주후 51년 7월-52년 6월 아가야 지역의 총독이었음을 확인하게 되었고, 사도행전의 기록을 따라 바울이 51년 내지 52년 초에 고린도에서 갈리오 앞에 섰음을 알게 되었다.³³ 이 시기를 기점으로 계산한 바울의 생애는 다음과 같다:

32년: 회심

32-45년: 아라비아(3년)와 다소(10년)에 거주함

46년: 첫 번째 전도여행(구브로와 갈라디아 지역)

48년: 예루살렘 회의

50-52년: 두 번째 전도여행(소아시아를 거쳐 마게도냐와 아가야 지역)

53-58년: 세 번째 전도여행(에베소를 중심하여 마게도냐와 아가야 지역)

58년: 예루살렘에서 체포. 로마로 압송

62년경: 순교

로마에 도착한 이후의 그의 행적에 관하여는 불분명하다. 잠시 놓여서 (1)스페인으로 전도여행을 떠났다는 학설과, (2)그가 전도하여 세웠던 아시아와 그리스의 교회를 돌보았다는 학설이 있다.³⁴ 혹은 이 두 가지를 혼합하기도 하는데, 어떤 것이 정확한지는 아직 확인되지 않았다.

회심과 소명

1. 다메섹에서 부활하신 주님과의 만남

교회의 핍박자요 박해자인 바리새인 사울이 예수님을 믿는 사람들을 잡으러 다메섹으로 가던 그 길에서 예수님을 만남으로 전도자 바울로 변했다. 무엇이 사울을 바울로 바꾸었는가? 적절한 대답은 하나뿐이다. 살아 계신 예수님을 인격적으로 만났고, 예수님과의 이 만남이 그의 모든 것을 바꾸어 놓았던 것이다.

무엇보다도 바울의 신학 사상에 가장 결정적이고 직접적인 영향을 미친 것은 그의 종교적인 체험, 즉, 다메섹에서의 부활하신 그리스도와의 만남이었다.[35] 즉, 그것은 그가 교회의 잔인한 핍박자였다는 것과 그 후 부활하신 그리스도에 의해서 이방인의 사도로 부르심을 받았다는 것이다.[36] 이 사건으로 사도 바울은 회심과 동시에 사명을 받은 것이다.[37]

사실, 바울은 유대교에 대한 열심 때문에 교회를 핍박했다(갈 1:14, 빌 3:6). 갈라디아서 1장 13절을 보면 바울은 "내가 이전에 유대교에 있을 때에 행한 일을 너희가 들었거니와 하나님의 교회를 심히 박해하여 멸하고."라고 고백하고 있다. 사도행전에 의하면, 바울은 스데반을 돌로 쳐죽이는 데 공모하였고(7:58), 예루살렘에 있는 그리스도인들을 박해하였으며(8:3), 주의 제자들을 결박하여 예루살렘으로 잡아오려고 다메섹으로 가고 있었다(9:1-2). 그러나 바울은 다메섹 도상에서 부활하신 그리스도를 갑작스럽게 그리고 허상이 아니라 직접적으로 대면하였다.[38]

이 사건으로 그는 핍박자에서 예수님의 제자요, 그를 전파하는 사도로 돌변하였다. 갈라디아서 1장 15-16절에서 바울은 "그러나 내 어머니의 태로부터 나를 택정하시고 그의 은혜로 나를 부르신 이가 그의 아들을 이방에 전하기 위하여 그를 내 속에 나타내시기를 기뻐하셨다."라고 증언하고 있다. 이 다메섹 사건은 단순히 심리적인 경험이 아니라, 부활하신 그리스도와의 실제적인 만남 Christophany 이었고,[39] 그래서 바울은 그리스도인이 되었다.[40] 한편, 이 그리스도와의 만남은 그리스도께서 부활과 승천 사이에 베드로와 다른 형제들에게 나타나신 것과 동일한 사건이라고 말하고 있다(고전 15:5-8).[41] 실로, 그것은 하나의 계시였고, 이후 바울의 모든 기존의 지식들은 이 사건을 통해 프리즘으로 빛이 통과하듯 다시 해석되었다.[42]

2. 계시 이전 사고와 계시 이후 사고

이로 미루어 우리가 알 수 있는 것은 하나님께서 알려주시기(계시) 전에는 어느 누구도 하나님을 알 수 없다는 것이다. 바울은 율법학자이고 하나님께 대한 열심히 누구보다 특심했지만, 계시 이전 사고, 즉, 율법주의적 사고로는 십자가에 달리신 예수가 메시아라는 사실을 인정할 수 없었다. 왜냐하면, 율법에 따르면 십자가에 달린 예수는 '저주받은 자'(신 21:23)에 불과했기 때문이다. 그러나 다메섹에서 부활하신 주님을 만나고 그 주님께서 눈을 열어 보게 하셨을 때, 십자가에 달린 예수가 곧 메시아임을 알게 되었고, 그 분의 죽음은 자기의 죄 때문이 아니라 바로 인류의 죄를 위한 대속적 죽음임을 깨닫게 되었다(기독론과 구원론의 변화).[43] 즉, 다메섹 사건이 바울 복음의 기원The origin of Paul's Gospel이 된 것이다.[44] 따라서 바울이 '회심과 소명이 함께 있는 다메섹 사건'을 여러 차례에 걸쳐서 언급하는 것은 당연한 일이라 할 수 있다(행 9:1-19; 22:3-16; 26:9-17).

이처럼 다메섹 사건은 단순히 회심 차원을 넘어 사도적 소명과 권위 그리고 계시와 연관되어야 한다(갈 1:1). 바울은 예루살렘 교회의 지도자와 같은 사람에게 배워서 획득한 계시를 선포하지 않았다(갈 1:11-12). 대신 하나님의 은혜로 직접적인 계시를 받아 "복음의 핵심인 예수 그리스도"를 증거했다. 그리고 이 모든 깨달음은 계시의 은혜로 말미암은 것이기에 바울서신에 흐르는 가장 중요한 사상은 바로 '은혜' 사상이라 할 수 있다. 이 계시의 직접적인 결과로 바울은 예수를 메시아라고 선포하는 선교 활동을 시작하게 되었는데, 갈라디아서 1장 17절에 기술된 아라비아(나바티안 왕국: 3년)로의 여행은 선교 여행이었다.[45]

결론적으로, 바울에게 있어서 그리스도는 메시아 공동체를 창설한 과거의 인물이 아니라, 그 공동체에게 지금도 계속해서 삶과 능력을 공급하는 원천이시다(고후 3:17-18). 이 생명의 주님은 구약의 기대를 넘어 그분을 믿는 모든 자들, 즉, 유대인이나 이방인을 차별하지 않고 자기 백성으로 영접하신다. 이는 십자가와 부활을 통해서 모든 인류와 새로운 언약을 체결하시고 옛 언약을 폐기하셨기 때문이다.

3. 전도자 바울

다메섹에서 부활하신 주님과의 만남 이후 바울은 "예수님은 하나님의 아들, 메시아"임을 전하는 전도자로 변했다(행 9:20).[46] 그리고 예수님의 이름 때문에 박해를 받는 사람으로 처지가 완전히 뒤바뀌게 된다. 회심 직후 사울의 행적은 그렇게 분명하지 않다. 사도행전과 바울서신에 나타난 단편적인 소개를 따라 간략하게 정리하면 다음과 같다.

다메섹에서 전도하던 사울은, 핍박을 피하여 밤에 다메섹을 떠났다. 아라비아에서 3년을 보낸 후(갈 1:15-17), 바나바의 안내로 예루살렘에 올라가 제자들, 특히 베드로와 교제하고, 복음전파 후 유대인들과 변론했다(행 9:26-29). 그 후 핍박을 피하여 가이사랴를 거쳐 고향인 다소로 돌아갔다(행 9:31).[47]

약 10년의 기간이 지난 후, 안디옥 교회의 목회자였던 바나바[48]는 안디옥 교회의 대대적인 성장에 따른 말씀 사역자의 필요를 절감하고, 다소에 묻혀 잊혀가던 사울을 찾아갔고, 사울은 그를 따라 안디옥 교회로 갔다.[49] 그곳에서 사울은 바나바와 함께 일 년 정도를 가르쳤다(행 11:25-26). 유대 지역에 큰 흉년이 들자 안디옥 교회는 헌금을 모아 예루살렘 교회를 돕기로 하고 바나바와 사울을 보냈다(행 11:29-30).

이상이 우리가 정리할 수 있는 사울의 초기 전도자로서의 사역이다.

명확하게 보도하고 있지는 않지만 사울은 그가 가는 곳, 거하는 곳 어디에서나 열심히 복음을 전했을 것을 어렵지 않게 추측할 수 있다.

3 바울과 예루살렘 회의

1. 서론: 세계 선교를 향한 첫걸음

사도행전 15장에 수록되어 있는 예루살렘 회의와 그 결정은 구약 시대에서 신약 시대로 넘어가는 시점 즉, 오실 메시아를 기다리던 유대교에서 오신 메시아를 따르는 기독교로 발전하는 과정에 있어서, 인종과 나라와는 전혀 무관한 기독교의 기초를 확립했다는 면에서 우리에게는 매우 중요한 의미를 지니고 있다.[50] 만약 이때 교회가 다른 결정을 내렸다면 교회사의 진로가 지금껏 흘러 내려온 것과는 전혀 다르게 진행되었을 것이다. 그만큼 이 회의의 결정은 매우 중요한 것이었다. 즉, 예수님이 예언하셨던 교회의 기초를 놓는 작업이 이 때 사도들을 비롯한 교회 지도자들에 의해 역사적으로 확립된 것이다.

이 회의는 이론적인 필요성을 느낀 신학자들이나 통합 정책의 필요성을 느낀 교회 지도자들에 의하여 소집되지 않았다. 복음이 전파되는 과정에서 필연적으로 나타난 실제 문제를 해결하기 위해 모두가 한 자리에 모였다.[51] 비유대인들 즉, 이방인들이 복음을 받고 예수님을 믿게 되어 함께 하나님을 섬기게 되면서 할례를 받고 신자가 되었다. 그러나 자신들의 편견과 이론, 관습 등 예전의 신앙을 하루아침에 모두 버리고 예전에 철저히 무시했던 이방인과 태연히 한 자리에 앉아 음식을 나누고 복음을 얘기하며 신앙의 감정을 나누거나 같은 예배에 참석한다는 것은 실제로 쉬운 일이 아니었다. 그들에게는 당연히 시간이 필요했다. 점차적인 수용과 화합의 단계가 필요했다. 하나님의 구속역사가 숨가쁘게 펼쳐지는 과도기의 현장에 살면서, 한편으로는 옛 상황을 이해하고 다른 한편으로는 새로운 구속 상황에 적용하기 위한 과정이 그들에게 필요했던 것이다. 사도행전 15장은 바로 그 때의 상황에 일어난 일들을 우리에게 간략하게 알려주고 있다.[52] 교회는 이 과정을 잘 적응했고 결국 문제를 극복했으며, 사도행전 15장의 사건이 끝난 후에는 곧바로 세계 선교로의 발돋움을 시작했다. 길을 단단히 닦은 결과이다.[53]

유대 민족으로 출발한 모(母)교회, 예루살렘 교회에서 어느 민족이든 예수님을 믿는 사람이면 모두 구성원으로 소속되는 세계 교회로의 발전은 예수님께서 이미 예고하신 것이었다. 이 일을 위해서 예수님은 열두 사도들을 선택하셨고 오순절에 성령을 통해 민족의 장벽을 넘을 수 있도록 방언의 능력을 주셨다. 예수님의 지상체류 당시 믿음을 가지고 예수님께 나아온 몇몇 이방인들에게서 그 상징적이고 구체적인 실례가 나타나기도 했다. 좀 더 가까운 곳을 살펴보면, 이 도약은 고넬료와 베드로에게 각각 환상을 보여주신 사도행전 10장에서 시작되고 있다.[54] 민족적 성격을 지닌 유대교에서 세계적 성격의 기독교로, 그리고 유대적 성격의 교회에서 범세계적 교회로의 발전은 하나님의 계획과 지시에서 비롯된 것이었다. 그러나 땅 위에 존재하는 교회가 하나님이 마련하신 교회의 일치를 위한 기초를 이해하고 실행하는 데는 시간이 걸렸고, 그 과정은 그리 순탄하지만은 않았다. 혼란과 대립, 논쟁과 극복의 시간들은 모두 역사적 교회가 함께 하나가 되어 하나님 앞에 한 교회로 서는 데 필요했던 일치 과정이었다.[55]

더 많은 교회들이 있었지만 이 회의를 예루살렘 교회와 안디옥 교회의 일치 회의로 요약할 수 있다.[56] 회의의 특징을 따라 유대인 교회와 세계 교회의 일치를 위한 회의라 불러도 좋을 것이다. 그러나 우리는 교회사에 가끔씩 나타났던 일치를 위한 노력과 예루살렘 회의를 다음과 같은 두 가지 이유에서 구별해야만 한다:

(1) 이 회의는 신학이나 예배의식, 전통, 상이한 민족성과 문화적 유산의 차이를 극복하려는 현대의 일치운동과는 전혀 다른 것이다. 전자가 모(母)교회와 자(子)교회의 일치를 위한 회의라면, 후자는 자(子)교회와 자(子)교회 사이의 일치를 위한 회의이다.

(2) 이 회의는 세계 제2차 대전 이후 시작된 유대교와 기독교의 대화와는 전혀 그 성격이 다른 것이다. 전자는 이미 유대교에서 교회로 발전하여 모든 교회의 모체가 된 예루살렘 교회와 이 모교회의 선교활동으로 탄생한 자교회의 일치, 즉, 내부적 문제를 다룬 회의인 데 반해, 후자는 전혀 다른 집단들 사이의 접촉점을 찾고 공존을 모색하는 대화일 뿐이다.

이런 면에서 우리는 당시 예루살렘 교회를 그 후의 다른 어떤 지역 교회와도 구별할 수 있어야 할 것이다. 그것은 사도들에 의해 세워진 교회로서 후대의 모든 지역 교회들의 모교회 mother church 였다. 초기 예루살렘 교회는 한 지역에만 존재했지만 그 자체로 전체 교회였다.[57] 처음에는 사도들에 의해, 잠시 후에는 사도들을 비롯한 일곱 집사 및 모든 신자들의 전도활동에 의해 지(支)교회들이 하나 둘 탄생하기 시작하면서 예루살렘 교회도 이제는 전체 교회가 아니라 하나의 지역 교회로만 존재하게 되었다. 지교회의 탄생과 함께 전체 교회는 항상 '예루살렘 교회+지교회(들)'의 공식으로 설명될 수 있을 뿐이다. 물론, 이때부터는 예루살렘 교회도 다른 지역 교회와 같은 한 지역 교회로서의 특성을 가질 뿐이다. 따라서 예루살렘 교회가 모교회요 사도적 교회라는 별칭은 그 이전에 한 지역 교회이면서 동시에 전체 교회로 존재했던 시절에만 해당된다. 이러한 사실을 우리는 사도행전 자체에서 어느 정도 유추할 수 있다. 사도행전 15장의 회의에 관한 보도에서 사도행전은 사도라는 명칭을 마지막으로 사용하였다.

유대인에서 개종한(혹은 발전한) 신자들과, 비유대인으로서 믿음의 길에 들어선 신자들 사이의 문제를 해결하고, 할례나 모세 율법이 아니라 오직 예수님을 믿는 믿음만이 구원과 교회의 근거라는 것을 확인한 예루살렘 회의 이후, 사도행전은 더 이상 사도라는 칭호를 사용하지 않았다.[58] 이는 사도의 직무인 교회의 기초를 놓는 작업이 완수되었음을 암시하는 것이다. 이제는 모두를 부르시는 하나님의 '한 복음'이 있을 뿐이다. 당시 유대인과 이방인, 구약 시대와 신약 시대를 연결하는 하나의 교회를 위한 일치 성명인 '사도들과 장로들의 규례'(행 16:4)가 있을 뿐이다. 교회는 복음과 이 일치 신조 위에서, 그리고 주님이신 예수 그리스도를 향한 믿음 위에서 하나의 교회가 되고, 오신 그리스도를 통해 오실 메시아를 예언하고 기대한 구약 시대와 연결되는 것이다.

2. 배경: 먼 배경 및 가까운 배경

이 회의의 배경으로 우리는 먼 배경과 가까운 배경을 구분하는 것이 좋을 것이다. 먼 배경이란, 베드로가 하나님의 지시로 고넬료의 집에 가서 복음을 전하고 그 결과 이방인들이 회개하고 예수님을 믿음으로써 유대인들이 그들의 할례 여부에 관심을 갖기 시작했을 출발점을 말한다. 가까운 배경이란, 이렇게 표면화되기 시작한 이방인 신자들의 할례 여부가 안디옥에서 실제로 구원의 조건으로 논란을 불러 일으켜 예루살렘 회의를 유발한 실제 배경을 말한다.

2.1. 먼 배경(행 10:1-11:18)

고넬료라는 이방인 백부장에게 하나님의 천사가 환상 중에 나타났다. 누가는 그를 소개하기를, "그가 경건하여 온 집안과 더불어 하나님을 경외하며 백성을 많이 구제하고 하나님께 항상 기도하는 사람이라."고 하였다. 이방인들도 하나님을 믿었다! 유대인만이 아니라 이방인도 하나님을 믿었다는 사실에서 누가는 의식적 할례가 갖는 핵심을 이미 고넬료가 소유하고 있음을 지적했다. "네 기도와 구제가 하나님 앞에 상달되어 기억하신 바가 되었다."(행 10:4)는 천사의 말을 통해 누가는 이 사실을 다시 강조했다. 그에게 하나님의 지시가 나타난 것이다. 하나님의 언약 백성으로 선택되어 할례를 받은 유대인들이 예수님을 만나야 하듯이, 이제 예수님을 만날 수 있는 길이 이방인인 고넬료에게도 열린 것이다. 이방인의 구원은 하나님에게서 시작되었다![59]

그 즈음 베드로는 욥바에 머물고 있었다. 그는 유대인으로서 어릴 때 이미 할례를 받은 하나님의 백성이었다. 그러나 그는 예수님을 만나 믿는 사람이 되고 사도가 되었다. 초기 예루살렘 교회에서 가장 중요한 위치에 있었던 그에게도 하나님은 환상으로 지시하셨다. "하나님께서 깨끗하게 하신 것을 네가 속되다 하지 말라."(15절). 같은 일이 세 번 있었다. 즉, 부정한 짐승도 잡아먹으라는 하늘의 소리를 베드로는 세 번 거절했고, 하나님은 세 번 같은 지시를 되풀이하셨다. 이는 어릴 때부터 주입된 유대인의 율법과 관습과 선입관이 얼마나 강하게 베드로에게 작용하고 있었는지를 분명히 보여주는 좋은 증거이다. 하지만 그것을 꼭 깨뜨리려고 하시는 하나님의 계획 또한 단호하였다.[60] 후에 베드로는 이 환상이 단순히 먹는 문제에 관한 것이 아니라 하나님이 이방인들을 구원하시려는 계획임을 알아차렸다(34절).

베드로는 하나님께서 자신에게 환상을 통해, 혹은 성령의 지시로(19절) 하나님께서 일하심을 알게 되었다.[61] 뿐만 아니라 그는, 하나님께서 고넬료와 그의 집안 사람들에게 이미 하나님의 일을 진행하고 계시다는 것을 들었다. 고넬료의 설명을 모두 들은 베드로는 "하나님은 ... 각 나라 중 하나님을 경외하며 의를 행하는 사람은 다 받으시는 줄 깨달았다."고 당시의 심정을 실토했다. 할례의 문제가 부각되고 고민과 혼란에 빠져들 겨를도 없이 사건이 빠르게 진행되고 있었다. 유대인 베드로는 예수님을 만난 이후 하나님에 의해 변해가는 사태를 즉각 수용하는 사람으로 변해 있었다.[62] 그리하여 그는 주저 않고 복음을 전했고, 성령님께서 그들에게 내려오시는 것을 보고 곧바로 그들에게 세례를 주게 하여 그들과 자신들을 동등한 신자로 인정하였다(44-47절).

그렇지만 베드로는 유대인이었다. 앞에서 우리는 그가 세 번이나 하늘의 소리를 거부할 정도로 그의 선입관 및 신앙 감정이 단호했음을 지적한 바 있다. 갈라디아서 2장을 보면, 후에 그가 이방인들과 함께 식사하는 문제에 자유로웠으면서도 - 같은 유대인들을 만날 때는 - 여전히 마음에 걸려하는 모습을 가지고 있었던 것을 알 수 있다. 하지만 그는 하나님의 일에 항거할 수는 없었다. 그렇다면 다른 제자들은 어떠했을까? 누가는 "베드로와 함께 온 할례 받은 신자들이 이방인들에게도 성령 부어주심으로 말미암아 놀랐다."(45절)라고 기록해 놓았다. 그들은 '할례 받은 신자들'이었다. 할례라는 것은 구원의 절대적이고 필수불가결한 조건이라는 것을 확신하고 있었고, 이 문제에 관한 한 타협의 여지라고는 없다고 확신하고 있던 사람들이었다.[63] 그런데 그 순간, 구원의 조건에 할례가 결코 들어설 수 없음을 그들은 갑자기 체험했다.[64] 하나님이 그렇게 규정하신 것이다!

하지만 이 사건에 개입되지 않은 '할례 받은 신자들'의 심정은 어떠했을까? 어릴 때부터 주입된 이스라엘의 특권과 이것에 자극 받은 유대인 신자들의 신앙 감정은 신자가 된 후에도 쉽게 고쳐질 수 없는 것이었다. 하나님의 일에 뛰어들어 질문을 던질 여유도 없이 '할례 없는 신앙'을 인정하게 된 베드로가 예루살렘에 갔을 때 그들은 비난의 화살을 그에게 쏘았다(11:2). 누가는 11장 1절에서 이방인의 개종 소식을 들은 사람들을 '사도들과 형제들'이라고 했으면서도 비난에 가담한 사람들을 모두 '할례 받은 사람들'이라고 소개했다.

우리는 이들을 예루살렘 교회에서 한 분파를 형성하고 있던 극단적 유대주의자들이라고 불러서는 안 될 것이다. 신앙 감정의 단호성을 고려한다면 차라리 베드로와 같이 하나님의 일을 직접 경험하지 못했던 모든 신자들이 그러했다고 보는 것이 좋을 것이다. 그들은 이방인들이 "하나님의 말씀을 받았음"을 들었으면서도 비난을 완화하여 "무할례자의 집에 들어가 함께 먹었다."(3절)고 지적했다. 그러나 그들의 마음에 일고 있었던 의혹과 비난은 사실은 '이방인의 구원'에 집중되어 있었다. 그들은 무할례자들이 하나님의 말씀을 받고 생명의 회개와 믿음, 구원에 이르는 것을 도무지 이해할 수 없었던 것이다. 그러나 베드로의 생생한 체험담을 듣고 난 후 그들은 하나님을 찬송하며 "이방인에게도 생명 얻는 회개를 주셨다."(18절)는 일치된 견해에 도달했다.[65]

요약하면, 예루살렘 교회는 할례 받지 않은 이방인들에게도 하나님의 구속의 은총이 주어짐을 이미 수긍하고 있었다.[66] 예루살렘 교회에는 성령을 통한 하나님의 사역에 감히 항의하거나 의문을 던지거나 문제시할 사람은 아무도 없었다. 왜냐하면 그들 모두가 성령의 능력을 경험했기 때문이었다. 모든 일들이 하나님에 의해 진행된 것이다![67] 이러한 상황에서 이방인의 할례 여부 문제는 공론화될 필요 없이 진부한 질문, 성령을 거스르는 공허한 질문이 될 뿐이었다. 질문 자체가 금기시(禁忌視) 될 수밖에 없는 처지였을 것이다.

2.2. 가까운 배경: 문제의 발단 (행 15:1–5)

고넬료의 회심 사건이 있은 때로부터 십 여 년이 지났다. 그 동안 많은 일들이 일어났다. 스데반의 순교로 시작된 박해를 피해 흩어진 신자들이 유대인들에게만 복음을 전했는데, 안디옥에서 헬라인에게도 복음을 전하는 사람들이 생겼다(11:19). 이 모험을 감행한 사람들은 구브로와 구레네 출신 유대인들이었다. 그 결과 많은 사람들이 믿고 주께로 돌아왔다. 누가는 안디옥 교회의 탄생을 "주님의 손이 그들과 함께 하신 결과"(21절)라고 적었다. 할례 여부 문제를 덮어둔 예루살렘 교회는 이방인 교회의 탄생 소식을 듣고 바나바를 안디옥으로 보냈고 그와 사울(바울)이 안디옥 교회에서 무리를 가르쳤다. 두 사람을 통해 복음은 밤빌리아, 비시디아, 루가오니아 지방으로 퍼져갔고 두 사람은 유대인들뿐 아니라 헬라인들에게도 전도했고 그 결과 적지 않은 이방인들이 신자가 되었다.

제1차 전도여행은 성령님의 지시를 따른 것이다(13:2). 그래서 그들은 할례 여부 문제를 접어두고 복음을 전했고 교회를 세웠다. 베드로가 고넬료에게 복음을 전했을 때와 같이 하나님은 차별 없이 이방인들에게도 회개와 믿음을 주셨다. 제1차 전도여행을 마친 바나바와 바울은 안디옥 교회로 돌아와 "하나님께서 이방인들에게 믿음의 문을 여셨음을 알렸다."(14:27). 어디에서도 할례 여부 문제는 이제 물을 필요도 없는, 잊혀가는 주제인 것처럼 보였다.

하지만 덮어놓은 문제가 모두에게 공적인 원리로 수긍되고 통용될 수 있었을까? 사도행전은 복음이 전해지는 경로를 주로 조명하기 때문에 예루살렘 교회의 사정을 속속들이 다 알 수는 없다. 본문에 등장하는 주제 "이방인의 할례"에 관해서도 그렇다.[68] 비록 사도행전이 이 주제에 대해 오랫동안 침묵했고 하나님의 직접적인 사역을 통한 이방인들의 회개와 구원에 치중한 나머지 누구도 의문을 던질 틈새가 없었던 것처럼 보이지만, 사실은 예루살렘 교회에도 불만의 목소리가 있었다. 다만 덮여 있었을 뿐이다. 그 문제가 안디옥 교회 사건을 통하여 표면화되었을 뿐이다.

예루살렘 교회에 다르게 생각하는 사람들이 있었다.[69] 그들은 이방인이 예수님을 믿으려면 - 모든 유대인들이 그러했던 것처럼 - 할례를 받아야만 한다고 생각했다.[70] 그들은 교회 밖의 사람들은 아니었다. 따라서 할례만 받고 이스라엘의 테두리 안에 머물러 있으면 - 예수님 없이도 – 된다고 생각한 사람들과는 분명 달랐다. 그들의 주장에 의하면, 하나님의 구원은 구약 시대의 약속으로부터 단계적으로 진행하는 것이지 갑자기 예수님에게서 시작하는 것은 아니다. 따라서 회개하고 예수님을 믿고 교회로 들어온다 해도 모세에게 주신 하나님의 언약과 할례로부터 자유롭게 되는 것은 아니다. 구원을 얻는다는 것은 궁극적으로는 하나님의 언약백성이 되어 그 축복을 누린다는 것을 의미하기 때문에 믿음만으로는 부족하고 언약백성의 표식인 할례를 받고 그 규범인 율법을 지켜야 완전한 구원에 이르게 된다는 주장이다. 따라서 이방인들도 누구나 회개와 믿음으로 와야 할 뿐 아니라 할례를 받아야만 한다고 주장했다.[71] 이렇게 생각하는 사람들은 대개 바리새파 출신의 신자들이었다(참고. 15:5).

문제의 발단은, 자신들의 생각을 감히 표출하지 못하고 숨어있던 신자들이 '유대로부터' 안디옥 교회 – 아마도 대다수가 이방 신자들로 구성된 – 에 내려와서 '형제들을 가르친 것'이었다(1절). 그들은 진정한 구원을 받기 위해서는 그들이 받았던 복음만으로는 안 되고, 반드시 할례를 받아야 한다고 가르쳤다. 그렇지 않으면 "너희가 구원을 받지 못한다."고 함으로써 안디옥 교회를 불안과 혼란으로 몰아넣었다. 그들은 자신들이 유대인으로서 그러한 길을 밟았던 것처럼 – 비록 순서는 뒤바뀐다 하더라도 – 누구나 같은 자격, 즉, '믿음과 할례'를 구원의 필수조건으로 갖추어야 한다고 생각하고 있었던 것이다.

이들이 구체적으로 누구인지, 왜 왔는지에 대해서 정확히는 알 수 없다. 적은 기록을 가지고 그들이 안디옥 교회의 잘못된 관행을 수정하러 왔다고 말할 수는 없을 것이다. 그랬다면 다툼과 논쟁은 곧 그들을 교회에서 추방하는 것으로 마무리될 수 있었을 것이다. 그러나 이런 식으로 다툼과 논쟁이 해소되지 않은 것을 보면, 그들은 아마도 안디옥으로 삶의 터전을 옮긴 사람들로서 안디옥 교회의 교인이 되었다고 보는 것이 타당해 보인다. 그러나 그들은 구원에 대해 조금은 다른 견해를 가지고 있었기 때문에 이방인 출신 신자들과 함께 하는 것에 많은 어려움을 느꼈고 이미 극복된 문제를 표출했을 뿐만 아니라 형제들을 가르치기까지 했다. 혼란은 교회가 공식적으로 다루거나 입장을 표명한 적이 없는 주제가 부각되었기 때문에 생긴 것이다.

안디옥 교회에서 지도력을 행사하던 바나바와 바울이 그들의 가르침에 크게 반발하였을 것은 당연하다. 그들은 이미 그러한 의혹을 버리지 않았던가! 바나바는 구브로 출신으로 초대 예루살렘 교회에서 출발점에 있었던 모든 일들을 직접 목격했을 뿐만 아니라 자신의 밭을 다 팔아 초기 공동체 생활에 함께 했던 사람이다(4:36). 바울은 누구보다 열심 있는 바리새인이었고 그 자신이 할례 등 유대적 의식과 율법에 몰두했었다. 그들은 예수님을 믿음으로 구약 시대의 의식과 율법이 그리스도에게서 모두 성취되었고 따라서 유대인들조차도 이제 그림자를 벗고 예수님에게서 시작해야 한다고 믿고 있지 않았던가! 하나님이 할례라는 조건을 별도로 내세우지 않으시고 이방인들을 복음을 통해 부르시고 믿음을 주시며 자녀로 삼으시는 모습을 안디옥을 비롯한 여러 곳에서 직접 체험하지 않았던가!

누가는 새로이 나타난 선생들과 안디옥 지도부의 대립을 "적지 않은 다툼과 논쟁이 일었다."고 표현했다. 이것은 구원론과 관계된 매우 중대한 문제였는데, 심지어는 교회의 근간을 송두리째 흔들어 버릴 수도 있는 것이었다. 다른 의미로, 이러한 문제는 바나바와 바울의 헌신적 전도사역이 불충분한 것이었음을 공격한 것이나 다름없었기 때문에 안디옥 교회의 존립을 위태롭게 할 수 있었다. 이 대립이 격렬했고 쉽게 끝나지 않았던 이유는, 새로 온 선생들은 그들의 가르침을 포기하지 않았고, 바나바와 바울은 그들의 가르침에 승복하지 않았기 때문이다. 물론 누가는 이 상황을 분열로 묘사하지는 않았다. 즉, 안디옥 교회는 믿음으로 형성된 그들 교회의 기초를 붙들고 있었다. 바나바와 바울의 위치는 조금도 흔들리지 않았다. 물론, 할례를 행하자는 움직임이 일지도 않았다. 그러나 지도부가 논쟁에 휘말려 있었기 때문에, 또한 할례의 필연성을 주장하는 사람들은 예루살렘 교회로부터 온 사람들이었기 때문에(24절 참조) 그들을 몰아내고 분쟁을 해소하지도 못했다.

마침내 안디옥 교회는 이 문제를 해결하기 위해 그들의 대표들을 예루살렘에 보내기로 결정했다. 왜 그렇게 하였을까? 안디옥 교회가 예루살렘 교회에 권위적으로 종속되어 있다고 스스로 생각했기 때문일까? 그래서 최종 판단을 사도들과 장로들에게 넘긴 것일까? 그런 것 같지는 않다. 안디옥 교회는 할례를 구원의 조건으로 추가하려는 시도를 옳지 않은 것으로 보았음이 틀림없다. 다만, 제기된 의혹을 해소하고 이제껏 해왔던 그대로 계속 나가기 위해 예루살렘 교회의 입장을 확인하려고 했던 것으로 보인다.[72] 유대교에서 기독교로 넘어 오는 과정에서 하나님의 개입으로 덮어지고 넘어갔던 주제에 대해 이제 공개적으로 입장을 표명할 때가 오게 된 것이다.

물론, 그들은 이것이 예루살렘 교회의 묵인된 입장이었음을 바나바를 통해서 충분히 들었을 것이다. 그는 안디옥 교회가 세워질 때 예루살렘에서 파송 받았던 사람이 아닌가! 그로 인해 안디옥 교회는 이방인들이 할례 받지 않은 상태에서 세워졌고 발전하고 있었다. 하지만 할례를 주장하는 사람들이 유대로부터 왔다면 이것이 예루살렘의 입장일 수도 있다. 할례 문제는 구원론과 관계하여 한 번도 중요한 주제로 부상한 적이 없었고 공식적으로 토론된 적이 없으므로 이 문제는 확인할 필요가 있었다. 그들은 이제 명백한 것을 듣기 원했던 것이다.

논쟁의 선두에 섰던 바나바와 바울을 그들의 대표로 보냈다는 것은 안디옥 교회의 입장이 전혀 변하지 않았고 전적으로 바나바와 바울을 따르고 있었다는 증거로 보인다. 그렇다면 함께 보낸 '다른 사람들'은 누구일까? 두 가지 가능성이 있다. 할례의 구원론적 필요성을 강조하던 사람들일 수 있다. 아니면 할례 없이 교회에 들어온 이방 신자들일 수도 있다. 할례 받지 않은 헬라인 디도가 이들 가운데 포함된 것을 보아(갈 2:1, 3) 이들은 바울과 바나바의 활동과 입장을 지지하여 할례 없이 기독교 신앙으로 돌아온 이방인들이 할례 받은 유대 신자들과 조금도 다름이 없음을 설득력 있게 증명하기 위하여 동반했던 것으로 추측된다. "교회의 전송을 받고 예루살렘으로 갈 때 베니게와 사마리아로 다니며 이방인들이 주께 돌아온 일을 말하며 형제들을 다 크게 기쁘게 했다."(행 15:3 참조)는 기록도 이 대표단이 의혹과 혼란 속에 사도들과 장로들의 지시를 얻기 위해서가 아니라 '할례 없는 믿음'이 그들의 확고한 입장이며 모든 교회와 신자들의 입장임을 확신하고 있었음을 알려 준다.

대표단은 예루살렘에서 교회와 사도들, 장로들에게 환영을 받았다. 대표들은 하나님께서 어떻게 그들과 함께 하셨는가를 그들에게 알렸다. 안디옥 교회에서 시작하여 밤빌리아, 비시디아, 루가오니아에서 일어났던 일들은 모두 하나님께서 하신 일들로서 예루살렘 교회가 경험했던 것과 전혀 차이가 없는 일들이었다. 그러나 바리새파 출신의 신자들이 공식적으로 그들의 의견을 제출했다. "그들이 할례를 받고 모세의 율법을 지키도록 해야만 한다." 역시 예루살렘 교회가 논쟁의 진원지였다. 다만, 그들은 침묵하고 있었을 뿐이다. 할례 문제를 거론하지도 않고 이방인을 받아들이고 있는 것에 대해 불만을 가진 이 사람들은 할례뿐 아니라 모세의 율법을 모두 거론하며 안디옥에서 신자들을 가르쳐 실제 논쟁을 야기한 사람들보다 더 폭넓은 의견을 개진하였다. 유대 기독교인들에게 이것은 어려운 문제가 아니었다. 그들은 어려서 할례를 받았고 율법을 배웠다. 그중 어떤 조항들은 여전히 그들의 삶에 적용되고 있었다.

예수님도 율법의 폐지가 아니라 완성을 가르치지 않으셨던가! 그렇다면 완성이란 무엇을 뜻하는가? 할례 문제는 단순히 유대인과 그들의 역사에 아로새겨진 민족적 특권과 관련된 것만이 아니라, 그 뿌리에는 하나님의 뜻으로 주어진 율법 전체와 관련되어 있었고 예수 그리스도의 '율법의 완성 사역'의 범위와 관련되어 있었다. 이방인들에게 이것은 막중한 문제였다. 바리새파 출신 신자들의 주장대로라면, 그들은 누구나 할 것 없이 모두가 유대인으로 변화된 다음에 믿음의 길에 들어서야 한다. 순서가 바뀌었다면 지금이라도 유대인이 되기 위한 절차를 밟아야만 한다. 과연 이런 것이 구원에 필요한 것인가? 예루살렘 교회는 그들에게는 별로 문제될 것 없는 이 주제가 이방 신자들에게는 엄청난 과제를 안고 있음을 깨닫고 이 일을 의논하기 위하여 전체 회의를 소집했다. 그러나 회의 주제는 율법의 전반적인 조항으로까지 확대되지 않고 '할례 문제'로 제한되었다. 예루살렘 회의는, 구약 시대란 역사적 뿌리를 달고 있는 유대인들이 아니라 하나님의 구속사역에 늘 외인으로 등장했던 이방인들을 위한 것이며 어떤 조건으로 그들을 믿음의 형제들로 인정할 것인지를 묻는 것이었다.

3. 예루살렘 교회 회의(행 15:6-22)

예루살렘 교회 회의에 관한 기록은 자세하게 기록되어 있지 않고 요약된 형태로 소개되어 있다. 누가는 회의록을 수록해 놓지는 않았다. 그가 꼭 필요하다고 생각한 부분, 즉, 예루살렘 교회의 두 기둥인 베드로와 야고보의 연설만을 요약된 형태로 수록해 두었다. 따라서 회의의 경과, 특히 이 회의에서 부각된 '다른 의견, 다른 신앙 감정을 가진 사람들'의 논점이 무엇인지 알아내기는 어렵다. 아마도 누가는 이 문제가 하나님의 갑작스런 개입으로 묻힌 주제가 되었을 뿐만 아니라 회의의 결정도 같은 방향을 지시하기 때문에 굳이 그들의 주안점을 적어 놓지 않은 것으로 보인다. 이 회의에서도 많은 변론이 있었다. 기록되지 않은 발언자들의 내용은 주로 두 가지였을 것으로 추측된다. 어떤 사람은 이방인들에게 그들이 믿음의 길에 들어서더라도 할례를 받아야만 한다는 것을 주장하며 그 당위성을 하나하나 제시했을 것이다. 어떤 사람은 그럴 필요가 없으며 이방 신자들을 할례 없이 그냥 인정해야 할 이유들을 하나하나 제시했을 것이다.

베드로와 야고보의 연설 중 그 핵심만을 소개한 이유는 그 내용이 회의에 참석한 모두에게 설득력 있게 받아들여졌기 때문이다.[73] 뿐만 아니라 두 사람은 예루살렘 교회를 지도하는 주도적 인물이었기에 그들의 주장이 아무래도 무게와 대표성을 가졌기 때문일 것이다.[74] 그러나 회의는 일방적 강요와 설득의 분위기가 아니라 참석자 전원의 동의와 만장일치를 끌어내는 방식으로 진행되었다. 하나님이 그 동안 해 오신 일들을 통해 그들은 이 문제에 대한 답을 찾았고 할례 없는 믿음이 하나님의 뜻임을 모두가 수긍하게 된 것이다. 심지어 문제의 진원지인 바리새파 출신 신자들도 - 그들이 어떤 이유와 동기로 불만과 반대 의견을 가지게 되었는지는 알 수 없어도 – 이제 '할례 없는 믿음'을 유일한 구원의 근거로 확신하게 되었다.[75]

3.1. 베드로의 주장 (7-11절)

이런 저런 변론이 있은 후 베드로가 일어서서 말을 하였다. 사도행전을 읽어온 독자들은 이미 베드로의 역할과 무게를 익히 알기 때문에 이제 회의가 막바지에 도달했음을 추측할 수 있을 것이다. 주도적 인물들이 결론을 도출할 시간이 된 것이다.[76] 베드로는 십 년쯤 전에 있었던 고넬료의 회심 사건을 상기시키며 그 때 자신이 한 일을 설명해 나갔다. 그 때 베드로는 할례 받은 다른 형제들과 함께 갔었고, 이 일로 논란이 일자 하나님이 보여주신 환상을 비롯하여 일의 경과를 모두에게 자세하게 알려 – 적어도 그 때 예루살렘 교회에 있었던 신자들은 – 이 모든 일이 하나님에게서 나온 것임을 인정했다. 베드로는 그것을 이제 "이방인들이 복음을 듣고 믿게 하기 위하여 하나님이 자신을 택했다."(7절)고 회상했다. 뿐만 아니라 하나님은 성령을 보내셔서 이방인을 유대인과 똑같이 여기심을 보여주셨다. 할례 없이도 구원을 얻을 수 있는 증거는 이방인들이 할례를 받지 않은 상태에서 복음을 듣고 믿을 때 성령을 주셨다는 사실에 있었다. 그 때 베드로가 경험한 것은 하나님이 유대인들과 이방인들을 전혀 구별하지 않는다는 사실이었다. 마음을 아시는 하나님은 할례가 아니라 믿음으로 우리의 마음을 깨끗하게 하실 뿐이다!

그럼에도 불구하고, 안디옥 교회에서 할례 문제가 불거져 나왔고 이 문제로 예루살렘 교회가 소집되어 논쟁을 계속하고 있다면, 하나님이 이미 자신의 뜻을 명확하게 밝히신 상황에서 '하나님을 시험하는 것'(10절)이 된다. 할례를 받는 것은 율법을 모두 지킬 의무를 진다는 뜻이다. 할례를 받고 철저한 율법 교육을 받은 유대인들 – 즉, '우리나 우리 조상' – 에게도 그것은 불가능한 일이었다. 소를 멍에에 묶어 마음대로 가게 하지 못하는 것처럼 그것은 삶의 멍에였을 뿐이다. 예수님은 십자가에서 율법의 저주를 담당하심으로 사람들을 율법의 멍에에서 해방시켜 주셨다. 그리고 우리의 구속주가 되셨다. 누구나 그 주님을 믿음으로 하나님의 백성이 되고 하나님의 나라에 속하게 된다. 그런데 이런 시점에 할례의 필연성을 주장하는 것은 그렇게 역사를 이끌어 오신 하나님을 시험하고 우리에게 나타난 하나님의 뜻을 거부하는 것이며, 동시에 믿음으로 이미 교회에 들어와 있는 신자들, 즉, 예수님의 제자들에게 아무도 질 수 없었던 멍에를 다시 지게 하는 것이다. 우리는 베드로의 말 속에서 할례와 율법의 한계를 느낄 수 있다. 그것은 베드로도, 열두 제자들도, 예루살렘 교회에 속한 모두도, 그리고 어떤 유대인이나 그들의 모든 조상도 '능히 질 수 없던 것'이었다. 그렇다면 할례로는 아무도 구원을 받지 못한다.

베드로 사도는 믿는 이방인들을 이미 그의 형제로, 예수님의 제자로 인정하고 있었다. 그 출발점에 다름 아닌 자신의 일, 자신의 체험이 놓여 있었다. 지금 할례 문제로 돌아서는 것은 바나바나 바울의 활동뿐 아니라 오래 전부터 일해 왔던 자신의 사역마저 부정하는 것이 된다. 그는 하나님의 지시대로만 하지 않았던가! 그렇다면 그것은 하나님의 사역 전체를 부정하는 것이요, 결국은 그리스도의 사역과 십자가를 문제 삼는 것이 된다. 다시 말하자면, 예수를 메시아로 믿는 믿음만으로는 부족하고 거기에 할례와 율법 준수와 같은 다른 부가조건들이 덧붙여져야 한다고 주장한다면, 그것은 예수 그리스도의 십자가에서의 구속사역이 불충분하고 불완전했다는 것을 의미하는 것이기도 했다. 할례를 고집하고 율법 준수를 강요하는 이 모든 행위는 예수 그리스도에 의해 성취된 구속사의 시계 바늘을 다시 거꾸로 되돌리는 '적그리스도 적인 행위'였던 것이다.

따라서 '예수 그리스도를 믿는 믿음' 이외의 어떤 다른 것도 구원의 조건으로 강요되거나 첨가되어서는 안 된다. 그와 같은 율법의 멍에는 이스라엘의 역사로 충분하다. 그 고난의 역사 끝에 드디어 그리스도께서 오셨고 이제 복음과 믿음으로 모두를 하나님께로 모으시는 지금, 이제는 누구에게도, 심지어 유대인들에게조차도 더 이상 이 멍에를 얹으려 해서는 안 된다. 베드로의 말 속에서 우리는 같은 믿음의 형제들을 향한 베드로 사도의 감동적인 유대감을 느낄 수 있다. 누구도 형제들에게 멍에를 올리려 해서는 안 되는 것이다.

베드로는 구원을 어떻게 설명했는가? 사실 구원의 조건은 우리에게 있는 것이 아니라 그리스도에게 있다.[77] 구원의 근거는 복음도, 믿음도 아니다. 복음이나 믿음은 살아계신 예수님을 지시할 뿐이다. "우리가 예수님을 믿을 때" 예수님이 우리를 구원해 주신다. 그것은 예수님의 은혜에 의한 것이며, 사람에게 나타나는 믿음은 한 사람이 예수님께 속하게 하고 그리스도의 은혜를 받아들이게 하는 통로가 된다.[78] 할례도 – 구약 시대에 – 같은 기능을 가지고 있었다. 하나님의 은혜에 감사하고 그 주신 율법을 받아 하나님의 자녀답게 살겠다는 표를 육체에 남기는 것이다. 할례에서도 중요한 것은 하나님의 사랑과 하나님의 은혜요, 이를 받아들이는 통로가 믿음과 삶이었다. 베드로는 할례나 믿음이 구원을 얻는 수단, 조건이 아니라 '주 예수 그리스도의 은혜'를 의지하게 하는 것임을 강조하였다. 그렇다면 "우리는 그들이 우리와 동일하게 주 예수의 은혜로 구원 받는 줄을 믿는다."(11절).[79] 베드로는 이방인들의 구원 조건을 연설한 것이 아니라, 오히려 거꾸로 이방인들의 구원 조건을 기준으로 하여 유대인들도 동일한 조건으로 구원을 받을 뿐이라고 말했다.

그렇다면 이러한 주장은 이방 신자들의 할례 여부가 문제가 아니라 유대인들조차도 더 이상 할례를 의존할 필요가 없다는 말이 된다. 이방인들의 할례를 주장하던 사람들이 내세웠던 논리, 즉, "할례를 받은 후 믿음에 도달했다."는 근거를 부정한 것이다. 하나님의 구원 계획에서 보면 유대인들이 할례를 받았다는 것이 특수한 것이었고 이제는 그것이 사라졌다는 것이다.[80] 즉, 베드로가 이해한 구원의 조건에는 할례가 유대인에게나 이방인에게나 도무지 들어설 자리가 없는 것이다. 그것은 그리스도가 오시기까지 율법의 기능과 관련하여 역사적 소임을 담당했을 뿐이다. 이제 그리스도가 오셔서 구속사역을 마치시고 복음이 전파되며 진실로 믿는 자들을 불러 모으시는 시대에는 적합하지 않다. 따라서 베드로의 주장을 따른다면 극복되어야 할 어려움은, 믿음으로 교회에 들어온 이방인들, 안디옥 교회나 다른 교회의 사람들에게 있는 것이 아니라 여전히 구약의 흔적을 가지고 기독교를 유대교의 울타리 안에 가두려고 하는 유대 기독교인들에게 있는 것이다. 베드로는 환상과 그의 경험을 통해 하나님의 뜻은 모두가 부정한 짐승을 멀리하는 방향이 아니라 부정한 짐승을 구별했던 유대인의 관습을 고쳐 가시는 방향으로 움직이고 있음을 완벽하게 이해하고 있었다.

3.2. 바나바와 바울의 증언(12절)

사람들은 더 이상 변론을 벌이지 않았다. 이방인들의 구원 방법을 따지던 토론은 이방 신자들이 아니라 사실은 '우리가 문제'라는 베드로의 말에 갑자기 조용해졌다. 그의 호소력 있는 주장에 아무도 이의를 제기할 수 없었던 것으로 보인다. 최종 결정으로 들어가기에 앞서 바나바와 바울이 입을 열었다. 자세한 내용은 기록되어 있지 않지만 요약하면, 하나님이 어떻게 이방인들에게 그들을 통하여 표적과 기사를 행하셨는가에 관한 것이다. 베드로의 설교는 사람들의 관심을 율법, 할례 등 과거 하나님의 사역에서 표적, 기사 등 현재 하나님의 사역으로 돌려놓았음에 비해, 이방인의 전도에 뛰어 들었던 두 사람이 이 부분에 대해 생생한 증언을 들려줄 수 있었던 것이다.

3.3. 야고보의 결론적 제안(13-21절)

주님의 형제 야고보가 아마도 이 회의의 사회를 보고 있었던 것으로 보인다. 신자들이 아무도 입을 열지 않고 바나바와 바울의 선교 보고도 끝나자 결국 야고보가 입을 열었다. 그는 베드로의 주장을 이렇게 요약하였다: 하나님이 자신을 위한 백성을 모든 민족들 중에서 마련하시려고 먼저 베드로를 시켜 이방인에게 복음을 전하게 하신 것이다. '먼저'라는 표현은 이렇게 시작된 하나님의 일이 바나바와 바울을 통해 계속되었고 많은 결실을 보았음을 암시한다. 누구나 알고 있었고 회의 석상에서 다시 한 번 증언된 베드로와 다른 사람들의 활동은 모두가 하나님에게서 나온 것이었다. 이것은 전혀 예기치 못했던 것이 갑자기 디져 나와 모든 사람들을 어리둥질하게 만드는 하나님의 사역이 아니라 오래 전부터 선지자들을 통해 예언케 하셨던 바로 그런 사건이었다.[81]

야고보는 이 점을 증명하여 예루살렘 교회가 이 문제에 보다 확실한 결정을 하도록 하기 위하여 아모스의 한 구절을 인용하였다:[82] "이 후에 내가 돌아와서 다윗의 무너진 장막을 다시 지으며 또 그 허물어진 것을 다시 지어 일으키리니 이는 그 남은 사람들과 내 이름으로 일컬음을 받는 모든 이방인들로 주를 찾게 하려 함이라 하셨으니 즉 예로부터 이것을 알게 하시는 주의 말씀이라 함과 같으니라."(16-18절). 이스라엘을 일으키시고 그 남은 자들과 이방인들을 모아 주님을 찾게 하시는 일이 지금 벌어지고 있다. 베드로가 주장했던 것처럼 야고보는 지금 현재 성령님을 통해서 그들 가운데 진행되고 있는 하나님의 일을 인정하는 것이 그들이 할 도리임을 강조한 것이다.

모든 신자들이 하나님의 뜻에 순종할 준비가 되어 있음을 감지한 야고보는 구체적인 의견을 제시했다. 누가는 이 장면을 묘사하며 '크리노'(κρίνω)라는 특별한 단어를 사용하였다. 문자적으로 번역해 보면 "나는 판단한다." 혹은 "나는 결정한다."가 된다.[83] 적지 않은 주석가들이 이 단어를 지적하며 지금 야고보는 개인적 의견을 제시한다기보다는 회의의 결론을 유도하고 있다고 생각한다. 즉, 회의의 장으로서 회의의 분위기와 참석자 전원의 생각을 읽고 그들 모두가 합의할 수 있는 결정을 선포하였다는 것이다. 19절의 '그러므로'는 이렇게 하는 것이 베드로의 의견, 바나바와 바울의 증언, 구약의 예언, 그리고 특히 이 모든 것을 주도하신 하나님의 뜻과 섭리에 일치하는 것으로서 누구도 더 이상 반발하지 않을 내용임을 뜻한다.

야고보가 제안한 것은 다음의 다섯 가지였다. 첫째, 하나님에게 돌아오는 이방인들을 괴롭히지 말자. 둘째, 그들에게 편지를 보내 우상의 더러운 것, 셋째, 음행, 넷째, 목매어 죽인 것, 다섯째, 피를 멀리하라고 하자는 것이었다.

첫 번째 제안은 할례에 관한 것이다. 따라서 예루살렘 회의의 사실상 결론에 해당한다. 예수님을 믿음으로 하나님께로 돌아오는 이방인들, 믿음의 형제들에게 할례란 쓸데없는 멍에요 그들을 괴롭히는 것이다. 형제들을 괴롭히지 말자는 것은 그들에게 할례를 강요하지 말자는 소극적 제안만이 아니라 할례를 아예 요구하지도 말자는 적극적 제안인 것이다.[84] "우리도 능히 메지 못하던 멍에를 어찌 제자들의 목에 두려고 하느냐?"는 베드로의 호소를 야고보도 반복하며 그들이 오랫동안 지켜오던 유대인들의 특권(의 표식)을 포기하자는 결론이었다.

원칙이 해결되어도 남는 것이 있다. 유대인들과 이방인들의 하나됨을 방해하는 실제 문제들을 다루는 것이다. 누가는 회의의 핵심 문제인 할례와 관련된 것을 보도하면서 실제 방해물에 대한 토론을 전혀 소개하지 않았지만 예루살렘 회의에서는 지엽적인 여러 사례들이 보고되고 거론되었던 것으로 보인다. 실생활에서는 눈에 잘 보이지 않는 원칙, 즉, 할례의 여부보다는 당장 눈에 띄어 서로의 감정을 손상시키는 사소한 일들이 더 큰 걸림돌이 되기 마련이다. 이러한 걸림돌을 제거하지 않으면 유대인과 이방인 사이의 교류는 점점 어려워지고 결국에 가서는 다시 원칙적인 문제로 돌아오게 된다. 예루살렘 회의에서 유대인의 눈에 거슬리는 것으로 거론된 이방인들의 관습이 아마 '우상의 더러운 것', '음행', '목매어 죽인 것', '피를 먹는 것' 네 가지로 압축되었을 것이다. 야고보는 유대 신자들이 그들의 특권인 할례를 포기하는 만큼 이방 기독교인들도 그들의 관행들 중 이 몇 가지를 포기하도록 요구함으로써 신자들 사이의 방해물들을 완전히 제거하자고 제안한 것이다.[85]

이 요구가 이방 기독교인들에게 무리한 것이었을까? 21절은 이런 질문에 답을 제공한다. 당시 지중해 연안의 도시에는 대부분 유대인들이 살고 있었다. 그들은 회당을 지어 이곳을 중심으로 유대인으로서의 삶을 지속했다. 회당의 주요 기능 중 하나는 안식일에 모여 모세의 율법을 낭독하고 설명하는 것이었다. 유대인들에게 주입되는 율법 조항들은 디아스포라 공동체 안의 유대인들과 원주민들 사이에 늘 충돌의 요소로 등장하였다. 따라서 어느 곳에 사는 이방인들이든지 유대인들의 주장과 특징이 무엇인지 어느 정도는 알고 있었다. 따라서 그런 곳에서 살다가 유대적 색채가 짙게 배어 있는 복음을 듣고 하나님께 돌아오는 이방 신자들에게 그들이 대략 알고 있는 유대인의 율법 중 이 네 가지를 지키도록 요구하는 것은 결코 무리는 아닐 것이다.[86] 야고보는 아마 이렇게 생각하였던 것으로 보인다.

야고보의 결론은 회의에 참석한 모든 사람들, 즉, 사도들과 장로들과 모든 신자들에게 아주 적당한 것으로 보였다. 아무도 이방 신자들의 할례 필요성을 더 이상 말하지 않았다. 하나님의 사역에 그들은 열린 마음을 가지고 있었고 성령의 사역에 맞지 않는 것이라면 어떤 특권이라도 포기할 수 있었다.[87] 그들은 또 이방 신자들과 하나가 되어 하나님의 백성, 그리스도의 교회로 존재해야 한다는 것을 강하게 느끼고 있었다. 이방인들을 대함에 있어서 꺼려하던 모든 요소들도 야고보의 입으로 정리되었고 같은 형제들과 하나가 되기 위한 열망으로 뭉쳐 있었다. 회의는 안디옥 및 다른 지역에 보낼 대표를 뽑고 편지를 작성하는 것으로 막을 내렸다. 예루살렘 교회의 회의는 이렇게 만장일치의 화기애애한 분위기 속에 끝났고 교회는 이방인 선교에 본격적으로 돌입할 채비를 완벽히 갖추었다.[88]

잠시 후 북방의 교회들에게 보내는 편지를 쓰며 예루살렘 교회는 자신들의 결정이 '성령과 우리' 즉, 성령님의 인도 하에 예루살렘 교회가 결정한 것임을 분명히 했다. 교회 참석자들은 누구나 이 결정에 하나님께서 함께 하심을 알았고 느꼈던 것이다. 성령님의 임재와 능력을 모두가 느끼고 고백할 수 있는 교회, 그리고 그러한 교회의 지혜로운 결정! 바로 이것이 우리가 성경에서 배울 수 있는 교회의 이상적인 모습인 것이다. 예루살렘 교회의 결정은 모두에게 만족스러운 것이었다. 그들은 다수결 원칙을 표방하지 않았지만 아무도 반대하는 사람이 없었다. 하나님의 지도에 신자들 모두가 완벽하게 순종하게 된 것이었다.

3.4. 후속 조치: 유대 신자와 이방 신자의 일치신조(행 15:22-33)

예루살렘 교회의 대표로 선출된 유다 바사바는 아마도 사도의 후보로 올랐던 요셉 바사바(1:23)의 형제일 것이다. 예루살렘 교회는 유다와 실라를 예루살렘 교회의 대표로 선출했다. 그리고 이들에게 예루살렘 교회 회의의 결과를 적은 편지를 주어 수리아와 안디옥과 길리기아 교회에 전하도록 하였다.

예루살렘 교회가 작성한 편지에는 몇 가지 특이한 내용이 발견된다:

첫째, 편지의 수신자 명단은 이 편지가 문제의 발원지인 안디옥 교회뿐 아니라 수리아에 있는 교회들, 그리고 바나바와 바울이 전도하여 세운 길리기아 교회에 전해졌음을 보여준다. 물론 더 많은 지역에 있는 이방인들 중심의 교회들이 배제되었다고 볼 필요는 없다. 예루살렘 교회는 이방인들의 할례 문제가 안디옥 교회뿐 아니라 무할례자들이 신자로 들어와 있는 모든 교회에서 발생하였거나, 아니면 곧 발생할 심각한 문제임을 알고 그러한 수신자들을 지명한 것이다. 그렇다면 예루살렘 교회의 결정과 이 결정을 담은 편지의 효력은 한국교회를 비롯한 모든 지역의 모든 현대 비유대인 교회에도 그대로 적용되는 원리로 보아야 한다.

둘째, 이 편지는 안디옥 교회에서 교인들을 가르쳐 이방인 할례 문제에 논란을 일으킨 '유대에서 온 사람들'이 예루살렘 교회와는 아무런 관련이 없음을 변명한다. 그들이 제기한 문제에 대해 예루살렘 교회는 한 번도 공식적으로 거론한 적이 없었다. 하나님의 직접적인 역사에 압도당한 신자들은 무언과 침묵의 태도를 보였으며 더 이상 묻거나 다룰 필요가 없는 주제로 생각했던 것이다. 따라서 - 비록 그들이 예루살렘 교회로부터 안디옥으로 내려갔지만 - 그들은 예루살렘 교회에서 시켜서도, 보내서도 그렇게 한 것이 아니었다. 그들은 다만 개인적인 의견을 "할례를 받지 않으면 아무도 구원받지 못한다."는 형태로 개진했을 뿐이다. 이 문제에 관한 예루살렘 교회는 아무런 책임이 없음을 명확히 표현했다. 뿐만 아니라 그들의 교훈은 이방 신자들을 괴롭게 하는 것이었고, 마음을 혼란케 하는 것임을 지적하여 예루살렘 교회는 이와 정반대의 입장에 서있음을 명확히 하였다. 이것은 예루살렘 교회 회의에서 밝히 드러난 것이기도 하다.

셋째, 예루살렘 교회는 안디옥 교회의 대표인 바나바와 바울을 "주 예수 그리스도의 이름을 위하여 생명을 아끼지 아니하는 사랑하는 사람들"이라고 추천함으로써 행여나 있을지도 모르는 안디옥 교회 지도부에 대한 의혹을 일시에 해소하는 조치를 취하였다. 물론 안디옥 교회는 그들의 전폭적인 지지와 신뢰를 바나바와 바울에게 보내고 있었다. 교회의 일치를 위해 안디옥 교회는 이들을 대표로 뽑았고 예루살렘 교회에 그들의 대표로 파송했었는데 예루살렘 교회는 이 두 사람에 대한 전폭적 지지를 보냄으로 예루살렘 교회가 모든 면에서 안디옥 교회와 같은 하나의 교회임을 증명한 것이다.

넷째, 차갑고 공식적인 한 장의 편지가 아니라 그들이 대표로 선출하여 보낸 유다와 실라가 더 자세하게 이 일, 즉, 예루살렘 교회 회의의 주제와 진행 과정과 부각된 여러 문제들에 대하여, 그리고 그 최종 결정과 예루살렘 교회의 분위기를 모두 그들에게 직접 전해줄 것을 추천하였다. 살아있는 사람들의 증언은 글보다 그리고 한 장의 종이보다 더 힘이 있었고 설득력이 있었을 것은 누구나 추측할 수 있는 결과이다.

다섯째, 할례의 불필요성을 자세하게 언급하지 않고 다만 이방인들이 유대인들과 같은 믿음 안에서 교제하고 하나의 교회 구성원으로 살아갈 수 있는 네 가지 조항만을 언급함으로써 할례 문제는 더 이상 언급할 필요도 없고 논쟁할 필요도 없음을 명확히 하였다. 이렇게 함에 있어서 예루살렘 교회는 그들이 공개적으로 작성한 네 개 조항이 그들에게 요구되는 '필요한 전제 요건'임을 알렸다. 예루살렘 교회의 유대 신자들이 할례라는 중요한 사안에 대해 더 이상 요구하지도, 문제를 삼지도 않는 상황에서 그들 편에서의 최소한의 노력과 포기를 정중하게 요청한 것이다.

예루살렘 교회에서 보낸 대표들, 유다와 실라, 그리고 바나바와 바울은 안디옥 교회의 성도들에게 편지를 전달했다. 그 결과를 누가는 "그들이 읽고 그 위로한 말을 기뻐하였다."(31절)고 기록하였다. 이것은 안디옥 교회가 그들을 형제로 인정하며 위로의 글을 담은 부분만을 받아들였다는 말은 아닐 것이다. 이 짧은 표현 속에는 이방 신자들이 이제껏 할례 없이 한 교회로 인정되고 있다는 것과 이방 신자들에게 유대 신자들이 정중하게 요청한 네 가지 조항에 대해 기꺼이 양보하고 동의했다는 것도 분명히 포함되어 있을 것이다. 편지에 표현되지 않은 많은 이야기들은 유대와 실라가 충분히 전했음이 분명하다. 누가는 이러한 대표들의 활동을 "그들도 선지자라 여러 말로 형제를 권면하여 굳게 하였다."(32절)는 함축적인 말로 요약했다.

예루살렘 교회와 안디옥 교회, 유대 신자들과 이방 신자들의 일치신조는 이렇게 만들어졌고 이렇게 활용되었다. 교회는 이제 복음을 받고 회개하고 예수님을 믿는 것, 요약하면, 살아 계신 구세주 예수님에 대한 믿음을 근거로 하여 시작하는 세계 교회의 위대한 발판을 마련하게 된 것이다. 그 기초 위에서는 유대인이라 해도, 또는 이방인이라 해도 어떠한 차별이나 차이란 결코 있을 수 없는 것이다. 구원 문제에 있어서 유대인과 이방인이 서로 다른 길이 있다거나, 혹은 유대인에 비해 이방인의 구원이 불완전한 것이 아니라 유대인이나 이방인이나 누구든지 오직 믿음으로만 구원을 받는다는 것이었다. 누구든지 예수님을 믿기만 한다면 모두가 하나님의 거룩한 백성으로 인정될 수 있는 교회의 초석이 확립된 것이다.

물론, 이 기초는 오래 전부터 신자들의 묵인 하에 통용되었던 것이다. 하지만 예루살렘 교회의 회의의 중요성은 그동안 금기시되어 왔던 이 문제를 명확히 의논하고 사도행전의 한 부분, 즉, 교회사의 한 부분에 명확한 기록으로 남겼다는 데에 중대한 의미가 있다. 이 회의에 직접 가담하지 못하고 후대에 복음을 받게 될 모든 교회를 위한 일치신조가 만들어진 것이다.[89] 이 기초 위에 모든 교회는 부수적이고 지엽적이며 개개 문화와 역사에 얽힌 모든 주제들을 제쳐 두고 오직 그리스도를 향한 믿음만을 교회의 설립 및 존립 근거로 삼게 되었던 것이다.

그리고 이제, 은혜의 복음이 유대교라는 울타리를 넘어 인종과 지역을 초월하는 본격적인 이방 선교가 시작될 수 있는 기틀을 마련하게 되었던 것이다.

3.5. 예루살렘 회의의 결과 (행 15:36-41)

세계 선교를 향한 위대하고 확실한 기초는 작성되었다. 바울과 바나바는 다시 길을 떠날 채비를 차리고 제2차 전도여행을 준비했다. 그들에게는 인간적이고 감정적인 면도 남아 있어서 전도여행에 누구를 데리고 갈 것이냐는 문제로 다투기도 하고 결국 이 문제로 갈라서고 말았지만, 그런 인간적 잔재들이 복음이 진행해 나가는 길을 방해할 수는 없었다. 사도행전을 기록한 누가는 이런 인간적 면보다는 인간적 여러 약점에도 불구하고 복음이 전도자들을 통하여 유럽을 향해 전파되어 가는 바울의 발걸음에 초점을 맞추었다.

3.6. 결론: 예루살렘 회의의 현대적 의의

사도행전 15장은 바울의 제1차 전도여행과 제2차 전도여행 중간에 예루살렘에서 모였던 예루살렘 회의에 대해 기록하고 있다. 회의의 핵심 안건은 율법과 구원의 상관관계, 즉, 율법의 의미가 무엇인가 하는 것이었다. 토의 사항은 먼저 이방인 중에서 나타난 표적과 기사에 대한 바나바와 바울의 보고가 있은 후(15:1-5), 베드로가 지지발언을 했다(15:11). 그는 "우리는 그들이 우리와 동일하게 주 예수의 은혜로 구원받는 줄을 믿노라."하면서 '율법의 신학'theology of law이 아닌 이신칭의의 '은혜의 신학'theology of grace을 이방인뿐 아니라 유대인에게도 적용했다. 이어 야고보의 결론적 제안이 있었고(15:13-21), 안디옥과 다른 지역에 보낼 대표인 유다와 실라를 선출하고 편지를 작성하는 것으로 회의는 막을 내렸다.

예루살렘 회의의 의미를 요약하자면 다음과 같다. 당시 할례나 율법을 하나님의 언약 백성이 되었음을 표시하는 신분 표시들 내지 구원의 조건들로 생각하는 사람들을 향해 하나님의 백성을 규정하는 유일무이한 요소는 '초문화적인 믿음'뿐이라고 선언하였다. 그럼으로써 유대인들이 그들의 민족적이고 문화적인 카테고리를 벗어버려야 한다는 사실을 일깨워주고 있으며, 예수 안에서는 유대인이나 헬라인이나 똑같은 존재라는 사실을 분명히 밝히고 있다.

어떻게 보면 예루살렘 회의의 결정은 현재 이 땅 위에 살아가는 우리 신자들이나 교회에는 별 의미가 없어 보일지도 모른다. 아마 어떤 사람들은 이렇게 질문할 것이다. 과연 우리 한국교회가 예루살렘 회의를 주의 깊게 읽어야 할 필요가 있는가? 오늘날 한국 땅에 살아가는 우리에게 1세기에 일어났던 예루살렘 회의나 일치신조가 무슨 의미가 있단 말인가? 우리는 이미 오직 믿음으로 말미암아 구원을 얻는다는 것을 고백하고 있고, 할례나 율법 문제로부터도 자유롭지 않은가?라고 말이다. 과연 그 생각이 타당할까?[90]

언제부터인가 우리 한국교회의 그리스도인들, 또는 교회들이 점점 더 율법주의적으로 되어간다는 염려를 자주 듣게 된다. 아니, 실제로 이신칭의를 부르짖으며 '오직 은혜'를 외치는 우리 교회에 도무지 혼재해서는 안되는 율법주의적 성향이나 그로 말미암은 공로주의가 교회와 신자 전반에 퍼져있는 것을 어렵지 않게 볼 수 있다. 예를 들자면,

외형적인 성속(聖俗)의 구분, 주일성수의 규범화, 과시적 구제 및 선교 활동, 기도와 금식의 전시화(展示化), 십일조와 헌금의 세분화와 도식화, 그리고 이런 외형적인 도식으로 신자를 판단하고 정죄하는 일! 이런 현상으로 미루어볼 때 예루살렘 회의의 당사자였던 예루살렘 교회나 안디옥 교회뿐 아니라 우리 교회와 성도들도 '율법주의'의 도전 앞에 직면해 있다고 말할 수 있을 것이다.

신학적으로 볼 때 '율법주의'legalism란 "구약의 율법을 어떻게 이해하느냐."에 따라 결정되는 개념으로, 초대교회 당시부터 유대인들뿐 아니라 모든 그리스도인들을 혼란스럽게 했던 문제이다. 좀 더 구체적으로 이 문제의 핵심에 서 있었던 바울이 율법과 복음을 대비하여 말할 때 율법은 윤리적인 규범으로서의 법을 가리키는데, 그 때 율법주의라는 것은 행함으로 의롭다 함을 받으려는 '공로주의'를 동반하는 개념이다. 율법주의화란 다시 '공로주의'로 되돌아가려는 경향을 뜻한다. 이런 맥락에서 보면 우리 한국교회에 공로주의 사상이 팽배해있다는 말은 다른 말로 하면 그만큼 율법주의화 되어간다는 말일 수 있다.

그러나 이런 문제는 우리만의 문제는 아니었다. 교회 역사를 보면 교회가 공로주의나 율법주의 성향을 완전히 벗어나 그리스도 안에서 자유함을 누리며 성경이 가르치는 대로 온전한 신앙생활을 영위한 경우는 거의 찾아 볼 수 없다. 예루살렘 교회도 그러했고, 사도시내의 교회들도 예외는 아니었다. 실지로 우리는 서신서에서 율법주의와 반(反)율법주의, 공로주의, 분파주의, 복음이 아닌 잘못된 교훈에 미혹되는 일, 방종주의에 빠지지 않도록 하는 경고의 말씀을 쉽게 발견하게 되는데 이것이 그 증거이다. 이런 일이 발생하는 근본적인 원인은 무엇일까? 그것은 자신의 신앙과 삶에 대한 신학적 이해의 부족에 있다고 할 수 있다.

예루살렘 교회 회의에서 우리는 이것을 분명히 배운다. 그리스도인의 삶은 믿음과 은혜로 시작되지만, 그것은 또한 믿음과 은혜로 계속 이어져야만 한다. 이 진리를 온전히 깨닫지 못하기 때문에 믿음과 은혜를 떠나 자꾸 행위에 의존하게 되는 것이고, 율법주의화 되는 것이다.

대부분의 신자들이 개종 초기에는 믿음으로 예수를 영접하고 열정적으로 주님을 의지한다. 하지만 점차 시간이 흐름에 따라 그 처음 열정과 감격은 식어지고 신앙은 점점 형식과 관습과 문자적인 규율에 매이게 되고, 그리하여 역동적인 신앙과 삶을 상실하게 된다. 열심히 믿으려는 신앙생활은 율법주의적인 성향을 띨 수 있다. 어쩌면 그것은 불가피한 것일 수도 있고, 어떻게 보면 건강한 신앙생활의 징표일 수도 있다. 이는 율법과 계명을 지키려는 노력과 율법주의의 경계는 뚜렷하지 않기 때문이다. 신앙생활은 하나님의 은혜를 경험하고 받아들일 뿐만 아니라, 그 은혜에 감격하고 감사하여 하나님의 은혜를 보답하는 자세로 살아가는 헌신의 삶, 즉, 성화의 삶을 모두 포괄한다. 그러나 믿음과 은혜의 교리를 날마다 되새기는 일을 게을리 하면 바리새적인 율법주의나 공로주의에 빠져들게 되는 것이다.

그리스도인의 삶은 율법이 주장하는 구속의 삶이 아니라 예수가 주장하는 자유의 삶이다. 이제, 우리 한국교회의 모든 성도들이 복음에 대한 올바른 이해를 가지고 믿음과 은혜로 시작한 신앙생활이 그 믿음과 은혜로 계속 이어지는 삶을 통해 '율법주의적 신앙생활'과 '공로주의적 삶'에 종지부를 찍고 참된 자유와 평안을 누리며 구원의 목적에 부합한 삶을 살아가야 할 것이다.

4. 사도 바울의 전도여행

사도 바울은 1세기 지중해 지역을 여행하며 그리스도의 복음을 전했다.[91] 이러한 바울의 복음전파 사역은 사도행전과 그의 편지들을 통해 재구성해 볼 수 있다. 이에 따르면 바울은 적어도 4회의 전도여행을 감당한 것으로 추정되는데, 학계에서는 이를 제1, 2, 3차 전도여행 및 로마 호송여행(제4차 전도여행)이라고 부른다. 그러나 앞서 언급했듯이 성경에 이러한 명칭이 있는 것은 아니다. 그럼에도 불구하고, 이러한 내용은 성경을 통해 분명히 확인될 뿐만 아니라 일반적으로 사용되는 표현이기에 여기서도 이러한 명칭으로 설명해 보고자 한다. 단, 전체적인 전도여행 구분은 사도행전의 기록을 따르고, 필요한 경우 바울서신의 내용들과 역사 및 고고학적 자료들을 통해 부연 설명하고자 한다.

1세기 로마의 행정 구역: 로마 제국은 아우구스투스(주전 27년-주후 14년) 시대부터 2세기 말까지 최고의 번영을 누렸으며, 2세기경에는 영토가 최대로 확장되었다.

1. 제1차 전도여행(행 13:4-14:28)

제1차 전도여행은 사도행전 13장 4절-14장 28절(참조 15:1-35)에서 전체적으로 소개되고 있다. 구체적인 정보를 얻기 위해서는 제1차 전도여행의 원(原)자료인 사도행전 본문을 살펴보아야 한다.

1.1. 사도행전 본문

13 ⁴두 사람이 성령의 보내심을 받아 실루기아에 내려가 거기서 배 타고 구브로에 가서 ⁵살라미에 이르러 하나님의 말씀을 유대인의 여러 회당에서 전할새 요한을 수행원으로 두었더라 ⁶온 섬 가운데로 지나서 바보에 이르러 바예수라 하는 유대

인 거짓 선지자인 마술사를 만나니 [7] 그가 총독 서기오 바울과 함께 있으니 서기오 바울은 지혜 있는 사람이라 바나바와 사울을 불러 하나님의 말씀을 듣고자 하더라… [13] 바울과 및 동행하는 사람들이 바보에서 배 타고 밤빌리아에 있는 버가에 이르니 요한은 그들에게서 떠나 예루살렘으로 돌아가고 [14] 그들은 버가에서 더 나아가 비시디아 안디옥에 이르러 안식일에 회당에 들어가 앉으니라 [15] 율법과 선지자의 글을 읽은 후에 회당장들이 사람을 보내어 물어 이르되 형제들아 만일 백성을 권할 말이 있거든 말하라 하니… (16-49: 바울이 회당에서 말씀을 전하나 유대인들은 반박과 비방을 했기에[45절], 바울은 이방인을 향한 선교를 시작하다[46절])… [51] 두 사람이 그들을 향하여 발의 티끌을 떨어 버리고 이고니온으로 가거늘 [52] 제자들은 기쁨과 성령이 충만하니라

14 [1] 이에 이고니온에서 두 사도가 함께 유대인의 회당에 들어가 말하니 유대와 헬라의 허다한 무리가 믿더라… (2-5: 복음 사역으로 핍박을 받다)… [6] 그들이 알고 도망하여 루가오니아의 두 성 루스드라와 더베와 그 근방으로 가서 [7] 거기서 복음을 전하니라… (8-18: 루스드라에서 병자를 고치고 사역을 감당하다)… [19] 유대인들이 안디옥과 이고니온에서 와서 무리를 충동하니 그들이 돌로 바울을 쳐서 죽은 줄로 알고 시외로 끌어 내치니라 [20] 제자들이 둘러섰을 때에 바울이 일어나 그 성에 들어갔다가 이튿날 바나바와 함께 더베로 가서 [21] 복음을 그 성에서 전하여 많은 사람을 제자로 삼고 루스드라와 이고니온과 안디옥으로 돌아가서 [22] 제자들의 마음을 굳게 하여 이 믿음에 머물러 있으라 권하고 또 우리가 하나님의 나라에 들어가려면 많은 환난을 겪어야 할 것이라 하고 [23] 각 교회에서 장로들을 택하여 금식 기도 하며 그들이 믿는 주께 그들을 위탁하고 [24] 비시디아 가운데로 지나서 밤빌리아에 이르러 [25] 말씀을 버가에서 전하고 앗달리아로 내려가서 [26] 거기서 배 타고 안디옥에 이르니 이 곳은 두 사도가 이룬 그 일을 위하여 전에 하나님의 은혜에 부탁하던 곳이라 [27] 그들이 이르러 교회를 모아 하나님이 함께 행하신 모든 일과 이방인들에게 믿음의 문을 여신 것을 보고하고 [28] 제자들과 함께 오래 있으니라

1.2. 제1차 전도여행 경로 및 지역

(1) 제1차 전도여행 경로

사도행전의 본문을 따르면 사도 바울의 제1차 전도여행의 경로는 다음과 같다:

> 수리아 안디옥 → 실루기아(13:4) → 구브로 섬의 살라미와 바보(13:5-6) → 밤빌리아의 버가(13:13) → 비시디아 안디옥(13:14) → 이고니온(13:51) → 루가오니의 두 성인 루스드라와 더베(14:6, 8, 20) → 루스드라와 이고니온과 비시디아 안디옥(14:21) → 밤빌리아의 버가와 앗달리아(14:24-25) → 수리아 안디옥(14:26)

사도 바울의 제1차 전도여행 지역: 이 기간 바울이 방문한 곳은 크게 세 지역으로, 구브로 섬, 밤빌리아 지역, 갈라디아 지역이었다.

(2) 제1차 전도여행 지역

제1차 전도여행 기간 동안 수리아 안디옥 교회에 파송을 받은 바나바와 바울은 안디옥을 떠나 실루기아Seleucia 항구에서 155km 떨어져 있는 구브로Cyprus 섬을 거쳐 소아시아의 밤빌리아 지역과 갈라디아 지역에서 선교를 감당했다. 대부분의 학자들은 제1차 전도여행이 주후 46/7-48년의 약 2-3년간 지속되었다고 본다.[92]

제1차 전도여행 기간 동안 사도 바울이 방문한 지역은 크게 세 군데로 요약할 수 있다.

> 첫째, 구브로 섬
> 둘째, 밤빌리아 지역
> 셋째, 갈라디아 지역

세 지역들 중 첫 번째와 두 번째 지역은 세 번째 전도 지역에 이르기 위한 행선지로 표현되며, 세 번째 방문지는 소아시아의 갈라디아 지역으로, 바나바와 바울의 구체적인 사역이 이루어진 곳이다.

1) 첫 번째 지역: 구브로 섬의 살라미와 바보 (13:5-6)

바울이 제1차 전도여행을 떠나면서 처음으로 도착한 곳은 구브로 섬이다. 이 섬은 현재 사이프러스Cyprus라고 불리는 섬으로, 오늘날 레바논 서편에 위치한 지중해의 섬이다. 수리아의 안디옥에서 200km 떨어져 있는 이 섬은 바울이 선교하기를 원했던 일차적 선교지는 아니었다. 그러나 이곳에서도 바울은 복음을 전파했고 여러 사건들이 발생했다. 이 시기의 바울의 선교사역은 살라미와 바보, 두 도시에 초점이 맞추어져 있다.[93] 먼저, 바울은 동역자 바나바의 고향으로 알려진 살라미에서 유대인 회당을 중심으로 복음을 전했다.⁹⁴ 이후 밤빌리아로 향하기 위해 구브로의 수도인 바보^Paphos로 이동했는데, 이곳에서 거짓 선지자를 만나 어려움을 겪게 되었으나 로마 총독인 서기오 바울^Sergius Paulus에게 복음을 전할 기회를 가졌다.

2) 두 번째 지역: 밤빌리아의 버가 (13:13)

구브로를 떠나 바울 일행이 소아시아로 들어오게 된 지역이 밤빌리아의 버가였다. 구브로의 바보 항구에서 밤빌리아 주(州)의 앗달리아까지는 뱃길로 약 320km로 당시에는 3일 간의 항해 기간이 소요되었다. 사도행전의 기록을 보면 바울 일행이 버가로 갔다고 되어 있지만(행 13:13), 버가에는 항구가 없었기 때문에 일단 앗달리아 항구에 도착하여 도보나 혹은 나룻배로 15km를 여행하여 버가로 갔을 것이다.

이곳에서 자신들과 함께 전도여행을 떠났던 요한 마가는 예루살렘으로 돌아가게 된다. 왜 마가는 예루살렘으로 돌아갔을까? 대부분의 사람들은 전도여행이 힘들어서 돌아갔을 것이라 추측한다. 전도여행을 시작한 지 얼마 되지도 않았는데 그리 빨리 지쳤을까? 혹시 또 다른 이유가 있지 않았을까? 그 단서를 우리는 사도행전 13장에서 찾을 수 있을 듯하다. 제1차 전도여행을 시작할 당시 그 여행의 리더^leader는 바나바였다(행 13:2, '바나바와 사울'). 그러나 밤빌리아의 버가로 들어오면서 전도여행의 리더십^leadership이 바나바에서 바울로 넘어간 것을 볼 수 있다. 사도행전 13장 4절을 보면, 바울 일행(οἱ περὶ Παῦλον), 즉 'Paul and his companions'로 바뀌고 있고, 43절에서는 '바울과 바나바'를 언급한 후 이 순서가 거의 바뀌지 않기 때문이다(13:46, 51; 15:2, 36 등). 이런 사실로 미루어 요한의 전도여행 이탈의 이유가 리더십의 교체에 따른 불만에 있었던 것으로 추측할 수 있다.

3) 세 번째 지역: 비시디아 안디옥(13:14), 이고니온(13:51), 루가오니의 두 성인 루스드라와 더베(14:6, 8, 20)

밤빌리아의 버가에서 요한 마가는 바울과 그의 삼촌인 바나바를 떠나 예루살렘으로 돌아갔고, 바울은 뒤를 돌아보지 않고 240km 떨어진 선교지 비시디아 안디옥Antioch in Pisidia으로 향한다. 당시 하루 도보 여행 거리가 25-30km였다면, 적어도 8-9일을 타우루스 산맥Mountains Taurus을 가로지르는 세바스테 도로via Sebaste를 걸어서 도착했을 것이다. 바울은 이 도시에서 자신의 선교 접점contact point을 일차적으로 회당으로 삼고 그곳에서 안식일에 복음을 전했는데 하나님께서 복음의 문을 열어 주셔서 많은 결실을 맺게 된다. 바울이 회당 중심의 선교를 한 이유는 첫째, 구속사의 원칙을 따라 유대인에게 먼저 복음이 전해져야 한다는 것이었고 둘째, 복음이 잘 전파될 수 있도록 하나님께서 예비해 두신 터전이 디아스포라diaspora 유대인들이었으며, 그들이 모이는 회당이었기 때문이었다.

이 회당에는 유대인뿐 아니라 그들의 신앙에 동화(同化)되어 '개종한 이방인'(τῶν σεβομένων προσηλύτων: proselytes),[95] 그리고 아직 개종은 못했지만 '하나님을 경외하는 이들'(οἱ φοβούμενοι τὸν θεόν: God-fearer)[96]도 참여하고 있었다. 비시디안 안디옥 회당의 유대인과의 접촉에 대해 누가는 이렇게 묘사한다(행 13:16-41): 1)율법서 낭독, 2)선지서 낭독, 3)감사기도, 4)바울에게 강론을 요청하는 회당장의 권유, 5)바울의 설교 등이다.[97]

바울이 비시디아 안디옥 회당에서 전한 복음은 한마디로 기독론적 설교였다. 즉, 예수님은 하나님께서 아브라함과 모세와 구약의 선지자들을 통해 보내시겠다고 약속하신 메시아이며, 누구든지 그분을 믿으면 율법 준수와 상관없이 그분이 십자가로 성취하신 그 의를 힘입어 구원을 받는다는 이신칭의의 복음을 설교했다. 이런 설교는 다만 이곳만이 아니라 어디를 가든 공통적으로 전했던 교회 개척 설교요, 가장 기본 설교였음을 사도행전에서 거듭 확인할 수 있다.[98] 이것이 바울서신에 기독론적 설교가 적게 등장하는 이유가 되기도 한다.

바울의 회당 선교는 유대인들의 지속적이고 조직적인 반대로 어려움을 겪게 되었고, 이후 바울은 이방인을 향한 복음 전파에 중점을 둔다(행 13:45-51). 바울은 비시디아 안디옥의 사역을 뒤로하고 이고니온으로 와서 회당에서 복음을 전했는데, 또 다시 강한 핍박을 겪게 된다(14:1-6). 심지어 육체적인 고난까지 당하게 되는데, 이에 바울은 이고니온을 떠나 루가오니의 두 성인 루스드라와 더베 지역에서 복음을 전한다(14:6-18). 루가오니의 첫 성인 루스드라에서 바울은 걷지 못하는 이를 걷게 하는 능력을 행한다. 이에 그 성의 주민들은 바울과 바나바를 신적인 존재로 파악하여 그들을 예배하려 했지만, 이러한 개인적 영광을 거부하고 바울은 온전한 복음으로 그들을 이끌고자 했다.

루스드라에서의 선교 역시 비시디아 안디옥과 이고니온에서 바울을 쫓아온 유대인들에 의해 반대를 겪게 된다. 당시 비시디아 안디옥에서 루스드라까지는 약 200km, 이고니온에서 루스드라는 약 70km거리였다. 이 원정 박해단에 의해 바울은 거의 죽기까지 돌을 맞게 된다. 이제 제자들은 바울을 죽은 줄로 알고 곁에 두었는데, 다시 일어난 바울은 루스드라로 들어가서 "예수는 그리스도, 하나님의 아들이시다."라며 복음을 전했다(행 14:19-20). 이러한 광경은 루스드라 출신인 디모데가 다 보게 되는데, 스데반의 순교를 통해 바울을 얻었듯이, 바울의 모진 핍박과 환란을 통해 디모데를 신자로 얻게 된 것을 볼 수 있다. 이처럼 기독교의 역사는 순교의 릴레이인 것이다.

루스드라에서의 돌에 맞는 사건^{stoning} 후에 바울은 루가오니의 두 번째 성인 더베로 향하게 되고, 이곳에서 많은 결실을 맺는다. 이렇게 루가오니의 두 성에서의 사역을 마무리하고 사도 바울은 방향을 거슬러, 지나온 선교지들을 다시 방문하며 이미 성도된 자들을 격려하고 위로하며 귀향길에 오른다. 바울이 더베에서 타우루스 산맥을 넘어 자신의 고향 다소로 돌아가지 않고, 굳이 다시 먼 길을 되돌아 온 이유는, 소아시아의 첫 도착지였지만 복음을 전하지 못했던 버가에서 복음을 전하기 위해서였을 것이다(행 14:25).

1.3. 제1차 전도여행 주요 도시

(1) 수리아 안디옥(14:26)

수리아 안디옥^{Antioch of Syria}은 주전 300년 셀루커스^{Selucus} 왕조가 팔레스타인 지역을 지배했던 시절, 알렉산더 대왕의 장군 중 한 사람인 셀류커스 니카도르^{Selucus Nicador}가 세운 도시로 자신의 아버지인 안티오쿠스^{Antiocus}의 이름을 따서 '안디옥'이라 불렀다.[99] 예루살렘^{Jerusalem}에서 북쪽으로 약 480km 거리에 위치해 있고, 시리아에 속했기에 시리아 안디옥이라 불렀다. 또한 그는 안디옥을 흐르는 오론테스 강이 지중해와 만나는 24km 지점에 항구도시를 만들고 자신의 이름을 사용하여 실루기아^{Seleucia}라고 불렀다. 수리아 안디옥은 주전 64년 이후 로마에 의해 정복되었으며, 로마의 시리아 속주의 수도이자 인구 약 50만 명으로 로마와 알렉산드리아에 이어 로마 제국에서 세 번째로 크고 중요한 도시가 되었다.[100]

초대교회의 중심지였던 수리아 안디옥: 이곳에서 기독교인은 최초로 '그리스도인'(Χριστιανός, 그리스도의 것, 그리스도의 사람들)이라는 호칭을 얻게 되었다. 당시 안디옥은 바울을 중심으로 한 이방인 선교의 전초기지로서의 역할을 담당하였다.

안디옥은 또한 초대교회의 중심지이기도 했다. 안디옥 교회는 스데반의 순교 이후 주후 31-32년 박해 때 예루살렘에서 온 유대인 신자들에 의해 세워졌다고 전해진다.[101] 교회는 빠르게 성장했고, 이로 인해 예루살렘의 사도들은 안디옥의 선교사역을 강화하기 위해 바나바를 이곳으로 파송하게 되었다(행 11:21-24). 이 도시에서 기독교인들이 최초로 '그리스도인'(Χριστιανός)이라는 호칭을 얻게 되었다(행 11:26). 바울 당시 풍속을 살펴보면, 어떤 집단의 이름을 명명할 때 그 무리 대표의 이름을 붙였다. 예를 들어, 지명을 따라 나사렛에 살면 나사렛인, 갈릴리에 살면 갈릴리인이라고 말했다. 그러나 안디옥 교인만은 '안디옥인'이 아닌 '그리스도인'이라고 불렀다. 이어 주후 2세기경 '그리스도인'을 기독교 공식 명칭으로 받아들였다. 그 후 기독교는 유대교와 완전히 구분되었고 지금까지도 '그리스도인'이라는 명칭을 사용하고 있는 것이다.

수리아 안디옥의 베드로 암굴교회: 스데반 순교 후 기독교 박해가 심해지자 기독교인들은 이곳으로 피난하여 베드로를 중심으로 은밀하게 예배를 드렸다. 박해자들이 갑자기 습격하면 성도들은 교회 안의 약 4km의 비밀 동굴을 통해 뒷산으로 피신했다.

많은 이방인들의 '대대적인 회심'에 바나바는 바울의 이방 선교사역을 높이 평가하면서 다소로 가서 바울의 도움을 구했고, 일 년간 안디옥에서 동역했다.[102] 이후 이 도시는 바울을 중심으로 한 이방인 선교의 전초기지로서의 역할을 감당하게 되었다(행 13:1; 15:3; 18:23).[103]

(2) 실루기아(13:4)

실루기아Seleucia는 수리아 안디옥에서 약 24km 떨어진 항구로서, 셀류코스 왕조의 셀류코스 1세(니카도르)가 안디옥을 건설할 때 도시의 항구 역할을 하도록 건설한 해변 도시이다. 이 도시는 후에 로마의 해군 기지로 사용되기도 했다.[104] 안디옥 교회의 파송을 받은 바나바와 바울 일행은 그 도시의 항구인 실루기아에서 구브로Cyprus로 향하는 배를 타고 제1차 전도여행을 떠났다.

(3) 구브로 섬의 살라미와 바보(13:5-6)

구브로는 오늘날의 사이프러스Cyprus 섬을 가리킨다. 이 섬은 지중해에서 수라구사Syracuse, 크레테Crete에 이어 세 번째 큰 섬이다.105 이 섬은 바울과 제1차 전도여행을 동행한 요셉, 흔히 바나바라고 불리는 전도자의 고향이었다(행 4:36). 사도행전에는 섬의 동편과 서편에 위치한 두 개의 항구, 즉 살라미Salamis 항(港)106과 바보Paphos 항이 언급되는데, 두 항구의 거리는 약 140km 정도였다. 특별히, 바울 일행은 구브로 섬의 수도였던 바보에서 서기오 바울Sergius Paulus 총독107을 만나게 되는데, 그 이유는 그 지역에 로마 총독의 관저가 있었기 때문이다.108

구브로 섬의 살라미: 바울은 이곳에 이르러 유대인의 여러 회당에서 하나님의 말씀을 전했다(13:5).

구브로 섬의 수도 바보: 바울이 유대인 거짓 선지자인 마술사 바예수를 꾸짖고, 총독 서기오 바울을 전도하여 신자로 만든 곳이다(13:6-12).

(4) 밤빌리아의 버가(13:13) 및 앗달리아(14:24-25)

밤빌리아Pamphylia는 소아시아 남부의 로마 주(州)를 가리키는데, 루기아와 길리기아 및 비시디아에 둘러싸인 지역을 가리킨다.109 버가Perga는 밤빌리아 주의 수도로서 약 1만 5천 명을 수용하는 극장, 경기장,

웅장한 성문과 수로, 목욕탕 등 로마 제국 시대에 번성하던 도시에서 볼 수 있는 완벽한 기반시설을 갖춘 도시였고, 특별히 여신 아데미 숭배worship of Artemis로 유명했다. 이 도시는 주전 약 188년경 로마에 의해 정복되었다. 버가는 남부 해안으로부터 비시디아 등의 내륙으로 들어가는 관문이었을 뿐만 아니라, 동과 서를 연결하는 교통의 요충지였기 때문에 번영을 누렸던 도시이다.

밤빌리아의 수도 버가: 버가는 동서를 연결하는 교통의 요충지로서 번영을 누린 도시였다. 바울 당시 버가가 얼마나 큰 도시였는지 유적을 보면 알 수 있다. 관객 약 1만 5천 명을 동시에 수용하는 극장, 약 34m×234m 규모의 스타디움과 많은 신전이 있었다.

그와 더불어 평야를 끼고 있었던 버가는 바다와 적절한 거리(약 13km)를 두고 있어 교통이 매우 편리했다는 것도 발전을 위한 중요한 원동력이 되었다. 이곳은 소아시아의 남부 해안으로부터 내륙을 연결하는 세바스테 도로Via Sebaste(주후 6년에 완공한 도로)의 시작점이기도 했다.[110] 세바스테 도로는 지중해변에서 남부 갈라디아를 이어주는 도로로, 주전 25년 갈라디아 주를 만든 로마는 밤빌리아와 비시디아 사이에 위치한 타우루스 산맥Mountains Taurus이 높고 험해서 산적들이 계속 출몰하자, 이들을 격퇴하고 안전한 통로를 확보하기 위하여 이 도로를 건설했다. 이 도로는 버가에서 시작하여 비시디아 안디옥, 이고니온과 루스드라, 그리고 더베로 이어지는데, 바울 일행은 이 도로를 따라가며 복음을 전했고 어려움을 겪기도 했다(고후 11:26).

세바스테 도로: 지중해변과 남부 갈라디아를 잇는 세바스테 도로는 버가에서 시작하여 비시디아 안디옥, 이고니온과 루스드라, 더베로 이어진다. 바울은 오직 복음을 전하고자 하는 마음으로 이 길을 한 걸음 한 걸음 따라가며 전도여행의 여정을 이어갔다.

버가에 있는 아고라: 고대 그리스 당시 아고라는 수많은 사람들이 모여 함께 대화하며 토론하는 장소였다. 그리스 후기에는 상품을 판매하는 시장의 기능을 제공하기도 했다.

한편, 바울이 제1차 전도여행을 마치고 다시 수리아 안디옥으로 돌아가기 위해 배를 탄 앗달리아Attalia는 버가에서 서남쪽으로 약 13km 떨어진 밤빌리아의 항구 도시로 페르가뭄의 아탈루스 2세인 필라델푸스 Attalus II Philadelphus(주전 159-138년)가 세운 것이다.[111] 남부에서 소아시아 중앙부로 가기 위해서는 버가에서 시작되는 세바스테 도로를 거쳐야 했는데, 이 때 바닷길을 통해 세바스테 도로를 이용하고자 하는 이들은 앗달리아를 거쳐야 했다.

앗달리아 항구: 바울이 제1차 전도여행 후 다시 수리아 안디옥으로 돌아가기 위해 배를 탔던 곳이다. '앗달리아'는 페르가뭄(Pergamum, 버가모)의 아탈루스 2세 필라델푸스가 자신의 이름을 붙여 세운 도시이다.

앗달리아 해변의 풍경: 당시 앗달리아는 로마의 속주 밤빌리아의 항구 도시였으며, 오늘날 터키의 안탈랴(Antalya)이다.

(5) 비시디아 안디옥/갈라디아 (13:14)

비시디아 안디옥의 원형극장 유적지: 비시디아 안디옥의 발굴은 1913-1914년, 1924년에 부분적으로 진행되다가 1979년부터 본격적으로 재개되어 로마 시대의 많은 유적들이 발견되었다. 대표적인 유적으로 아우구스투스 신전, 야외극장, 사도 바울 기념교회 등이 있다.

비시디아 안디옥 Antioch of Pisidia은 현재의 터키 중앙 고원지대로, 바울 당시에는 주전 25년 로마의 아우구스투스에 의해 재편된 소아시아의 갈라디아 Galatia 주(州)에 속한 도시였다. 북부에는 페시누스 Pessinus, 타비움 Tavium 등의 주요 도시가 있었고, 남부에는 비시디아 안디옥, 이고니온 Iconium, 루스드라 Lystra, 더베 Derbe 등이 주요 도시가 되었다.[112] 특히 비시디아 안디옥은 남부 갈라디아에서 가장 중요한 로마 수비대의 주둔지였고, 지역적인 중요성 때문에 로마가 퇴역 군인들을 정착 거주시켰던 도시이다. 이러한 이유로 비시디아 안디옥은 황제숭배의 중심지가 되었고, 그들의 영향으로 소아시아에서 중요한 도시로 급속하게 성장했다.[113]

이 도시는 세바스테 도로에 위치해서 소아시아의 남부와 내륙을 연결할 뿐만 아니라, 에베소Ephesus부터 시리아Syria의 대로 중간에 있어서 교통, 군사, 경제의 주요 기점 역할을 감당했다.[114]

비시디아 안디옥의 유적지: 신전을 만들고 유지하는 것은 고대 로마 종교의 주요한 부분이었다.

비시디아 안디옥의 사도 바울 기념교회 유적지: 바울은 비시디아 안디옥의 회당에서 첫 설교를 하였다. 이곳은 바울과 바나바가 유대 회당에 들어가서 설교했던 것(13:14)을 기념하여 주후 325년 설립된 교회이다.

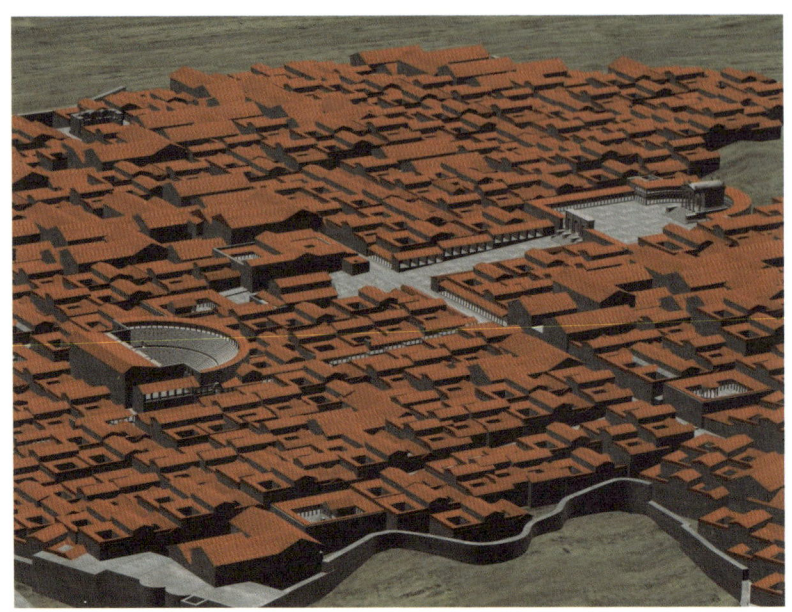

비시디아 안디옥 모형도: 비시디아 안디옥은 교통, 군사, 경제에 있어 주요 기점 역할을 한 도시였다.

(6) 이고니온(13:15)

버가에서 시작되어 비시디아 안디옥을 거친 세바스테 도로는 루가오니아Lycaonia 지방의 수도였던 이고니온Iconium으로 연결된다. 이고니온은 비시디아 안디옥에서 동쪽으로 125km 지점에 위치했는데, 비록 높은 고원 지대지만 교통의 편리함과 넓은 평야에서 경작되는 생산물을 기반으로 하여 지속적인 발전을 거듭했다. 전통적으로 브루기아Phrygia와 루가오니아의 중간에 놓여 가교(架橋) 역할을 감당했으며, 주전 25년 로마의 속주에 편입되어 로마의 소아시아 주요 거점 도시가 되었다.[115] 이고니온은 오늘날에는 콘야Konya라고 불리며 이슬람 신비주의 사원인 메블라나Mevlana 사원이 위치하고 있다.

루가오니아의 수도 이고니온: 바울 일행은 비시디아 안디옥에서 유대인들의 선동으로 박해를 받게 되자, 그곳을 떠나 이고니온으로 들어가 회당에서 복음을 전했다. 그리고 이곳에서도 큰 결실을 맺어 유대와 헬라의 허다한 무리가 믿게 되었다(14:1).

(7) 루가오니아의 두 성인 루스드라와 더베(14:6, 8, 20)

루스드라Lystra는 세바스테 도로의 실질적 종착점으로, 군사적 방어를 위한 주요 도시였다. 이 도시는 사도 바울의 제자이며 영적 아들인 디모데의 고향이기도 했다(참조. 행 16:2).[116]

루스드라에서 동남쪽으로 약 90km 거리에 위치한 더베Derbe[117]는 주전 25년 로마의 속주가 된 도시이다. 더베는 루가오니아와 길리기아의 경계선에 위치한 도시였다.[118] 바울은 제1차 전도여행 때 복음을 전했던 더베를 제2차 전도여행 때도 다시 방문하였다(행 16:1). 고린도에서 바울 일행에 합류했던 가이오Gaius가 더베 출신이다(행 20:4).

루스드라: 이 도시는 군사적 방어를 위한 주요 도시였다. 바울은 제1차 전도여행 때, 루스드라의 발을 쓰지 못하는 사람을 일으키는 이적을 행하였다(14:8-18).

2. 제2차 전도여행(행 15:36-18:22)

바울의 제2차 전도여행은 사도행전 15장 36절-18장 22절에서 전체적으로 소개되고 있는데, 아나톨리아, 마케도니아, 아가야 지역을 선교했다. 구체적인 정보는 제2차 전도여행의 원(原)자료인 사도행전 본문을 살펴보아야 한다.

2.1. 사도행전 본문

15 [36] 며칠 후에 바울이 바나바더러 말하되 우리가 주의 말씀을 전한 각 성으로 다시 가서 형제들이 어떠한가 방문하자 하고 [37] 바나바는 마가라 하는 요한도 데리고 가고자 하나 [38] 바울은 밤빌리아에서 자기들을 떠나 함께 일하러 가지 아니

한 자를 데리고 가는 것이 옳지 않다 하여 ³⁹ 서로 심히 다투어 피차 갈라서니 바나바는 마가를 데리고 배 타고 구브로로 가고 ⁴⁰ 바울은 실라를 택한 후에 형제들에게 주의 은혜에 부탁함을 받고 떠나 ⁴¹ 수리아와 길리기아로 다니며 교회들을 견고하게 하니라

16 ¹ 바울이 더베와 루스드라에도 이르매 거기 디모데라 하는 제자가 있으니 그 어머니는 믿는 유대 여자요 아버지는 헬라인이라 ² 디모데는 루스드라와 이고니온에 있는 형제들에게 칭찬 받는 자니… (3–5: 바울이 디모데를 동역자로 삼고 할례를 행하며 여러 성[4절]에 다니며 사도와 장로들의 규례를 지키게 하다)… ³ 바울이 그를 데리고 떠나고자 할새 그 지역에 있는 유대인으로 말미암아 그를 데려다가 할례를 행하니 이는 그 사람들이 그의 아버지는 헬라인인 줄 다 앎이러라 ⁶ 성령이 아시아에서 말씀을 전하지 못하게 하시거늘 그들이 브루기아와 갈라디아 땅으로 다녀가 ⁷ 무시아 앞에 이르러 비두니아로 가고자 애쓰되 예수의 영이 허락하지 아니하시는지라 ⁸ 무시아를 지나 드로아로 내려갔는데… (9–10: 마게도냐로 부르는 환상을 보다)… ¹¹ 우리가 드로아에서 배로 떠나 사모드라게로 직행하여 이튿날 네압볼리로 가고 ¹² …거기서 빌립보에 이르니 이는 마게도냐 지방의 첫 성이요 또 로마의 식민지라 이 성에서 수일을 유하다가… (13–40 루디아와의 만남, 그리고 귀신 들린 여종 치유, 그리고 핍박을 받다)… ⁴⁰ 두 사람이 옥에서 나와 루디아의 집에 들어가서 형제들을 만나 보고 위로하고 가니라

17 ¹ 그들이 암비볼리와 아볼로니아로 다녀가 데살로니가에 이르니 거기 유대인의 회당이 있는지라… (2–9: 복음의 결실과 핍박)… ¹⁰ 밤에 형제들이 곧 바울과 실라를 베뢰아로 보내니 그들이 이르러 유대인의 회당에 들어가니라… (11–13: 베뢰아 사람들의 신앙과 유대인의 핍박)… ¹⁴ 형제들이 곧 바울을 내보내어 바다까지 가게 하되 실라와 디모데는 아직 거기 머물더라 ¹⁵ 바울을 인도하는 사람들이 그를 데리고 아덴까지 이르러 그에게서 실라와 디모데를 자기에게로 속히 오게 하라는 명령을 받고 떠나니라… (16–34: 아덴에서 사역하다).

18 ¹ 그 후에 바울이 아덴을 떠나 고린도에 이르러… (2-17: 아굴라와 브리스길라와의 만남, 그리고 실라와 디모데의 합류, 그리고 여러 가지 사건들)… ¹⁸ 바울은 더 여러 날 머물다가 형제들과 작별하고 배 타고 수리아로 떠나갈새 브리스길라와 아굴라도 함께 하더라 바울이 일찍이 서원이 있었으므로 겐그레아에서 머리를 깎았더라 ¹⁹ 전도여행에 와서 그들을 거기 머물게 하고 자기는 회당에 들어가서 유대인들과 변론하니 ²⁰ 여러 사람이 더 오래 있기를 청하되 허락하지 아니하고 ²¹ 작별하여 이르되 만일 하나님의 뜻이면 너희에게 돌아오리라 하고 배를 타고 전도여행을 떠나 ²² 가이사랴에 상륙하여 올라가 교회의 안부를 물은 후에 안디옥으로 내려가서

2.2. 제2차 전도여행 경로 및 지역

(1) 제2차 전도여행 경로

사도행전 본문을 따르면 사도 바울의 제2차 전도여행의 경로는 다음과 같다:

수리아 안디옥 및 길리기아(15:41) → 더베와 루스드라(와 여러 성)(16:1, 4) → 부르기아와 갈라디아 및 무시아(16:6-7) → 드로아(16:8) → 사모드라게 및 네압볼리(16:11) → 빌립보(16:12) → 암비볼리와 아볼로니아(17:1) → 데살로니가(17:1) → 베뢰아(17:10) → 베뢰아 근처 바다(17:14) → 아덴(17:15) → 고린도(18:1) → 겐그레아(18:18) → 가이사랴(18:22) → 교회(예루살렘)(18:22) → 수리아 안디옥(18:22)

(2) 지역 설명

제2차 전도여행 기간 동안 수리아 안디옥 교회에 파송을 받은 사도 바울은 바나바와 마가의 문제로 결별한 후, 실라(실루아노)와 함께 소아시아의 여러 지역에서 선교한 후 오늘날의 발칸 반도 중 그리스 지역으로 들어가 복음을 전파했다. 대부분의 학자들은 제2차 전도여행이 주후 50-52년, 약 3년간 지속되었다고 본다.[119]

제2차 전도여행 기간 동안 사도 바울이 방문한 곳은 크게 두 지역으로 요약할 수 있다:

사도 바울의 제2차 전도여행 지역: 이 기간 바울이 방문한 곳은 크게 두 지역으로, 소아시아, 발칸 반도(그리스) 지역이었다.

첫째, 소아시아 지역

둘째, 발칸반도 (그리스) 지역

이 중 첫 번째 전도지역은 제1차 전도여행 때 복음을 전했던 곳들을 중심으로 이뤄졌으며, 두 번째 전도지역은 원래 계획에는 없었으나 성령님의 지시하심에 따라 갑작스럽게 계획에 포함된 지역이었다.

1) 첫 번째 지역: 수리아 안디옥 및 길리기아(15:41), 더베와 루스드라(와 여러 성)(16:1, 4), 브루기아와 갈라디아 및 무시아(16:6-7), 드로아(16:8)

바울의 두 번째 전도여행은 순탄치 않았다. 첫 번째 여행을 같이 했던 바나바와 결별했기 때문이다. 그 이유는, 제1차 전도여행 때 소아시아 지역에 첫발을 디뎠을 때 바나바의 조카인 요한 마가가 선교 대열에서 이탈하여 예루살렘으로 되돌아가는 일이 발생했기 때문이다(행 15:38). 이후 제2차 전도여행을 준비하면서 바나바는 요한 마가에게 재차 기회를 줄 것을 요구했지만, 바울은 동의하지 않았다. 이에 바나바는 요한 마가와 동행하여 제1차 선교지이자 자신의 고향인 구브로로 향했고, 바울은 실라(실루아노)와 동행하여 자신의 고향인 다소와 제1차 선교지였던 길리기아 지역으로 떠났다.

육로를 선택했던 바울은 자신의 고향인 수리아와 길리기아 지역을 다니면서 그가 세운 교회들을 돌보았고, 그 후 제1차 선교지였던 더베, 루스드라, 이고니온 등을 방문하여 성도들을 위로하고 격려했다. 특별히 루스드라 성에서 디모데를 만나 선교 조력자로 삼고, 아시아 지역, 특히 에베소에서 복음을 전하기 원했다(행 16:1). 그러나 성령께서 아시아에서 복음을 전하지 못하게 하셔서 부르기아(Phrygia)와 갈라디아 지역에서 복음을 전했다. 그 후 무시아를 거쳐 비두니아로 가고자 했으나,[120] 다시 성령께서 바울에게 아시아 선교를 마무리하고 유럽으로 갈 것을 지시하시는 마케도니아의 환상을 본 후(16:9-10), 유럽, 즉, 발칸 반도의 마케도니아 지역으로 향한다.

2) 두 번째 지역: 사모드라게 및 네압볼리(16:11), 빌립보(16:12), 암비볼리와 아볼로니아(17:1), 데살로니가(17:1), 베뢰아(17:10), 베뢰아 근처 바다(17:14), 아덴(17:15), 고린도(18:1), 겐그레아(18:18), 가이사랴(18:22), 교회(예루살렘)(18:22), 수리아 안디옥(18:22)

아시아의 항구 드로아Troas를 떠난 바울은 유럽 땅을 밟고 사모드라게Samothrace와 마케도니아의 해변 항구도시인 네압볼리를 지나 빌립보에 도착한다.[121] 빌립보는 마케도니아의 첫 번째 큰 성으로서 이곳 기도처(προσευχή)에서 바울은 루디아를 만나게 된다.[122] 빌립보에 사는 유대인 공동체는 강기테스 강변에 위치한 어떤 한 집에 모였던 것으로 보인다.[123] 루디아는 소아시아의 두아디라 출신으로 자색 옷감 장사였는데, 하나님을 경외하는 사람(σεβομένη τὸν θεόν)으로 바울이 전한 복음을 듣고 회심하게 된다. 복음의 첫 열매를 얻은 바울은 귀신들린 여종을 만나 귀신을 쫓아내자, 돈벌이를 못하게 된 여종의 주인이 바울을 고소해 이 때문에 감옥에 갇히게 된다. 그러나 감옥에서조차 하나님의 능력이 나타남으로써 감옥을 지키던 간수의 가정도 복음을 믿는 역사가 나타나게 된다. 아마도 이들이 빌립보 교회의 모체가 되었을 것이다.[124]

그들은 다시 풀려나 남쪽으로 전도여행을 계속하게 된다. 이후 암비볼리Amphipolis와 아볼로니아Apollonia를 지나 150km 떨어진 데살로니가에 이르게 되는데, 이곳에서 바울은 3주에 걸쳐 회당에서 복음을 전했고, 예배에 참여했던 많은 이방인들, 특히 귀부인들이 복음을 받아들였다.[125] 그러나 이곳에서도 유대인들이 바울을 대적하여 그는 늦은 밤에 베뢰아 Berea 지역으로 피신하게 된다.

한편, 베뢰아 사람들은 복음에 대해 더욱 적극적이었다.[126] 이에 많은 사람들이 복음을 받아들여 큰 결실을 맺었는데, 데살로니가에서 쫓아온 반대자들 때문에 바울은 바다 길을 통해 아덴(아테네)으로 피신해야만 했다. 성경의 증거에 따르면, 바울은 고도(古都) 아테네의 아레오바고 the Areopagus 언덕에서 당대의 철학자들과 논쟁을 벌였지만 선교의 성과가 없었고, 주님의 십자가 외에는 더 이상 전하지 않기로 결심한다(17:16-34).

아테네의 사역을 마치고 고린도에 이른 바울은 소아시아의 본도 Pontus 출신인 브리스길라 Priscilla 와 아굴라 Aquila 에게 복음을 전했고 이들과 함께 활동하면서 오랜 기간(약 1년 6개월) 고린도에 머문다(17:16-18:1).[127] 이후 고린도 사역을 마무리하고 겐그레아 Cenchrea 를 방문해 자신의 서원을 실행한다. 그리고 전도여행을 거쳐 팔레스타인에 위치한 가이사랴에 도착하여 예루살렘 교회를 방문한 후 파송교회이며 선교 출발지였던 안디옥으로 돌아온다.

2.3. 제2차 전도여행 주요 도시

(1) 수리아 안디옥 및 길리기아(15:41)
수리아 안디옥 Antioch of Syria 에 대해서는 제1차 전도여행 부분을 참조하라.

길리기아Cicilia는 소아시아와 팔레스타인 지역을 연결하는 곳에 위치한 로마의 속주이다.128 길리기아의 수도는 다소Tarsus인데, 이곳은 사도 바울의 고향으로 알려져 있다(행 21:39; 22:3; 23:34). 산악 지대로 이뤄진 길리기아 지역은 전통적으로 산양털로 만든 '킬리키움'Cilicium(길리기아라는 이름에서 유래함)이라는 직물이 유명했다. 사도 바울과 같은 유대인 출신의 인물을 배출한 것을 고려해 보면 적지 않은 유대인들이 정착하고 있었던 것으로 보인다.

바울 생가의 우물: 바울의 출생지 다소에는 바울의 생가터가 보존되어 있다. '사도 바울의 우물'이라고 명명한 이들은 비잔틴 사람들이거나 십자군 병사로 추정되는데, 이곳 사람들은 이 우물물이 치료의 효과가 있다고 생각한다.

(2) 더베와 루스드라 (와 여러 성)(16:1, 4)

더베Derbe와 루스드라Lystra에 대해서는 제1차 전도여행 부분을 참조하라.

(3) 부르기아와 갈라디아 및 무시아(16:6-7)

갈라디아에 대해서는 제1차 전도여행을 참조하라. 단, 제2차 전도여행이 진행된 갈라디아 지역은 부르기아Phrygia와 무시아Mysia 주(州)로 향하는 길목이었기에, 남부 갈라디아뿐만 아니라 북부 갈라디아 지역도 포함하는 곳으로 볼 수 있다. 부르기아는 소아시아의 중부 내륙, 갈라디아의 서부 및 비시디아의 북부에 위치한 로마의 주(州)로, 수도는 고르디움Gordium이었다.[129] 무시아는 소아시아의 북서부에 위치한 로마의 주(州)였다.[130]

(4) 드로아(16:8)

드로아Troas는 소아시아의 무시아 주(州) 북서쪽 해변의 에게 해(海)를 향해 있는 항구 도시이다.

드로아의 성벽과 해자(성 주위에 둘러 판 연못): 드로아(Troas)는 '관통'이란 뜻의 항구도시로, 아시아와 유럽을 연결하는 교통의 요지에 위치했기에 로마 식민 도시 중에서도 매우 중요한 역할을 했다. 사도 바울은 제2차 전도여행 때 이곳에서 마케도니아의 환상을 본 후 소아시아 선교를 중단하고 유럽으로 건너가는 중대한 결단을 했다. 그리고 유럽에 맨 처음 도착했던 지역이다(행 16:8-10).

드로아의 극장 유적지: 소아시아 지역 북서쪽에서 가장 중요한 항구가 바로 드로아였는데, 당시 유적의 흔적을 많이 볼 수 있다. 드로아에는 긴 성벽의 일부와 체육관, 목욕탕, 수로의 유적들이 남아 있다.

이 도시는 유명한 고대 유적지 트로이Troy에서 남쪽 방향으로 약 25km 부근에 위치해 있다.

당시 트로이 목마를 재현한 조형물: 드로아는 트로이 전쟁으로 유명한 소아시아 서쪽의 트로이(Troy) 남방 약 25㎞ 지점에 위치한 에게 해 연안 항구 도시이다. 그리스는 트로이와의 전쟁에서 승리하기 위해 내부에 사람 30여 명이 숨을 수 있는 거대한 바퀴 달린 목마를 만들어 트로이 성 안으로 침공하는 계획을 세워 승리를 거두었다.

드로아는 아시아에서 마케도니아로 건너갈 때 꼭 거쳐야 하는 주요 항구였다.[131] 이곳에서 사도 바울은 환상을 보고 아시아 선교를 중단하고 유럽 선교의 첫발을 내딛게 된다(행 16:8-10).

4. 사도 바울의 전도여행 ✦ 115

(5) 사모드라게(16:11)

사모드라게Samothrace는 현재의 터키와 불가리아 동남부, 에게 해(海)에 위치한 섬이다. 이 섬은 에게 해에서 흑해를 향해 갈 때, 그리고 소아시아에서 마케도니아로 향할 때 거쳐야 하는 해양 교통의 주요 지역이었다.[132] '높은 봉우리'라는 이름과 같이 사모드라게는 섬 가운데 해발 약 1,600m 봉우리가 있는데 이것이 에게 해의 등대 역할을 했다. 사도 바울은 사모드라게를 징검다리 삼아서 네압볼리로 건너갔다.

(6) 네압볼리(16:11)

네압볼리Neapolis는 마케도니아 주(州)의 동북쪽에 위치한 곳으로 에게 해(海)를 향해 있는 항구 도시이다. 그 이름은 '네아'(새로운)+'폴리스'(도시)로 합성된 "새로운 도시"라는 의미를 가졌다. 네압볼리는 마케도니아의 주요 도시 빌립보에서 동남쪽으로 약 14km 거리에 위치해 있고, 로마로 향하는 에그나티아 도로Via Egnatia[133]의 시작점이기도 하다.[134]

네압볼리에 있는 바울 도착 기념교회: 바울 일행은 터키의 드로아에서 그리스의 섬 사모드라게를 지나 유럽 전도의 첫 시작점인 네압볼리(Neapolis) 항구에 도착했다.

(7) 빌립보(16:12)[135]

빌립보의 바실리카(Basilica) 교회터: 1914-1983년 부분 발굴된 빌립보 유적지에는 아크로 폴리스, 야외극장, 바실리카 교회터, 바울과 실라가 갇혔던 감옥이 있다.

네압볼리에서 시작되는 에그나티아 도로 Via Egnatia에 위치한 빌립보는 주전 4세기 마게도니아의 필립 2세 Philip II가 주전 358-357년경 건설한 도시이다.[136] 이 도시는 알렉산더 대왕 Alexander the Great의 출생지이다. 금광으로 인해 유명해진 빌립보는 주전 168년 로마에 복속된 이후, 주전 31년 이후 옥타비아누스(아우구스투스)에 의해 로마의 퇴역 군인을 위한 도시로 전환되었다. 따라서 그 당시에 '콜로니아 율리아 필리펜시스'Colonia Julia Philippensis라는 이름으로 불리기도 했다. 약 5천-1만 명의 주민이 거주했고, 이곳 출신들의 대부분은 로마 시민권자가 되었으며, 그에 합당한 권한을 누렸다.[137] 사도 바울은 이곳에서 첫 열매로 루디아를 전도했다.

빌립보 도시: 기둥 앞쪽으로 시장이 있었고 시장 앞에 넓은 광장(포럼)이 있었다.

바실리카 교회터: 바실리카는 고대 로마인들의 공공건물을 가리키는 라틴어로, 고대 로마 마을의 포럼에 있었다. 바실리카는 또한 종교적인 용도로도 사용되었다.

빌립보 감옥터: 바울과 실라가 갇혔던 감옥(16:24). 이곳에서도 하나님의 큰 구원역사가 일어났다.

(8) 암비볼리(17:1)

암비볼리Amphipolis는 마케도니아 주(州)에 속한 도시이다. 이 도시는 스트리몬이라는 강에 둘러싸여 있으며, 한때 판가에우스 광산의 발견으로 주요한 위치를 차지했다. 그러나 폐광 이후 도시는 급격히 쇠락하였다.[138]

암비볼리 사자상: 주전 4세기경 알렉산더 대왕의 3대 장군 중 한 사람인 라오메돈(Laomedon) 장군의 업적을 기념하여 그의 무덤에 세운 기념물이다.

아볼로니아의 베마 유적지: 베마(τὸ βῆμα)란, 연설이나 재판을 할 때 청중을 내려다 볼 수 있는 돌로 만든 단을 말한다.

(9) 아볼로니아(17:1)

아볼로니아 Apollonia는 암비볼리에서 데살로니가로 향하는 길목에 위치해 있다. 이곳은 이름 그대로 '아폴로에게 속했다(혹은, 헌정한다).'는 의미를 지닌 도시이다.[139]

(10) 데살로니가(17:1)[140]

데살로니가 Thessalonica는 아볼로니아에서 남쪽으로 약 57km 거리에 위치해 있다. 데살로니가라는 명칭은 알렉산더의 이복누이이자 마케도니아의 통치자 카산더 Cassander(주전 316-297년경)의 아내인 데살로니가 Thessalonica의 이름에서 온 것이다.[141] 이 항구 도시는 마케도니아와 에게 해(海)를 연결해주는 주요 역할을 감당했고, 바울 시대에는 빌립보를 대신하여 그 주(州)의 수도 역할을 감당했다. 한편, 이 도시 중앙으로는 에그나티아 도로가 있었는데, 이 길을 통해 데살로니가는 마케도니아와 로마를 잇는 중요한 역할을 했다.[142]

데살로니가의 아고라(aogra) 유적지: 아고라는 당시 일종의 광장으로서, 정치, 종교, 문화적인 시설을 갖추어 각종 정보를 얻을 수 있는 장소였다. 고대 그리스 사람들은 이곳에 모여 토론을 하고 소통을 하였다. 현대 사회로 오면서 아고라는 소통의 공간을 뜻하는 단어가 되었다.

데살로니가의 화이트 타워: 15세기 베네치아인들이 구축해 놓은 방벽의 일부에 16세기 오토만의 건축가 시난(Sinan)이 디자인한 30미터 높이의 성이다. 18-19세기 터키 시대에는 감옥으로 사용되었다. 화이트 타워는 기독교 군인들에 대한 터키의 학살이 이 자리에서 자행되어 '피의 탑(Bloody Tower)'이라고도 불린다.

데살로니가 항구: 마케도니아의 수도인 데살로니가는 항구도시로 교통과 무역의 중심지였다.

(11) 베뢰아(17:10)

베뢰아Beroea는 마케도니아의 한 도시로, 데살로니가로에서 남동쪽으로 약 80km 부근에 위치해 있다. 이 도시 역시 에그나티아 도로에 있었다. 베뢰아는 농업과 금속 세공업으로 유명했다.[143]

베뢰아의 회당: 바울의 선교전략은 선교지에 가면 제일 먼저 유대인 이민자들이 모이는 회당을 찾아가 복음을 전하는 것이었다. 바울은 베뢰아에서도 가장 먼저 회당을 찾았다.

바울의 계단: 베뢰아의 기념 장소 중 하나로, 바울이 밟았던 계단을 기념하여 세운 곳이다.

바울의 동상: 베뢰아의 '사도 바울 설교기념터'에 있다. 베뢰아에서 바울의 복음전파 사역은 큰 열매를 거두었다(행 17:11-15).

(12) 아덴(아테네, 17:15)

아덴Athens은 지혜의 여신인 아테나Athena의 이름을 따라 지은 도시이다. 아덴은 키피소스 강(江)과 일리소스 강 중간에 있고, 시 중심에는 아크로폴리스라는 높은 지역을 중심으로 도시가 형성되어 있다.[144]

아덴의 아크로폴리스와 파르테논 신전: 아덴은 헬라 시대의 가장 번영한 도시 중 하나였다.

아덴은 아가야(아카이아Achaia) 지방의 핵심 도시로서 이미 페리클레스 시대(주전 459-429년)부터 최고의 정치적, 문화적, 예술적 지위를 누렸다. 특별히, 철학에 있어서 매우 중요한 인물들이 활동했는데, 예를 들어, 소크라테스Socrates, 플라톤Plato 등이 이곳에서 활동을 했다.[145] 바울 시대에는 에피쿠로스 학파the Epicureans, 스토아 학파the Stoics 등의 철학자들도 활동했는데, 사도행전에 의하면 바울이 그들과 장터(아고라)에서 논쟁을 하기도 했다.[146]

아덴의 아레오바고 언덕: 이곳은 로마의 통치 아래 자치정부의 실제적인 의결기구로서, 철학, 교육, 도덕, 특히 외래 사상에 관한 권한을 지녔다. 바울은 아레오바고 설교에서, 아덴 사람들에게 익숙한 사상을 언급하며 복음을 전했다.

(13) 고린도(18:1)[147]

바울은 제2차 전도여행 중 믿음의 동역자인 아굴라와 브리스길라 부부를 고린도에서 만났으며, 이들과 함께 1년 6개월 동안 이곳에 체류하면서 복음을 전하고 가르쳤다(18:1~18). 제3차 전도여행 사역에서는 에베소에서 복음 전도 사역을 한 후 다시 이곳 고린도로 와서 3개월 정도 머물렀다. 이 기간 동안 예루살렘을 거쳐 로마로 갈 선교 계획을 미리 밝혔으며 로마에 있는 성도들에게 로마서를 기록하여 보냈다.

바울이 1년 6개월이라는 오랜 기간 고린도에 머문 이유는, 고린도에 유대인 회당이 많아 유대인 전도에 유리했으며, 또한 교통 요충지였기에 이곳을 전략적으로 중요한 선교 거점 도시로 삼을 수 있었기 때문이다.

아크로 고린도: 고린도인들의 자유분방한 생활은 특히 사랑의 여신 아프로디테 숭배로 상징화되었다. 아프로디테 신전은 아고라보다 약 513m 높이 솟아있는 아크로 고린도의 꼭대기에 자리하고 있었다.

고린도Corinth는 아덴Athens에서 서쪽으로 약 65km 거리에 위치한 도시로, 당시 아가야 주(州)의 수도였다.148 고린도는 에게 해Aegean Sea와 이오니아 해(海)Ionian Sea를 잇는 주요 교통지였다. 이러한 지리적 요건으로 고린도는 상업과 무역이 번성했으며, 이를 위해 모인 많은 사람들로 인해 종교, 문화적으로도 번영을 누렸다.149 특별히, 고린도 광장 남쪽에 위치했던 아크로-고린도Acro-Corinth150 언덕에는 사랑의 여신 아프로디테Aprodite의 신전이 있었는데, 이곳에는 한때 약 1천여 명의 여사제들이 제의(음행이 그 의식 중 하나였음) 등을 시행했다.151

그러나 로마가 주전 146년경 로마 집정관 루시우스 뭄미우스Lucius Mummius 장군의 지휘 아래 반란을 일으킨 고린도를 점령하여 완전히 파괴한 후 약 백여 년 동안 그 중요성을 상실했다. 이후 주전 44년 재건되어 바울이 이곳을 방문했을 당시는 인구가 약 65만 명(자유인 25만 명, 노예 40만 명)에 이를 정도로 다시 번영하고 있었다.152

고린도의 유적지: 고린도는 아덴으로부터 서쪽으로 약 65km 떨어진 곳에 위치한 도시로, 당시 아가야 주의 수도였다.

바울의 고린도 방문과 관련하여 역사적으로 한 가지 흥미로운 점은, 사도행전 18장 12절의 "갈리오가 아가야 총독 되었을 때"라는 표현이 1905년 그리스 델피Delphi에서 발견된 한 비문 기록에 의해 확증되었다는 점이다.153 갈리오Gallio는 마르쿠스 안나이우스 노바투스Marcus Annaeus Novatus인데, 그는 스토아 철학가 세네카Lucius Annaeus Seneca(주전 약 4년-주후 65년)의 동생이었다. 그는 클라우디우스 황제Claudius the Emperor 때, 세네카의 아버지의 친구이자 로마의 수사학자 루키우스 유니우스 갈리오Lucius Junius Gallio의 양자가 되어 그 가문의 이름 갈리오를 취했고, 바울이 고린도를 방문했을 무렵인 주후 51년 7월 아가야의 총독(주후 약 51년 7월-52년 6월)이 되었다.154 따라서 바울이 갈리오를 만났다는 기록은, 바울의 전도여행을 포함하여 사도행전의 기록들이 명확한 역사적 사실임을 입증해주는 중요한 자료가 된다.

고린도의 아고라(agora)와 아크로폴리스(acropolis): 아고라는 '광장'을, 아크로폴리스는 '높은 곳(acro)의 도시 국가(polis)'를 뜻한다. 아크로폴리스는 고대 그리스에서 도시마다 제일 높은 곳에 세워진 신전을 상징하였다.

바울이 갈리오 총독에게 재판받은 곳: 베마(τὸ βῆμα)란, 총독이 연설하거나 재판할 때 사람들을 내려다 볼 수 있게 만든 큰 단을 말한다. 높이 약 5m, 폭은 약 15m이며, 중앙에 총독이 앉을 수 있는 대리석 의자가 있다.

4. 사도 바울의 전도여행 ◆ 127

갈리오(Gallio) 비문: 1905년 그리스 델피에서 발견된 갈리오 총독의 비문. 이것은 사도행전의 기록이 역사적인 사실임을 확증해주는 자료가 되었고, 바울이 주후 51-52년 고린도에서 갈리오 앞에 섰음을 확인하는 입증 자료가 되었다.

(14) 겐그레아(18:18)

겐그레아 Cenchrea는 레카이온 Lechaion과 함께 고린도 시의 대표 항구 도시이다. 겐그레아 항은 고린도 시의 동쪽, 즉, 사론만 Saronic Gulf 동편 약 7.2km에 위치하여 에게 해를 비롯한 소아시아 방면의 해운을 담당했다. 그리고 레카이온 항은 고린도 시의 서쪽에 위치하여 로마를 향한 해운을 담당했다.[155]

겐그레아 항구의 모습: 바울은 일찍이 서원이 있었으므로 이곳 겐그레아에서 머리를 깎았다(18:18).

사도 바울은 고린도 사역 후 예루살렘으로 가기 위하여 소아시아 전도 지역으로 가는 배를 타야했기에 겐그레아 항으로 향했다. 바울은 이곳에서 서원이 있어 머리를 깎았다(행 18:18). 이곳은 또한 여성 사역자 뵈뵈Phoebe의 고향이기도 했다(롬 16:1).

(15) 에베소(18:19)

피온산에 있는 에베소의 원형극장: 약 2만 5천 명을 수용할 수 있으며, 반원형으로 이루어진 관람석은 66열로 구성되어 있다. 이 극장은 음향 효과가 뛰어나서 지금도 무대에서 하는 이야기를 최상단 좌석에서도 들을 수 있다.

에베소Ephesus는 소아시아 중서부에 위치한 이오니아 주(州)의 수도였다. 이곳은 세계 7대 불가사의 중 하나로 꼽히는 길이 137m, 너비 69m, 높이 18m의 기둥 127개를 가진 아데미 신전The Temple of Artemis으로 유명하다. 에베소[156]는 주전 4세기 알렉산더 대왕의 점령 이후 헬라화되어 부흥되었고, 이후 로마의 지배를 받으면서 인구 약 25만 명에 이르는 소아시아 지역 최대 도시로 성장했으며, 로마의 지중해 동부 지역 교역에 중요한 역할을 했다.[157] 로마 시대의 지리학자 스트라보

Strabo에 의하면, 에베소는 로마 다음으로 크고 중요한 도시였다고 전해진다.[158]

에베소 원형극장: 바울 당시 에베소는 인구 약 25만 명에 이르는 소아시아 지역의 최대 도시로 성상했으며, 로마의 지중해 동부 교역에 중요한 역할을 했다.

바울은 제2차 전도여행을 마무리하면서 잠시 들렀다 떠난 에베소를 제3차 전도여행 때 다시 방문하는데, 이때 두란노 서원을 세워 약 3년간 제자들을 양육했다(18:8-10).

에베소는 아데미 신전과 관련한 마술 산업이 매우 발전했다. 따라서 마술 산업에 종사한 이들과 은으로 아데미 신상을 만들어 파는 은장색들은 경제적으로 풍요로웠다. 그런데 바울이 전하는 복음이 이들 산업에 큰 영향을 주었다. 바울이 사람의 손으로 만든 우상은 결코 신이 될 수 없다고 가르치자(19:26), 은장색 데메드리오는 자기 사업에 손해를 당할까 염려해 사람들을 선동한다.

당시 지중해 연안에 널리 퍼져 있던 종교들의 관심은 다산과 번영이었고, 다산과 풍요의 신인 아데미를 섬기는 것을 당연시했다. 따라서 에베소에 새로운 사상, 예수 그리스도에 관한 복음이 전파될 때 당연히 이곳에서는 극심한 반대가 일어날 수밖에 없었다. 이후, 이전과 마찬가지로 에베소는 기독교 역사에 있어서 수리아 안디옥과 함께 주요한 위치를 차지했다(참조. 딤전 1:3; 계 1:4; 2:1-7).

에베소 셀수스 도서관: 주후 135년 줄리우스 아퀼라가 아시아 주(州) 총독으로 에베소에 부임했다가 죽은 그의 아버지 셀수스를 위해 지었다. 로마 제국 시절에는 약 1만 2천여 권의 책이 보관되어 있었다. 도서관의 정면 입구에는 지혜, 행운, 지식, 선행을 상징화한 4명의 여성들의 석상이 있다.

(16) 가이사랴(18:22)

가이사랴^{Caesarea}는 예루살렘에서 북서쪽으로 약 100km 거리에 위치한 지중해 연안의 항구 도시이다.[159] 이 도시는 헤롯 대왕^{Herod the Great}이 로마와 관계를 돈독하게 하고 팔레스타인 지역에서 로마와 무역을 독점하기 위해 건설한 인공 항구이다(주전 25-13년). 주후 6년부터 수백 년 동안 로마 총독 관저가 있었다.[160]

바울은 제3차 전도여행을 마치고 로마로 압송당하기 전 이곳에 있는 감옥에 약 2년 동안 구류되어 있었다.

지중해 연안의 항구도시 가이사랴: 가이사랴는 주전 4세기 시돈의 통치자였던 스트라토가 처음 설립한 도시였다. 헤롯(주전 37년-주전 4년)은 이곳에 인공적인 항구도시를 건설하고 로마 황제를 위하여 '가이사랴(Caesarea)'라는 새로운 이름으로 불렀다.

바울이 가이사랴에 약 2년 동안 머물게 된 이유는 두 가지였다. 첫째, 총독 벨릭스가 바울에게 돈을 얻어낼 심산으로 붙잡아 두었기 때문이다(24:26). 둘째, 총독은 사도 바울이 죄인이 아닌 줄 알았으나 바울을 풀어주면 유대인에게 미움을 살까 두려워 다음 총독이 올 때까지 2년 간이나 억류해 두었다.

그러나 이렇게 가이사랴에서 머문 시간이 바울의 복음전파 사역에 큰 결실을 맺게 하였다. 바울은 벨릭스와 그의 아내 드루실라 앞에서 자신의 믿음에 대해 말할 기회를 가질 수 있었기 때문이다(24:24-25). 후에 바울은 이후 로마 총독인 베스도 앞에서, 헤롯 아그립바 1세와 그의 아내 버니게 앞에서, 그리고 가이사랴의 귀족 엘리트들과 고위 관리들 앞에서(25:23) 말할 기회를 가졌다. 이렇게 바울은 가이사랴에 2년 동안 머물면서 왕과 고관들에게 복음을 전하는 매우 중요한 기회를 얻을 수 있었던 것이다.

공중에서 본 가이사랴: 헤롯은 새로운 항구를 건설하여 로마의 문물을 신속히 받아들이고 사마리아의 생산물을 로마에 수출하여 자신의 명성을 드높이고자 했다.

(17) 수리아 안디옥(18:22)

수리아 안디옥에 대해서는 제1차 전도여행 부분을 참조하라.

3. 제3차 전도여행(행 18:23-21:16)

제3차 전도여행은 사도행전 18장 23절-21장 16절에서 전체적으로 소개되고 있다. 제3차 전도여행의 구체적인 정보를 위해서는 원(原)자료인 사도행전 본문을 살펴보아야 한다.

바울의 제3차 전도여행 지역: 이 기간 바울이 방문한 곳은 크게 세 지역으로, 소아시아, 발칸 반도, 소아시아 지역(귀환)이었다.

3.1. 사도행전 본문

18 ²³ 얼마 있다가 떠나 갈라디아와 브루기아 땅을 차례로 다니며 모든 제자를 굳건하게 하니라… (24-28: 에베소에서 아볼로와 브리스길라 및 아굴라를 만나다)…

19 ¹ 아볼로가 고린도에 있을 때에 바울이 윗지방으로 다녀 에베소에 와서 어떤 제자들을 만나… (2–20 사도 바울이 예수의 이름으로 세례를 주고 두란노 서원을 세워 강론하다)… ²¹ 이 일이 있은 후에 바울이 마게도냐와 아가야를 거쳐 예루살렘에 가기로 작정하여 이르되 내가 거기 갔다가 후에 로마도 보아야 하리라 하고 ²² 자기를 돕는 사람 중에서 디모데와 에라스도 두 사람을 마게도냐로 보내고 자기는 아시아에 얼마 동안 더 있으니라 …(23–41 데메드리오의 고소와 소요)…

20 ¹ 소요가 그치매 바울은 제자들을 불러 권한 후에 작별하고 떠나 마게도냐로 가니라 ² 그 지방으로 다녀가며 여러 말로 제자들에게 권하고 헬라에 이르러 ³ 거기 석 달 동안 있다가 배 타고 수리아로 가고자 할 그 때에 유대인들이 자기를 해하려고 공모하므로 마게도냐를 거쳐 돌아가기로 작정하니 ⁴ 아시아까지 함께 가는 자는 베뢰아 사람 부로의 아들 소바더와 데살로니가 사람 아리스다고와 세군도와 더베 사람 가이오와 및 디모데와 아시아 사람 두기고와 드로비모라 ⁵ 그들은 먼저 가서 드로아에서 우리를 기다리더라 ⁶ 우리는 무교절 후에 빌립보에서 배로 떠나 닷새 만에 드로아에 있는 그들에게 가서 이레를 머무니라… (7–12: 윗다락 강론, 죽은 유두고를 살리다)… ¹³ 우리는 앞서 배를 타고 앗소에서 바울을 태우려 그리로 가니 이는 바울이 걸어서 가고자 하여 그렇게 정하여 준 것이라 ¹⁴ 바울이 앗소에서 우리를 만나니 우리가 배에 태우고 미둘레네로 가서 ¹⁵ 거기서 떠나 이튿날 기오 앞에 오고 그 이튿날 사모에 들르고 또 그 다음 날 밀레도에 이르니라 ¹⁶ 바울이 아시아에서 지체하지 않기 위하여 에베소를 지나 배 타고 가기로 작정하였으니 이는 될 수 있는 대로 오순절 안에 예루살렘에 이르려고 급히 감이러라 ¹⁷ 바울이 밀레도에서 사람을 에베소로 보내어 교회 장로들을 청하니 … (17–37: 밀레도에서 에베소 교회 성도들에 대한 고별 설교) … ³⁸ 다시 그 얼굴을 보지 못하리라 한 말로 말미암아 더욱 근심하고 배에까지 그를 전송하니라

21 ¹ 우리가 그들을 작별하고 배를 타고 바로 고스로 가서 이튿날 로도에 이르러 거기서부터 바다라로 가서 ² 베니게로 건너가는 배를 만나서 타고 가다가 ³ 구브

로를 바라보고 이를 왼편에 두고 수리아로 항해하여 두로에서 상륙하니 거기서 배의 짐을 풀려 함이러라 ⁴제자들을 찾아 거기서 이레를 머물더니 그 제자들이 성령의 감동으로 바울더러 예루살렘에 들어가지 말라 하더라 ⁵이 여러 날을 지낸 후 우리가 떠나갈새 그들이 다 그 처자와 함께 성문 밖까지 전송하거늘 우리가 바닷가에서 무릎을 꿇어 기도하고 ⁶서로 작별한 후 우리는 배에 오르고 그들은 집으로 돌아가니라 ⁷두로를 떠나 항해를 다 마치고 돌레마이에 이르러 형제들에게 안부를 묻고 그들과 함께 하루를 있다가 ⁸이튿날 떠나 가이사랴에 이르러 일곱 집사 중 하나인 전도자 빌립의 집에 들어가서 머무르니라 …(9-14: 선지자 아가보의 예언)… ¹⁵이 여러 날 후에 여장을 꾸려 예루살렘으로 올라갈 새 ¹⁶가이사랴의 몇 제자가 함께 가며 한 오랜 제자 구브로 사람 나손을 데리고 가니 이는 우리가 그의 집에 머물려 함이라

3.2. 제3차 전도여행 경로 및 지역

(1) 제3차 전도여행 경로

사도행전 본문을 따르면 사도 바울의 제3차 전도여행의 경로는 다음과 같다:

수리아 안디옥 → 다소 → 갈라디아와 브루기아(18:23) → 에베소(19:2) → 드로아 → 빌립보 → 마케도니아(20:1) → 헬라(20:2) → 마케도니아 → 빌립보(20:6) → 드로아(20:6) → 앗소(20:14) - 미둘레네(20:14) → 기오/사모/밀레도(20:15) → 고스/로도(21:1) → (구브로)/두로(21:3) → 돌레마이(21:7) → 가이사랴(21:8) → 예루살렘(21:15)

(2) 제3차 전도여행 지역

제3차 여행은 제2차 전도여행 중에 방문했던 지역의 성도들을 다시 굳건하게 하기 위한 것이었으며, 이와 동시에 자신의 로마 방문을 마음에 둔 마지막 전도여행이었다. 그렇기에 이 여행은 소아시아와 그리스 지역의 교회를 두루 생각한 방문이었다. 대부분의 학자들은 제3차 전도여행이 주후 53-58년, 약 5년간 지속되었다고 본다.[161]

제3차 전도여행 기간 동안 사도 바울이 방문한 곳은 크게 세 지역으로 요약할 수 있다:

> 첫째, 소아시아 지역(갈라디아와 브루기아 및 에베소)
> 둘째, 발칸 반도 지역(마케도니아와 헬라)
> 셋째, 다시 소아시아 지역(드로아, 밀레도, 가이사랴 및 예루살렘)

1) 첫 번째 지역: 갈라디아와 브루기아(18:23), 에베소(19:2)

바울이 안디옥에서 제3차 전도여행을 떠나 처음 도착한 곳은 갈라디아와 브루기아이다. 사도행전에는 이 지역에 관한 사역이 구체적으로 나와 있지 않다. 그러나 이 넓은 지역을 다니며 바울이 행한 일에 대해 사도행전은 "차례로 다니며 모든 제자를 굳건하게 하니라."고 말한다(18:23). 이 간략한 표현은 바울의 전도여행의 모습과 목적을 핵심적으로 나타낸다.

그는 우선 "차례로 다니며" 전도를 했다. 이는 사도 바울이 지나는 곳이면 어디든, 그리고 도시가 있는 곳이면 어디든 복음을 전하는 일을 게을리 하지 않았다는 것을 의미한다. 한편, 사도행전은 "모든 제자를 굳건하게 하니라."는 표현으로 제3차 전도여행의 목적이 제2차 전도여행과 마찬가지로 성도들을 다시 방문하고 견고하게 하는 여정이었음을 보여준다. 물론 바울의 전도여행은 복음 전파를 배제한 것은 아니다. 에베소에 이르렀을 때(행 19:2) 그는 알렉산드리아 출신의 유대인 아볼로를 만나 참된 복음을 전하고, 두란노 서원을 세워 3년 간의 오랜 사역을 감당했다. 사역이 마무리 될 무렵에는 그 지역의 아데미Artemis 신상을 만들던 은장색 데메드리오의 소동으로 어려움을 겪기도 했다. 특별히 데메드리오의 소동은 바울로 하여금 전도여행을 다시 시작하는 계기를 만들었다.

2) 두 번째 지역: 마케도니아(20:1), 헬라(20:2), 빌립보(20:6)

바울은 소아시아의 전도여행을 마치고 마케도니아 지역과 헬라 지역으로 발걸음을 옮겼다. 사도행전의 기록에 따르면 바울은 단순히 한 지역을 방문하지 않고, "그 지방으로 다녀가며" 성도들을 바로 세우는 일을 감당했다(20:2). 또한 마케도니아에서 헬라에 이르러 3개월이라는 긴 기간을 머물며 사역을 감당했다(20:2-3). 아마도 그 사역의 여정은 그 지역들의 주요 도시인 빌립보-암비볼리-데살로니가-베뢰아-아덴-고린도에 이르렀으리라 생각된다. 그러나 사역 중에 유대인들이 바울을 해하려는 공모가 있음을 듣고(20:3) 다시 마케도니아로 돌아가 아시아로 향했다.

3) 세 번째 지역(다시 소아시아): 드로아(20:6), 앗소(20:14), 미둘레네(20:14), 기오/사모/밀레도(20:15), 고스/로도(21:1), (구브로)/두로(21:3), 돌레마이(21:7), 가이사랴(21:8), 예루살렘(21:15)

사도 바울은 마케도니아에서 무교절을 보내고 빌립보를 지나 다시 소아시아의 항구 도시 드로아에 도착한다. 5일 간의 항해를 마치고 드로아에 도착한 바울은 말씀을 강론한다. 그런데 이 강론 중에 유두고라 하는 청년이 3층에서 떨어져 죽는 사건이 발생했고, 바울이 그를 되살리는 기적을 행한다(20:6-12). 그 후에 기오를 지나 사모를 거쳐 밀레도에 도착한다. 밀레도는 에베소와 약 45km 남쪽에 위치했기에 바울은 여행을 마무리하면서 에베소를 방문할 수 있었다. 그러나 오순절 안에 예루살렘에 도착하기 위해 에베소를 지나쳐 가기로 했지만(20:17), 여전히 에베소의 성도들을 만나기 원한 바울은 에베소로 사람을 보내 밀레도로 그들을 불렀고, 장로들과 성도들을 만나 이곳에서 결국 마지막이 될 고별 설교를 한다(20:17-37). 이후 항해를 통해 가이사랴에 이르고, 전도자 빌립의 집에 머물게 되는데, 선지자 아가보의 예언, 즉, 예루살렘으로 내려가면 죽음을 당하게 될 것이라는 말을 듣게 된다(21:9-14). 그러나 결단을 내린 바울은 며칠 후 가이사랴에서 만난 제자 몇 명과 구브로 사람 나손$^{Nahshon\ of\ Cyprus}$과 동행하여 예루살렘에 도착한다(21:16).

3.3. 제3차 전도여행 주요 도시

(1) 브루기아(18:23)

브루기아^{Phrygia}에 대해서는 제2차 전도여행 부분을 참조하라.

(2) 에베소(19:2)

에베소에 대해서는 제2차 전도여행 부분을 참조하라.

(3) 마케도니아(마게도냐, 20:1)

발칸 반도(고대 그리스 지역)는 로마에게 점령된 이후 두 개의 주(州)로 재편되었는데, 북쪽의 마케도니아^{Macedonia} 주와 남쪽의 아가야^{Achaia}

주였다.162

사도 바울이 걸었던 에그나티아 도로: 기원전 146년경 무역과 군사용으로 건설되었으며, 콘스탄티노플에서부터 로마까지 연결되어 있었다. "모든 길은 로마로 통한다."는 말대로, 로마는 식민지 통치를 위해 가장 먼저 도로를 닦았는데, '로마로 통하는 길' 가운데 하나가 에그나티아 도로였다.

그리스는 보통 도시 국가 형태로 다스려졌고, '민회(民會)'라는 민주주의 형태로 통치되었다. 그런데 마케도니아는 도시 국가가 아닌 왕정 국가였는데, 이 때문에 그리스인들에게 업신여김을 받았다. 이처럼 바울의 유럽 첫 시작 지역은 화려한 중심지보다는 척박한 변두리 지역이었다. 바울은 변방에서부터 그리스 본토 중심지를 향해 나아갔던 것이다. 그렇게 마케도니아는 유럽을 복음화하는 근거지의 역할을 했다. 북부 지역에 위치한 마케도니아의 수도는 데살로니가^{Thessalonica}였는데, 빌립보^{Philippi}와 더불어 번성한 도시 중 하나였다. 동서를 잇는 에그나티아 도로^{Via Egnatia}가 뚫려 있어 로마 제국에서 중요한 지역이었다. 이 지역에 속한 도시들에 대해서는 제2차 전도여행 부분을 참조하라.

(4) 헬라(헬라스, 20:2)

제3차 전도여행 중 바울이 방문한 헬라 지역은 발칸 반도 남부에 위치한 주(州) 아가야^{Achaia}를 가리킨다.[163] 이 주(州)에는 아테네, 고린도 등과 같은 고대의 유명한 도시들이 존재했을 뿐만 아니라, 문화, 정치, 경제 모두 찬란했던 지역이었다. 이 지역에 속한 도시들에 대해서는 제2차 전도여행 부분을 참조하라.

(5) 빌립보(20:6)

빌립보에 대해서는 제2차 전도여행 부분을 참조하라.

(6) 드로아(20:6)

드로아에 대해서는 제2차 전도여행 부분을 참조하라.

(7) 앗소(20:14)

에베소를 떠나 드로아에서 7일 동안 머문 바울 일행은, 밀레도로 가는 배를 타고자 항구 도시 앗소로 향한다. 앗소^{Assos}는 무시아^{Mysia} 주(州)의 드로아^{Troas}에서 남쪽으로 약 30km 부근에 있는 항구 도시이다. 이곳은 헬라 철학자 아리스토텔레스^{Aristotle}가 아카데미^{Academy}를 설립한 곳으로 알려져 있으며, 아테나 신전^{the Temple of Athena}으로 유명했다.[164]

(8) 미둘레네 (20:14)

미둘레네Mitylene는 소아시아 서쪽 연안에 있는 레스보스Lesbos 섬의 항구 도시였다. 레스보스 섬은 시인 사포Sappho와 알카이우스Alcaeus 및 그리스의 칠현(七賢) 중 한 사람인 피타쿠스Pittacus로 유명하며, 아리스토텔레스가 약 2년 동안 체류한 것(주전 337-335년)으로 알려져 있다.[165]

(9) 기오 (20:15)

기오Kios는 미둘레네 남쪽, 소아시아의 서쪽 연안, 서머나Smyrna에서 약 10km 거리에 위치한 섬이다. 바울 일행은 미둘레네 섬을 떠나 이튿 날 기오 섬에 이르렀고, 그 이튿 날 사모 섬에 들렀다가, 또 그 다음 날 밀레도에 이르렀다(20:14-15). 기오 섬은 사도 바울이 그 앞을 지나갔다는 사실 하나만으로도 유명해진 곳이다. 그 후 『오디세이』의 작가 호머가 이곳에 살면서 작품 활동을 해서 더욱 유명해졌다.

(10) 사모 (20:15)

사모Samos는 소아시아의 서쪽 연안, 밀레도Miletus 맞은 편에 위치한 섬이다. 고대 철학자이자 종교가인 피타고라스Pythagoras가 이곳 출신이었다.[166] 사모는 주요 해양 도시로, 로마 해군 기지가 있던 장소였다. 또한 이곳은 이방 종교의 중심지로, 제우스 신의 아내 헤라의 고향으로 불린다. 헤라 신전은 주전 6세기에 세워진 고대 그리스 신전 중 가장 큰 규모였다. 비록 유적들은 파편으로 남아 있지만, 그 형태는 당시 이방신의 위세가 어떠했는지 말해 주고 있다.

(11) 밀레도 (20:15)

밀레도Miletus는 에베소에서 남쪽으로 약 45km 부근에 위치한 항구 도시였다. 탈레스Thales, 아낙시만드로스Anaximandros, 아낙시메네스

Anaxsimanes 등의 자연 철학파인 밀레토스 학파를 배출한 이 고대 도시는 장기간 페르시아의 지배 아래 있다가 알렉산더 대왕의 정복 전쟁으로 자유를 얻어 번영을 누렸다.167

밀레도의 원형극장: 헬레니즘 시대에 세워진 것을 로마 시대에 약 2만 5천 명 수용 가능한 대규모 원형극장으로 확장하였다. 밀레도는 항구도시였기에 바닷가에 야외 원형극장을 만들어서 눈 아래로 바다를 내려다 볼 수 있는 아름다운 경관을 고려하여 세워졌다.

밀레도의 원형극장: 밀레도는 주전 8~7세기경 이오니아의 중심지로 해외 무역이 번성했고 지중해와 흑해 연안에 70여 곳의 식민시를 두기도 했다.

바울은 제3차 전도여행을 마무리하면서 에베소 교회 성도들을 만나기 원했는데, 그가 밀레도에 당도했을 때 에베소 교회의 장로들과 성도들을 초청해 그들에게 말씀을 전하기도 했다(행 20:15, 17-35).

(12) 고스 / 로도 (21:1)

고스^{Cos}는 밀레도에서 남쪽으로 약 80km 부근에 있는 작은 섬이다. 이 섬은 의학의 아버지 히포크라테스^{Hippocrates}(주전 약 460-375년)의 고향이다.[168]

로도^{Rhodes}는 루기아 주(州) 남서쪽에 위치한 섬이다. 이 섬은 세계 7대 불가사의인 32미터 규모의 아폴로 신상 '로도스의 콜로수스'^{Colossus of Rhodes}로 유명하다(주전 227년 지진으로 파괴됨). 한편, 주후 1세기에는 로마 황제 티베리우스^{Tiberius the Emperor}가 이 섬에서 잠시 유배한 것으로 알려져 있다.[169] 로도는 바울이 예루살렘으로 향하던 중간 기착지였다. 이곳은 고대로부터 무역과 상업 중심지였으며 오늘날에도 지중해 섬들을 연결하는 교통 요지이다. 바울이 도착한 린도스 항에는 그의 정박을 기념하는 '바울 기념교회'가 있다. 또한 이곳은 주후 1309년 마지막 십자 군단인 요한 기사단이 건설한 성벽과 해자(성 주위에 판 연못)로 둘러싸인 요새가 있다.

(13) (구브로) / 두로 (21:3)

구브로^{Cyprus}에 대해서는 제1차 전도여행 부분을 참조하라.

두로^{Tyre}는 팔레스타인 연안의 작은 섬으로 구성된 도시 국가였다. 두로는 이미 주전 약 3천 년경 거주민이 있었던 것으로 추정되는데, 그렇다면 이 섬은 지중해 연안에서 가장 오래된 거주 역사를 가진 섬이다.[170] 육지에서 떨어져 있어 외세의 침입에 효과적으로 대처할 수 있었던 두로는 알렉산더 대왕이 이곳을 점령하기까지(페르시아의 침공으로 인해 종종 위기에 처하기는 했으나) 번영을 누렸다. 이후 주전 64년경 로마의 속주가 되었다.[171]

(14) 돌레마이(21:7) / 가이사랴(21:8)

돌레마이Ptolemais는 두로에서 남쪽으로 약 40km 부근에 위치한 항구 도시로, 후에 로마에 의해 정복되었다.[172] 이곳은 세계에서 가장 오래된 도시 중 하나로, 구약 시대에는 '악고'Acco, Ptolemais로 불리다가 주전 4세기 이집트 프톨레미 2세의 이름을 사용하여 현재 이름으로 명명됐다. 십자군 시대의 주요 항구답게 지금도 잘 보존된 십자군 성채가 있다. 이곳을 약 200년간 점령했던 십자군은 성채를 건설하여 유럽을 잇는 항구로 돌레마이를 사용하였다.

가이사랴에 대해서는 제2차 전도여행 부분을 참조하라.

4. 로마 호송여행(행 27:1-28:16)

로마 호송여행은 사도행전 27장 1절-28장 16절에서 전체적으로 소개되고 있다. 구체적인 사항을 살펴보기 위해 호송여행의 원(原)자료인 사도행전 본문을 살펴보도록 한다.

4.1. 사도행전 본문

27 ¹ 우리가 배를 타고 이달리야에 가기로 작정되매 바울과 다른 죄수 몇 사람을 아구스도대의 백부장 율리오란 사람에게 맡기니 ² 아시아 해변 각처로 가려 하는 아드라뭇데노 배에 우리가 올라 항해할 새 마게도냐의 데살로니가 사람 아리스다고도 함께 하니라 ³ 이튿날 시돈에 대니 율리오가 바울을 친절히 대하여 친구들에게 가서 대접 받기를 허락하더니 ⁴ 또 거기서 우리가 떠나가다가 맞바람을 피하여 구브로 해안을 의지하고 항해하여 ⁵ 길리기아와 밤빌리아 바다를 건너 루기아의 무라 시에 이르러 ⁶ 거기서 백부장이 이달리야로 가려 하는 알렉산드리아 배를 만나 우리를 오르게 하니 ⁷ 배가 더디 가 여러 날 만에 간신히 니도 맞은편에 이르러 풍세가 더 허락하지 아니하므로 살모네 앞을 지나 그레데 해안을 바람막이로 항해하여 ⁸ 간신히 그 연안을 지나 미항이라는 곳에 이르니 라새아 시에서 가깝더라 …(9-44: 항해를 미루자는 바울의 권면을 뒤로한 채 뵈닉스 항으로 배를 항하다가 조난되어 276명의 승객이 15일간 바다에서 표류하다. 그러나 사도 바울의 말처럼 어느 누구도 다치지 않다)…

28 ¹ 우리가 구조된 후에 안즉 그 섬은 멜리데라 하더라 … (2-11: 원주민들의 영접과 뱀에 물린 사도 바울이 죽지 않고 오히려 높은 사람 보블리오의 아버지를 고침으로 복음을 전하다)… ¹¹ 석 달 후에 우리가 그 섬에서 겨울을 난 알렉산드리아 배를 타고 떠나니 그 배의 머리 장식은 디오스구로라 ¹² 수라구사에 대고 사흘을 있다가 ¹³ 거기서 둘러가서 레기온에 이르러 하루를 지낸 후 남풍이 일어나므로 이튿날 보디올에 이르러 ¹⁴ 거기서 형제들을 만나 그들의 청함을 받아 이레를 함께 머무니라 그래서 우리는 이와 같이 로마로 가니라 … (15-16: 로마에 도착하여 형제들을 만나고 한 군인의 감시 아래 지내다).

바울의 로마 호송여행 지역: 예루살렘에서 유대인들에게 붙들린 바울은 극적으로 구출되어 가이사랴로 호송되었고, 가이사에게 상소함으로써 로마로 호송되었다. 로마에서 바울은 오히려 유대인들의 방해 없이 2년 동안 복음을 전했다(27:1-31).

4.2. 로마 호송여행 경로 및 지역

사도 바울의 로마 호송여행은 하나님의 뜻(행 23:11)[173]과 더불어 복음을 전하기 위한 바울의 결단에 의해 시작된 것이다.[174]

(1) 로마 호송여행 경로

예루살렘 → 가이사랴 → 시돈(27:3) → 루기아의 무라(27:5) → 그레데 섬의 미항(27:8) → 멜리데(28:1) → 수라구사(28:12) → 레기온(28:13) → 보디올(28:13) → 로마(28:14)

(2) 로마 호송여행 지역

바울은 예루살렘을 방문 한 후에 유대인들의 고발로 가이사랴 감옥에 약 2년 동안 구금된다(24:27). 그 기간 동안 바울은 로마 시민권자로서 자신의 재판을 위해 황제에게 상소했고, 이제 재판을 받기 위해 로마로 호송된다. 가이사랴를 떠난 바울은 시돈에서 소아시아의 남쪽 해변을 두루 다니는 아드라뭇데노 Adramyttium 배(27:2)에 승선하여 루기아의 무라 Myra 항에서 로마로 향하는 알렉산드리아 배(27:6)로 갈아탄다. 276명의 승객을 실은 알렉산드리아 배가 그레데의 미항에 이르렀을 때, 바울은 이곳에서 겨울을 지나고 계속 항해할 것을 권한다. 그러나 지정학적 위치가 더 좋다고 판단된 뵈닉스 Phoenix 항으로 향하다 배가 난파되어 15일 동안 바다에 머물게 된다. 그러나 바울이 말한 것처럼 어떤 사람도 다치지 않고 15일 만에 멜리데 Malta 섬에 도착하게 되는데, 이곳에서 원주민의 환대를 받으며 약 3개월을 머물게 된다(28:11). 이후 바울 일행은 알렉산드리아 배에 다시 승선하여 수라구사, 레기온 및 보디올을 거쳐 로마로 향하게 된다. 그 이후 로마에서 가택 연금되어 지내게 된다.

4.3. 로마 호송여행 주요 도시

(1) 시돈(27:3)

시돈 Sidon 은 두로에서 북쪽으로 약 50km 부근에 위치한 고대 도시이다. 시돈은 페니키아 Phoenicia 인들이 건설했으며, 금속 세공법, 유리, 상아 무역 등의 상업으로 매우 유명한 항구 도시였다.[175] 바울 시대에 예수님도 이곳을 방문할 정도로 가깝고 유명한 도시이기도 했다(마 15:21; 막 7:24).

(2) 루기아의 무라(27:5)

해변에서 약 5km 거리의 항구 도시 무라Myra는 소아시아 남서부에 위치한 루기아Lycia 주(州)의 수도였다. 이 도시는 주전 168년부터 주후 43년까지 유지된 루기아 연맹The Lycian Alliance 중에서 가장 큰 도시였다고 스트라보Strabo는 전한다.[176]

(3) 그레데 섬의 미항(27:8)

그레데Crete는 발칸 반도에서 남쪽으로 약 100km 부근에 위치한 섬으로, 지중해에서 구브로Cyprus에 이어 두 번째로 큰 섬이다. 지중해 문명의 기원이라 할 수 있는 미노아 문명The Minoan Civilization(주전 약 2700 – 1420년)의 중심지이며, 이후 미케네 문명The Mycenean Civilization(주전 약 1425 – 1375년)의 중심지였다. 이 섬은 그리스의 칠현(七賢) 중의 한 사람인 에피메니데스Epimenides의 고향이기도 하다.[177]

미항Fair Havens은 그레데 섬 남부에 위치한 항구인데, 헬라어로 '칼로이 리메네스'(Καλοὶ Λιμένες)라 부른다.[178]

(4) 멜리데(28:1)

멜리데Malta는 이탈리아 반도 남부에 위치한 시칠리아Sicily에서 남쪽으로 약 100km 부근에 위치한 작은 섬이다.[179] 로마 호송여행 중 난파당한 바울 일행이 이곳에서 약 3개월을 머물게 된다(28:11).

멜리데는 지금의 몰타 공화국이다. 제1차 세계대전이 끝난 후 영국에 속했다가 1964년 독립했고, 인구는 약 40만 명이다. 이곳에는 '사도 바울 만(灣)', '사도 바울 섬'과 같이 바울의 이름을 사용한 지역들이 있다. 또한 바울 일행이 난파해 이곳에 상륙한 것을 기념하는 교회도 세워져 있다. 멜리데 사람들은 이곳에서 일어났던 바울의 역사에 대하여 매년 '바울 조난 기념일' 행사를 하기도 한다.

바울이 난파당한 곳이라고 추정되는 해안은 '사도 바울 만(灣)'으로 불리며, 이곳에는 바울 동상과 '난파기념 교회'가 세워져 있다. 무디나와 라바트라고 하는 지역에는 보블리오의 집이 있는데, 총독 보블리오가 살았다고 전해진다. 멜리데는 가는 곳마다 교회가 세워져 있는데, 세계에서 가장 큰 돔 예배당 4곳 중 2곳이 이곳에 있다.

(5) 수라구사(28:12)

수라구사 Syracuse는 이탈리아 반도 남부 시칠리아 섬의 남동부에 위치한 항구 도시이다. 이 도시는 시칠리아 주(州)의 수도이기도 했다. 수라구사는 수학자 아르키메데스 Archimedes의 고향으로 유명하며, 본래 그리스인들의 정복 정착지 Magna Graecia였다.[180] 따라서 수라구사는 헬라의 문화 및 전통과 깊은 연관성을 가지고 있었다.

(6) 레기온(28:13)

레기온 Rhegium은 수라구사와 더불어 그리스인들의 정복 정착지였으며, 시칠리아 섬에서 이탈리아 반도에 이르는 가장 가까운 항구 도시들 중 하나였다.[181]

(7) 보디올(28:13)

보디올 Puteoli은 이탈리아 반도의 서쪽, 나폴리 만에 있는 항구이다. 보디올 역시 그리스인들의 정복 정착지 Magna Graecia 중 하나였는데, 주전 2세기 초 로마에 정복되어 현재의 이름을 갖게 되었다.[182] 보디올은 로마에서 약 275km 부근에 위치하며, 바울은 여기서부터는 육로를 통해

로마까지 여행했다.[183]

(8) 로마(28:14)

로마 Rome는 로마 황제의 보좌가 있는 곳이며, 로마 제국의 수도였다.[184] 로마는 지역적으로 아펜니노 산맥 Appennino Mountains에서 시작되는 테베레 강 Tevere River 하구 쪽에 위치해 있다.[185] 로마는 고대에 에트루리아인들 the Etrurians에 지배받던 소도시였는데, 자유를 얻은 민족들(라티니, 사비니 등)이 통합하여 공화정을 세워 로마를 시작하게 되었다.[186] 신생 로마는 오랜 기간 북아프리카의 카르타고, 소아시아와 팔레스타인 및 이집트의 헬레니스틱 왕국(마케도니아 왕국, 톨레미 왕국, 셀류커스 왕국)과 영토 전쟁을 통해 국력을 강화했다.[187]

로마의 포로 로마노(Foro Romano, '로마인의 광장'): 정치 제도, 화폐 발행, 도량형 등 로마의 여러 주요 제도를 결정하는 일이 이곳에서 이루어졌다.

한편, 로마 공화정은 주전 31년경 옥타비아누스^{Octavianus}가 안토니우스^{Marcusk Antonius}와 클레오파트라^{Cleopatra}의 군대를 악티움^{Actium} 해전에서 물리치고 아우구스투스의 자리에 오르면서 막을 내리고,[188] 이후 원수정(元首政)^{principatus}으로 통치가 전환되었다.[189] 이후 로마는 티베리우스^{Tiberius}(주후 14-37년 재위), 칼리굴라^{Caligula}(주후 37-41년 재위), 클라우디우스^{Claudius}(주후 41-54년 재위), 네로^{Nero}(주후 54-68년 재위) 등의 황제 통치를 받았다. 디오클레티아누스^{Diocletianus}(주후 284-305년) 황제 시대에 이르러서는 전제 군주정^{dominatus}으로 교체되었다. 이후,[190] 서로마는 주후 476년까지(로물루스 아우구스툴루스^{Romulus Augustulus}), 동로마는 비잔틴 제국이라는 이름을 1453년까지 유지했다(콘스탄티누스 11세 팔라이올로고스 드라가세스[Κωνσταντίνος ΙΑ, Παλαιολόγος Δραγάσης]).[191]

로마의 대전차 경기장: 이 유적지는 로마의 가장 오래된 건축물 중의 하나로 당시에는 약 25만 명을 수용할 수 있는 거대한 경기장이었다.

바울 순교 기념교회에 있는 바울 참수터: 전승에 따르면, 사도 바울이 참수당한 후 목이 바닥에 세 번 튀었는데 그 자리마다 물이 솟아올랐다고 한다. 그래서 그 수도원의 이름을 '세 개의 분수'라는 뜻을 지닌 '트레폰타나'(Tre Fontana)로 지었다.

사도 바울은 네로 황제 재위 시절 로마에 도착했다.[192] 이 당시 로마는 제국의 수도였고, 다양한 민족들로 구성된 약 백만 명에 이르는 인구를 가지고 있었다.[193] 그러나 사도행전은 이 놀라운 도시에 도착한 사도 바울이 무엇을 행했는지에 대해서는 더 이상 자세히 기록하지 않는다. 전승에 따르면, 사도 바울은 이후 잠시 풀려나 스페인 전도를 감당했고(『클레멘스 1서』, 5.7), 이후 다시 수감되어 순교했다고 전해진다(유세비우스, 『교회사』, 2.25.7-8).[194]

PART 3

바울서신 석의 방법론

1. 석의(Exegesis)란 무엇인가?
2. 바울서신 석의 방법론
3. 바울서신 연구 자세:
   왜 바울서신으로 복음서를 읽으려 하는가

Historical and theological background of Paul's letters

석의Exegesis란 무엇인가?

신약학에서 가장 중요한 과제는 본문을 석의exegesis하는 일이다. 많은 그리스도인들이 성경을 바라보는 눈을 계발하지 않고, 또한 방법론적으로 훈련되지 못한 까닭에 성경의 핵심적인 메시지를 바로 보지 못하는 경우가 있고, 잘못된 성경 해석으로 인하여 복음의 건전한 열매를 맺지 못하는 경우가 많이 있다. 성경은 모든 시대를 통틀어서 단 하나의 메시지를 가지고 있다. 그러므로 그리스도인이 이 메시지를 알아내는 일은 다른 무엇보다 필요하다. 사실 어떤 사람이 성경을 믿는다고 해서 그 사람이 반드시 성경의 메시지를 이해했다고 볼 수는 없다. 따라서 성경의 메시지를 알기 위해서는 반드시 먼저 성경이 해석되어야만 하는 것이고, 이런 이유로 해석학이란 학문이 필요하게 되는 것이다.

오늘날 교회의 수많은 긴박한 문제들은, 근본적으로 해석학적인 간격hermeneutical gap을 해소하는 문제와 결부되어 있다. 즉, 성경 본문 자체가 말하고 있는 '그때 거기에서'then and there와 '지금 여기'here and now에서 전개되고 있는 우리들 자신의 삶의 문제와의 간격을 어떻게 해소시키느냐 하는 것이다. 이 문제는 또한, 학자들과 평신도들 사이의 간격을 해소하는 문제라고도 할 수 있다. 학자들의 주관심사는 주로 "성경 본문의 기록 당시의 의미가 무엇이었느냐what it meant?" 하는 것인 반면, 평신도들의 주된 관심은 "그 본문의 현재적 의미가 무엇이냐what it means?" 하는 것이다.[1] 그러나 이 두 가지는 분리할 수 없는 필수불가결한 요소이기에 우리는 두 가지 방면 모두에 관심을 가져야 한다.

"성경 본문의 현재의 의미는 무엇보다도 먼저 과거 그 본문이 의미했던 바와 동일하다."는 것이 성경 연구자들의 기본 주장이다. 즉, 오늘날 우리를 향하여 주시는 하나님의 말씀은, 과거 그들에게 주셨던 말씀과 정확히 일치한다는 것이다. 그러므로 바울서신을 좀 더 깊이 연구하고자 하는 사람에게는 두 가지 과제가 있다:

첫째, "본문이 본래 의미한 바가 무엇이었는가?"를 밝히는 것인데, 이 과제를 석의exegesis라고 한다. 바울서신 연구자와 설교자의 최우선 과제는 기록될 당시의 본문의 본래적 의미를 밝히는 석의 작업이어야 한다. 이것에 기초하지 않는 해석과 설교는 그 정당성을 찾기 어렵기 때문이다. 아무리 적용이 실제적이고 훌륭하다 할지라도 만일 이 석의 작업이 제대로 되지 않으면 그것은 근거와 객관성을 가지지 못하는 사상누각(沙上樓閣)에 불과한 것이다.

둘째, 우리는 "그러한 본문의 의미가 오늘 우리의 이런 저런 다양한 정황contexts 속에서 의미하는 것이 무엇인가?"를 깨닫고 배워야 하는데, 이러한 과제를 해석학hermeneutics이라고 한다. 흔히 적용application이라고 부르는 부분인데, 우리가 기록 당시의 본문의 본래적 의미를 찾아냈다 하더라도 약 2천 년 사이의 역사적 간격을 연결하는 작업이 없다면, 바울의 메시지를 지적으로 이해할 수 있을지는 몰라도 가슴을 울리는 메시지로 전달할 수는 없을 것이다. 그러므로 성경해석자는 두 가지 과제 모두를 잘 이행해야 하고, 이것이 성경 연구의 목표가 되어야 한다.

요약하면, 바울서신을 연구한다는 것은 먼저 바울이 원래 의도하는 바를 바르게 이해하고, 그것이 21세기를 살아가는 우리에게 어떠한 의미가 있는지를 찾아내는 작업이다. 우리가 바울서신을 올바로 이해하고, 해석하고 적용하기 위해서는 이 두 가지 훈련을 철저히 해야 한다.

2 바울서신 석의 방법론[2]

1. 역사적 해석(Historical Interpretation)

바울서신은 현대의 편지가 아니라 1세기에 일어난 상황을 전제로 하고 있는 과거의 문서이다. 그렇기 때문에 21세기의 시각으로 바울서신을 무리하게 해석하려고 해서는 안 되며, 1세기의 저자와 독자의 관점에서 서신을 읽어야만 한다. 그렇게 하기 위해서는 바울이 사역하던 1세기의 상황을 복원해 낼 수 있는 역사가의 안목이 필요하다.[3] 이렇게 할 때 안개 속에 놓여 있는 것과 같은 문제들이 안개가 걷히듯 명료해질 수 있을 것이고, 바울서신의 메시지를 정확히 추출해 낼 수 있을 것이다. 한마디로, 역사적 해석이 필요한 이유는 우리로 하여금 바울이 살았던 시대 상황과 역사에 대해 분명하게 알도록 도와주며, 바울의 서신에 대한 "우리의 해석이 정당한가?"를 스스로 검증하고 비판할 수 있도록 만들어 준다. "바울이 무엇을 말하는가?"를 찾는 이것은 우리의 성경 연구의 객관화를 가능케 하고 근거를 제공한다.[4]

2. 문학적 해석(Literal Interpretation)

바울서신을 올바로 해석하기 위해서는 문학적 해석을 체계적으로 정리해야 한다. 문학적 해석이란 성경이 인간의 언어와 문서로 주어졌다는 것을 전제한다. 성경의 각 책은 문학적 장르literary genre를 따라 여러 특징을 소유하고 있다. 바울서신은 장르로 보면 편지이다. 편지는 편지 나름대로 가지고 있는 형식이 있고, 특징이 있다. 따라서 편지는 편지로 다루어야지 논문집이나 교리책으로 다루어서는 안 된다.[5] 바울서신은 당시의 그레코-로만Greco-Roman 편지 형식을 따르고 있지만, 바울은 그 나름대로 이 형식을 창조적으로 변형하고 있다.

또한 문학적 해석을 하는 과정에서 기타 문학적으로 고려해야 할 여러 요소도 간과하지 말아야 한다. 즉, 바울이 즐겨 사용하는 언어, 문학적 기교, 수사학적 표현, 문학적 구조literary plan, 개요outline, 내용분해unit-by-unit discussion등이 그것이다.[6] 특별히 우리가 해석하는 본문의 전후 문맥을 주의 깊게 보아야 하고, 전체 문맥 속에서 본문이 차지하는 역할과 기능도 파악해야 한다. 그리고 본문에 직접 드러나지 않는 맥락도 파악하는 등 문학적 해석은 본문 이해에 있어 가장 기본적인 과정이라 할 수 있다.

3. 해석학적 접근(Hermeneutical Interpretation)

역사적 해석이 우리가 읽는 본문을 과거의 문서로 대하는 것이라면, 해석학적으로 접근한다는 것은 본문을 현대의 문서로 여기고 현재적 의미를 찾아내는 작업이라 할 수 있다.[7] 즉, 본문의 현재적 적용

application이라고 할 수 있다.

이와 더불어 해석학적 접근hermeneutical interpretation이란 좀 더 넓은 의미를 지닌다. 해석학적 접근의 목표는 저자의 표현 수단에 관심을 갖는 것이 아니라, 저자가 표현하려고 했던 의도를 파악하는 일을 최종목표로 한다. 우리가 성경을 대할 때, 성경의 기록이라는 것은, 성경을 기록할 당시의 저자의 의식의 한 상태를 문헌으로 기록한 것이라 이해하는 태도가 필요하다. 즉, 성경은 보통사람들의 사고와 경험으로부터 시작하여 어떤 의식적인 목적의 실현화를 시도했던 살아있는 메시지이다. 그러므로 저자와 동일한 생각과 느낌을 가지기 전까지는 올바른 해석을 했다고 볼 수 없다. 성경 해석자에게 주어진 임무는 성경 저자의 이 의식 상태에 도달해서 그것을 찾아내는 것이다. 그렇기 때문에, 성경을 기록한 저자의 의식에 영향을 끼쳤던 그 당시의 모든 상황들을 밝혀내는 심층적이고 체계적인 작업이 반드시 필요한 것이다.

4. 신학적 해석(Theological Interpretation)

신학적 해석이란 어떻게 보면 성경 해석의 과정이기보다는 마지막 점검의 순서라고 할 수 있다. 즉 역사적, 문학적, 해석학적 접근을 통해 우리가 본문에서 추출한 메시지를 우리의 삶에 적용시키고자 할 때 이것이 과연 우리가 고백한 역사적 개혁주의 신학과 신앙고백, 그리고 신조에 부합하는가를 점검해보는 과정이라 할 수 있다. 우리가 본문 자체에 우선권을 부여하고 역사적 배경에 근거하여 보편적 메시지를 추출하고 적용했다고 할지라도, 만일 그것이 우리의 신조와 신학의 테두리를 벗어난다면 그것은 다시 한 번 검증을 필요로 하는 것이다. 이러한 의미에서 신학적 해석은 석의의 과정이라기보다는 마지막 점검과 확인의 절차라고 하는 것이 적절할 것이다.

3 바울서신 연구 자세:
왜 바울서신으로 복음서를 읽으려 하는가

바울서신을 연구하는 자들은 연구에 앞서 자신의 전제와 카테고리를 벗어날 줄 아는 용기를 소유해야 한다. 이는 자신의 전제를 뛰어 넘고자 하는 이런 노력이 의도적으로 선행이 되지 않는 한, 우리의 성경연구는 아무런 새로운 결과를 가져다주지 못할 것이기 때문이다. 특히, 바울서신을 연구하는 사람에게 요구되는 것은 '열린 자세' open mind 이다. 오늘 우리 성도들이 성숙하지 못하고 변화된 삶을 살지 못하는 이유는 복음의 능력이 부족해서가 아니라 복음을 정확히 이해하지 못했기 때문이며, 이는 복음에 대한 오해로 말미암은 것이다. 복음의 왜곡을 초래하는 것은 성경 연구자의 편견과 주관주의 때문이기에 먼저 이런 자세를 바꾸는 것이 중요한 것이다. 바울서신의 연구 자세를 정리해보면 다음과 같다.

1. 서론

요즘 성경 연구자들 가운데는 예수님과 바울을 다투게 만드는 사람들이 많은 듯하다. 어떤 사람들은 무슨 말도 되지 않는 이야기를 하느냐고 질문할지 모르지만, 안타깝게도 이런 일들이 성경 연구자들에 의해 벌어지고 있는 것이 부인할 수 없는 사실이다. 예를 한번 들어보도록 하자. 예수님과 바울 사이에 대립을 일으키는 현상은 성경 연구자가 복음서에 있는 예수님의 말씀을 해석하는 과정에서 기록된 본문을 그대로 해석하기보다는 바울서신에서 얻은 자신의 선입관이나 전제를 공식화해서 상황과 배경이 전혀 다른 복음서에 그대로 대입시키려 하거나 혹은 그것을 복음서를 해석하는 열쇠로 사용하려 할 때 일어나게 된다. 심지어 예수님의 말씀을 바울의 말로 대입시키려 하거나 예수님의 말씀을 바울에 맞게 조화하려는 모습도 보인다. 이 성경 연구자는 예수님과 바울 사이에 대립이 있는 것으로 이해했고, 그 중에서 어느 한 편만을 인정하고 다른 한 편은 본 의미와는 다르게 해석함으로써 결과적으로 예수님과 바울, 복음서와 바울서신을 서로 대립하도록 만들고 있는 것이다.

실제로 많은 사람들이 복음서를 있는 그대로 읽으려 하기보다는, 자신이 바울서신에서 추출한 단편이나 자신의 전제를 가지고 읽고 있다. 그 결과 예수님과 바울 사이의 연속성과 통일성을 강조하기보다는 예수님께 바울의 옷을 입혀 복음서를 채색시킴으로 복음서를 바로 해석하지 못하게 만든다. 이 글은 성경 연구자가 자신의 선입관념 내지 개인적 고정관념을 가지고 성경을 연구하는 것이 바른 태도인지, 또한 바울서신을 가지고 복음서를 읽는 것이 정당한 것인지, 그와 같은 잘못된 접근과 해석이 어떤 결과를 초래하는지 연구 자세를 다루는 것이다.

2. 자신의 틀을 가진다는 것은 바람직한가

사람들은 저마다 자신의 사고의 틀을 가지고 있다. 설교자라고 해서 예외는 아니다. 오히려 다른 사람들보다도 설교자들은 더욱 강한 독자성을 가지고 있다. 물론 사람이 자신의 주관이나 전제를 가진다는 것은 어쩌면 당연한 것이고 꼭 필요한 것이다. 목회자에게 이런 것이 없다면 어떻게 복음을 지켜내며, 수많은 거짓 가르침들로부터 교회의 순수성을 지킬 수 있겠는가? 또한 이런 신학과 신앙의 틀 – 우리는 이것을 흔히 교리라 부르기도 한다 – 이 있기에 성경을 읽고 연구할 때마다 말씀 속에서 자신의 신앙과 신학이 얼마나 성경적인가를 확인할 수 있는 즐거움이 있고, 더 나아가 우리가 전하는 말씀의 일관성을 유지할 수도 있는 것이다.

하지만 이런 긍정적인 면 이외에 부정적인 면도 있다. 특히, 이 틀이 성경연구와 해석에 관계될 때 더욱 그러하다. 즉, 성경 연구자가 어떤 본문을 대할 때 성경 저자가 무엇이라 말하는지 그것을 들으려 하기보다는, 이미 성경을 읽기도 전에 그 본문은 의례히 그런 의미이겠거니 하는 식으로 자신의 생각과 저자의 생각을 동일시 해버리는 경향이 있다. 이렇게 되면 성경은 더 이상 살아있는 하나님의 말씀이 아니라, 자신의 신학과 사상의 틀을 입증하기 위한 하나의 참고 서적, 또는 증명 구절로 전락하고 마는 것이다.[8]

성경이 가지고 있는 참된 의미를 발견하려 하지 않고, 설교자가 미리 알고 있는 의미를 그 성경 구절에 부여하려고 하는 것은 잘못된 태도일 뿐만 아니라 성경을 파괴하는 것이다. 설교자는 어떠한 경우에도 자기의 주장을 성경에 부여하려 한다거나, 또는 성경 말씀을 자기의 편의를 위해 진흙 주무르듯 마음대로 다루어서는 안 되며, 성경 스스로가 말하는 그 깊은 의미를 파악하려는 열린 자세를 지녀야 한다.

우리가 이런 잘못된 접근 자세를 가지게 되는 것은, 성경 구절이 실제로 이 세상에 살며 하나님의 도구로 사용되었던 한 인간의 기록이라는 것과,[9] 그가 성경을 기록한 것은 오직 한 가지 사상을 전달하려는 것이었다는 사실과, 따라서 결국 그 본문에는 오직 한 가지 의미만 있다는 사실을[10] 잊어버리는 데 기인하는 것이다. 그러므로 성경을 해석한다는 것은, 성경에서 자기가 원하는 교리나 이론을 추출하려는 목적에서 이루어지는 작업이 결코 아니다. 어느 누구도 성경을 그렇게 사용해서는 안 되며, 하나님의 말씀을 있는 그대로 듣겠다는 자세를 가져야 한다. 따라서 설교자는 이러한 성경 해석의 가장 기본적인 원칙들을 자신이 지키고 있는지 스스로에게 심각히 질문할 필요가 있다.

3. 바울서신은 복음서를 읽는 기준이 될 수 있는가

이와 같은 해석의 원칙을 일단 마음에 두었다면, 왜 우리가 바울서신을 가지고 우리 마음대로 복음서를 해석해서는 안되는지 구체적인 이유를 생각해 보자.

많은 설교자들은 대부분 복음서보다는 바울서신으로부터 자신의 신학의 틀을 세운다. 그 이유는 바울이 비록 복음서의 저자들과 동일한 메시지를 전하고 있지만, 복음서의 저자들보다 그리스도의 인격과 사역을 더 깊이 해석하며 체계화하고 적용하였기 때문이다. 이 말은 복음서에는 신학이 없다거나, 또는 복음서가 바울서신과 비교해서 상대적으로 열등하다는 말은 결코 아니다. 비록 복음서에는 바울서신에서 볼 수 있는 그러한 신학적인 용어들이 상대적으로 적은 편이지만, 복음서에 나타난 예수의 인격과 메시지는 바울서신에 의존하고 있는 것이 아니라 오히려 바울의 신학이 복음서에 나타난 예수의 메시지에 의존하고 있다고 할 수 있다. 실제로 우리가 바울의 서신에서 발견할 수 있는 복음 기사의 윤곽은 신약의 다른 부분에 나타난 그것과 일치하고 있는데 특히 사복음서와 전적으로 일치하고 있다.[11] 이는 바울 자신도 스스로 강조하고 있는 바이다(고전 15:11).

복음서와 바울서신은 근본적으로 동일한 복음을 전하고 있다. 만일 이러한 통일성과 연속성만이 존재한다면 우리는 바울서신에서 얻은 것을 아무 부담 없이 복음서의 해석에 그대로 대입시킬 수 있을 것이다. 그러나 그렇게 할 수는 없다. 왜냐하면 이 둘 사이에는 통일성과 더불어 또한 분명한 차이점들이 존재하고 있기 때문이다. 성경을 연구하면서 복음서들 특히 공관복음서를 읽고 난 후에 바울서신을 대하는 사람이라면 누구나 느끼기를, "나는 지금 전혀 다른 세계 속으로 들어가고 있구나."하는 생각을 피할 수 없을 것이다. 이렇게 느끼는 것은 당연한 것일지 모른다. 이는 실제로 여러 차이점이 둘 사이에 존재하고 있기 때문인데, 저자가 다르고, 독자들의 상황이 다르고,[12] 또한 시간의 흐름에 의한 형식의 차이가 있기 때문이다.[13] 좀 더 구체적으로 말하면, 복음서 기자들과 바울은 그들 나름대로의 개성과 특수한 성격을 지녔고, 이 요소들은 그들이 나타냈던 사상에 불가불 반영되었다는 사실이다.

대상과 상황과 문학적 양식의 차이도 둘 사이에 존재한다. 예수께서 구약의 예언이 담긴 갈릴리의 설교 형식으로 고린도 교회의 이방인들을 가르치셨다고 한번 가정해 보자. 아마 그들 중 아무도 그 설교를 이해할 수 없었을 것이다. 마찬가지로 바울이 고린도에서 설교하던 형식을 그대로 당시 갈릴리 사람들에게 전했다면 아무도 그것을 귀담아 들으려 하지 않았을 것이다. 또한 복음서에 소개된 예수님의 설교는 복음의 역사 속에서 부활 이전의 단계를 나타내고 있지만, 바울은 하나님의 비밀의 계시의 정점인 그리스도의 부활을 되돌아보았다는 점에도 차이가 있다.

이와 더불어, 이 둘이 서로 다르게 보이는 가장 근본적인 이유는 예수 그리스도의 인격이 두 부분에서 차지하고 있는 위치와 깊은 관련이 있다. 특히, 공관복음서에 나타난 예수님의 자기계시는 아직 여러 면에서 어느 정도 '은폐와 유보'라는 특성을 가지고 있는데,[14] 이것은 심지어 그의 고난과 죽음의 의미까지도 해당된다. 그러나 바울의 설교는 그리스도의 죽음과 부활을 통하여 성취된 구원과, 그것을 자신의 사역을 통해 친히 이루시고 높임을 받으신 구원자 예수님을 선포하고 있다.

이러한 이유들 때문에 예수님의 본래적인 모습, 즉 역사 속에 사셨던 한 인물의 인격을 발견하려는 사람에게는 복음서가 보도하는 예수와 바울이 전한 예수 사이에 엄청난 간격이 있음을 느낄 수밖에 없을 것이다. 이것이 복음서의 저자들과 바울이 묘사하는 예수님 사이에 서로 차이점과 간격이 있는 듯이 보이는 중요한 이유이다.

이처럼 바울서신과 복음서의 설교 사이에는 본질의 차이는 없지만, 시간의 흐름에 따른 형식의 차이, 상황의 차이가 분명히 존재하고 있다. 만일 어떤 성경 연구자가 앞서 설명한 복음서와 바울서신의 특성이나 차이점들을 인식하지 못하거나 전혀 고려하지 않은 채 바울서신에서 얻은 자신의 틀이나 고정관념을 가지고 복음서를 해석하려 한다면, 그는 복음서를 바로 해석하기보다는 반대로 복음서를 틀리게 해석할 가능성이 훨씬 더 많음을 알아야 한다. 그러므로 성경 연구자는 자신이 읽는 본문을 의도적으로 조심스럽게 대하지 않으면 안 된다. 이미 익숙한 본문이라 할지라도 마치 처음 대하는 본문처럼 편견이나 전제 없이 본문을 해석해야 하고, 절대로 본문에 경솔하게 접근해서는 안 된다.

성경을 있는 그대로 읽으려 하지 않고 자신의 고정관념이나 편견을 가지고 연구하는 것이 얼마나 심각한 문제인지 이제 구체적인 예를 들어 보도록 하자.

어떤 성경 연구자가 있다고 한번 가정을 해보자. 그는 로마서와 갈라디아서를 읽으며 중심 주제는 믿음으로 말미암아 구원을 얻는다는 '이신칭의' justification by faith 가 확실하다며 양보할 수 없는 나름대로의 해석의 틀을 형성한다. 아니 이 주제는 두 서신뿐 아니라 바울서신의 중심사상이라고 생각하고, 바울의 다른 서신에서도 자신이 생각하는 이 주제를 확인하고 싶어 한다. 이제 그는 여기서 한 걸음 더 나아가 이 주제는 바울서신뿐 아니라 성경 전체의 중심사상이라고 확신하고, 그래서 이 틀을 가지고 바울서신뿐 아니라 복음서도 '이신칭의'의 틀 안에서 해석하려고 시도한다.

이와 같은 과정에서 이 사람은 많은 부분에서 "역시 이것은 성경의 중심사상이구나!"하는 것을 확인하였지만, 그와 동시에 이 사상과 잘 조화되지 않아 갈등이 생기는 구절들을 많이 만나게 되었다. 야고보서를 읽을 때에도 그러했고, 복음서를 읽을 때도 마찬가지였다. 특히, 예수님의 말씀 중에 행함을 강조하는 말씀들을 만날 때는 더욱 그러했다.

한 예로, 예수님의 말씀 중에 "형제에게 미련한 놈이라 하는 자는 지옥 불에 들어가게 되리라."(마 5:22)라는 구절이나 "나더러 주여 주여 하는 자마다 다 천국에 들어갈 것이 아니요 다만 하늘에 계신 내 아버지의 뜻대로 행하는 자라야 들어가리라."(마 7:21)는 말씀은 이신칭의라는 해석의 열쇠를 가진 그에게는 아무리 적용하려고 해도 도무지 조화를 이룰 수 없는 것처럼 보였다. 그것은 분명히 그에게는 '이중기준'으로 보였다. 천국에 들어가고 들어가지 못하는 것이 오직 예수님을 믿는 믿음에 의해 결정되는 것이지 어떻게 행위에 근거한다는 말인가?

구원을 받거나 받지 못하는 것이 어떻게 이신칭의에 있는 것이 아니라 행위에 근거한단 말인가? 그러나 예수님의 말씀은 분명히 "형제에게 미련한 놈이라 하는 자는 지옥 불에 들어가게 되리라." 하시며 행위에 따른 천국과 지옥을 거론하시는 것 아닌가? 이 사람은 해결할 수 없는 문제에 봉착했지만 그래도 자신의 고정관념을 벗어던지고 본문을 있는 그대로 이해해보려는 용기를 가지지 못했다. 이 연구자의 모습은 우리가 얼마나 잘못된 자세로 복음서를 읽고 있는가를 단적으로 보여준다. 이런 접근 자세가 얼마나 심각한 결과를 초래하는지 아마 느끼지 못할지도 모른다.

그러나 이런 식으로 성경을 해석하는 성경 연구자들은 그들의 열심에도 불구하고 본문의 메시지를 정확히 보지 못할 위험성이 있고, 그 결과 예수님의 말씀을 정확히 설교하지 못할 가능성이 많다. 그리고 그 피해는 결국 교인들이 보게 될 것이다. 그러므로 우리는 이제 복음서를 있는 그대로 해석하기보다는 바울서신을 가지고 해석하려는 편견을 버리고, 예수님의 말씀을 가감(加減)없이 그대로 들으려는 자세를 가져야만 할 것이다. 이런 잘못을 범하지 않기 위해 우리에게는 다음과 같은 자세가 요구된다.

4. 바울서신 연구, 어떻게 할 것인가

첫째, 바울서신 본문을 대하면서 우리가 가장 먼저 해야 할 일은 본문 자체에 우선권을 부여하는 자세이다. 바울서신을 올바로 보기를 원하는 자는 무엇보다도 본문 자체로 먼저 들어가야 한다. 다시 말하면 다른 주석이나 설교집에 의해 어떤 선입관이나 편견이 생기기 이전에, 또는 자신의 고정관념이나 틀, 전제 등을 이용하기 이전에, 가장 먼저 본문 자체를 있는 그대로 보고자 하는 의도적인 노력이 선행되어야 한다. 이런 자세를 가질 때 우리는 바울이 말하고자 하는 생각과 의도를 정확히 밝혀 낼 수 있게 될 것이다.

둘째, 어떤 주관적인 틀을 가지고 그것을 입증하기 위해 바울서신을 읽지 말아야 한다. 이것 또한 바울서신을 연구하는 사람의 기본자세가 되어야 한다. 만일 이런 자세로 성경을 대하지 않는다면 성경 연구나 해석은 별 의미가 없게 된다. 이는 성경이 말하려고 하는 것을 들으려 하기보다는 자신이 하고 싶어하는 말을 위해 바울서신을 근거 구절로 이용하는 것에 불과하기 때문이다. 중요한 것은 내가 하고 싶어 하는 말이 아니라, 하나님께서 바울을 통해 주시는 말씀이 무엇인가 하는 것이다. 그러므로 성경을 대할 때 가장 중요한 것은 열린 자세open mind를 가지고, "과연 본문이 무엇을 말하려고 하는가!"에 귀를 기울여야 하고 그 음성을 들을 수 있어야 할 것이다.

셋째, 성경을 진정으로 깊이 알기를 원하는 자는 자신의 전제나 고정관념을 벗어날 줄 아는 용기를 소유해야 한다. 바울서신을 연구하는 사람은 어느 누구도 그 말씀을 완벽하게 이해하고 해석할 수는 없다. 그러므로 우리는 자신의 생각을 절대화시키는 교만과 아집에서 벗어나야만 한다. 만일 우리가 이런 전제를 뛰어 넘고자 하는 노력을 의도적으로 선행시키지 않는다면, 우리의 성경 연구는 아무런 새로운 결과를 가져오지 못할 것이다. 우리가 자신의 굴레에 매여서 모든 가능성과 연구의 결과에 대해 열린 태도를 가지지 않는다면, 조금 심한 말이지만 굳이 어렵게 성경 연구를 할 필요도 없는 것이고, 과거의 연구들을 그대로 답습하여 오늘날 한국 땅에 살아가는 성도들과 교회를 위한 대답으로 내놓으면 될 것 아닌가?

넷째, 이러한 열린 자세로 성경을 연구하게 되면 자신이 대하는 성경 구절이 다른 구절과 서로 상충되는 어려움도 만나게 될 것이다. 이때는 굳이 어떤 틀에 맞추려는 억지 해석을 시도하지 말고 각 본문이 다양한 배경 속에서 가지는 본래의 의미와 교훈을 발견하고 겸손히 받아들여야 할 것이다.

결론적으로, 성경을 진실로 이해하고 올바로 연구하려는 사람은 성경이 가라는 곳이면 어디든지 갈 준비가 되어 있어야 하며, 반대로 자신이 의도하는 대로 성경을 끌고 가서는 안 된다. 이를 위해 우리는 항상 성경이 말하도록 하는 훈련을 쌓을 필요가 있는 것이다. 이런 자세는 설교자가 평생 동안 가져야 할 가장 중요한 자세요, 절대 포기해서는 안 될 자세이다.

5. 결론

현재 우리 한국교회에는 말씀 이외의 방법으로 교회를 부흥시킬 수 있다고 믿거나, 그렇지는 않다 해도 말씀과 더불어 그 무엇인가가 있어야 교회가 소위 성장할 수 있다고 생각하는 사람들이 많이 있는 듯하다. 혹자는 그것을 부인하려 들지 모르지만, 그 명확한 증거는 많은 교회들이 말씀 이외의 방법으로 부흥을 이루려는 노력들이 여러 모양으로 난무하고 있다는 사실이다. 강단에서 말씀이 약화될 때 목회자는 다른 곳에 눈을 돌리기 시작한다. 이러한 점에서 살펴보면 한국 교회는 강단의 위기에 처하지 않았는가를 겸손히 질문해야 한다. 이 말은 모든 설교가 잘못되었다는 말은 결코 아니다. 그보다는 우리 설교자들이 말씀의 능력을 보다 신뢰하고, 본연의 임무인 말씀 연구에 좀 더 깊은 관심을 쏟아야 한다는 말이다.

목회자란 건축가도, 행정가도, 상담가도 아니다. 그는 무엇보다도 영원한 하나님의 말씀을 이 시대의 사람들에게 전하기 위해 부름 받은 말씀의 전문가라 할 수 있다. 그러므로 그들에게 가장 중요한 것은 말씀을 올바로 해석하고 올바로 전하는 것이다. 그런데 이 어려운 시대 상황 속에서 말씀의 사역을 맡은 설교자들이 자신의 편견과 고정관념에 매여 성경을 바르게 연구하지 못하여 잘못된 메시지를 전한다면 맡은 직무를 유기하는 것이 될 것이다. 그러므로 이제 설교자들은 무엇보다도 말씀의 전문가가 되어 말씀으로 교회를 살리고, 하나님을 바로 아는 진정한 그리스도인들로 교회가 채워지도록 해야 할 것이다. 말씀에 목숨을 거는 설교자가 있을 때, 말씀에 생명을 거는 성도들이 있게 될 것이다. 이렇게 말씀에 바르게 서 있는 설교자들과 성도들로 우리 한국교회가 가득 채워졌으면 하는 바람이다.

PART 4

바울서신 배경 연구

1. 로마서 배경 연구
2. 고린도전서 배경 연구
3. 갈라디아서 배경 연구
4. 빌립보서 배경 연구
5. 골로새서 배경 연구
6. 데살로니가전서 배경 연구

Historical and theological background of Paul's letters

로마서 배경 연구

1. 서론

로마서는 바울이 기록한 13편의 서신 가운데 가장 중요한 서신 중 하나이다. 이 서신은 바울의 풍부한 신학적 사상을 포함하고 있으며, 그가 전한 복음을 체계적으로 소개하고 있다. 사실 로마서는 인류 역사상 가장 중요한 서신이라 해도 과언이 아닐 정도로 기독교 신학의 형성과 발전에 신약성경의 다른 어느 책보다도 더 많은 영향을 끼쳤다.[1] 베드로전서나 히브리서에 영향을 준 것은 물론이고[2] 속사도시대의 저술들,[3] 교부들의 사상,[4] 종교개혁자들, 그리고 현대 신학자들의 사상에도 중대한 영향을 미쳤다. 특히 로마서를 중심으로 자신의 이신칭의 신학을 형성했던 루터M. Luther는 다음과 같이 말했다:

> "로마서는 그 자체 안에 성경의 전체 의도를 내포하고 있으며, 신약 혹은 복음의 가장 완벽한 개요이다."[5]

로마서에 대한 지금까지의 전통적인 견해는, '로마서는 기독교 교리 집약서' 혹은 '그리스도인 신앙의 조직적 교리체계'라는 것이었다.[6] 이러한 주장의 근거는 이 서신의 전반부에 복음의 내용이 논리적으로 잘 설명되어 있고, 후반부에는 이 복음을 받아들인 사람들이 실천해야 할 생활지침이 잘 제시되어 있는 등 구원론에 대한 체계적인 선포 때문이었다. 즉, 바울의 이전 편지들이 다소 단편적인 데 반해, 훨씬 더 체계적으로 기록된 로마서는 바울이 그 동안 동방선교를 하면서 얻은 신학적 사상을 잘 정리하고 요약하여 체계화시킨 것이고, 이것이 기록 목적이라는 것이다. 이러한 주장은 오늘도 소수의 학자들에 의해서도 계속되고 있다.

그러나 이와 같은 전통적인 견해는 이제 더 이상 큰 지지를 받지 못하고 있다.[7] 그 이유는 교리 집약서라고 생각되었던 로마서 안에 기독교 핵심교리인 교회론, 성례전, 육체의 부활, 교회정치, 혹은 종말론에 대한 바울의 가르침이 거의 발견되지 않을 뿐더러, 기독론도 충분히 다루어지지 않기 때문이다.

로마서를 어떤 특정한 역사적 동기와는 무관한 하나의 신학적 논문이나 교리서, 또는 단순한 바울사상의 개요서 정도로 보는 것은 로마서의 역사적 상황의 특수성을 부인하는 것이 되며, 그 결과 로마서를 올바로 이해하지 못하는 결과를 초래하게 된다. 안타깝게도 지금까지의 로마서 연구는 전통적인 관점에서 많이 채색되고 왜곡되어 왔다.[8] 그러므로 이제 우리가 관심을 가져야 할 일은 당시 바울이 말하고자 했던 생각과 의도, 그리고 그가 했던 일을 그 당시 역사적 상황으로 돌아가서 정확히 밝혀내는 일이다.

로마서는 바울이 수도원이나 상아탑 같은 곳에서 평온한 사색 중에 기독교 신앙의 핵심을 체계화시키고, 자신의 신학과 사상을 조직적으로 기술했던 서신이 결코 아니다. 다른 서신들과 마찬가지로 로마서 또한 복음을 위해 애쓰던 선교의 현장에서 기록한 선교사의 글이다.[9] 그러므로 우리가 로마서를 바로 이해하기 위해서는 1세기의 상황으로 다시 돌아가서 바울이 어떤 상황에서, 어떤 목적으로 이 서신을 기록했는가를 살펴야 한다. 이러한 작업 없이는 어느 누구도 바울의 의도나 기록 목적을 올바로 파악할 수 없고, 따라서 로마서를 바르게 해석할 수 없게 되는 것이다. 이 글의 목적은 로마서가 기록될 당시 바울의 상황과 로마 교회의 상황을 재구성하여 복원함으로써 독자들이 로마서를 올바르게 해석할 수 있도록 배경적 문제를 중점적으로 다루는 데 있다.

2. 수신자의 상황

로마서의 서론 문제 중에서 가장 중요한 것은 "바울이 왜 로마서를 썼는가?"하는 기록 동기, 혹은 기록 목적의 문제이다. 지금까지 로마서의 집필 동기와 역사적 상황에 대한 견해는 학자들마다 여러 가지로 다르게 주장되어 왔다. 이러한 연구들과 이론들을 우리는 크게 두 부류로 나눌 수 있다. 하나는 바울 자신의 상황에서 기록 동기를 찾는 시도이고, 다른 하나는 수신자인 로마 교회의 상황에서 동기를 찾는 시도이다. 즉, 로마서의 기록 동기를 올바로 파악하기 위해서는 이 두 가지 상황을 정확히 알아야만 바른 접근과 해석이 가능하다.

2.1. 로마의 유대인 사회

로마는 라인 강 서부와 다뉴브 강 남부의 유럽 전 지역과 유프라테스강 서부의 서남 아시아 전 지역, 즉 지중해 지역 전체를 총괄하는 로마 제국의 수도였을 뿐 아니라, 군사적, 경제적, 사회적, 문화적으로도 당시 세계의 중심지였다.[10] 고대 문헌에 의하면, 주후 1세기 로마는 이집트의 알렉산드리아, 그리스의 고린도, 시리아의 안디옥에 비견되는 거대 도시로, 바울 당시 지중해 권에서 가장 중요한 도시 중 하나였다. 당시 로마 제국의 인구는 각지에서 모여든 사람들로 약 백만 명에 이르렀다고 한다.[11] 주전 1세기 말엽부터 약 4-5만 명에 이르는 상당수의 유대인들이 시민권을 획득하여 자리를 잡고 살고 있었다고 전해진다.[12] 아마 이들은 주전 63년 로마의 폼페이우스 Pompeius 장군에 의해 전쟁포로로 로마에 끌려 왔던 유대인들로서 석방 후에도 계속 로마에 머물면서 로마 유대인 사회의 강력한 구성원이 되었을 것으로 보인다.[13]

약 백만 명의 여러 민족이 함께 살아가는 문화적 혼합은 당연히 다양한 종교의 모습을 나타낼 수밖에 없었다. 전통적인 로마는 판테온 숭배와 황제 숭배가 번성했지만, 많은 로마인들은 미트라교 Mithraism, 유대교, 유피테르, 미네르바를 숭배하기도 했다.[14] 로마 역시 지중해 주변의 기타 대도시들처럼 성적 타락과 부도덕으로 만연한 도시였다.

바울 당시 로마의 유대인 사회는 매우 다양하고 복잡한 모습을 나타내고 있었다. 팔레스틴에서 이제 막 이주하여 회당을 이룬 히브리인 회당도 있었고, 헬라말을 사용하는 헬라파 유대인 회당도 있었으며, 고린도나 아시아 각 지역에서 이주해 와서 지역마다 나름대로 회당을 이루고 있는 등 매우 다양한 공동체의 모습을 띠고 있었다.[15] 이러한 사실은 서로 다른 언어적, 문화적, 사회적, 신학적, 집단적 욕구를 충족시키기 위한 것이었음을 우리에게 시사해 주고 있다. 이처럼 다양한 유대 공동체가 로마에 공존했던 것은 후에 로마의 제4대 황제인 클라우디우스가 칙령Claudius Edict(주후 49년)을 반포하여 유대인들을 로마에서 추방한 하나의 배경으로 작용하게 된다.[16]

2.2. 로마 교회의 기원

로마서 1장 7절과 15절에 의하면, 로마서는 로마 제국의 수도인 로마에 거주하는 성도들에게 전해진 편지이다.[17] 이 편지는 로마에 그리스도인들이 존재하고 있었다는 최초의 증거 자료가 된다. 그렇다면 로마 교회는 언제, 어떻게 시작되었을까? 로마 교회의 기원에 관해서는 바울이 직접 세우지 않았다는 사실 이외에는 정확한 역사적 자료는 거의 없는 실정이다. 그렇기에 여러 가지 가능성이 제기되기도 하지만, 이 질문에 정확한 답을 한다는 것은 그리 쉽지는 않다.

얼마간의 초기 기록들이나 로마 가톨릭 교회의 전통에 따르면 베드로가 로마 교회의 창시자요 첫 감독이었다는 견해도 있다.[18] 그러나 이러한 주장의 근거나 타당성은 거의 없다. 이는 "남의 터 위에 건축하지 않는다."는 바울의 선교정책(롬 15:20)으로 미루어 볼 때, 만일 베드로가 로마 교회를 설립했다면 결코 그 교회를 방문하여 복음을 전하려는 계획을 세우지 않았을 것이기 때문이다.[19]

여러 가능성 중 가장 일반적인 견해는, 로마 교회는 예수님께서 승천하신 후 첫 오순절을 지키기 위해 로마로부터 예루살렘에 머물고 있던 경건한 유대인들이 베드로의 설교를 듣고 회심한 후 로마로 돌아가서 처음으로 기독교회들을 세웠을 것이라는 견해이다(행 2:10 참조). 이러한 주장은 4세기의 라틴 교부 암브로시우스^Ambrosius의 견해와도 일치한다. 일반적으로 학자들이 로마 교회의 기원을 이야기 할 때 그의 의견에 의존해오고 있는데, 암브로시우스는 "로마의 교회는 어떤 특정한 사도에 의해서 세워진 것이 아니라 유대인의 의식을 따라 - 유대인들 사이에서 - 그리스도에 대한 믿음을 소유하게 되었다."고 말한다.[20]

조심스럽지만 로마 교회의 기원에 대해 우리는 이렇게 결론짓는 것이 좋을 듯하다. 즉, 로마 교회는 어떤 특정한 사도나 전도자들에 의해 설립되었다기보다는 많은 디아스포라 유대인들에 의해 설립되었을 것이다.[21]

2.3. 로마 교회의 상황

당시 로마 교회의 상황이 어떠했는가 하는 질문에 대하여 정확한 답을 찾는 것 역시 어려운 형편이다. 로마 교회의 기원이 그러하듯, 로마 교회의 상황에 대해서도 정확한 자료는 거의 찾아볼 수 없기 때문이다. 하지만 우리는 여러 가지 역사적 사실에 기초하여 상당히 신빙성있게 로마 교회의 상황을 재구성하여 볼 수 있을 것이다.

로마 교회에 대한 첫 역사적 증거자료는 역사가 수에토니우스^Suetonius가 쓴 『클라우디우스 황제의 생애』^Life of Claudius에서 나타나고 있다.[22] 그는 이 책에서 로마에 있던 유대인들 사이에서 크레스토스^Chrestos 때문에 분쟁이 끊이지 않고, 항상 폭동이 일어났기 때문에 클라우디우스 황제가 칙령을 내려 유대인 모두를 로마에서 추방하였다고 기록하고 있다(참조. 행 18:1-2).[23] 여기서 '크레스토스'란 이름은 실제로는 '크리스토스'Christos일 가능성이 높다. 일부에서는 모음이 잘못 기록되었다는 의견이 제기되기도 하지만, 주후 1세기 헬라어에서는 e와 i를 거의 비슷하게 발음했기 때문이다. 그렇다면 그 분쟁과 폭동은 "예수가 곧 그리스도Christos이다."라는 주장에 대하여 유대 그리스도인들과 불신 유대인들의 견해 차이와 그로 말미암은 극한 대결이었다고 볼 수 있을 것이다.

왜 이런 극한 상황, 즉, 모든 유대인이 로마에서 추방당할 만한 갈등이 두 부류 사이에서 일어났을까? 그것은 로마 교회가 생겨나고 성장하게 된 배경과 깊은 연관을 가지고 있다. 예루살렘에서 복음을 받고 기독교로 개종하여 로마로 돌아온 유대인들은 아직 교회가 세워지지 않았기 때문에 예전처럼 유대인 회당에 규칙적으로 참여하였다. 그리고 당연히 그리스도의 복음을 그 회당에서 전파하였을 것이다.

이것은 우리가 당시 회당 예배의 규칙이 어떠했는지 안다면, 그것으로 미루어 분명히 확인할 수 있는 사실이다. 당시 회당 예배의 규칙은 다음과 같았다. 성인 남자 열 명 이상이 모이면 예배는 시작되었고, 회당장이 해당 안식일에 정해진 구약 성경의 본문lectionary을 낭독한 후 "우리 중에 혹 이 말씀에 근거하여 하나님의 위로나 권면을 할 수 있는 사람이 있으면 나오라."고 청한다. 바로 이런 기회를 놓치지 않고 그들은 회중 앞에 나가서 – 바울이 그러했듯이 – "지금 여러분들이 들은 그 말씀이 나사렛 예수를 통하여 성취되었다." "하나님께서 선지자 이사야를 통하여 약속한 구원이 예수 그리스도를 통해 성취되었다."고 당연히 복음을 전했을 것이다.[24]

하지만 다른 많은 도시들과 달리 로마의 유대인들은 새롭게 등장한 기독교의 가르침을 쉽게 받아들이지 않았다. 이러한 그리스도의 복음에 우선적으로 긍정적인 반응을 보인 사람들은 아마 이방인들이었을 것이다. 좀 더 자세히 말하자면, 두 부류의 이방인, 즉, 유대인의 신앙에 매력을 느껴 할례를 받고 완전히 유대교로 개종한 이방인들(οἱ σεβόμενοι προσηλύτοι: proselytes)[25]과, 하나님을 믿지만 아직 할례는 받지 아니한 '하나님을 경외하는 이들'(οἱ φοβούμενοι τὸν θεόν: God-fearers)[26]이었다. 이렇게 이방인 유대교도들이 복음을 받아들이자 새로운 공동체가 생겨나게 되었고, 유대인 회당은 기존의 신도들을 많이 잃게 되어 유대인과 유대 그리스도인들 사이에 큰 갈등을 일으키는 요인이 되었다. 그리하여 이것이 끊임없는 분란과 폭동의 원인이 되어 결국 정치적 불안감을 느낀 클라우디우스 황제에 의하여 모든 유대인들이 로마에서 추방되었을 것이다.[27]

이와 같은 재구성은 로마 교회가 헬라파 유대 그리스도인에 의하여 설립되었음을 보여 준다. 또한 로마 교회의 구성이 유대 그리스도인과 이방 그리스도인들로 구성되었다는 것을 말해 준다. 바울이 로마서를 쓸 때 염두에 두었던 청중들도 당연히 유대 기독교인과 이방 기독교인으로 구성된 혼합된 청중이었다.[28] 하지만 로마 교회의 주 구성원들은 역시 이방 기독교인들이었기 때문에 로마 교회는 당연히 이방적인 성격을 가질 수밖에 없었다(참조. 롬 1:5, 13; 11:13, 23-24, 28, 31; 15:7-9).[29]

2.4. 로마 교회의 갈등 상황

이러한 상황에 놓여 있던 로마 교회에 주후 49년 클라우디우스 황제의 추방 명령은 매우 결정적인 영향을 미쳤다. 유대인들이 추방되어 생긴 빈자리에 이방 그리스도인들만이 남게 되었기 때문이다. 당시 로마에서 추방된 유대인들 중에서 분명히 유대 기독교인들도 포함되어 있었다. 누가는 브리스길라와 아굴라 부부를 그들 중에 포함시킨다(행 18:1-2).

바울이 로마서를 저술한 당시에는 유대인들이 로마로 귀환했다고 할지라도 - 예를 들면, 브리스길라와 아굴라 부부가 로마 교회의 성도들 명단에서 발견된다(16:3-4) - 이방 그리스도인들이 이미 교회 내에서 다수가 되었고, 교회의 지도력이나 신학사상에 있어서 주도적인 영향을 미치게 되었던 것이다.[30] 주후 54년경 클라우디우스 황제가 죽자 다시 로마로 돌아온 유대 그리스도인들이 이런 상황을 보았을 때 어떤 생각을 가지게 되었을까? 완전히 주객이 전도되었다고 생각하지는 않았을까? 자신들이 없는 사이 교회를 지키던 이방인 그리스도인들이 차지한 우세한 위치와 상황 변화는 당연히 두 그룹 사이의 갈등을 심화시켰을 것이다. 이러한 두 그룹의 갈등 양상은, 채식주의와 특정한 날의 준수 문제를 발단으로 하여 유대인과 이방인, 믿음이 강한 자와 믿음이 약한 자의 대립 양상으로 드러나게 된다.

그러나 어떤 학자들은 이러한 갈등 상황이 로마 교회에 실제로 없었다고 주장하는데, 그 근거는 다음과 같다. 첫째, 바울이 로마 교회의 상황을 알지 못했는데 어떻게 그러한 실제적인 권면을 할 수 있는가 하는 것이다. 둘째, 이들은 로마서(14-15장)와 고린도전서(8-10장)를 비교한다. 즉, 바울은 본 서신에서 로마 교회의 두 갈등 분파들을 공격하는 것이 아니라, 오히려 고린도 교회의 실제적인 갈등을 염두에 두고 '강한 자'와 '약한 자'들이 어떻게 화목하고 바른 친교 관계를 맺을 것인지 일반적인 진리를 제시한다고 주장한다.[31] 그러나 이러한 견해는 설득력이 없다. 왜냐하면 고린도전서에서 강한 자와 약한 자들 간의 분쟁은 우상 숭배와 연관되는 데 반해(고전 9-10장), 로마서의 문제는 약한 자들의 채식주의와 특정한 날의 준수와 관련되기 때문이다. 또한 로마서 16장의 인사 부분에 나타난 대로, 로마 교회 안에는 바울의 많은 동료와 친구들이 있었다. 아마도 바울은 그들을 통해서 교회의 형편과 상황을 소상하게 들었을 것이다.

로마서 14장과 15장에서 등장하는 '믿음이 강한 자'와 '믿음이 약한 자'의 대립은 로마 교회에서 일어났던 구체적인 상황이다.[32] 특히, 수신자의 상황에 관심을 기울이는 현대의 많은 학자들은 '강한 자'와 '약한 자'에 대한 바울의 권면들 속에서 로마서의 중심 기록 목적을 찾고자 할 정도이다(14:1-15:3). 심지어 이들의 견해에 따르면, 로마서의 가장 직접적이고 일차적인 기록 목적이 로마 교회 내에 발생한 분열을 해결하기 위한 것이라고 할 정도이다. 아무튼, 로마 교회의 분쟁은 음식 문제나 날짜 준수 문제로 인해 극대화되기는 했지만, 다수를 점하는 자유분방한 이방 기독교인들과 소수 그룹에 불과한 보수적인 유대 기독교인들 간의 갈등에 근본 원인이 있었음은 분명한 사실이다.[33] 만일 우리가 로마서 안에 나타난 유대인과 이방인 출신의 그리스도인의 갈등, 또는 믿음이 약한 자와 강한 자 사이의 파쟁과 갈등을 염두에 두고 읽지 않는다면, 중요한 주제를 놓치고 말 것이다.

결론적으로, 유대인과 이방인 출신의 그리스도인, 혹은 믿음이 약한 자와 강한 자로 구성된 로마 교회는 갈등이 심화되어 교회가 하나되지 못할 위험에 직면했고, 바울 앞에는 그 문제를 해결하여 다시 하나의 공교회catholic Church를 만들어야 할 수신자의 실제적 상황이 발생했다. 그래서 바울은 두 그룹 사이의 화해를 시도하며, 두 그룹 모두에게 권면한다. 먼저 유대인 그리스도인들에게 말하기를, 그들이 선민의 민족적 우월성을 자랑하는 것은 복음의 보편성에 어긋나는 것이라 논박한다(1:18-4:25). 또한 이방인 그리스도인들에게는 이스라엘의 특수성을 언급하면서, 그들이 유대인 그리스도인에 대해 갖는 자만심과 우월성도 복음의 보편성에 어긋나는 것이라 경고한다(9-11장). 이와 같은 바울의 관심은 믿음이 약한 자나 강한 자나 "서로 용납하라."고 권면하면서, "그리스도는 유대인이나 이방인이나 똑같이 구원하기 위하여 오셨다."고 하는 것을 볼 때 더욱 분명해진다(14:14-15). 우리가 위에서 살핀 수신자의 상황은 바울의 상황과 더불어 로마서를 올바로 보는 데 중요한 열쇠를 제공하고 있다.

3. 바울의 상황

바울이 로마서를 기록할 당시, 그는 복음의 사도로서 자신의 생애에 있어 매우 중대한 결정을 내려야 할 전환점에 서 있었다. 그는 지금 동방 선교 사역을 완성한 후, 이제 막 서방 선교에 착수하려는 시기에 서 있었기 때문이었다. 바울 자신의 말을 빌리면, "… 내가 예루살렘으로부터 두루 행하여 일루리곤from Jerusalem and all the way around to Illyricum까지 그리스도의 복음을 편만하게 전하였노라."(롬 15:19). 즉, 바울은 동북부 지중해 지역 선교를 완전히 마쳤기 때문에 이제는 더 이상 복음 사역을 할 곳이 없어서, 로마를 거쳐 스페인으로 가려는 시점에 있었다(15:23).

이미 바울은 이전에도 로마에 가려는 계획을 가지고 있었다. 그러나 고린도 교회의 문제를 해결하느라 약 2-3년 동안을 에베소에 머물 수밖에 없었다. 그런데 이제는 고린도 교회의 문제가 모두 해결되어서 고린도를 직접 방문하여 마케도니아와 아가야에서 모은 구제 헌금을 가지고 이방 교회 대표단들과 함께 예루살렘으로 갈 수 있게 되었다 (15:14-29). 그리고 헌금을 전달한 후에는, 그토록 기다려왔던 서방 세계에서 새로운 선교의 문을 열기 위해 스페인 여행을 하려는 계획을 가지고 있었다.

이러한 시점에서 바울에게는 크게 두 가지의 염려가 있었다. 무엇보다도 걱정이 되는 것은 수많은 어려움을 겪어 가면서 아시아, 마케도니아, 아가야의 이방 교회들로부터 모은 구제 헌금을 이제 곧 예루살렘으로 가지고 가야 하는데, 예루살렘에 올라가면 자기를 기다리고 있는 유대인의 심한 박해는 이미 각오하고 있는 것이지만, 문제는 과연 예루살렘 교회와 그리스도인들이 자신과 구제 헌금을 기쁘게 받아줄 것인지, 또한 이방 그리스도인 대표자들을 그리스도 안에서 형제로 받아줄 것인지를 확신하지 못하고 염려하고 있었던 것이다.

여기서 한 가지 의문이 생긴다. 우리 생각대로라면 바울이 직접 예루살렘에 가는 대신 이방 그리스도인들에게 부탁해서 모금된 헌금을 예루살렘에 전하고 자신은 고린도에서 로마로 바로 갈 수도 있었을 텐데, 왜 굳이 그 헌금을 손수 가지고 위험스러운 예루살렘 여행을 감행하려고 했을까 하는 것이다. 이는 이 구제 헌금이 가지는 특성 때문이었다. 바울이 예루살렘 성도들을 위한 구제 헌금에 특별한 관심과 정성을 쏟은 것은 구제 헌금을 통해서 바울이 세운 이방 기독교회들과 예루살렘의 유대 기독교회들 사이에 존재하는 긴장을 해소하기 원했기 때문이다. 만일 예루살렘 교회가 바울이 세운 이방 기독교회들의 구제 헌금을 수락한다면, 이로써 그들 사이의 연합과 친교가 더욱 공고해질 것이다. 더욱이 예루살렘 교회가 이방 교회들의 구제 헌금을 받아들인다는 것은 단순히 돈을 받는다는 의미를 넘어서서 그들이 이방 기독교인들을 그리스도 교회의 합법적인 구성원으로 인정하고 받아들인다는 중대한 신학적 의미도 담고 있기 때문이었다.

바울의 또 다른 염려는, 스페인 선교를 위하여 먼저 로마 그리스도인들의 재정적 지원을 보장받고 그들의 이해를 얻어야만 했는데, 과연 자신을 잘 알지 못하는 로마 교회가 새로운 후원 교회가 되어줄 것인가 하는 문제였다. 지금까지는 그의 선교 사역의 지원 교회는 안디옥 교회였는데, 이제 선교 사역지를 로마 제국과 그 서반부로 옮겨감에 있어서 안디옥 교회는 지리적으로 너무 먼 위치에 있었다. 따라서 스페인을 전도하려면 로마 교회의 재정적인 지원을 받고 그들의 도움을 얻을 필요가 있었다. 그래서 바울은 로마 교회가 자신의 새로운 후원 교회가 되어 주기를 바라고 있는 상황이었다(15:24).[34]

하지만 문제는, 로마 교회들은 바울에 의해 세워지지도 않았고, 또한 그곳의 성도들도 개인적으로 알지 못했기 때문에 로마 교회에 자신을 소개하는 것은 매우 중요한 일이었을 것이다. 더구나 이들은 도처에 있는 바울의 대적자들을 통해서 바울에 관해 좋지 않은 소문을 들었을 가능성도 있었다. 사실 고린도와 기타 지역들에서 바울의 사도직과 복음이 끊임없이 의심을 받고 도전을 받지 않았는가! 따라서 그러한 오해들을 불식시키고, 또한 자신의 입장을 체계적으로 변호하며 자기편이건 반대편이건 누가 읽어도 오해의 여지가 없는 복음을 로마 교회에 재천명할 필요가 있었다. 즉, 로마 교회에 보내는 편지를 통해 자신의 복음에 대한 체계적인 설명을 제시하여 유대주의자들의 비난을 없애고 자신의 신학적 입장을 체계화시켜 로마 교회에 설명해야만 하는 상황에 놓여 있었다.

4. 로마서의 기록 목적

지금까지 살펴본 수신자 로마 교회의 상황과 저자 바울의 주변 환경을 기초로 하여 바울이 왜 로마서를 기록했는지 정리해보면 다음과 같다.

(1) 바울은 스페인 선교를 위해 서유럽 선교의 전략적 요충지인 로마 교회에 자신과 자신의 복음을 소개하여 도움과 지원을 얻으려 했는데, 이러한 선교 목적이 가장 직접적인 로마서의 기록 동기라 할 수 있다.[35]

(2) 로마 교회에 있는 이방 그리스도인과 유대 그리스도인 사이의 갈등과 반목이 심화되어 교회가 하나되지 못하였을 때 이를 해결하기 위하여 로마서를 기록하고 있는 것이다.[36]

(3) 바울은 로마에 있는 그리스도인들을 권면하고 믿음을 굳건히 하려고 하는 목회적인 목적에서 로마서를 기록했다(1:8-15; 15:15). 즉, 바울은 비록 자신이 설립한 교회는 아니지만 자신의 사도적인 사명을 따라서 특별히 로마 교인들에게 필요한 그리스도의 복음을 전함으로써 그들이 하나님께 순종하는 거룩한 백성이 되게 하기 위하여 로마서를 기록하였다.[37]

(4) 바울은 본 서신을 일차적으로는 로마 교회에 보내기 위해서 쓰고 있지만, 보다 폭넓은 역사적 상황에서 보면 이제 곧 방문하게 될 예루살렘 교회에서 신학적인 논쟁을 염두에 두고 저술하고 있음을 알 수 있다. 즉, 예루살렘 사도회의를 대비한 사전 준비로 다시 한 번 기독교 복음의 진리를 확인하고, 유대교회와 이방교회가 하

나의 기초 위에 세워졌음을 재천명하기 위하여 자신의 신학적 입장을 로마서에서 체계화시켜 요약 정리하고 있는 것이다.[38]

결론적으로 말하자면, 로마서는 수신자의 상황과 저자의 상황이 함께 어우러져 기록된 서신이다.[39] 우리가 이러한 상황을 간과하고 이러한 요인들 중에서 어떤 한 요인만을 배타적으로 선택하여 로마서의 저술 동기로 삼는 것은 결코 바람직하지 않다. 이 모든 요인들이 나름대로 바울이 로마서를 쓰게 한 동기가 되었음이 분명하다. 그러나 한 가지 더욱 분명한 것은 기록 동기가 무엇이든, 바울은 유대인과 이방인 양자를 동시에 설득시킬 수밖에 없는 상황에 처해 있었다는 것이다. 그들 모두가 하나님의 약속의 수혜자라는 신학적인 근거를 제시하고, 이를 통해 현재 분리되어 있는 공동체를 하나되게 하고자 했던 것이다. 그의 논지는 여기에 초점을 맞추어야 한다. 우리가 이러한 상황을 바로 알고 로마서를 해석할 때, 우리의 편견에서 벗어나 로마서가 말하고자 하는 것을 올바로 들을 수 있게 될 것이다.

5. 결론: 현대에 주는 교훈

로마서는 단순한 기독교 교리 요약서가 아니다. 로마서는 바울이 선교 사역 중 깨닫게 된 공통 주제를 신학적으로 더욱 숙고하여 논리적, 체계적인 교리로 요약한 서신이라는 견해는 지나치게 추상적인 생각이다. 비록 여러 이유 때문에 주요 내용이 신학적이고, 바울의 다른 서신에 비해 상황성이 적은 것은 사실이지만, 로마서는 여전히 기록되지 않으면 안되는 실제적인 상황이 존재했던 상황서신 occasional letter이다. 만일 누군가가 이러한 사실을 간과한 채 로마서를 해석하려 한다면,

그는 자신의 전제와 편견에 갇혀서 로마서가 진정으로 말하려고 하는 것을 볼 수 없게 될 것이다. 마치 루터가 그러했던 것처럼 말이다.

루터는 로마서의 목적을 다음과 같이 정의하였다: "로마에 있는 유대인과 이방인은 서로 싸우는 가운데 그들의 신앙과 교회를 올바로 이해하기 위해서 바울의 교훈을 듣게 되었다 … 그들은 서로 반목하는 가운데 화해의 방도가 없었다 … 그래서 바울은 그를 목회자로 신임하던 사람들에게 어떻게 행동할 것인지 모범을 보여주며 교육하였다."[40]

루터는 로마서의 상황을 어쩌면 아주 정확히 보았는지도 모른다. 그러나 그는 자신이 보았던 그것을 무시해버렸다. 왜냐하면 루터가 관심을 가졌던 것은 로마서의 상황이 아니라 자신의 상황이었고, 바울이 로마서에서 무엇을 말하는지 찾고자 한 것이 아니라 자신의 목적을 위해 바울을 이용하는 것이었다. 당시 "사람이 하나님 앞에서 어떻게 의롭게 될 수 있는가?"하는 개인의 문제로 고민하던 루터는, 로마서에 나타난 이러한 상황성을 무시해 버리고 지나치게 주관적으로 해석함으로써 바울이 진정으로 말하려고 했던 것을 결국 볼 수 없게 되었던 것이다.

루터는 로마서의 중심 주제를 '이신칭의' 즉, '믿음으로 말미암은 의'로 보고 있다. 이것은 루터 이후 개신교 신학의 중심이 되었고, 특히 서구 신학의 큰 기초가 되었다. 그러한 역사적 사실이 잘못되었다는 것이 아니라 우리가 여기서 문제로 지적하고자 하는 것은, 루터가 로마서를 1세기의 바울과 로마 교회의 상황에서 해석하지 않고 자신의 시대의 상황에서 주관적으로 해석했다는 점이다.

지금 바울이 로마서에서 강조하고 있는 것은 유대인과 헬라인이 하나님 앞에서 동등하다는 것이다. "하나님은 모든 사람을 민족적인 차별 없이 대하신다."는 하나님의 불편부당성 Impartiality of God을 강조하고 있는 것이다.[41] 다시 말하자면, 로마서의 핵심적인 주제 중 하나인 '하나님의 의'는 "한 인간이 하나님 앞에서 어떻게 의로워지는가?"라는 루터의 질문에 대한 답으로 주어진 것이 아니고, "유대인과 헬라인이 하나님 앞에서 얼마나 동등한가?"라는 바울의 질문에 대한 하나님의 대답으로 주어진 것이다. 즉, 로마서 3장 22절의 "하나님의 의는 차별이 없다."라는 바울의 상황에 대한 인식으로부터 정확히 해석될 수 있는 것이다.

루터의 연구가 수많은 공헌을 우리에게 남긴 것은 부인할 수 없는 사실이지만, 오늘 우리는 상황을 고려하지 않은 그의 해석이 남긴 아쉬움을 거울삼아 이를 반복하지 않아야 한다. 로마서가 말하고자 하는 것을 듣기 보다는, 바울의 입을 빌어 자신이 하고 싶어하는 말을 해서는 안 될 것이다. 우리는 무엇보다도 역사적 상황에 기초하여 성경이 '그 때, 그리고 거기에서' then and there 무엇을 말하려 했는가를 올바로 해석하고, 그 객관적 근거 위에서 '지금, 여기에서' here and now 우리에게 주시는 말씀을 발견하여 하나님의 말씀을 바르게 증거하여야 할 것이다.

2 고린도전서 배경 연구

1. 서론

고린도전서는 로마서나 갈라디아서처럼 교리 서신도 아니며, 디모데전후서나 디도서처럼 목회의 자세나 지침을 가르치는 서신도 아니다. 이 서신의 특징은 그리스도인들이 삶의 현장에서 부딪치는 문제점과 해결책을 제시하는 실용적인 서신이라는 데 있다.[42] 바울은 이 편지에서, 시대를 초월하여 모든 그리스도인의 공동체에 존재하는 문제인 "그리스도인들이 기존의 사회 구조 속에서 부딪치는 문제들을 겪을 때 어떻게 거룩함을 지키며 자유를 누릴 수 있을 것인가."를 교훈한다. 좀 더 자세히 말하면, 고린도 교회에 일어났던 분쟁과 분파 문제, 교인들 간의 법적 소송, 결혼 문제, 영적 은사의 남용, 성만찬, 우상 제물에 관한 문제, 부활에 대한 불신 문제 등 여러 문제에 대해 바른 길을 제시하고 있는 것이다.

고린도전서는 본래는 1세기 고린도 교회를 위해 기록되었지만, 시대를 초월하여 당시의 고린도 교회처럼 많은 문제들을 안고 살아가고 있는 오늘 우리 교회와 성도들에게 매우 적절하고 필요한 교훈을 주고 있다. 실지로 고린도 교회는 현재 우리 교회들의 거울이라고 해도 과언이 아니다. 왜냐하면 어느 시대든지 그 시대를 막론하고 대개 교회의 문제들은 고린도전후서에 기록된 대로 나타나게 되기 때문이다.

그러므로 고린도전서는 오늘 우리 교회들이 바울의 어떤 다른 서신보다도 주의 깊게 읽어야 할 서신이 아닌가 생각된다. 바울이 수많은 문제에 봉착했던 고린도 교회에 어떤 충고를 주는가 우리가 자세히 살피고, 이를 교훈삼아 오늘날 우리들의 교회 상황에 적용할 수 있다면 많은 도움을 받게 될 것이다. 이 글은 바울을 통해 설립된 고린도 교회가 어떻게 하여 그토록 수많은 문제에 봉착하게 되었는지 당시 교회의 상황과 여러 문제들의 근본적인 원인을 밝히고, 이에 대한 바울의 교훈을 살핌으로 고린도전서를 바르게 읽고 해석하고 적용하는 데 도움을 주려는 것이다.

2. 고린도의 역사적 상황

고대 역사 기록으로 미루어 보아 주전 8세기부터 도시국가를 형성했던 고린도는 헬라 본토와 펠로폰네소스 Peloponnesus를 연결하는 지협에 위치하고 있었다.[43] 서쪽으로는 2km 지점에 레가에움 Lechaeum 항구[44]가 있었고, 동쪽으로는 7km 지점에 겐그레아 항구(롬 16:1)가 있었다. 이러한 지형은 마치 헬라의 목을 잡고 있는 것과 같다고 표현할 만큼 중요한 위치였으며, 남북으로는 육로를 연결하고 동서로는 해로를 연결하는 교통의 요충지였다. 이러한 지리적 위치로 인하여 고린도는 자

연히 군사적으로나 상업적으로 크게 번창한 도시가 되었다.[45]

고린도는 주전 146년 로마 장군 뭄미우스 Lucius Mummius에 의해 점령되어 고린도 시민들은 학살당하거나 노예로 팔려갔다. 그 후 약 100년 동안 폐허로 남아 있다가, 주전 44년 로마 황제 시이저 Julius Caesar의 칙령에 의해 로마 식민지로 재건되었다. 주전 27년부터는 로마 총독이 부임함으로써 고린도는 마케도니아 남부 헬라 전 지역을 포함하는 아가야 Achaia 지역의 행정 수도가 되었다.[46] 이렇게 재건된 1세기 신약 시대의 고린도는, 고대 시대의 고린도와 마찬가지로 다시금 국제적인 상업 도시로 번성하게 되었다.[47] 바울 당시 고린도 인구는 약 20만 명 정도였는데, 일부 학자들과 고대 저술가들은 그보다 더 많았을 것이라 추정하기도 한다.[48] 당시 고린도는 아덴보다 8배 정도 더 컸고, 이러한 도시의 규모와 인구, 지역적 중요성은 바울이 제2차 전도여행 중 아덴에서 잠시 사역한 후 고린도에서 18개월을 머물며 사역해야 할 필요를 느꼈는지를 설명해 주기도 한다.[49] 바울의 선교전략은 항상 대도시 중심의 선교였기 때문이다. 고린도 주민들은 헬라인뿐 아니라 로마 제국의 각 지역으로부터 이주해 온 다양한 민족들로 구성되었으며, 그 중에는 약 3만 명의 유대인들도 섞여 있었다.

당시 고린도는 아시아와 아프리카, 유럽의 여러 종족들이 모이는 항구도시였기에 이들이 가져온 혼합주의가 성행했고, 오늘날 항구도시들이 그러하듯이 온갖 범죄와 타락한 모습이 만연한 도시였다. 마치 인종 전시장과 같은 이 도시는 주민들의 국적만큼이나 다양한 신전들로 인하여 신상들의 박물관 같은 종교 혼합의 중심지가 되었다. 특히 고린도에 세워져 있던 12개 이상의 신전 중, 사랑의 여신 아프로디테 Aphrodite를 섬기는 신전에서는 성창(聖娼)이 번성했다.[50] 이 신전에는

'성스러운 노예들'로 매춘부 역할을 하는 여사제가 천 명 이상이나 거하고 있었고, 이들과 더불어 성적인 관계를 맺는 것이 예배의 한 순서일 정도로 성적인 타락이 극심하였다.[51] 이러한 사회적 환경은 자연히 고린도인들을 방탕한 자로 만들었고, 성적으로 부패하게 만들었다. 그래서 "고린도인처럼 산다."(Κοριντιάζεσται)는 표현은 고대사에서 "성적으로 아주 문란하다."것을 의미하는 관용어가 되다시피 했다.[52]

반면 이러한 성적, 도덕적 타락에도 불구하고 고린도는 부유한 도시로서 철학과 수사학이 발달하여 많은 학자들이 모여들었고, 그들을 중심으로 학교들이 번성하였다. 고린도 시민들은 지적인 자부심이 있었고, 특히 수사학에 큰 가치를 두어서 지혜롭게 말하고 아름답게 말하는 것을 매우 가치있게 생각하였다. "고린도인처럼 산다."라는 관용어와 마찬가지로, "고린도인처럼 말한다."라는 표현은 매우 설득력있고 조리있게 수사학적으로 말을 한다는 뜻이었다.[53] 이처럼 신약 시대의 고린도는 로마인과 헬라인, 그리고 동방에서 온 사람들이 서로 섞이면서 종교적 혼합주의가 성행하고, 종교적 의식이 매우 타락하는 형태를 보였음을 알 수 있다. 바로 이러한 도시에 바울의 선교에 의해 하나님의 교회(1:1)가 세워지게 된다.

3. 고린도 교회의 설립 배경

고린도에 최초로 기독교 복음이 전파된 것은 유대인 부부 아굴라[Aquila]와 브리스가[Prisca]에 의한 것으로 추정할 수 있다. 이들은 주후 49년 로마의 클라우디우스[Claudius] 황제의 칙령 - 유대인들을 로마 시에서 추방하는 - 에 의해 로마로부터 고린도에 와서 정착한 사람들이었다. 이들이 이미 그리스도인이었다는 것은 그들이 바울에게 세례를 받지 않았다는 사실을 미루어 알 수 있다. 이들은 비록 그리스도인이었지만 독자적으로 복음을 전하지는 않았는데, 이는 고린도에서 바울을 통해 처음 세례받은 사람이 스데바나와 그의 가족이었기 때문이다(고전 1:16; 16:15).

고린도 교회의 설립 과정은 사도행전 18장 1-18절에 자세하게 기록되어 있다. 바울은 제2차 전도여행 중인 주후 50-51년 겨울 고린도에 도착하여 1년 6개월 정도를 머물면서 복음을 전하고 교회를 개척했다. 바울은 천막 사업을 했던 아굴라와 브리스가 집에서 취업하여 자기 손으로 밥벌이를 해 가면서 유대 회당에서 복음을 선포하기 시작했다. 그 후 실라와 디모데가 마케도니아로부터 내려와 합세를 하자 바울은 더욱 힘있게 복음을 증거하였다.

바울은 방탕과 음란이 만연되어 있는 고린도에서 아덴처럼 철학적 변론이나 인간의 지혜를 사용하지 않고(행 17:16-34), 성령의 능력을 힘입어 평이한 말로 "예수 그리스도와 그의 십자가에 못박히신 것"만을 전하였다(고전 2:1-2). 그는 고린도에서 오직 하나의 터만을 닦았는데, 그 터는 곧 예수 그리스도였다(3:10, 11). 이러한 전파를 통해 바울은 상당수의 유대인들과 하나님을 경외하는 이방인 God fearer들을 얻게 되었다.

그러나 이와 같은 성공은 유대인들의 반대에 부딪혀서 하나님을 경외하는 자의 하나로 그리스도인이 되었던 유스도 Justus의 집에서 복음을 전하게 된다. 이렇게 해서 고린도 교회는 시작이 되었다. 한곳에 결코 오래 머무는 법이 없었던 바울은 이곳에서는 예외적으로 1년 6개월을 머물며 선교 사역을 하다 52년 봄쯤 아굴라 부부와 함께 에베소를 거쳐 수리아의 안디옥으로 떠나는데, 이때부터 아볼로가 후임 사역자로 고린도 신자들을 굳게 세웠다(행 18:27-28).

4. 고린도 교회의 구성

고린도 교회는 일부는 유대 그리스도인들도 있었고, 부유하고 사회적으로 영향력 있는 사람들도 있었지만(고전 4:6-8),[54] 대부분은 하층 노예 출신 이방인들로 구성되었던 듯하다(1:26-29). 이런 고린도 교회는 계층 간의 위화감을 극복하지 못했다. 그 예를 고린도전서 10장 27절, 11장 17-34절을 보면 발견할 수 있다. 고린도 교회가 성만찬을 행할 때 공동체의 한 부류인 부자들은 많은 음식을 가져와서 잔뜩 먹고 깊이 술에 취해 있던 반면, 다른 부류인 노예들은 허기진 배를 채우지 못한 채 술에 취한 부자들을 바라보는 상황이 될 정도로 예배가 혼란케 되고 위화감이 조성되었다.

계층 간의 위화감! 이것이 고린도 교회 문제 중의 하나였다. 이렇게 분열된 고린도 교회는 교회 지도자들의 이름을 내세워 파당을 짓기도 했으며(1:11, 12), 어떤 일이 교회 안에 발생할 때마다 자신의 이익을 따라 편가르기를 하기도 했다. 물론 고린도 교회는 모임에 사회자가 필요 없을 만큼 서로 밀접하게 결합된 면도 보였고, 심지어는 기부금을 모집하는 회계조차 없었을 정도로 그리스도의 몸으로 표현하기에 부족함 없는 모습을 보이는 면도 없지는 않았다. 그러나 다양한 부류의 사람들과 여러 계층의 사람들로 구성되었던 고린도 교회는 세상적인 기준으로 보면 많은 문제를 일으킬 소지를 출발부터 안고 있었다 해도 과언이 아닐 것이다.

5. 고린도 교회의 상황과 성격

바울 당시 고린도 교회의 상황을 아는 것은 고린도전서를 올바로 해석하는 데 있어 결정적으로 중요하다. 흔히 고린도전서를 읽는 연구자들이 고린도 교회에서 일어났던 여러 문제들을 전체적으로 보지 못하고 이 문제들이 마치 서로 전혀 관계 없는 독립적인 것으로 이해하여 올바르지 못하게 해석하는 경우가 많다. 결론부터 말한다면, 고린도 교회에서 일어났던 다양한 문제들은 별개의 것이 아니라 서로 밀접한 연관을 가지고 있는 문제였다. 이것은 당시 고린도 교회의 상황을 보면 이해할 수 있게 된다.

그러면 1세기 당시 고린도 교회의 상황은 어떤 모습이었을까? 고린도 교회는 바울과 아볼로 등 유능한 지도자가 있었음에도 불구하고 타락한 이교도 사회 환경과 시대 정신을 극복하지 못하고, 오히려 시류에 휩쓸려 침몰할 위기에 놓이게 된다. 고린도의 이방적 환경과 고린도 그리스도인의 이방인적 과거는 교회 안에서 많은 문제들을 야기시켰다. 성도덕의 문란, 우상 숭배, 불신자들과의 교류 문제, 세상 법정에 고소, 지혜와 지식 자랑, 윤리 문제, 그리고 성령 열광주의 등이 그 대표적인 것들이다. 특히 그들은 기독교 구원의 복음과 세속적인 헬라의 지혜를 명확히 구분하지 못한 결과, 교리와 윤리적인 모든 면에서 급속히 세속화의 길을 걷게 되고 말았다.

5.1. 문제 발생의 근본 원인: 하나님의 지혜를 세상 지혜로 대체

고린도 교회의 수많은 비윤리적이고 부도덕한 문제들이 발생한 근본적인 원인을 우리는 어디서 찾을 수 있을 것인가? 아마도 이 모든 문제들의 뿌리는 바울이 고린도전서 1-2장에서 지적한 대로, 그리스도의 십자가 사건 속에 나타난 하나님의 지혜를 저버리고 세상 지혜를 받아들인 데서 기인하지 않았는가 보인다. 특히 이들이 바울의 가르침 중 세상 지혜와 혼동하여 결정적으로 오해한 것은 구원론과 성령(의 은사)에 대한 것이었다.

(1) 구원론과 성령에 대한 오해

고린도 교회는 구원과 성령의 은사에 대한 오해가 왜 발생하게 되었을까? 단정하기 어렵지만, 아마도 헬라 영지주의의 이원론적인 사고방식에 오랫동안 길들여진 고린도 교인들이 바울의 종말론적인 이원론[55]을 자신들의 세속적인 영육 이원론[56]으로 재해석하여 오해하였기 때문인 듯하다.

바울은 고린도 교인들이 받은 구원에 대해 다음과 같이 설명하였다. 만일 어떤 사람이 예수님을 자신의 구주로 고백하고 믿으면 그리스도 안에서 실현된 구원이 '첫 열매'로 그에게 주어지지만(롬 8:23), 그것은 끝이 아니라 '보증'의 성격을 지닌 것이며(고후 1:22; 5:5), 구원의 완성은 주 예수 그리스도의 재림 때에 있을 것이다. 바로 이점이 바울이 자신의 서신에서 신자의 구원에 대해 설명할 때 과거, 현재, 그리고 미래의 세 가지 시제를 모두 사용하는 이유이다.[57]

그리고 바울은 성령에 대해 설명하기를, "그리스도를 믿는 자들에게 내주하시는 '성령'은 이 구원의 첫 열매를 나타내는 하나님의 선물이요, 장차 그리스도의 재림 때 주어질 구원의 완성에 대한 보증이라."고 가르쳤다. 다시 말하면 성령을 받은 사람은 종말의 구원의 첫 맛을 이미 보았고, 미래에 그 구원의 완성을 받을 것을 보장받았다는 것이다.

굳이 신학적인 용어로 말하자면, 이 일을 시작하신 칭의의 주체도 그리스도시며, 성화의 주체 또한 주님이시기 때문에 그 완성도 그가 친히 이루실 것이라는 선언이었다. 덧붙이자면 구원의 현재적인 측면과 미래적인 측면으로도 설명할 수 있을 것이다.

그렇지만 이런 구원의 보증을 받은 신자들이 잊지 말고 기억해야 할 것은 구원 받은 신자들의 신분과 그 상태에 대한 이해이다. 그들은 이미 그리스도안에서 새로운 피조물이요, 하나님 나라의 백성이 되었다. 그럼에도 불구하고 그들은 구원의 완성의 날까지 아직도 육신과 죄에 노출되어 있고, 죄의 세력이 남아 있는 이 세상에 살고 있기 때문에, 그 죄악과 싸워 이기면서 머리이신 그리스도에게까지 자라가야 할 책임이 있음을 잊어서는 안 된다. 이것이 바울이 그리스도인의 삶을 경주자에 비유하고, 푯대를 향해 나아가고 있는 삶이라고 표현했던 이유이다.

그러나 영과 육의 이원론적 구조에 오랫동안 길들여진 고린도 그리스도인들은 바울의 이와 같은 종말론적 이원론 – 현재는 이 세대 구원의 첫 열매를 받고, 장차 그리스도 재림 때 그 완성을 받는다는 '시간적 이원론' – 을 당시 세속적인 헬라적인 영육(靈肉) 이원론으로 잘못 해석하여 생각했다. 그 결과, 그들은 바울이 자신들에게 "너희가 그리스도 안에서 구원을 받았다."고 말한 구원의 의미를 세상 지혜인 헬라의 이원론으로 잘못 해석했다. 그리하여 그들의 영혼이 '지금'now 하나님 나라의 완성된 구원을 완전히 얻은 것으로 상상하고, 성령의 은사들이란 바로 이와 같은 자신들의 견해를 확인해 주는 증표sign로서 받아들였다. 그래서 고린도 교인들은 자신들이 이미 세상의 모든 제약을 초월한 존재, 그러므로 어떤 일을 해도 죄와는 상관이 없는 '영적인 존재'로 변화되어, 이미 종말의 하나님 나라의 완성된 구원을 모두 얻고 하나님의 통치에 참여하고 있는 것으로 착각하여 영적인 만족감과 풍요로움 속에 젖어 있었다(고전 3:20). 이렇게 해서 고린도 교회에 등장하게 된 것이 소위 '고린도 열광주의'Enthusiasm라고 불리는 성령 열광주의이다.[58]

우리가 고린도 교회의 이러한 상황을 바르게 안다면 왜 고린도 교회에 지혜의 문제나 분파 문제, 또는 은사의 문제가 일어나게 되었는지, 더 나아가 부활의 문제가 일어나게 되었는지 좀 더 근본적인 접근이 가능할 것이다. 그리고 당시의 시대 정신인 영혼을 중시하고 육체를 무시하는 이원론이 얼마나 고린도 교인들에게 깊게 자리잡고 있었고, 그것이 어쩔 수 없이 기독교의 복음을 오해하게 만드는 데 영향을 미칠 수밖에 없었는지 안다면 성적인 문란과 같은 방종주의, 우상 제물, 음식에 관한 금욕주의 문제가 왜 대두되게 되었는지를 이해할 수 있게 될 것이다. 이러한 관점에서 볼 때 고린도 교회의 문제는 결코 별개의 문제가 아니라 바울의 구원론과 성령 이해에 대한 오해에서 비롯된 문제라는 것을 알 수 있다.

5.2. 세상 지혜로 말미암은 대표적 현상들: 성령 열광주의와 금욕주의

영지주의 이원론적 영향은 고린도 교회에서 대체로 두 가지의 대조적인 행동 결과를 낳게 된다. 한편으로는 성령 열광주의자들의 자유 방종주의이고, 다른 하나는 극단적인 금욕주의였다.

(1) 성령 열광주의
고린도 교인들은 이미 "자신들의 영혼이 구원을 얻었다."고 믿었으므로, 몸으로 짓는 어떠한 행동도 괜찮다고 생각하여, 일부 교인들은 고린도의 문란한 성도덕에 같이 휩쓸렸다. 그뿐 아니라 심지어는 이방인들조차 행하지 않는 죄악들을 저지르면서도, 그러한 행동들이 죄악이기보다는 오히려 자신들의 영혼의 구원을 더 과시한다고 합리화했다. 학자들은 이러한 현상을 '열광주의'라고 부른다. 다시 말하면 성령의 은사들을 구원 받은 증거라고 생각하고, 은사들을 과시하며 부도덕에 이끄는 영적 상태를 '열광주의'라 하고, 이런 자들을 '열광주의자'라고 부른다.[59]

이러한 열광주의자들에 의해 발생된 고린도 교회 문제의 결정적인 예가 바로 우상 제물에 관한 것이었다. 고린도 교인들 중 바울이 '믿음이 강한 자'라고 표현한 한 부류의 사람들은 자신들이 성령론을 통하여 얻은 지식으로 우상이나 그 우상에게 바쳐진 제물에 관해 다음과 같은 견해를 가지고 있었다. 즉, 고린도의 이방인들이 섬기는 신들은 실체가 없는 존재에 불과하다고 생각하여 우상의 잔치에 참여하는 것을 마다하지 않고, 우상에게 바쳐진 고기를 먹는 것을 전혀 거리끼지 않았다. 그래서 이를 꺼리고 먹지 못하는 일단의 성도들, 즉 '믿음이 약한 자'에게 상처를 주어 문제가 일어나게 되었다.

그러나 이러한 현상은 고린도 교회뿐 아니라 시대를 막론하고 항상 일어나게 된다. 교회가 너무 지적인 정통 교리에만 집중하게 되면 항상 성령파나 은사파의 카리스마 운동이 열광주의로 흘러서 도덕성이 약해지게 된다. 이 점은 우리 교회들도 마찬가지이다. 성령의 은사가 자신들의 구원을 확증하는 것으로 생각하여, 성령의 은사만을 중시할 뿐 삶이 따르지 못하여 도덕적으로는 상당히 문란한 상태에 빠져들어 가는 것을 보게 된다. 하여튼 고린도 교인들이 그러한 현상의 전형적인 예였다.

(2) 극단적 금욕주의

반면, 고린도 교인들 중 일부는 영과 육의 이원론에 근거해서, "영혼의 구원만이 중요한 것이지 육체는 전혀 무익한 것이므로 영의 구원을 가능한 한 순수하고 거룩한 상태로 유지해야 하고, 이를 위해 육체의 정욕을 될 수 있으면 피해야 한다."고 생각을 해서 극단적인 금욕주의로 흘렀다. 그래서 이들은 결혼을 기피(고전 7장 참조)하고, 시장에서 판매되는 고기를 사 먹는 것을 피했으며, 율법을 여자적(如字的)으로 지키려고 힘썼다. 만일 상황이 이렇게 되었다고 하면, 열광주의자들과 금욕주의자들 간의 갈등이 일어나게 된 것은 필연적인 사실이다. 지혜와 지식과 자유를 자랑하는 열광주의자들은 금욕주의자들을 '약한 자들'(οἱ ἀσθενεῖς)이라고 무시했고, 금욕주의자들은 열광주의자들을 '육신적인 방탕자들'이라고 비판하면서 자신들이 그들보다 영적으로 우월하다는 생각을 했다. 그래서 강한 자들과 약한 자들의 대립이 고린도 교회의 큰 문제가 되었던 것이다.

5.3. 세부적 문제

(1) 분파 문제

고린도 교회의 분파 문제도 이러한 이원론적 영향 때문에 생긴 것으로 보인다. 이미 우리가 고린도 교회의 구성에서 살펴본 대로, 여러 부류의 사람들이 모인 공동체는 성향에 따라 여러 분파로 나뉘어 있었는데, 이 문제는 특히 아볼로와 베드로가 고린도를 방문하면서 더욱 심각하게 되었다.

먼저, 아볼로파가 생겨나게 된 배경은 다음과 같다. 철학과 수사학을 숭상하는 고린도의 전통에 익숙했던 고린도 교인들은 엄청난 성경 해석의 능력과 수사적 기술을 가진 아볼로에게 굉장한 신뢰감을 갖게 되었다. 사도행전 18장에서 알레고리적 해석의 본고장인 알렉산드리아에서 온 아볼로에 대한 평이 나오고 있다.[60] 그러나 보니 자연히 은사를 높이 평가하던 고린도 교회의 열광주의자들은 아볼로를 자신들의 선생으로 높이게 되었다. 반면, 금욕주의적인 유대 그리스도인들과 이방 그리스도인들은 다른 사도들과 비교하여 상대적으로 율법적인 계율을 가르치는 베드로를 더 따르게 되었고,[61] 그를 자신들의 사도로 삼게 되었다.

그러자 이 두 그룹에 대항해서 어떤 그리스도인들은 자신들의 목회자요 사도인 바울에게 충실하자고 하면서 우리는 '바울파'라고 주장을 하게 되어 세 개의 파가 형성되었다. 이들 세 파는 아볼로가 주는 지혜가 더욱 나은가, 베드로가 더욱 지혜로운가 등의 논쟁을 하면서 사도들의 가르침을 다양한 헬라 학파들의 지혜 정도로 생각하며 서로를 무시하는 상황이었다.

이렇게 되자 또 한 부류는 아마도 극단적인 열광주의적인 자들로서 자신들은 인간이 아닌 부활하신 그리스도와 직접 교류를 한다는 이른바 그리스도파가 생기게 되었던 것 같다. 학자들 간에는 "실지로 그리스도파가 있었겠는가?"에 관한 논란이 있지만, 일부 학자들은 실지로 "그리스도파가 있었다."고 보고, 아마도 그들은 극단적인 열광주의자들로,[62] 부활한 그리스도와 직접 교류한다고 주장하며 다른 파를 무시했을 것이라고 생각한다. 이렇게 보면 분파의 문제도 우리는 같은 맥락에서 이해할 수 있을 것이다.

(2) 부활의 문제

고린도 교회에서 왜 부활이 문제가 되었을까? 영혼의 구원만이 중요하다는 고린도 교인들에게 그리스도의 재림 때 이루어질 몸의 부활이라는 사상은 받아들이기 힘든 것이었다. 왜냐하면, 앞서 언급한 대로 이원론적인 사상으로는 몸의 부활이란 있을 수 없는 것이고, 실지로 자신들의 영혼은 이미 구원을 받았기에 몸의 부활은 불필요한 것이라고 생각했기 때문이다. 즉, 그들은 이미 영적으로 그리스도와 함께 죽고 영적으로 다시 부활했다고 믿었기에 장차 그리스도의 재림이 도래한다 해도 더 이상 새로운 무언가를 바랄 것이 없다고 생각했다.

도대체 고린도 교인들의 부활에 대한 견해는 정확히 무엇인가? 바울은 지금 그들의 어떤 견해를 반박하고 있는가? 이 문제는 아직도 불분명하고 많은 논의가 되고 있는 것이 사실이지만, 대부분의 학자들은 고린도 교인들이 그리스도의 부활 자체를 부인했다기보다는 그리스도인의 몸의 부활을 부인했을 것이라 한다.[63] 이러한 주장의 근거는 그들이 헬라 이원론에 근거하여 영혼의 부활만을 믿고 있을 것이며, 그렇다면 이미 세례 때 그리스도와 영적으로 죽고 다시 부활했기에 더 이상 부활이 없다고 생각했을 것이라는 견해이다.

(3) 은사의 문제

이러한 경향 때문에 고린도 교인들은 미래의 부활을 중시하기보다는 현재 자신들이 받은 '성령의 은사'에 관심을 집중하고 있었다. 그것이 중요한 것은 자신들이 소유한 구원의 증표였기 때문이다. 따라서 현저하게 겉으로 드러난 은사들, 예를 들면 방언을 하고, 예언을 하고, 이적을 행하는 것들에 관심을 집중시켰으며, 이러한 은사들로 자신을 과시하는 데 열중했던 것이다. 이런 은사의 오용은 자연히 경쟁과 질시, 교만과 상호 무시의 분위기를 만들었고, 예배 때는 자신이 남보다 더 높은 상태에 있음을 자랑하여 일대의 혼돈이 벌어졌음을 고전 12-14장에서 볼 수 있다.

지금까지 우리는 고린도 교회의 상황과 문제들을 개략적으로 살펴보았다. 이 과정에서 우리가 분명히 알게 되는 것은, 고린도 교회는 성령 열광주의, 이교 사회의 혼합주의적 풍토, 이원론적 영향으로 말미암아 교회의 정체성을 잃어버릴 정도의 심각한 위기에 이르게 되었다는 것, 이로 인해 고린도 교회를 설립한 바울은 이를 바로 잡기 위해 고린도전서를 기록하지 않으면 안되게 되었다는 것이다.

6. 고린도전서의 기록 동기 및 목적

고린도전서는 한마디로 바울의 다른 서신들과 마찬가지로 교회가 당면한 어려운 문제들에 대해 바울의 조언을 구하는 교회 지도자들의 질문에 답을 주기 위해 목회적 목적에서 기록한 편지이다.[64]

기록 배경을 좀 더 자세히 살펴보면, 바울은 여러 사람들, 특히 글로에의 집 사람들Chloe's people[65]로부터 고린도 그리스도인들의 소식을 들어 이미 그 대강을 알고 있었다(1:11). 바울은 자신이 이전에 고린도 그리스도인들에게 교회 안의 부도덕한 자들이나 악한 자들, 우상 숭배하는 자들과 어울리지 말라고 경고했던 편지 - '전에 쓴 편지', 혹은 '이전 편지'The previous letter[66]라고도 부르는데, 고린도전서 5:9-11을 보면 이 편지는 완전히 소실된 듯하다[67] - 를 오해하고 있다는 소식과 함께 고린도 교회가 바울파, 아볼로파, 베드로파, 그리스도파 등으로 분열되고 있다는 소식을 받았다.

또한 이 무렵 바울은 교회의 몇 가지 문제들에 대해 조언을 구하는 편지를 가지고 온 고린도 교회의 대표단을 맞았다. 대표단은 스데바나Stephanas, 브드나도Fortunatus, 아가이고Achaicus등 세 사람으로 구성되었는데(16:17), 그 질문들은 첫째 결혼에 관하여(7:1-40), 다음은 우상 제사의 고기(8:1-9), 예배 때의 혼란 문제(11:2-34), 성령의 은사(12:6-14:4), 부활에 관하여(15:5-58), 그리고 마지막으로 예루살렘 교회에 대한 헌금에 관한 것들이었다.

바울은 일단의 사람들을 통해, 혹은 편지를 통해 접하게 된 문제들에 대하여 고린도전서에서 가르침을 주고 있다. 에베소에서 기록한[68] 이 편지에서 바울은, 성령의 은사를 구원의 증표로 생각하며 "자신들은 모든 제약으로부터 자유하다."며 교만에 빠져 있던 성령주의자들에게 예리한 역설로 잘못을 지적한다(고전 4:8). "너희가 이미 하나님 나라에 도달해서 왕이 되어 그리스도와 더불어 왕노릇한다($\dot{\epsilon}\beta\alpha\sigma\iota\lambda\epsilon\acute{u}\sigma\alpha\tau\epsilon$)고 하는데, 그것이 정말 사실이라면 얼마나 좋겠는가? 그랬으면 우리도 너희와 같이 왕노릇하는 데 동참할 수 있었을 텐데!"라며 냉소적으로 말한다.

이어서 바울은 이들이 아직 지상에서 육신과 죄에 노출되어 있는 신분임을 상기시키며, 교회의 교제를 북돋워 주는 삶의 정신과 절제 있는 생활을 강조하면서 그들의 성령 열광주의를 바로 잡으려고 했다. 즉 참된 영성은 도덕성을 반드시 동반해야 함을 상기시키면서, 이들의 지혜나 분파 문제들을 다루어서 이웃들에게 올바른 삶을 유도하고 있다.

또한 바울은 그리스도인의 분명한 자유의 성격을 다루고 있다. 바울은 이 자유의 성격을 다루면서 교회에 항상 존재하는 문제, 이른바 강한 자와 약한 자의 대립 문제를 다룬다. 복음의 본질을 알고 그 안에서 자유를 누리되 그 자유가 방종주의로 흐를 위험을 늘 갖고 있는 강한 자들, 그리고 복음이 근본적으로 자유를 의미하는지 모르고 금욕적인 율법주의 집단으로 흐를 위험을 늘 갖고 있는 약한 자들! 이런 문제는 어느 시대나 어느 곳이나 항상 있는데, 본질 추구자와 형식에 얽매인 자들 사이의 차이라고나 할까?

바울이 고린도 교회에 주는 구체적인 충고들이 많이 있지만 크게 두 가지로 나눌 수 있다. 하나는 교리적인 문제에 관한 것이요, 다른 하나는 윤리적인 문제에 관한 것이다. 고린도전서 전체를 통해 우리가 발견할 수 있는 바울의 이 두 가지 문제에 대한 교훈이 오늘 우리가 어떻게 고린도전서를 바르게 해석하고 적용할 수 있을지에 대한 답이 될 수 있을 것이다.

7. 바울의 교훈

7.1. 교리적인 문제에 대한 바울의 교훈

고린도 교회를 보면서 우리가 가지게 되는 의문점은, 어떻게 하여 교회 안에 이토록 비윤리적이고 부도덕적인 문제들이 발생했을까? 하는 점이다. 어떤 사람은 그 문제의 원인이 윤리의 부재나 도덕의 타락 그 자체에 있었다고 범위를 제한하려 할지 모른다. 그러나 바울은 고린도전서 1-2장에서 모든 문제의 근본적이고 핵심적인 원인은 그리스도의 십자가 사건 속에 나타난 하나님의 지혜를 저버리고 고린도인들이 세상 지혜를 받아들인 복음의 변질에서 기인한다고 밝힌다. 이런 이유로 고린도전서에는 초반부터 '하나님의 지혜'와 '세상의 지혜'가 날카롭게 대립을 이루고 있음을 볼 수 있다(1:20, 21).

우리가 잘 아는 대로 바울 복음의 핵심은 예수 그리스도의 십자가와 부활에 나타난 하나님의 구원 역사를 죄인이 믿음으로 말미암아 의롭다 함을 받는다는 것이다. 그런데 고린도 교인들은 이 십자가와 부활의 복음을 세상 지혜의 하나로 오해하고, 이 세상 지혜에 기초하여 십자가의 복음에 나타난 하나님의 지혜를 '어리석고 미련한 것'으로 거부하였다. 세상 지혜는 근본적으로 하나님의 복음을 거부하는 사탄적인 성격을 지니고 있는 것으로(1:18; 2:8; 3:18-20), 겉보기에는 논리적이고 설득력이 있어 보인다(2:4). 그러나 실상 그 속에는 하나님 대신 인간의 지혜와 판단을 앞세우는 불신앙이 숨어 있는 것이다.

십자가의 복음은 인간의 지식과 논리에는 어리석어 보일지 모르지만, 하나님께서는 미련하게 보이는 그 방식으로 타락한 인류들을 죄악에서 구원하기로 결정하셨기 때문에 그 속에 하나님의 능력과 하나님의 지혜가 담겨 있다(1:18, 24). 하나님의 지혜는 세상 사람들의 지혜로움과 논리적 설득력에 있지 않고 오히려 세상 사람들의 눈에 거리낌과 어리석음으로 보이는 십자가에 못 박히신 예수 그리스도의 인격 속에서 나타났던 것이다.

따라서 바울 자신도 바로 이러한 겸손과 자기 부인의 길을 가신 그리스도의 복음을 가리지 않기 위해 말의 화려함이나 논리적 설득력에 의지하지 않고 성령의 나타나심과 능력에만 의존하겠다고 선언한다

(1:17; 2:3-4). 이는 하나님의 능력은 오직 십자가만을 바르게 전할 때 나타나기 때문이다. 실지로 바울 사도는 자신은 평생 동안 이 십자가만을 전했다고 고백하고 있다. 사람들이 어리석고 미련한 것으로 생각하는 십자가가 바울에 의하면 기독교의 본질이요, 전부였던 것이다.

고린도 교회는 바울의 가르침과는 달리 세상 지혜를 끌어들여 스스로 만족하고 지혜로운 척했지만, 그 결과 그들 사이에 시기와 분쟁, 부도덕한 삶이 팽배하게 되었던 것이다. 한마디로 고린도 교회는 세상의 지혜를 끌어들인 결과, 거룩한 하나님의 교회로서의 정체성을 상실하고 세속화의 길로 나간 것이다. 이것이 고린도 교회 문제의 가장 핵심적인 원인이었다. 따라서 모든 문제의 근본적인 원인은 복음의 변질에서 비롯된 것이지, 비윤리나 부도덕의 문제에 있는 것이 아닌 것이다. 이를 바르게 알지 못하고, 윤리 문제를 그 자체로 해석하려 한다면 고린도전서를 바르게 읽는 것이 아닌 것이다.

그렇다면 고린도전서가 오늘날 현대 교회들에게 주는 의미는 무엇일까? 그것은 우리 교회들이 당시 고린도 교회처럼 십자가 복음의 부재 현상을 겪고 있지 않나 하는 것이다. '십자가의 신학'[69] 대신 인간 중심의 '영광의 신학'[70]을 오늘날 우리 교회가 추구하고 있지는 않는가? 교회 내에서 하나님보다는 사람들이 주인 노릇을 하고, 예수 그리스도처럼 사랑과 섬김과 겸손으로 살기보다는 명예나 물질이나 권력에 대한 추구가 교회를 지배하고 있지 않는가? 십자가에 못 박히신 그리스도의 모습이 나타나고, 그분만이 높임을 받는 대신 인간이 그 자리를 차지하고 있지는 않는가? 세상의 가치관이 여과 없이 교회 안에 들어와 교회가 십자가 대신 다른 세상적인 어떤 것을 주려고 하지는 않는가? 주님을 붙드는 대신 교회가 그 주님께서 주신 선물인 은사와 축복에 너무 집착하고 있지는 않는가?

이제 우리가 분명히 알아야 할 것은 고린도 교회가 십자가의 복음을 세상의 지혜와 섞었을 때 모든 문제가 발생하였던 것을 기억하고, 십자가에 나타난 하나님의 지혜야말로 교회가 교회답게 되는 정체성의 참된 표준인 것을 알아 이 십자가의 복음만을 전하는 교회가 되어야 한다는 것이다.

7.2. 윤리 문제에 대한 바울의 교훈

고린도전서뿐만 아니라 바울의 서신을 깊이 살펴보면, 신자들의 신앙과 삶에 관한 두 가지의 명확한 바울의 태도를 발견할 수 있을 것이다. 구원 문제에 관해서는 칼로 끊듯이 명확하고 한 치의 양보도 없음을 볼 수 있다. 구원은 오직 믿음으로! 그러나 구원과는 상관없는 윤리 문제, 즉 삶의 방식에 관한 아디아포라 adiaphora 의 문제에 대해서는 '절대'를 주장하지 않는다는 것이다.

바울 윤리의 큰 특징은 '비형식적'이고 '비계율적'이라는 데 있다. 먼저 비형식적이란 어떠한 형식이나 종교 의식 그 자체에 매이기보다는 그것을 통해서 궁극적으로 하나님께 돌리고자 하는 깊은 내용과 본질을 강조한다는 것이다. 또한 비계율적이란 "꼭 이렇게 하라! 저렇게 하라!"는 계율을 앞세우지 않는다는 것이다. "할 수 있으면 하고, 할 수 없으면 즉 믿음이 허락하지 않으면 하지 말라." 이렇게 말하고 있다. 즉, 시대 상황에 따라 변할 수 있는 문제에 대해서는 절대를 주장하지 않는다는 것이다. 그런 애매한 문제들에 대해서는 우리가 "이것만이 절대로 옳다, 저것은 틀리다." 이렇게 함부로 단정하지 말고 여유있게 대하라는 것이다. 실지로 우상 제물의 문제에 대해 이야기 할 때, 바울은 "우상 제물은 먹어도 좋고, 먹지 않아도 좋다."라고 양비론적 대답을 한다. 도내체 이런 대답이 어디 있는가? 분명한 대답을 구하는 사람들에게 어떻게 이런 애매모호하고 무책임한 대답을 줄 수 있는가? 왜냐하면 이런 문제는 바울이 보기에는 절대적인 기준을 함부로 주장할 수 없는 가변적인 문제였기 때문이다.

그러나 만일 우리가 이런 바울의 태도를 잘못 받아들인다면 "우리의 믿음만 허락한다면 무슨 일이든지 다 해도 된다."는 오해를 갖게 될지도 모른다. 그렇기 때문에 바울은 이어서 또 한 가지 중요한 사실을 제시해 주고 있다. 즉 "모든 것이 가하나 모든 것이 유익한 것은 아니요, 모든 것이 가하나 모든 것이 덕을 세우는 것은 아니니[71] 누구든지 자기의 유익을 구하지 말고 남의 유익을 구하라."(고전 10:23-24)고 말하고 있다.

바로 이점이 윤리 문제에 관한 바울 교훈의 핵심인 것이다. 얼마든지 할 수 있는 일이지만, "할 수 있는가, 없는가!"의 가능성 possibility의 문제가 아니라, "해야 하느냐, 하지 말아야 하느냐"는 당위성의 문제가 선행되어야 한다는 것이다. 즉, 진정한 그리스도인이라면 나만의 유익을 구하는 이기적인 삶이 아니라, 다른 사람을 먼저 생각하고 덕을 세우는 이타적인 자세와 삶을 추구하는 것이 올바른 신자의 삶이라는 것이다. "모든 것이 다 가하나, 모든 것이 다 덕스러운 것은 아니니, 그러므로 모든 것을 덕스럽게 하라."[72] 이타적인 윤리! 이것이 윤리 문제에 관한 바울의 결론적인 권면이다.

성도들의 윤리 문제에 관한 바울의 원칙은 우리 교회들에도 그대로 적용될 수 있다고 본다. 아니, 세계 어느 교회보다도 우리 한국교회에 가장 절실한 가르침이 아닐까? 얼마나 많은 성도들이 구원과는 상관 없는 윤리 문제를 가지고 서로를 정죄하고, 판단하며, 상처를 입히고 있는가? 이 지면에서 그 구체적인 문제들을 일일이 다 언급할 수는 없을 것이다. 다만 한 가지, 앞에서 언급한 고린도 교회를 향한 바울의 윤리 원칙만은 강조하고 싶다. 조금은 자기 모순적인 성격을 지닌 바울의 가르침을 자신의 견해를 절대화시키려고 하는 우리들이 마음을 열고 귀담아 들어야 하지 않을까? 그래서 편협한 문제에 신경을 곤두세우느라 정말 강조해야 할 복음의 핵심을 놓치는 실수를 더 이상 반복해서는 안 될 것이다.

8. 고린도전서를 어떻게 읽을 것인가?

지금까지 우리는 고린도 교회의 문제와 발생 원인, 그리고 그에 대한 바울의 대답을 살펴보았고, 이제 논의의 끝에서 그렇다면 고린도전서를 어떻게 연구할 것인가 하는 문제에 이르게 되었다. 그러나 이 질문에 대한 대답은 너무도 명확해서 더 이상의 설명이 필요 없어 보인다. 한마디로 고린도전서를 바르게 해석하기 원한다면 무엇보다도 당시 고린도 교회가 처했던 역사적 상황을 바로 알아야 한다. 이것에 대한 정확한 이해 없이는 누구도 이 서신을 바르게 해석할 수 없을 것이다.

고린도 교회의 상황을 모르거나 별 관심이 없는 사람에게는 어떻게 보면 고린도 교회에서 일어났던 수많은 문제들이 별개의 것으로 보일 수도 있다. 그래서 자신이 하고 싶어하는 말을 고린도전서에 기록된 바울의 입을 빌어 그대로 말하거나 혹은 그렇게 하고 싶은 유혹을 자주

받게 될 것이다. 그러나 이 서신을 읽고 연구하는 사람은 어느 누구도 이 서신 중 한 부분이나 한 구절을 전체적 맥락에서 마음대로 떼어내어 말할 수는 없다.

이쯤 되면 이 글을 읽는 사람들은 왜 이토록 필자가 고린도 교회의 상황에 대하여 지나치다 싶을 정도의 강조를 하는지 이해가 갈 것이다. 이미 우리가 확인했지만, 당시 1세기의 고린도 교회가 처했던 상황과 문제들의 원인은 서로 별개의 문제가 아닌 하나의 줄기에 매달린 열매들과 같아서 하나의 큰 맥락 속에서 해석해내야 한다. 결론적으로 말하면 고린도전서를 연구하는 사람들은 이 서신에 나타난 문제들을 반드시 당시 상황을 고려해서 해석해야 하고, 그 해석의 끝에서 시대를 초월하여 주시는 하나님의 보편적인 메시지를 발견하고 이를 현실의 삶에 바르게 적용해야 하는 것이다.

9. 결론: 현대에 주는 교훈

이천여 년 전 바울 사도를 만났던 사람들은 그에게 대개 두 가지를 요구했다. 한 부류의 사람들은 그가 전능하신 창조주 하나님에 대해 설교한다는 사실을 알고 그에게 '이적'을 요구했다. 보통 사람은 도저히 할 수 없는 그런 기적을 행한다면, 자신도 하나님 앞에 무릎을 꿇겠다고 하는 태도였다. 또 다른 부류의 사람들은 바울에게 '신비한 지혜'나 '철학적 지식'을 요구했다. 영원한 진리를 얻게 하고, 삶의 비밀과 미래에 관한 일들을 일러줄 수 있다면 그를 하나님이 보낸 사람으로 인정하겠다는 모습이었다. 이러한 두 부류의 사람들! 바울의 말을 빌자면 "유대인은 표적을 구하고, 헬라인은 지혜를 구했다."고 할까! 그런데 바울은 이들의 요구에 응하며 타협하기보다는 오직 십자가만을 전했다.

21세기를 살아가는 많은 한국교회 성도들도 이제 십자가보다는 더 다른 많은 것을 교회로부터 얻기를 기대한다. 교회 안에서 과거와는 다른 것을 보고 싶어 하고, 다른 것을 얻고 싶어 한다. 그리고 그들은 교회는 사람들에게 다양한 것을 제공할 수 있어야 한다고 말한다. 교회는 사람들이 진정한 쉼을 얻을 수 있는 공간이 되어야 하고, 사람들에게 여유를 주고, 그들의 맺힌 마음을 풀어줄 수 있어야 한다고 한다. 어떤 면에서 이러한 외침은 그리 틀린 말만은 아닐 것이다. 그래서 많은 교회들이 이들이 요구하는 것을 주려고 노력하고 있는 것도 부인할 수 없는 사실이다. 이들의 요구를 들어준다고 해서 기독교가 무너지거나 교회가 사라지는 것은 물론 아니다. 우리의 신앙도 사라지지는 않을 것이다.

그러나 이 점 한 가지만은 분명히 기억하는 것이 필요할 것 같다. 21세기로 접어들며 우리 사회가 더 복잡해지고 과학 문명이 더 발달하더라도 기독교의 진리는 우리 인간이 좋아하고 얻고 싶어 하고, 필요로 하는 그 속에 있는 것이 아니라는 사실이다. 교회는 사람들이 필요로 하는 것을 주는 곳이 아니라 예수 그리스도의 십자가의 구속사역으로 하나님과의 관계가 회복된 사람들이 모인 곳이다. 하나님께서 사람들에게 필요하다고 선언하신 것을 교회는 사람들에게 주어야 한다. 그것은 무엇일까? 십자가이다! 인간을 구원하시는 하나님의 능력인 십자가!

십자가는 과거 고린도 교회 때도, 또한 지난 이천여 년 기독교 역사에서도 그랬듯이 오늘날 한국에서도 하나님의 능력이요, 하나님의 지혜인 것이다. 그 안에 용서와 구원의 길이 있다. 그것은 21세기에도 동일하게 인간을 구원하시는 하나님의 능력인 것이다.

이제, 고린도전서를 설교하는 우리들이 이러한 사실을 다시 한 번 새롭게 인식하고, 십자가만을 힘있게 외침으로 과거 고린도 교회와 동일한 세속화의 길을 걸어가고 있는 우리 한국교회를 다시 십자가 위에 힘있게 세웠으면 하는 바람이다.

갈라디아서 배경 연구

1. 서론

갈라디아서는 바울서신들 중 비교적 짧은 서신이기는 하지만 바울의 가장 위대하고 중요한 서신들 가운데 하나이다. 이 서신은 사도 바울이 하나님의 계시로 받은 것과 실제로 가르친 것을 포함하고 있다(갈 1:12). 많은 사람들은 이 서신을 '간략한 로마서'로 이해했는데, 이는 로마서와 갈라디아서가 공히 이신칭의 Justification of faith 의 교리를 선포하고 있기 때문이다. 실제로 로마서는 '확대된 갈라디아서'라고 말할 수도 있다.[73]

갈라디아서는 많은 사람들에게 신앙의 원천이 되었고 힘을 주었다. 특히 종교개혁 시대의 개혁자들에게 다른 어느 책보다도 성경적 진리의 자유와 부흥을 위한 위대한 선언서가 되었다.[74] 그뿐 아니라 근래에도 기독교 복음의 이해를 위한 갈라디아서의 중요성을 인식한 학자들은 이 서신을 가리켜 '복음주의 기독교의 대헌장' magna carta of Evangelical

Christianity,[75] '그리스도인의 자유에 관한 바울의 헌장'Galatians: Paul's Charter of Christian Freedom[76]이라 부르기도 한다.

또한 갈라디아서는 신약신학과 윤리에도 중대한 공헌을 한다. 하지만 본 서신의 가장 중대한 공헌은 칭의 교리에 관한 해설이다. 개혁교회는 갈라디아서의 교리적 내용, 특히 이신칭의의 강력한 기술과 변증, 그리고 어떤 형태의 율법주의나 공로주의에 반대하는 영적 자유의 확실한 변호를 항상 존중해 왔다. 우리는 갈라디아서에서 하나님의 사랑과 예수 그리스도의 인격과 사역을 이해하도록 이끈 바울의 위대한 이신칭의(以信稱義)의 가르침을 만나게 된다. 즉, 인간의 의를 통한 선행구원이나 공로구원이 아니라 율법에 종속된 신자들을 구원해내고 내주하는 성령께서 부여하시는 의, 곧 하나님의 의를 설명하는 것이다. 한마디로 갈라디아서는 구원은 전적으로 하나님의 은혜로 주어지며, 오직 믿음으로만 받게 되는 복음의 속성을 선포하면서 인간의 노력이나 공로로 얻는 구원과 율법주의를 단호히 거부하고 있는 것이다.[77]

그렇다면, 바울은 왜 이 서신을 기록해야만 했을까? 갈라디아서의 기록 배경은 무엇이고 그 기록 동기는 무엇이었을까? 우리는 갈라디아서를 바로 석의하기 위해서 갈라디아서의 상황과 기록 동기를 살펴보도록 할 것이다.

2. 갈라디아서의 수신자

갈라디아서는 '갈라디아의 여러 교회들에게'(ταῖς ἐκκλησίαις τῆς Γαλατίας)[78] 쓰여진 서신으로(1:2), 이 교회들은 한 집단으로 불릴 만큼 서로 아주 가깝고 매우 비슷했다. 바울은 수신자들을 '갈라디아 사람들'(3:1)이라고 부른다. 본 서신은 분명 갈라디아인들에게 보낸 것이지만, 갈라디아인이 누구를 가리키는지 정확히 파악하기는 어렵다. 명확한 도시명을 쓰지 않고 그냥 갈라디아 지역이라는 이름을 사용하였기 때문에 이 편지를 쓸 때의 사도 바울의 상황을 찾아내기란 쉬운 일이 아니다.

수신자에 대해 두 가지 학설이 있다. 이는 1세기 중엽 '갈라디아'Galatia 라는 용어가 한 가지 이상의 의미를 지니고 있었기 때문이다. 1세기의 민족을 가리키거나, 또는 지역을 가리킬 때 쓰였다. 즉, 1) 소아시아 중심에 위치하는 하나의 지역(민족) 이름일 수도 있고, 2) 소아시아 남부 로마의 행정 구역(州)인 갈라디아 주(州)일 수도 있기 때문이다.

(1) 먼저, 갈라디아는 고올 사람들Gauls이 주전 278년 중앙 유럽에서 소아시아 북쪽을 침공하여 정착했던 남부 중앙 소아시아지역을 의미했다.[79] 주요 도시는 페시누스Pessinus와 앙키라Ancyra, 그리고 타비움Tavium이었다. 고올 족(族)은 호칭을 자신들이 거주 지역 이름으로 호칭하기를 좋아했는데 여기에서 갈라디아 사람들이란 말이 나온 것이다. 만약에 바울이 말하는 갈라디아가 이 지역을 말한다면, 이 편지의 수신자는 북부 갈라디아 지역에 있는 교회들이다. 이를 가리켜 북부(北部) 갈라디아설, 또는 종족설이라 한다.

(2) 또는 갈라디아는 로마의 하나의 주(州)를 의미하기도 했다. 로마의 아우구스투스Augustus는 주전 25년 북부 갈라디아에 남부의 일부 영토를 편입시킴으로써 이 주를 로마의 한 지역으로 편입시켰다.

이 갈라디아 주(州)는 바울이 제1차 전도여행 때 방문했던 비시디아 안디옥, 이고니온, 루스드라, 더베를 포함했다. 이를 남부(南部) 갈라디아설, 또는 영토설이라 하는데, 만일 이 학설이 맞다면 이 편지의 수신자는 바울이 제1차 전도여행 때 비시디아 안디옥, 이고니온, 루스드라, 더베 등지에 세운 교회들이라 할 수 있다.

어쨌든 본 서신은 북부 갈라디아와 남부 갈라디아의 교회들에게 동시에 보내진 것 같지는 않다. 그렇다면 어느 한 곳으로 보내졌다는 것인데, 이 두 학설 중 절대적인 확신을 가지고 어느 한 편을 선택할 수는 없다. 그래서 지난 반세기 동안 이 문제에 대답하기 위해 수많은 논의가 있었고, 지금도 본 서신의 수신자에 대한 논쟁이 그치지 않고 있으며, 그 논쟁은 쉽게 결말이 나지 않을 듯하다.

북부 갈라디아설은 초대 교부, 중세 주석가들, 종교개혁자들의 견해였다. 이 견해는 19세기에 라이트풋Lightfoot[80]이 주장했고, 20세기 초에는 모팻J. Moffat[81]이, 그리고 최근에는 독일의 학자들, 특히 베츠H.D. Betz[82]에 의해 지지를 받고 있다.[83] 그러나 19세기 이후 많은 학자들은 남부 갈라디아설을 지지하기 시작했다. 남부 갈라디아설은 1899년 램지W. Ramsay에 의해 주장되기 시작하여, 최근에는 브루스F.F. Bruce[84]와 롱네커R.N. Longenecker[85]에 의해 지지되고 있다. 이들이 주장하고 내세운 근거는 다음과 같다.[86] 사도행전에 바울이 북부 갈라디아 지역에서 전도해서 교회를 세웠다는 기록은 없고(cf. 행 16:6, 18:23), 대신 남부 갈라디아 지방에서의 선교활동이 자세히 기록되어 있으므로 갈라디아서 수신자는 남부 갈라디아 지역에 있는 교회들일 가능성이 높다는 것이다.

이 문제에 대한 해답은 본서의 연대와 수신자를 결정하는 데 많은 영향을 끼치고, 또 특별히 갈라디아서의 수신자 문제는 중요한 주제이지만, 이것은 그렇게 쉽게 해결될 수 있는 문제는 아니다. 더 자세한 토의는 이 글의 범위를 넘어서는 것이라 생각되기에 이후 발간 예정인 주석에서 자세히 다룰 것이다. 다만 한 가지 기억해야 할 것은, 이러한 불확실한 기록 시기와 장소가 우리에게 알려 주는 것은 지금까지 초대 교회는 바울서신이 언제 어디에서 쓰여졌느냐에는 큰 관심을 갖지 않고 오히려 그 내용이 무엇이며 교회가 이 책들을 어떻게 사용할 것인가에 주된 관심을 가지고 있었다는 점이다. 독자들도 바울서신을 읽을 때 이 점을 결코 잊지 않아야 할 것이다. 이 글의 주된 관심은 서론적 문제보다는 갈라디아서의 배경이기에, 자세한 내용은 다음 글이나 각주를 참고하기로 하고 갈라디아서의 기록 시기와 장소를 다음과 같이 간략히 정리하는 것이 좋을 것이다.

3. 갈라디아서의 기록 시기와 장소

3.1. 북부 갈라디아설에 따른 저작 연대

북부 갈라디아설의 입장은 이 서신이 비교적 늦은 시기에 기록된 것으로 본다. 제안되는 기록 연대는 제3차 전도여행지인 에베소 전도 초기이다. 그 근거로는 갈라디아서 1장 6절의 '타케오스'(ταχέως: 속히, 빨리)라는 단어인데, 갈라디아서가 바울이 방문한 직후에 기록되었다는 것이다. 그리고 또 다른 저작 연대는 바울이 에베소를 떠난 직후에 기록되었다는 주장이다. 라이트풋은 갈라디아서가 로마서보다 먼저 기록되었다고 강력하게 주장했는데, 그 이유는 동일한 문제에 대해 로마서가 상대적으로 원숙하게 언급하고 있기 때문이다. 게다가 그는 갈라디아서는 고린도전후서가 기록된 후에 기록되었다고 주장했다. 그 이유는 고린도서에는 유대인과의 논쟁에 관한 암시가 전혀 없기 때문이라는 것이다. 따라서 북부 갈라디아설을 추정할 경우, 갈라디아서는 제2차 전도여행 중인 주후 56년경 고린도에서 기록된 것으로 보인다.[87]

3.2. 남부 갈라디아설에 따른 저작 연대

남부 갈라디아설은 이 서신이 이른 시기에 기록되었다고 본다. 남부 갈라디아설을 추정하고 저작 시기를 제1차 전도여행과 예루살렘 회의 사이로 인정할 경우 아마도 안디옥, 예루살렘, 혹은 그 경로에 놓인 어떤 곳에서 본서를 기록했을 것으로 보인다.[88] 남부 갈라디아설은 갈라디아서 4장 13절에 나오는 두 차례의 갈라디아 방문을 어떻게 보느냐에 따라 두 가지의 저작설이 생긴다. 먼저 두 번째 방문이 사도행전 16장 6절에 언급된 것과 일치한다면, 갈라디아서는 예루살렘회의 후에 기록되었을 것이다. 또한 두 번째 방문이 바울과 바나바가 안디옥으로 가는 여정 중 남쪽의 여러 갈라디아 지역의 교회를 방문했던 때인 사도행전 14장 21절의 사실과 일치한다면, 저작 연대는 예루살렘 회의 이전으로 결국 주후 49년경 안디옥이 될 것이다.

4. 갈라디아서의 역사적 배경

4.1. 서론

주후 50년을 전후로 하여 10여 년 동안 교회는 교리적으로 큰 위기를 향해 치닫고 있었다. 복음이 주로 유대인에 의하여 유대인에게 전파되었던 초기의 교회는 평탄하게 발전하였다. 그러나 복음이 유대인을 넘어 이방인에게, 그리고 이방 지역에 전파되고 그곳에서 뿌리내리기 시작하자 그리스도인과 모세의 율법 및 이미 제도화된 유대교 사이에서 적지 않은 문제들이 일어났다. 교회가 유대교의 특수한 전통과의 관계를 개의치 않고 교회로 나아오는 모든 자들에게 그 문을 열어 놓았던가? 모든 인류를 포용할 만큼 열린 문을 두었던가? 아니면, 교회는 단지 유대교를 이방 세계로 확장시킨 것에 불과한 것이었는가? 보다 자세히 말해서 이방인 신자들이 그리스도인이 되기 위하여 모세의 율법을 지킬 필요가 있었는가? 이방인 신자는 할례를 받아야만 하는가? 예수 그리스도의 교회가 이방 토양에 정착했던 모든 곳에서 이와 같은 문제들이 심각한 문제로 대두되었다. 즉, 할례와 율법 준수의 문제가 대두된 것이다.

이방인을 위한 사도인 바울은 이방 지역에서 복음을 전했을 때 할례와 율법 없는 은혜의 복음만을 전파했고, 그들은 이 복음을 기쁨으로 받아들였다. 그러나 얼마 후 바울은 갈라디아 교인들이 복음을 저버리고 있다는 소식을 들었다. 이는 보수파 유대 그리스도인들이 예루살렘으로부터 그들에게 왔기 때문이다. 그들은 주의 형제 야고보가 자신들을 보냈다고 주장하면서 바울의 가르침이 잘못되었다고 가르치기 시작했다. 그들은 이방인들도 모세의 율법 아래 있어야 구원받는다고 주장하며, 그리스도 한 분만으로는 부족하고, 모세도 있어야 한다고 가르쳤다. 따라서 하나님의 참 이스라엘에 편입되기 위해서는 하나님 백성의 표시인 할례를 받고, 하나님 백성의 삶의 규범인 율법을 지켜야 한다고 주장했다. 그러자 많은 이방 그리스도인들은 이들의 말을 듣고 할례를 받고 율법을 지키려는 안타까운 모습을 보이기 시작했다.

갈라디아서는 소아시아의 한 지역에서 있었던 이러한 형태의 갈등을 기록한 책이다. 그러나 한편으로 그 문제가 예루살렘 교회와 수리아 안디옥 교회에서 어떻게 토론되었으며, 어떻게 다루어졌는지를 보여주고 있다. 이러한 토론은 기독교의 통일성과 은혜의 복음의 존속을 파괴시키는 방향으로 진행되는 듯하였다. 그러나 바울은 홀로 이러한 추세에 반대하며 그 흐름을 바꾸어 놓았다. 이런 율법주의화를 묵인하면, 하나님의 은혜와 그리스도의 십자가가 헛것이 되고, 기독교의 특성을 상실하게 되며, 유대교 가운데 하나의 작은 종파가 될 것이기 때문이었다. 예루살렘 회의에서 이러한 문제가 공식적으로 거론되었고, 그 해결을 위한 바울의 제안이 지지를 받았다(Part 2의 "바울과 예루살렘 회의"를 참조하라). 그리고 이런 율법주의화를 책망하고 갈라디아 교회들을 되찾기 위해 바울은 이 서신을 기록한 것이다.

4.2. 갈라디아서의 상황

바울은 처음 육체적인 질병을 인하여 갈라디아 지방을 방문하게 되어, 갈라디아인들에게 그리스도를 믿는 믿음만이 하나님의 새로운 공동체의 일원이 되는 조건이라고 선포하였다(4:13). 갈라디아인들은 바울과 그의 메시지를 열정적으로 받아들였다(4:14-15). 결과적으로 그들은 우상 숭배에서 돌이켜 하나님 한 분을 예배하게 되었고(4:8-9), 성령님을 체험하게 되었다(3:2-5).

바울이 갈라디아를 떠난 얼마 후, 예루살렘 교회의 보수파 유대 그리스도인들이 자신들을 예루살렘 교회의 대표라고 소개하며 '다른 복음'(ἕτερον εὐαγγέλιον)을 전파하였다(1:6-9). 그들은 바울의 복음이 전적으로 잘못된 것은 아니지만 반쪽 복음이라고 간주하였다. 그래서 그들은 완전한 구원, 즉 하나님의 백성으로서 완전한 신분을 얻기 위해서는 이방 갈라디아인들은 그리스도를 믿는 믿음만으로는 안 되고 할례와 온 율법을 지켜야 한다고 주장하였다.

바울의 대적자들에게 있어서는, 하나님의 구원의 약속에 참여하는 유일한 길은 아브라함의 자손이 되는 길이었다. 왜냐하면 그 구원의 약속들은 아브라함과 그의 자손들에게만 주어졌기 때문이다(cf. 갈 3:7; 16:29; 창 12:3, 7; 17:7). 그러나 대적자들은 아브라함의 자손들 중에서도 사라-이삭-시내산 언약-예루살렘으로 연결되는 계보에 속한 유대인들만이 진정한 아브라함의 자손이라고 주장했고 그 외에는 모두 이방인들로 취급하였다(cf. 4:21-31). 그들은 이방인들이 참 하나님의 백성이 되려면 유대인처럼 할례를 받고 율법을 지켜야 된다고 믿었다. 그래서 그들은 갈라디아 교인들에게 그리스도를 믿는 신앙 외에 할례와 율법 준수를 강요했던 것이다.

이처럼 설득력 있어 보이는 메시지를 듣고 다수 갈라디아 교인들은 반쪽이 아닌 완전한 하나님의 백성이 되기 위하여 할례와 율법 준수를 심각하게 고려하게 되었다. 갈라디아 교인 중 상당수의 사람들의 이러한 태도 변화는 교회 안에서 의견 차이와 갈등을 일으켜 교인들의 사랑의 유대관계가 깨어지게 되었다(참조. 갈 5:13-14; 6:1-2). 갈라디아서 5장 15절에 나타난 "서로 물고 먹는다."는 바울의 은유적인 표현은 그 당시의 실제 상황을 반영한 것이다. 갈라디아 교인들의 변화와 그로 인한 여러 문제들은 바울 대적자들의 새로운 메시지가 크게 작용했다는 것을 말해 준다. 우리가 반드시 여기서 알아야 될 것은, 대적자들이 갈라디아 교회를 방문하기 전에, 그들의 새로운 가르침을 쉽게 받아들일 수 있도록 요구하는 심각한 문제들이 이미 갈라디아 교인들 가운데 존재했다는 것이다.

(1) 다른 복음을 쉽게 받아들인 이유

바울이 갈라디아 사람들에게 그리스도의 복음을 전할 때, 그들은 복음을 환영하며 영접하고 이방신들을 섬기는 기존 종교를 버렸다. 이것은 당시 헬라 종교를 중심으로 형성된 여러 사람들 (즉, 가족, 친구, 사업 동료들, 시 공무원들 등)과의 사회적인 관계가 붕괴되는 것을 의미했다.[89] 바울이 함께 있을 때는 그를 의지할 수 있었다. 그러나 바울이 갈라디아 지역을 떠나자, 갈라디아 교인들은 사회적으로 크게 불안하게 되었다. 그들은 더 이상 전통적인 종교 의식에도 참여할 수 없었고, 당시 로마 제국에서 묵인되고 있는 유대인 회당에도 속할 수가 없었다. 이제 그리스도인이 되어 유대인과 공통점을 많이 갖게 되었지만, 한마디로 말하면 갈라디아 교인들은 사회적으로 뿌리가 뽑힌 자들이 되어 버렸다(참조. 벧전 2:12, 15, 18-20; 3:1, 13-16; 4:3-5, 12-16). 그래서 애매히 고난을 받는 자도 많았을 것이다.

이렇게 사회적으로 불안전한 상황에 처한 갈라디아 교인들이 할례와 율법을 받아들임으로, 당시 로마 제국에서 관용되고 있는 유대 그리스도인들이 되라는 대적자들의 권고에 상당히 호의적인 반응을 보였을 것이다. 바울은 갈라디아인들의 이런 심경의 변화를, 그리스도의 은혜로 그들을 부르신 하나님을 떠나 '다른 복음'(ἕτερον εὐαγγέλιον)을 따르는 것이라고 평가하고 있다.

(2) 기록 동기 및 목적

이 부분 역시 수신자에 따라 학설마다 다른 견해를 보이고 있다. 남부 갈라디아설에 의하면, 복음의 자유로부터 그렇게 쉽게 이탈하는 갈라디아인들의 행위가 바울을 크게 분노케 했다. 그래서 바울은 감사의 인사도 없이 갈라디아서를 다급한 어조로 기록하였다고 한다. 그리고 갈라디아 여러 교회의 사건들에 대해 깊은 관심을 보이며, 특수하고 긴박한 상황에 있는 갈라디아 교회들을 은혜의 복음에 바로 세우기 위한 목회적 목적에서 이 서신을 기록했다는 것이다. 북부 갈라디아설은 갈라디아 교회의 상황을 다소 다르게 추정하고 있다. 그 이유는 아마 여러 갈라디아 교회들이 예루살렘 회의에서 규례를 받았으나 유대 기독교인들이 그들로부터 은혜를 빼앗아 가는 것을 분명히 허용했기 때문이다. 만일 이 서신의 저작 연대가 예루살렘 회의 이후일 경우 그와 같은 가설은 남부 갈라디아설에서 필요하게 된다. 아무튼, 유대주의자들의 술책은 사도 바울을 불신하게 했을 것이 분명하다. 왜냐하면, 바울이 갈라디아서에서 주된 내용을 다루기 전에 자기를 넘어뜨리려는 여러 비난들에 대해 길게 다루고 있기 때문이다.

결론적으로 이야기한다면, 갈라디아 교인들은 세례를 받았고 성령도 체험했지만, 그들 대부분이 본래 이교도들이었기에 그리스도와 율법을 결합시킨 복음으로 재구성하려는 가능성을 갖고 있었다. 게다가 예루살렘으로부터 온 유대인들이 바울의 가르침이 잘못된 것이라며 율법주의를 강조하였을 때, 갈라디아 교인들 가운데 율법과 복음을 혼동하는 대혼란이 일어나게 되었다. 이러한 소식을 들은 바울은 갈라디아 교회에 침투한 유대주의자들의 위협을 제거하고, 나아가 율법의 행위와 상관 없이 오직 믿음으로 말미암은 구원을 재강조함으로써 갈라디아 교인들이 순전한 신앙을 되찾기 원하였다. 뿐만 아니라 바울은 이 기회에 자신을 비난하며 대적하는 자들과 맞서서 자신은 그리스도의 참된 사도이며, 자신이 전하는 복음이 하나님의 진정한 복음임을 천명하고자 하였다. 이러한 계기와 목적 가운데 본 서신을 저술하게 되었던 것이다.

5. 갈라디아 교회

갈라디아 교회는 바울이 제1차 전도여행 중에 설립한 교회로 보인다.[90] 바울은 갈라디아 교회에 그리스도를 믿는 믿음만이 하나님의 새로운 공동체의 일원이 되는 조건이라고 선포하였고, 그들은 사도 바울과 그의 메시지를 열정적으로 받아들였다. 그리고는 우상 숭배에서 돌이켜 오직 하나님 한 분만을 예배하게 되었고, 메시아 시대의 종말론적인 선물인 성령을 체험하게 되었다. 그런데 바울이 갈라디아를 떠나게 되자, 바울의 적대자들은 바울의 복음에 대하여, 그리고 바울의 사도권에 대하여 공격하기 시작했다.

첫째, 바울의 복음에 대해서는 다음과 같이 공격했다. 바울의 복음은 완전히 잘못된 것은 아니지만 불완전한 반쪽 복음이라고 주장하면서, 갈라디아 교인들이 완전한 구원을 얻기 위해서는 그리스도를 믿는 믿음 외에 할례와 율법 준수를 반드시 병행해야 한다고 주장하였다. 즉 "구원을 받았다는 것은 하나님의 백성이 되었다는 것을 의미하는 것인데, 하나님의 참 이스라엘 백성이 되기 위해서는 하나님 백성의 표시인 할례를 받고, 또 하나님 백성의 삶의 규범인 율법을 지켜야 한다."고 주장했던 것이다. 그리고 많은 이방 그리스도인들은 이들의 말을 듣고 할례를 받고 율법을 지키는 모습을 보이기 시작했다.

둘째, 이들은 바울의 사도권을 공격했다. 그 이유는 바울은 예수 그리스도의 사도가 아니기 때문에 잘못된 복음을 전한다는 것이었다. 실지로 맛디아를 뽑을 때의 광경(행 1:22)을 떠올려보면, 바울은 사도의 요건에 부합하지 못하는 인물이었다. 예수님이 살아계실 때 같이 다니지도 못했고, 또 부활의 복음을 위탁받지도 못했기 때문이다. 그래서 이들은 사도 바울이 단순히 예루살렘의 사도들로부터 복음을 전해 받아 그 복음에서 할례와 율법의 의무를 제거하고 인간들이 믿기 쉬운 복음으로 탈바꿈시킨 거짓 사도에 불과하다며 바울의 사도권을 공격했다.[91]

이러한 상황에 직면한 갈라디아 교인들은 구원에 대한 확신이 흔들리기 시작했고, 그럼으로써 공동체 안에서 의견의 갈등을 일으키며 교회가 혼란 속으로 빠져들어가게 되었던 것이다. 안타까운 소식을 듣게 된 바울은 편지를 써서 다시 한 번 자신이 전한 복음을 정리하여 그들을 은혜 가운데 굳게 세우려고 했다. 권면의 요점은, 그리스도 안에서의 자유를 포기하고 율법 종교로 되돌아가서는 안 된다는 것이었다. 특히 갈라디아서 1-2장에서 바울은, 자신이 전한 복음이 인간을 통해서가 아니라 오로지 하나님으로부터만 유래한 것을 강력히 주장하며 자신의 사도권과 복음의 신적 기원을 변증하고 있다.[92] 이제 우리가 다루게 될 제2장은 제1장의 사도권 변호가 계속되는 부분인데, 특히 제2장에는 예루살렘 회의와 안디옥 사건이 등장한다. 바울이 이 두 사건을 여기서 언급하는 이유는, 자신이 예루살렘 사도들의 복음을 변질시켰다는 적대자들의 주장을 강력하게 반박하고, 자신의 복음을 보다 더 분명하게 이해시키기 위함이다.

6. 예루살렘 회의와 안디옥 사건의 의미

어떻게 보면 갈라디아서는 우리 한국교회와는 별 상관이 없어 보일지도 모른다. 그래서 많은 사람들은 이렇게 질문을 던질지도 모른다. 과연 우리 한국교회가 갈라디아서를 이렇게 주의 깊게 읽어야 할 필요가 있는가? 오늘 한국 땅에 살아가는 우리에게 1세기에 일어났던 예루살렘 회의나 안디옥 사건이 무슨 의미가 있단 말인가? 우리는 이미 믿음으로 말미암아 구원을 얻는다는 것을 전적으로 고백하며 인정하고 있지 않은가? 적어도 우리는 이미 이 문제로부터는 자유롭지 않은가?

과연 그러할까? 물론 우리 성도 가운데는 어느 누구도 은혜로 구원받는 것을 부인하는 사람은 없을 것이다. 그러나 우리 한국교회만큼 '오직 은혜만으로'를 소리 높이 외치면서도 동시에 "행함으로 상급을 받는다."는 공로주의 사상이 팽배한 교회는 이 지구상에서 찾아보기 힘들 것이다. 결론부터 먼저 말한다면, 과거 갈라디아 교인들이 구원에 대한 분명한 이해가 결여됨으로 거짓 가르침에 넘어가 그리스도 안에서 진정한 자유를 누리지 못했던 것과 마찬가지로 현재 우리 한국교회는 구원에 대한 정확한 이해가 결여되어 있다.

만일 '구원'이 무엇인지 바르게 이해했다면 자신의 선행을 '공로'로 여기거나 '상급'으로 생각하는 모습은 결코 나타나지 않았을 것이다. 공로주의 사상은 기독교 신앙에서는 조금도 발붙일 자리가 없다. 뇌리에 떠올리는 것조차도 안 된다. 그럼에도 불구하고 공로주의 사상이 이처럼 팽배해 있다는 것은 우리 한국 교회가 얼마나 위기에 처해 있는지 단적으로 보여주고 있는 것이다. 오늘날 한국교회는 다시 겸손히 갈라디아서를 읽어야 한다. 왜냐하면, 갈라디아 교회의 문제와 한국교회의 문제는 시대는 다르지만 그 본질은 거의 흡사하기 때문이다. 구원에 대한 정확한 이해의 결여! 다음 글에서 우리는 갈라디아서 2장을 중심으로 바울이 전하는 구원의 복음이 무엇인가 분석해 보고, 은혜의 복음이 오늘 한국교회에 교훈하는 것이 무엇인지를 중점적으로 살피고자 한다.

6.1. 예루살렘 회의와 안디옥 사건

갈라디아서 2장은 두 부분으로 나눌 수 있다. 먼저 2장 1-10절 부분은 바울이 자신의 복음과 사도직을 변호하는(1:11-2:11) 맥락 속에서 이어지는 것으로, 예루살렘 교회 지도자들과의 회합을 다루고 있다. 2장 11-21절 부분은 선동자들의 도전과 바울의 응답을 기록한 것으로, 유명한 안디옥 사건과 바울의 이신칭의 복음이 등장하고 있다.

(1) 안디옥 교회의 할례 문제와 예루살렘 회의

이 회의를 재구성하기에 앞서 조금은 신학적인 내용이기는 하지만 해결하고 넘어가야 할 문제가 있다. 갈라디아서 2장 1-10절에서 바울이 바나바와 디도와 함께 예루살렘을 방문하여 이방인의 선교 문제와 할례 문제를 논의한 회합이 과연 무슨 내용을 말하고 있는지에 관한 것이다.[93] 이것은 지금까지도 신약학계에서 첨예한 대립을 이루고 있는 어려운 문제이다. 일부 학자들은 갈라디아서 2장의 회합이란 사도행전 11장과 12장에 간략히 언급된 내용 즉, 안디옥 교회가 부조 문제로 바울과 바나바를 예루살렘 교회에 파송했을 때 그 교회의 지도부와 이루어진 사적인 회합일 것이라고 주장한다.[94]

물론 이들의 주장에도 상당한 근거가 없는 것은 아니지만, 전통적인 견해는 이 회의가 사도행전 15장에 등장하는 예루살렘 공의회를 지칭하고 있다고 보는 것이다. 즉, 갈라디아서 2장과 사도행전 15장이 동일한 사건을 취급하고 있다는 것이다. 이러한 주장에 가장 많이 제기되는 문제는, 동일한 사건에 대한 두 사람의 기록이 그토록 차이가 날 수 있는가 하는 점이다. 그러나 두 구절의 차이점은 동일한 사건을 갈라디아서와 사도행전이 서로 다른 관점에서 묘사하고 있는 데서, 또는 예루살렘 방문 시 성격을 달리하는 두 가지 모임을 가진 데서 기인된다고 볼 수 있다.

이제, 바울과 누가가 갈라디아서 2장과 사도행전 15장에서 말하는 대로 예루살렘 공의회를 다시 역사적으로 재현해보자.

(2) 바울과 누가의 기록에 따른 예루살렘 회의 재구성

예루살렘 회의가 구성된 배경은 안디옥 교회의 할례 논쟁 때문이었다. 이 논쟁은 바울과 바나바가 제1차 전도여행에서 돌아온 직후 예루살렘 교회에서 내려온 일부 극보수파 유대 기독교인들이 "개종한 이방 그리스도인들이 할례를 받지 않으면 구원을 얻을 수 없다."고 주장한 데서 비롯된 것이었다.

안디옥 교회는 예루살렘에 있는 사도들 앞에서 이 문제를 해결하기 위해 바울과 바나바를 예루살렘에 파송하였다. 이렇게 하여 바울 일행이 예루살렘 교회에 도착했는데, 그때에도 보수파 유대주의자들이 일어나 이방 개종자들도 유대인처럼 할례를 받아야 하고 모세의 율법도 지켜야 한다고 강하게 주장하였다(행 15:3-5; 갈 2:3-4). 그리하여 사도들과 장로들이 모이는 회의 석상에서 충분한 토의가 이루어졌다. 오랜 토의 후에 베드로가 일어나서 자신의 고넬료 가정 방문을 상기시킨 다음, "너희가 어찌하여 하나님을 시험하여 우리 조상과 우리도 능히 메지 못하던 멍에를 제자들의 목에 두려느냐?"(행 15:10)라고 하면서 이방인 그리스도인들을 율법의 요구 아래 가두는 것을 반대하였다. 이어서 바울의 구원론과 동일한 초대교회의 구원관을 분명히 선언하였다 : "우리는 그들이 우리와 동일하게 주 예수의 은혜로 구원 받는 줄을 믿노라."(행 15:11).

바나바와 바울의 선교 보고 후에 야고보 역시 이방인 선교는 구약 예언의 성취임을 밝히며 이방인에게 할례를 비롯한 율법의 멍에를 메우는 것을 거부한다. 즉, 그것은 신자들에게 결코 필수적인 요소가 아니라는 것이다. 그리하여 바울과 예루살렘 교회의 사도들 사이에는 신학적인 합일점이 이루어졌다. 그들은 바울을 대등한 동역자로 인정하고 바울의 할례와 율법 없는 복음을 정당하다고 인정하였다. 그리고 바울은 정책적으로 이방인 디도를 할례 받지 않게 함으로써 기독교를 유대의 울타리 안에 가두려고 했던 극보수파 유대 그리스도인 앞에서 이를 확정짓는 증거로 삼았다.

결론적으로, 예루살렘 회의의 중심 주제는 할례 문제, 즉, 이방인이라도 할례나 율법의 조건 없이 오직 믿음으로만 하나님 백성의 공동체 안에 들어올 수 있음을 확정한 중요한 회의였다.[95]

(3) 예루살렘 회의의 결정의 의미

그렇다면 이러한 결정이 의미하는 것은 무엇일까? 회의의 결정은 이방인들에게도 할례를 요구한 유대주의자들의 주장을 완전히 거부하는 것이었고, 동시에 이방인들이 진정한 그리스도인들이 되기 위하여 유대인이 되어야만 한다는 주장 또한 완전히 거부하는 것이었다.

요약하면, 유대인이나 이방인이나 누구든지 오직 믿음으로만 구원을 받는다는 것이다. 즉, 구원에 있어 유대인과 이방인이 서로 다른 길이 있거나 혹은 유대인에 비해 이방인의 구원이 불완전한 것이 아니라는 사실이다. 이 결정으로 말미암아 은혜의 복음이 마침내 유대교라는 울타리를 넘어서게 되었고, 인종과 지역을 초월하는 본격적인 이방 선교가 시작되는 기틀을 마련하게 되었던 것이다.

그렇지만 우리가 한 가지 기억해야 할 것은, 예루살렘 회의는 이방인의 할례나 율법 준수 등 가장 기본적인 문제만을 다루었지 모든 문제들을 결정했던 것은 아니었다는 것이다. 특히 유대인들이 어떻게 이방인들과 교제할 것인지는 직접적으로 다루지 않았다. 그 결과 갈라디아서 2장 11-21절에 나타나는 바울과 베드로의 갈등을 불러일으키게 된 것이다.

6.2. 안디옥 사건

이제 우리는 갈라디아서 2장 11-21절에서 기독교 역사를 통하여 가장 이해하기 어려운 사건을 만나게 된다. 그것은 바로 안디옥 교회의 목회자 바울이 예루살렘 교회의 가장 영향력 있는 지도자요 대표자의 한 사람이었던 베드로를 여러 사람 앞에서 공개적으로 책망한 사건이다. 특히 베드로는 개인적으로도 바울에게 있어서 신앙의 선배였고, 바울의 든든한 후원자이기도 했다. 이 사건을 우리는 어떻게 이해해야 하는가? 그들 사이에 근본적인 신학적 차이가 있었는가? 이와 같은 질문을 염두에 두면서 본문이 보여주고 있는 사건 자체에 관심을 집중해보도록 하자.

(1) 안디옥 사건의 재구성

정확한 방문 이유는 알 수 없지만 예루살렘 회의 이후 베드로는 안디옥을 방문하였다. 당시 베드로는 이방인 그리스도인들과의 교제에 대해 이미 개방적인 생각을 갖고 있었다. 특히 그는 최근 예루살렘 회의 결정에 고무되어 아무 거리낌 없이 이방인 그리스도인들과 교제를 나누었다. 베드로의 행동은 이방인 신자들과 함께 단순히 식사하는 것을 넘어서는 중요한 의미가 있었다.

안디옥 사건의 본질을 이해하기 위해서는 유대인의 음식법과 정결법 purity law을 이해해야 한다. 유대인의 식사는 종교적인 의미에 있어서 동일한 하나님의 백성이라는 공통의 정체성이 없으면, 즉, 할례를 받지 않았거나 율법을 알지 못하는 부정한 이방 죄인과는 함께 식사하는 것이 금지되어 있었다.[96] 그러므로 함께 식사를 한다는 것은 상대방이 하나님의 백성이라는 전제가 있어야만 했다. 그러므로 베드로의 행동은 갈라디아서 3장 28절의 바울의 주장대로 "유대인이나 헬라인이나 종이나 자유자나 남자나 여자 없이 다 그리스도 예수 안에서 하나이니라."는 복음의 진리를 사실상 모범적으로 실천한 귀중한 행동이었던 것이다.

하지만 불행히도 이러한 베드로의 모습은 오래 지속되지 못했다. 야고보에게 속한 보수파 유대 그리스도인들이 안디옥에 온다는 소식을 들었을 때 베드로가 그들을 두려워하여 식탁 교제를 기피하게 되는 사건이 일어났기 때문이었다. 왜 베드로는 그들을 두려워했을까? 당시 예루살렘 교회 유대 그리스도인들 입장에서는 예루살렘 교회의 대표자인 베드로가 이방인 그리스도인들과 함께 식사하며 교제한다는 것은 도무지 납득할 수 없는 것이었다. 물론 예루살렘 회의 결정에 따라 이방인들도 할례 받음이 없이 신자가 될 수 있었다. 그러나 유대인 그리스도인들이 유대 종교의 법을 벗어나 이방인들과 더불어 자유롭게 교제하며 식사하는 것은 언급된 적조차 없었다.

게다가 예루살렘 교회의 많은 유대인 그리스도인들은 할례를 받고 율법을 지키는 자신들만이 참된 하나님의 언약백성이며, 일등 신자라는 의식을 여전히 가지고 있었다. 반면 이방인 그리스도인들은 여전히 언약의 축복 밖에 있는 사람들이고 그들보다는 열등한 이등 신자라는 생각을 버릴 수 없었다. 그러므로 유대인 그리스도인들이 이방인 신자들을 인정하기는 했으나 그들이 자신들과 동등하다거나 함께 식사할 수 있는 동등한 권리를 가진 것으로는 생각시 않았던 것이다. 그렇기에 이러한 생각을 가진 보수파 유대인들이 온다는 소식에 베드로는 식탁 교제를 피할 수밖에 없었던 듯하다.

이같은 베드로의 행동이 의미하는 것은 무엇일까? 사실 베드로는 내면적 확신은 변한 것이 없는데 할례자들의 압력에 굴복하고 만 것이다. 어찌 보면 베드로가 이방 신자들과의 식탁 교제를 피한 것은 그리 큰 문제가 아닌 단순한 관습의 문제인 것으로 보인다. 하지만 바울은 그것이 '복음의 진리'와 관련하여 결정적인 중요성을 갖는다고 생각하였다. 베드로의 식탁 교제의 기피 행위는 이방 신자들에게 "유대인처럼 살도록 압력을 행사하는 일"이었기 때문이다. 여기서 "유대인처럼 산다."는 말은 유대인들의 관습을 받아들임을 뜻하는데, 할례를 포함하여 보다 광범위하게 유대인들의 생활 관습에 동화됨을 의미한다.[97] 이 때문에 바울은 후에 이 사실을 알고 교회 회중 앞에서 베드로가 복음의 진리를 따라 행하지 않았다고 책망하였던 것이다.

요약하면, 안디옥 사건의 핵심은 예수를 메시아로 믿는 신앙만으로는 안 된다는 유대주의 사상을 받아들여 유대교 울타리 안에 들어옴으로써, 유대인처럼 살아야만 합법적인 하나님의 백성이 될 수 있다는 유대교 중심적인 주장에 있다. 이것이야말로 복음의 진리를 무너뜨리는 위험한 주장이다. 유대교 율법이나 관습이 하나님 앞에서 인간을 의롭게 할 수 없음을 인정한 예루살렘 회의의 정신을 정면으로 위배하는 주장인 것이다.

바울과 예루살렘 사도들은 사람이 의롭게 되는 것은 율법의 행위가 아니라 예수 그리스도를 믿는 믿음뿐이라는 사실에 공통적인 합의를 이루었다. 그런데 합의를 주도적으로 이끌었던 당사자인 베드로가 이방인에게 유대인의 음식법을 강요한 것은 분명 위선이었다. 그렇다고 해서 바울과 베드로의 복음의 이해에 근본적인 차이가 있었던 것은 결코 아니었다.[98] 다만 바울이 문제삼은 것은 베드로가 자신이 확신했던 복음의 진리대로 일관성 있게 행동하지 않았기 때문이었다.

(2) 바울의 이신칭의 복음

이제 바울은 갈라디아서 2장 15-21절에서 합일점에 이른 복음의 진리를 재천명한다. 그럼으로써 베드로의 위선적인 행동은 바울과 베드로가 함께 반대하는 유대주의자들의 주장, 곧 구원 문제에 있어서 특권을 강조하는 유대인들의 주장을 본의 아니게 허용하게 될 수도 있다는 위험성을 지적하고 있다. 갈라디아서 2장 15-21절에서 가장 중요한 구절은 바울 신학의 핵심을 가장 잘 보여주는 2장 16절이다:[99]

> 사람이 의롭게 되는 것은 율법의 행위로 말미암음이 아니요 오직 예수 그리스도를 믿음으로 말미암는 줄 알므로 우리도 그리스도 예수를 믿나니 이는 우리가 그리스도를 믿음으로써 의롭다 함을 얻으려 함이라 율법의 행위로써는 의롭다 함을 얻을 육체가 없느니라.[100]

여기서 중요한 것은 16절의 '율법의 행위'가 과연 무엇을 가리키고 있는가 하는 것이다. 지금까지의 전통적인 해석은 "행위로 말미암아 구원을 받는다."고 하는 유대인의 '행위 구원' 사상을 가리키고 있다는 것이었다. 그렇지만 본문에 나타나는 '율법의 행위'는 구원을 받기 위해 인간들이 행한 공적 행위라기보다는 오히려 유대인의 신분을 나타내는 신분 표시의 행위들을 가리킨다고 보는 것이 더 타당한 해석일 것이다.

왜냐하면 바울서신 전체에 선포된 그리스도의 복음의 핵심은 누구든지, 유대인이나 이방인이나 차별이 없이, 오직 예수 그리스도를 믿음으로만 의롭게 된다는 것이기 때문이다. 여기서 "의롭게 된다."는 말은 하나님과 새로운 관계를 맺게 됨을 의미하는데, 바울에 의하면 구속사의 초기인 구약의 아브라함 시대부터 신약 시대까지 변함없이 오직 믿음으로만 된다고 하는 것이다(갈 3:6; 창 15:6). 즉, 구약 시대는 율법으로 의롭다 하심을 받고, 신약 시대는 믿음으로 구원을 받는다는 주장을 단호히 거부하고 있다. 하나님께서는 구약 시대이든 신약 시대이든 단 한 번도 구원을 얻기 위한 수단으로 율법을 주신 적이 없다. '율법'은 이미 받은 하나님의 크신 은혜에 대한 감사의 모습을 삶의 전 영역에서 나타내기 위해 제정된 규범, 즉 하나님의 은혜에 대한 응답 차원의 규범인 것이다.[101]

이제 바울은 그리스도의 십자가 사건으로 율법의 타당성이 그리스도 안에서 허물어졌다고 말한다(18절). 뿐만 아니라 그리스도인들은 이미 율법에 대하여 죽은 자들이며, 이제 새로운 메시아 시대에 하나님을 향해 사는 사람들이라고 말한다(19-20절). 그러므로 할례나 음식법, 안식일, 율법 준수와 같은 '율법의 행위들'은 더 이상 새 시대를 맞은 하나님 백성의 신분과 행위를 지배하는 원리가 될 수 없는 것이다. 왜냐하면 옛 시대를 지배하던 율법은 새 시대에 그 효력과 타당성을 이미 잃었기 때문이다.

이제, 새 시대를 지배하는 신분과 삶의 원리는 믿음뿐이다. 신자들은 믿음으로 의롭다 하심을 얻어 새로운 신분을 얻었다(16절). 그렇다면 이제 또한 믿음으로 살아감으로써 새로운 삶을 영위해야만 하는 것이다(20절). 만일 할례나 음식법, 율법 준수와 같은 옛 신분과 과거의 삶의 요구들에 복종하여 율법이 삶을 주장하게 되면, 하나님의 은혜를 폐하는 것이요, 그리스도의 죽음을 헛되이 만들게 되는 것이다(21절).

(3) 안디옥 사건의 의미

안디옥 사건이 주는 중요한 교훈은 두 가지로 요약할 수 있다. 먼저, 바울은 이 사건을 통해 그리스도인이 된 이후에도 특정한 관습을 따라 유대인의 삶을 강요하는 모든 요구들을 상대화시킴으로 누구든지 '오직 믿음만으로' 구원 받을 수 있음을 분명히 선언하였다. 다시 말하면, 그리스도인의 삶은 율법이 주장하는 속박의 삶이 아니라 예수가 주장하는 자유의 삶이라는 사실을 재천명하였던 것이다.

또한 복음의 진리를 알고 확신하는 것과 믿음대로 행동하는 것은 서로 일치되어야 함을 강조했다. 복음의 진리가 유대인이나 이방인이나 모두 믿음으로 의롭다 함을 받는다는 사실을 교훈한다면, 이제 더 이상 "유대인처럼 살아서는 안되는 것이다." 복음의 진리는 사람이 '믿음으로 의롭다 함'을 받아 하나님의 백성이 된다는 특권만 말하지 않고(2:16), 이제 하나님 백성답게 "믿음으로 살아가야 한다."는 의무도 요구한다(2:20). 그러므로 어떤 사람의 신분이 결정되면 반드시 그 신분에 합당한 행위가 따라야 한다. 즉, 신분과 행위는 결코 분리될 수 없는 동전의 양면과도 같은 것이다. 만일 어떤 사람이 하나님의 은혜를 믿음으로 그리스도인이 되었다면 그에 합당하게 일평생 믿음의 삶을 살아야 하며, 인간의 공로를 고집해서는 안되는 것이다. 요약하면, 신자들은 자신이 받은 구원이 무엇인지 정확한 이해가 선행될 때 그 신분에 합당한 삶을 살아갈 수 있는 것이다.

7. 바울의 구원 이해

바울이 말하는 신자의 구원은 크게 두 국면으로 나눌 수 있다. 칭의적인 측면과 성화적인 측면이다. '칭의'justification란, 우리가 일반적으로 '구원'이라 부르는 것으로, 죄인인 우리를 향하여 무죄하다고 선언하시는 하나님의 재판자적 행위를 지칭하고 있다. 칭의는 사람의 '신분'status의 변화와 관련이 있다.[102] '성화'sanctification는 구원보다 적극적인 측면으로, 우리의 죄에도 불구하고 우리를 의롭다고 선언하신 하나님의 거저 주시는 은혜에 대한 감사와 감격의 반응이 우리의 삶으로 나타나 우리의 죄된 '본성'nature을 변화시켜 그리스도를 닮아가는 것을 말한다.[103]

이처럼 바울이 말하는 '구원'이란 신자가 처음 경험하는 체험(칭의)만을 지칭하는 것이 아니라, 재림 시에 완성될 그리스도인으로서의 전체적인 삶의 과정(성화)을 가리키고 있다. 그렇기 때문에 바울은 구원에 관해 언급할 때 과거와 현재, 그리고 미래의 세 가지 시제를 모두 사용하고 있는 것이다.[104] 우리는 이미 그리스도의 구속사역을 믿음으로 구원을 받았다. 그렇지만 칭의만으로 모든 것이 끝나는 것은 아니다. 그것은 구원의 한 측면일 뿐이다. 구원 받아 하나님의 자녀가 된 사람은 받은 은혜에 보답하는 모습이 마땅히 선한 행실로 삶 속에서 나타나야 하는 것이다.

구원은 우리에게 처음부터 마지막까지 은혜의 선물로 제시되지만, 그것은 신자의 변화의 삶을 통해 이루어지고 성취되어야 하는 것이다. 그러므로 신자들은 날마다 자신 속에서 역사하는 성령을 의지하여 생활의 모든 영역에서 거룩한 삶을 살아감으로 구원을 성취해야 하고,

이 세상을 그리스도의 영역 주권으로 확장시켜 나아가야 할 책임이 있는 것이다.

7.1. 한국교회 신자들의 구원에 대한 잘못된 이해

세계의 모든 개신교회가 그러하겠지만 우리 한국교회가 이신칭의 교리에 깊은 영향을 받은 것은 주지의 사실이다. 그러나 안타깝게도 우리 한국교회는 이신칭의 교리를 너무 일방적으로 받아들여, 성화와 선행에 대한 강조는 소홀히 하고 칭의적인 측면만을 지나치게 강조함으로 기독교의 구원을 '값싼 구원'으로 만들려는 경향을 보여 왔다.

값없이 은혜로 구원을 받았으니 신자의 선행(행함)은 있어도 되고 없어도 되는, 그리하여 구원과는 아무 관련이 없는 첨가물 정도로 간주하거나, 신자의 상급론에 종속시켜 버리거나, 혹은 구원 받은 사람은 당연히 선행의 열매를 맺을 수밖에 없다는 식으로 오해하는 경향마저 있었다. 그 결과 나타난 것이 무엇이었는가?

당연히 행함이 부족할 수밖에 없었고, 신앙과 행위가 이분화되는 모습을 가져왔다. 그래서 이러한 문제점을 바로 잡고 행함을 강조하기 위해 외친 구호가 무엇이었는가? "믿음으로 구원 받고 행함으로 상급 받으니 상 받기 위해 선을 행하자." 그러니 당연히 남들보다 더 많은 선한 행실을 하고 교회 봉사를 열심히 하는 사람은 당연히 우월감에 사로잡힐 수밖에 없게 되었다. 왜냐하면 천국에서 더 큰 상을 받게 될 것이기 때문이다. 모든 행함을 상급에 맞추다 보니 그것이 하나님 앞에 공로가 된다고 하는 공로주의 사상에 빠질 수밖에 없었다.

오늘 우리 신자들에게 얼마나 이런 공로주의 사상이 팽배해 있는가? 남들보다 헌금 많이 하고, 기도 많이 하고, 주일 성수하고, 교회 봉사하는 사람들의 마음 속에 자리잡고 있는 것은 무엇일까? 아무 대가를 바라지 않고 하나님의 은혜에 감사해서 드리는 순수한 응답인가? 아니면, 이 땅 위에서, 아니 적어도 천국에서 주어질 상을 기대하고 하는 투자인가? 이런 현상은 결코 건강한 신앙인의 모습이 아니다. 성경은 "믿음으로 구원 받고 행함으로 상급 받는다."는 그런 말씀을 한 적이 없다. 믿음과 행함은 결코 분리할 수 없는 것이다.

7.2. 믿음과 행함과의 관계

성경은 전적으로 "하나님의 은혜와 믿음으로 구원받는다."는 사실을 가르치고 있다. 확실히 우리 신자들은 하나님의 은혜로 의롭다 하심을 얻고, 믿음으로 구원을 받았다. 그러나 지나치게 이것만을 강조한 나머지 우리가 자주 빠지게 되는 실수는, "믿음만이 전부이다."라고 생각해서, "행함은 그리 필요 없고, 중요치 않다."고 하는 자세이다.

그러나 성경을 자세히 읽다 보면 믿음을 말할 때 절대로 행함과 분리된 믿음을 말하고 있지 않음을 발견하게 된다. 오히려 믿음과 행함은 실과 바늘처럼, 혹은 동전의 양면처럼 붙어 다니는 분리될 수 없는 관계이다. 그렇기에 참된 믿음, 살아있는 믿음은 '행동'으로 그 진실성이 증거되고 나타나는 믿음이다. 성경은 믿음의 믿음 됨을, 행함 속에서 평가하고 있는 것이다.

"참된 믿음은 행함으로 증거가 나타나야 한다."는 교훈은 야고보서가 특히 강조하고 있다. 하지만 이것은 동시에 성경 전체에 나타나고 있는 핵심적인 교훈이다. 세례요한은 "너희가 회개에 합당한 열매를 맺으라."(마 3:8, 눅 3:8)고 했고, 예수님도 "이같이 너희 빛이 사람 앞에 비치게 하여 그들로 너희 착한 행실을 보고 하늘에 계신 너희 아버지께 영광을 돌리게 하라."(마 5:16)고 명령하셨다. 이어서 "나더러 주여 주여 하는 자마다 다 천국에 들어갈 것이 아니요 다만 하늘에 계신 내 아버지의 뜻대로 행하는 자라야 들어가리라."(마 7:21)고 행함을 강조하셨던 것이다.

어떻게 보면 예수님께서 구원의 '이중 기준'을 제시하시는 것처럼 보인다. 믿음으로 구원 받는 것인데 어떻게 "내 아버지의 뜻대로 행하는 자라야 들어가리라."고 행위 구원을 주장하시는 것일까? 그러나 이것은 행위 구원의 의미가 아니다. 구원 받은 자는 구원의 표시가 선한 삶으로 나타날 수밖에 없기에 이렇게 말씀하시는 것이다.

행함의 강조는 특히 바울서신에서 더 잘 찾아볼 수 있다. 바울이 기록한 모든 서신은 교리적이든 신학적이든 언제나 행위와 생활을 강조하는 것으로 끝맺고 있다. 바울은 대부분의 서신의 전반부인 '교리적 부분' Indicative Statements에서 독자들에게 "우리가 얼마나 진노의 자식이었고, 의라고는 조금도 없는 그러한 죄인이었는데 어떻게 해서 의롭다 하심을 얻고 구원을 받았는가?"를 상기시킨다. 이어서 '그러므로'(οὖν)라는 단어로 시작하는 '실천적 권면 부분' Imperative Statements에서는 "그렇다면 하나님의 은혜로 거저 구원 받은 우리 그리스도인들이 어떻게 살아야 마땅한가?"를 강조하며 변화된 신분에 합당한 삶을 살 것을 명령하고 있는 것이다.

가장 대표적인 예가 로마서 12장에 나오는 '그러므로'(οὖν)이다. 바울은 로마서 1-11장에서 하나님의 은혜로 말미암아 의롭게 되는 구원의 도리를 설명한다. 그리고 12장부터 "너희가 이제 은혜로 구원을 받았으니 아무렇게나 마음대로 살아도 된다."고 하지 않고, 하나님의 은혜로 거저 구원을 받았으니 "그러므로 이제부터는 너희가 하나님께서 기뻐하시는 거룩한 산 제물이 되도록 살아야 한다."고 명령하고 있는 것이다.

이제 행함에 대한 이해는 분명해졌다. 행함은 결코 공로가 되거나 상을 받는 조건이 될 수 없다. 산 제물로 자신을 하나님께 드리는 것은 그리스도의 피로 거저 구원 받은 사람이 그 은혜가 너무 감사하고 고마워서 보답하는 마음으로 당연히 하는 것일 뿐, 그것이 하나님 앞에서 의나 공로가 될 수는 없는 것이다. 구원 받은 자에게는 어떠한 행위도 공로가 될 수 없다. 헌금하고, 봉사하고, 기도하고, 주일 성수, 구제하는 모든 선한 일들이 하나님의 은혜에 대한 감사의 표현일 뿐 그것을 행함으로 공로가 되고 남들보다 더 좋은 신앙이 결단코 아니라는 것이다. 이제 우리는 공로주의 환상에서 깨어나야 한다. 그것은 결코 올바른 신앙이 아니다.

바울이 이 사실을 얼마나 강조하고 있는가! 바울의 모든 명령은 신분에 합당한 삶을 살도록 명령하는 것이다. 행함이 인간의 공로가 되거나 상급이 될 수는 없다고 말하고 있는 것이다. 물론 우리는 주님의 말씀을 따라 하나님 앞에 설 때 상급이 있을 것을 확실히 믿는다. 그러나 상급은 행위에 대한 보상으로 주어진다기보다는 '은혜'로 상을 주시는 것이다. 그러므로 그리스도인은 자신을 구원해주신 은혜에 감사하여 그 은혜에 보답하는 삶을 선한 행실로 나타내는 것이 바른 자세이다. 보상을 염두에 두고 신앙생활을 하는 것은 전혀 성경적이지 않은 잘못된 자세인 것이다.

8. 결론: 현대에 주는 교훈

1517년 종교개혁이 일어났던 당시 중세교회는 교회 본래의 모습에서 벗어나 형식과 의식 중심의 신비적 종교로 전락해가고 있었다.[105] 특별히 중세교회의 구원의 도식은 반(半)펠라기우스적인 semi-pelagion 것이었다. 다시 말하면, 인간의 구원이란 하나님의 은혜와 인간의 공로가 연합하여 완성된다는 신인협동의 구원을 주장하는 이론이다. 어떻게 보면 이러한 도식은 인간적인 면에서 보면 매우 논리적이요, 합리적인 사상으로 보일 수도 있다.[106]

그러나 이것은 바울이 전한 오직 하나님의 은혜로 말미암아 구원 받는다는 원리를 왜곡시킨 사상이었다. 이러한 비성경적인 변질된 구원관은 당시 사람들에게 공로사상을 부추겨 여러 미신적인 종교 행사와 신비주의가 난무하는 형태로 귀결되었다. 예를 들면, 성자(聖者) 숭배와 교회에 바치는 헌금이나 기부금들이 자신들의 의가 되어 구원에 도움이 된다고 믿었고, 교회 또한 그렇게 가르쳤다. 한마디로 인간의 노력과 공로가 구원의 수단이었고, 그 결과 믿음만으로 구원을 받는다는 개념은 점차 사라져 존재하지 않게 되었다.[107]

어떻게 보면 중세교회의 모습은 갈라디아서 2장에 등장하는 바울 당시 유대주의자들의 모습과 너무도 흡사해 보인다. 믿음 이외의 인간적인 것을 구원의 수단으로 강요하고, 행위를 자신들의 의와 공로로 삼으려 하고, 그것으로 남을 판단하여 등급을 나누어 일등 그리스도인이니 이등 신자니 하며 신앙적 우월감에 도취되어 있던 교만의 모습들!

오늘 우리 한국교회의 모습은 어떠한가? 우리는 유대주의자들이나 중세교회를 비판하여 왔다. 구원은 행위가 아니라 믿음으로 받는 것이라고, 그리고 어떤 행함의 요소를 앞세워 개인의 의(義)나 공로를 주장해서는 안 된다고 가르치고 배워왔다. 그러나 이러한 노력과는 정반대로 우리 한국교회만큼 공로주의 사상이 팽배해있는 교회도 이 지구상에서 찾아보기 힘든 안타까운 현실에 이르게 되었다.

그렇게 된 원인이 어디에 있는가? 우리 한국교회는 바울의 구원론을 너무 협소하게 이해함으로 말미암아 믿음만을 강조했을 뿐 행함을 강조하지 못했다. 그러다 보니 행함의 문제는 자연히 상급의 문제로 이끌고 갈 수밖에 없었고, 그 결과 많은 신자들은 믿음으로 구원 받고 행함으로 상급을 받는다는 가르침대로 상 받기 위해 고군분투하는 노력들이 오늘날의 현실을 만들었다.

한국교회는 지금 값싼 은혜와 공로주의 사상이라는 양극단의 틈바구니 속에서 멍들어 가고 있다. 이제 우리 신자들은 바울의 외침대로 구원에 대한 바른 이해를 가져야 한다. 우리의 칭의의 근거는 믿음이다. 그러나 믿음은 순종의 성격을 가지기에 믿음과 선행은 언제나 같이 있는 '하나'이지 결코 분리될 수 없는 것이다. 그러므로 선행이란 믿음으로 구원 받은 자에게 당연히 나타나야 할 열매일 뿐 결단코 공로나 자랑거리나 상이 될 수 없다는 것을 분명히 인식해야 한다. 그리고 행함의 문제를 가지고 우월감에 빠져 서로를 판단하고 정죄하는 바리새인적인 모습도 마땅히 사라져야 한다.

오늘 우리 한국교회 신자 한 사람 한 사람 모두가 올바른 구원관을 가지고 살아가는 신실한 하나님의 백성이 되어, 우리를 통해 은혜의 복음이 이 땅 위에 힘있게 전파되며 하나님 나라가 날마다 확장되는 귀한 역사가 일어나야 할 것이다.

빌립보서 배경 연구

1. 서론

바울이 기록한 13편의 서신 중 옥중에서 기록한 것으로 추정되는 서신 다섯 편이 있다. 에베소서(3:1; 4:1; 6:20), 빌립보서(1:7, 13, 14, 17), 골로 새서(4:18), 빌레몬서(1:9), 디모데후서(1:8; 2:9)이다.[108] 이중에서 디모데후서는 디모데전서, 디도서와 함께 '목회서신' The Pastoral Epistle 이라는 이름으로 분류되고, 나머지 네 서신만이 흔히 '옥중서신' The Prison Epistle / The Captivity Epistle 이라 불리고 있다.[109]

옥중서신은 사도 바울의 후기 생애와 사상을 파악하는 데 있어 매우 중요한 자료이다.[110] 에베소서는 우주적 교회론을,[111] 골로새서는 심오한 그리스도론을,[112] 빌레몬서는 한 인간을 구원하기 위한 간절한 사도의 모습을,[113] 그리고 빌립보서는 이들 세 서신보다 좀 더 이른 시기에 기록된 서신으로 그리스도를 향한 일편단심과 교회를 향한 일치의 권면을 특징적으로 보여주고 있다.[114]

빌립보서는 바울이 빌립보에 사는 성도들과 감독과 집사들에게 보낸 서신이다(1:1). 이 서신이 기록된 주된 이유는, 바울이 옥에 갇혀 있을 때 그에게 많은 도움을 주었던 빌립보 교회의 사랑과 후의에 대해 감사를 표시하기 위한 목적에서였다. 그러나 이러한 주목적 외에도 빌립보서는 대부분의 바울서신들과 마찬가지로 특정한 형편과 상황에 처한 교회와 성도들을 잘못된 가르침으로부터 보호하고, 위로하며, 권면하여 하나님의 백성답게 살아가게 하려는 목회적 목적에서 기록된 서신이었다.

빌립보서는 많은 신앙인들이 즐겨 읽고 또 많은 힘을 얻는 서신이다. 이는 바울이 어려운 투옥의 환경 속에서 기쁨의 메시지를 전하고 있기 때문이다. "주안에서 항상 기뻐하라. 내가 다시 말하노니 기뻐하라."(4:4). 그래서 빌립보서를 '기쁨의 서신'이라 부르기도 한다.[115] 또한 많은 이들의 사랑을 받는 "내게 능력 주시는 자 안에서 내가 모든 것을 할 수 있느니라."(4:13)[116]는 메시지도 등장한다. 그러나 이렇게 지극히 일부의 구절들만 따로 떼어 빌립보서에 접근하면 본 서신을 바로 이해하기 어려우며, 기록 목적이나 바울의 의도를 파악하기 어렵다. 빌립보서를 바로 해석하기 위해서는 역사적, 문화적, 종교적 배경을 아는 것이 필요하고, 교회의 상황을 파악하는 것이 중요하다.

그렇다면 빌립보서는 어떤 상황에서 기록이 되었는가? 빌립보 교회는 어떻게 설립되었으며, 교회가 처한 상황은 어떠했는가? 또한 그 교회가 속해 있는 빌립보라는 도시는 어떻게 생겨나게 되었으며, 어떤 문화와 종교적 특성을 지니고 있었는가? 특히 빌립보서에는 다른 서신들과는 달리 정치적, 군사적 용어들이 많이 등장하고 있는데 그 이유는 무엇일까?(1:27; 3:12-15; 3:20ff; 4:3 등). 이 글은 빌립보서의 역사적 배경과 종교적 배경, 그리고 기록 목적을 살핌으로 빌립보서를 올바르게 해석하고 적용하는 데 도움을 주려는 것이다.

2. 빌립보의 역사적 배경

빌립보서를 바로 이해하기 위해서는 무엇보다도 빌립보라는 도시의 특성을 아는 것이 필요하다. 빌립보 시민들은 헬라의 역사를 지니고 있었을 뿐만 아니라, 로마 시민권의 특권을 가지고 있었기에 매우 큰 긍지와 자부심을 가지고 있었다.[117] 그렇다면 어떻게 이들이 로마 시민이 될 수 있었고, 로마 시민의 특권을 누리게 되었는가?

2.1. 빌립보의 지리적 위치

누가에 의하면, 빌립보는 마케도니아의 첫 성이요, 로마의 식민지였다(행 16:12). '첫 성', '첫 도시'라는 단어는 가장 큰 성(城), 즉, 수도라는 의미로 생각할 수 있다. 하지만 당시 마케도니아의 수도는 빌립보가 아니라 데살로니가였다. 그렇다면 왜 누가는 빌립보를 마케도니아 지방의 첫 성이라 했을까? 당시 그 일대는 거의 전 지역이 로마의 식민지였는데, 왜 특별히 빌립보를 가리켜 로마 식민지라고 지칭했을까? 여기에는 또 다른 이유가 있는데, 다음과 같은 빌립보의 역사와 빌립보가 지니고 있었던 특별한 중요성 때문이었다.

빌립보는 주전 358년경 마케도니아의 알렉산더 대왕의 아버지인 빌립 2세에 의하여 건설되었다. 빌립보라는 도시명은 빌립 왕의 이름에서 명명된 것이다.[118] 이 도시가 세워진 곳은 그리스 동북쪽에 위치한 크레니데스 Crenides의 옛 트라키아 시(市) Thracian city였으며, 에게 해(海)로부터 약 12.8km 정도 떨어진 곳에 위치하고 있었다. 이 때문에 해상으로의 왕래와 교역이 활발했을 뿐 아니라, 육로 교통 또한 매우 원활하였다. 이 도시는 많은 수원지들이 있었기 때문에(간지테스Gangites 강[江]이 흐름) 토지가 비옥했고, 부근에는 유명한 판게우스Mt. Pangeus 금광이 있었기 때문에 경제적으로 매우 풍요로운 도시였다.[119] 주전 168년 로마가 마케도니아를 정복하게 되자 이 도시는 로마 제국의 식민지가 되면서 마케도니아에 있던 4개의 속국 중 가장 먼저 로마 제국의 일부(영토)가 되었다.[120] 후에 로마와 동방 콘스탄티노플(비잔티움: 현재의 이스탄불)을 이어주는 직선 군사 도로인 에그나티아 도로Via Egnatia[121]가 생기면서 빌립보는 정치, 군사적으로 매우 중요한 역사적 도시가 되었다.[122]

2.2. 빌립보의 역사적 배경

빌립보가 로마 제국 안에서 중요한 위치를 차지하고, 그 곳 사람들이 로마 시민권을 얻게 된 것은 지리적 위치의 중요성보다는 다음과 같은 두 가지의 역사적 사건이 있었기 때문이었다.

첫 번째 사건은, 주전 42년 줄리어스 시저Julius Caesar를 살해한 부루투스Burtus와 카시우스Casius의 공화국 군대와 옥타비아누스Octavianus와 안토니우스Antonius 군대 사이에 전투가 벌어지게 되고, 이 전투에서 승리한 옥타비아누스는 자기 휘하의 장교들과 군사들을 빌립보에 정착시키는 중요한 계기를 만들었다.[123]

두 번째 사건은, 주전 31년 옥타비아누스와 안토니우스 간에 유명한 악티움Actium 해전이 벌어지게 되는데, 이 전투에서 승리한 옥타비아누스는 로마 제국의 첫 번째 황제가 되어 자신을 '아구스도'(아우구스투스)Augustus Octavianus라 부르고,[124] 빌립보를 중요한 군사기지로 삼은 것이다. 특히 빌립보를 군사기지로 재건하는 방법으로 그는 많은 로마 군인들과 제대 군인들, 이탈리아로부터 추방된 안토니우스의 부하들을 빌립보에 거주시켰다. 그래서 빌립보를 로마의 특별 식민지Colonia Iulia Augusta Philippiensis로 만들고, 그곳 시민들을 로마의 시민들로 대우하며 '이탈리아의 벗'ius Italicum이라 불렀고, 이탈리아 반도 내의 로마인들에게 부여했던 동일한 특권을 그들에게도 부여했던 것이다.[125]

이러한 역사적 배경 때문에 빌립보 시민들은 비록 로마 식민지의 시민들이지만, 로마 시민들과 똑같은 특권을 누리는 아주 특별한 시민들이 되었던 것이다. 이때부터 빌립보의 주민들은 개인 재산을 소유할 수 있게 되었고, 재판권(민사소송)을 가질 수 있었으며, 당시 악명 높던 인두세와 토지세를 감면받는 특권을 누리게 되었다. 한마디로 빌립보는 제2의 로마였던 것이다.

그렇기 때문에 자연히 빌립보 시민들은 로마 시민으로서의 긍지가 대단했다. 그들은 빌립보를 자랑했고, 로마의 시민된 것을 자랑했으며, 로마의 관습과 정신을 따르고 로마법을 준수하는 것을 영광으로 생각했다(행 16:21). 실지로 사도행전 16장 12-40절을 보면 이와 같은 빌립보인의 모습이 잘 반영되어 있다. 바울이 빌립보에서 복음을 전할 때 그들이 기소한 이유가 무엇이었는가 하면, "로마법과 로마의 풍습에 어긋나는 가르침을 한다."는 것이었다. 그러나 나중에 바울이 로마 시민권을 주장하자 그 앞에서는 꼼짝 못하는 모습을 보이는 등, 로마 시민 의식과 로마 시민으로서의 긍지가 대단히 강했던 것을 볼 수 있다. 또한 우리는 바울이 빌립보서의 짧은 편지에서 정치적, 군사적, 시민적인 용어를 많이 사용하고 있는 것을 볼 수 있는데, 그것도 다음과 같은 배경에서 이해할 수 있다. 예를 들면, "우리의 시민권은(τὸ πολίτευμα) 하늘에 있다."[126]는 것이라든지(3:20), "오직 너희는 그리스도의 복음에 합당하게 생활하라(정치하라: πολιτεύεσθε)"[127](1:27), 또는 "너희가 한마음으로 서서(στήκετε ἐν ἑνὶ πνεύματι) 한 뜻으로 복음의 신앙을 위하여 협력하는 것과 … 두려워 말라."[128](27-28절)는 은유 metaphor를 사용하고 있는 것이다. 바울이 이러한 용어들을 쓰는 것은 빌립보 교인들이 복음을 쉽게 알아들을 수 있도록 생생하게 이해되는 언어를 쓰기 위함인데, 이것은 빌립보 도시의 정치적, 군사적인 역사와 로마 식민지로서의 특권을 지니게 된 배경 없이는 쉽게 이해할 수 없는 부분이다. 이처럼 빌립보서는 도시의 특권이나 성격과 많은 관계가 있으므로 당시의 역사적 상황을 정확하게 알아야만 본문의 의미를 바르게 파악할 수 있게 될 것이다.

3. 빌립보의 종교적 배경

종교적으로 볼 때 당시 빌립보 사람들은 다른 헬라 도시와 마찬가지로 매우 혼합주의적인 모습을 보이고 있었다. 즉, 다신 숭배가 성행하고 있었는데, 특히 토착 종교인 트라키아의 트라시안을 숭배 Thracian deities 하고 있었고, 이집트, 시리아, 그 밖의 여러 지방에서 전래된 신들뿐만 아니라, 로마 제국의 제의적이고 고전적인 신들과 라틴의 여러 신들을 숭배하고 있었다.[129]

사도행전 16장을 보면 당시 빌립보를 지배하고 있었던 종교적 분위기를 우리에게 분명히 보여주는 한 사건이 나타나 있다. 그 당시 빌립보의 영적 상태, 혹은 종교적 분위기는 한마디로 점쟁이가 돈을 상당히 많이 버는 분위기였다(행 16:16-19). 그 이유는, 사람들이 자신의 숙명에 대해서 불안해 하여서, 그것을 헤아려 보고 벗어나기 위해 점쟁이를 자주 찾는 등 어둠에서 헤매는 전형적인 헬라의 영적 상태에 빠져 있었기 때문이었다. 그렇다면 왜 이러한 분위기, 즉, 점쟁이가 돈을 많이 벌 수 있는 종교적 현상이 나타나게 되었을까? 그리고 이와 같은 현상이 빌립보만의 모습인지, 아니면 당시 로마 제국의 보편적인 종교 현상이었는지 파악하는 것도 바울서신을 이해하는 데 필요하다.

당시 로마 제국은 문화적으로는 헬라 문화와 동양 문화가 혼합된 헬레니즘Hellenism의 계승자였는데, 이방 헬라 세계의 대표적인 종교적 분위기는 우상 숭배와 성도덕의 타락이었다. 고린도전서 8장 5절에 보면, 헬라인들은 많은 신들과 많은 주들(θεοὶ πολλοὶ καὶ κύριοι πολλοί)을 섬긴다고 말하고 있다. 신약 시대의 헬라 세계는 고전적 헬라 철학, 즉 플라톤주의나 아리스토텔레스의 가르침이 무너지고 그것들이 대중화되면서 사람들은 더 이상 이해하기 어려운 형이상학에서 벗어나 "어떻게 살아야 하느냐" 하는 삶의 방식과 윤리적 문제로 관심을 옮기게 되었다.[130]

신약 시대에 등장한 헬라 철학 학파를 들자면, 물질주의를 추구하는 에피쿠로스 학파의 에피쿠리어니즘Epicurianism,[131] 또한 자연에 순응하며 살 것을 가르친 스토아 학파의 스토이즘Stoicism,[132] 또는 회의주의Scepticism,[133] 냉소주의Cynicism[134] 등이 성행하였다. 또한 각 학파마다 대표적인 철학자들을 배출하여 이 도시에서 저 도시로 돌아다니며 자신들의 철학 사상을 전파하는 상황이었다. 그리하여 그 당시는 물질주의적인 사고, 회의주의적인 사고가 널리 퍼져 있었으며, 무엇보다도 가장 큰 영향을 미쳤던 것은 숙명주의적 사고였다.[135] 즉, 인간은 숙명의 힘 앞에 그저 순응할 따름이지 자신의 숙명을 결코 거스를 수 없다는 숙명주의적 사고가 사람들 사이에 지배적으로 퍼져 있었고, 절망적인 분위기가 매우 팽배했던 것이 당시의 영적 분위기였다. 당시 사람들은, '숙명'(ἀνάγκή: 필연)이란 필연적으로 일어나게 되어 있다고 생각했는데 이와 같은 생각이 사람들을 더욱 절망 가운데로 몰아넣었다. 절망감이 깊어질수록 사람들은 신(神)들에게서 도움을 얻으려고 그들을 섬기게 되었고, 그래서 많은 신과 많은 주들(θεοὶ πολλοὶ καὶ κύριοι πολλοί)을 섬기는 우상 숭배가 성행하게 되었던 것이다.[136] 또한 사람들은 숙명론에 빠지게 되어 도덕적으로 무책임하게 살면서 심하게 타락하게 되었는데, 성적인 타락도 그와 같은 맥락에서 이해할 수 있을 것이다.

이러한 분위기 속에서 자연히 발달하게 된 것은 점성술astrology이었다. 당시 많은 사람들은 하늘에 있는 별들, 혹은 그 별들에 존재하는 신들이나 영들이 인간의 숙명이나 운명을 좌우한다고 보고, 그들을 기쁘게 하려고 노력했다. 또한 점성술로 자기의 운명을 미리 알아보려 했으며, 운명이 나쁘게 나오면 운명을 좌우한다는 신을 달래기 위하여 마술magic을 사용했고, 이것이 점차 발달하여 종교화되어 가는데 바로 이것이 신비 종교를 낳게 되었고, 그 신들을 주(κύριος 혹은 κυρία: 여신)로 부르게 되었다. 한마디로 당시 빌립보를 비롯한 헬레니즘의 영적, 종교적, 도덕적 분위기는 회의주의와 숙명주의, 우상 숭배가 성행하는 절망의 상태, 극심한 성적, 도덕적 타락이 지배하는 암흑의 상태로서 구원자를 간절히 바라는 분위기였다.

이러한 상태에서 바울이 빌립보에서 복음을 전하자, 이 복음이 바로 이와 같은 헬라 문화와 갈등을 일으키게 된 것이다(행 16:16-19). 즉,

숙명주의와 불안 속에 빠진 자들에게 참된 해방과 새로운 숙명, 곧 소망을 준다고 선포하며, 귀신을 내쫓고 점쟁이를 온전케 했던 일련의 사건들은 낭시의 종교와 문화에 대립하여 심각한 갈등을 일으키게 되었던 것이다. 그러자 이 점쟁이 여종을 통해서 돈벌이를 하던 주인들이 바울과 실라를 잡아 고소를 하게 되는데, 정작 그 죄목은 점쟁이가 점술을 행하지 못해서 자신들에게 손해를 끼쳤다는 것이 아니라, 로마법과 로마 풍습에 어긋나는 가르침을 하고 소란을 일으켰다는 것이었다. 바로 이것이 기독교의 복음이 로마와 이방 사회에서 박해받고 취조당하는 주요 이유가 되었는데, 이러한 상황은 당시 바울이 헬라 세계에서 선교할 때 어떠한 종교적 상황을 겪어야 했는지 상당히 많은 것을 짐작할 수 있도록 시사하고 있다.

4. 빌립보 교회

빌립보 교회는 바울이 제2차 전도여행 중에(주후 약 49년경) 설립한 유럽 최초의 교회였다. 이 교회의 설립 과정은 사도행전 16장에 비교적 자세히 기록되어 있다. 아시아에서 선교하던 바울은 비두니아[Bithynia] 전도를 희망했지만, 성령께서 허락하시지 않아 무시아를 지나 드로아로 내려갔고, 거기서 밤에 마케도니아 사람 하나가 나타나 "마게도냐로 건너와서 우리를 도우라."라는 '마케도니아의 부름', 혹은 '마케도니아 환상'을 보게 되었다(행 16:9).[137]

그리하여 바울은 아시아 선교를 중단하고 에게 해(海)를 건너 빌립보의 관문인 네압볼리[Neapolis][138]에 이르게 되었고, 이어서 로마의 국도인 에그나티아 도로[Via Egnatia]를 따라 유럽에 첫발을 디딘 땅이 아시아 편에서 볼 때 마케도니아의 첫 성인 빌립보였던 것이다.[139] 바울은 로마 제국의 동서를 연결하는 중요한 도로였던 에그나티아 도상의 도시에 첫발을 들여놓고 교회를 세우게 되는데, 이러한 빌립보 교회 설립은 바울의 선교 전략과 계획에 분수령을 이루었다. 그렇기 때문에 빌립보서 4장 15절에서는 빌립보에서의 복음 선포를 유럽에서의 복음전파 시작이라고 평가하고 있다.[140]

4.1. 빌립보 교회의 설립

빌립보 교회를 세울 때 바울은 디모데와 실라, 누가 등과 동행하고 있었다(행 16:10). 그 성에서 안식일이 되기까지 '수일'을 유하다가, 안식일이 되어 바울이 찾아간 곳은 회당이 아니라 문밖 간지테스Gangites 강가였다. 이것은 다른 말로 하면 빌립보에는 유대인의 회당이 없었다는 뜻이며,[141] 또한 유대인들이 거의 없었다는 것을 뜻하기도 한다.[142] 왜냐하면 회당이 설립되기 위해서는 유대 성인 남자 10명이 있어야 했는데,[143] 회당이 설립되기 위한 최소한의 정족수인 10명조차도 빌립보에는 없었다는 의미이기 때문이다. 실지로 로마 식민지였던 빌립보 시(市)의 주요 구성원은 로마인들이었고, 마케도니아 그리스인들과 약간의 유대인들이 살고 있었다고 전해진다.[144]

만일 빌립보에 회당이 있었다면 바울은 자신의 규례대로 회당을 찾아갔을 것이다. 바울이 어느 도시에 가든지 먼저 회당을 찾아간 이유는 구원사salvation history에서 "복음이 유대인에게 먼저 선포되어야 한다."는 신학적인 이유가 있기도 하지만[145] 그곳에는 유대인이든 이방인이든 구약과 유대교를 알아서 복음을 받기에 준비된 사람들이 많이 있어 복음을 효과적으로 전할 수 있었기 때문이었다.

그 외에 또 다른 이유들도 있었다. 당시 유대인의 회당은 예배 장소였을 뿐만 아니라 율법 교육, 여행객의 숙소, 직업 알선소, 그리고 유대인들의 교제의 장소로서 삶의 중심지 역할을 하고 있었다. 바울은 회당 중심의 선교를 했는데, 복음 선포를 위하여 회당에서 방을 얻어 머무는 것도 중요했고, 또한 직업 알선을 받는 것도 중요했다. 결과적으로 바울의 전도여행 경비를 조달하는 역할을 했던 곳이 바로 회당이었다고 할 수 있다.146

그러나 바울이 회당을 중심으로 복음을 전한 가장 중요한 이유는 유대인들과 회당 예배의 참석자들에게 복음을 선포할 수 있는 결정적 기회를 얻을 수 있었기 때문이었다. 당시 회당에는 그곳을 관리하고 예배 때마다 사회를 보는 회당장이 있었는데, 회당장은 매 안식일마다 정해진 성경을 읽고 회중에게 묻기를, "누가 이 주의 말씀을 잘 강해해서 우리 모두에게 도움을 줄 사람이 없겠는가?"하면147 바울은 그 기회를 놓치지 않고 구약을 강해하고, 이 예언이 예수에 의해 성취되어 그 예수는 우리의 구원자가 되셨다고 선포했던 것이다.

물론, 이에 대한 유대인들의 반응은 좋지 않았다. 하지만 회당 예배에 참석했던 이방인들, 즉, 이방인으로서 언약백성의 표징인 할례를 받고 완전히 유대교로 개종한 이방인들이나, 아직 개종하지는 않았지만 유대교에 호감을 느껴 회당 예배에 참석하고 있었던 이방인들, 곧 '하나님을 경외하는 자들' God fearer은148 매우 긍정적인 반응을 보이며 바울의 말을 더 듣고자 하였다.

그런데 빌립보에서 안식일이 되어 바울이 찾아간 곳은 회당이 아니라 강가였다. 그래도 혹시 유대인이나, 또는 유대교와 접해서 복음을 영접하기에 준비된 사람들이 있나 찾던 중에 빨래터에서 여자들을 만나 복음을 전파한 결과 두아디라의 자주색 옷감 장사인 루디아를 첫 그리스도인으로 얻게 된다.[149] 사도행전 16장 14절에 의하면, 루디아는 '하나님을 두려워하는 자'[God fearer]로서 유대교의 회당에 다니고 있었다. 그녀는 바울이 전하는 복음에 응답하여 그리스도를 믿고 세례를 받았는데, 그녀와 가족들은 유럽 최초의 기독교인이 되었다.

그 후 바울 일행은 루디아의 집을 선교의 기지로 삼고(행 16:15, 40), 그곳에서 많은 고난과 능욕을 받아가며(살전 2:2), 심지어 감옥에 갇히기까지 하며 계속 복음을 전한 결과 간수장과 그의 가족들, 점치던 여자, 유오디아, 순두게, 글레멘트 등의 회심자들을 얻게 되었다(빌 2:25; 4:2,3).[150] 이들을 중심으로 빌립보 교회가 설립되는데, 여기서 우리는 이 교회의 구성원이 예외 없이 이방인들이었음을 알 수 있고, 이 교회는 이방 그리스도인들로 시작되었다는 사실을 알 수 있다.[151]

빌립보 교회의 설립과 관련하여 우리가 관심을 가지고 보아야 할 한 가지 특이한 점은, 바울이 선교하는 가운데 이곳에서 처음으로 로마의 관원과 충돌하게 되었다는 것이다. 로마법과 로마 풍습에 어긋난다는 시민들의 고소를 받고 바울을 옥에 감금했던 로마 관원은 지금까지 판례가 없으므로 그 고소 사건을 어떻게 처리해야 할지를 아직 모르고 있었다. 후에 바울이 로마 시민인 것을 알고 나서는 기소한 죄가 성립될 수 없음을 알고 사과하고 조용히 떠나 달라고 요청하는 것으로 결말이 나게 된다. 하지만 이것은 앞으로 바울이 유럽 선교를 하는 데 있어서 하나의 중요한 판례를 남기는 의미있는 사건이었다. 이와 비슷하지만 이보다 더욱 공식적인 판례는 고린도에서 선교할 때 결정되게 된다.[152] 그것은 바울이 고린도인들의 고소로 총독 갈리오[Lucius Junius Galio]

앞에 끌려가게 되는 사건이다. 이때 갈리오는 바울의 말을 들어보고 무죄석방을 하는데, 이 판결은 바울의 복음선포 행위가 로마법을 어기지 않는다는 의미로서, 후에 로마 관원들이 기독교를 대하는 태도에 있어 매우 귀중한 선례를 남기게 되었다. 이처럼 로마 제국의 군대와 [153] 행정관의 비교적 공정한 로마법의 집행은[154] 로마 제국의 효율적인 도로망과[155] 더불어 바울이 로마 세계에서 선교하는 데 있어 매우 좋은 조건을 제공하였다.

이렇게 설립된 빌립보 교회는 헌금에 열의가 있었고, 특히 바울에 대한 사랑이 어느 교회보다 뛰어난 교회였다(4:15-16; 고후 8:1-4). 또한 빌립보 교회는 특별히 여자 성도들이 교회 내에서 상당한 역할을 감당했던 교회임을 볼 수 있다.[156]

4.2. 바울과 빌립보 교회

바울은 빌립보 교회와 매우 특별하게 따뜻한 사랑의 관계를 유지하고 있었다. 바울이 그리 오랜 기간 빌립보에 머물지 않았음에도 불구하고, 바울과 빌립보 성도들은 그리스도 안에서 참된 사랑의 교제를 나누고 있었다. 이러한 사실은 여러 곳에서 확인할 수 있는데, 특히 바울의 빌립보 교인들에 대한 간절한 사랑의 마음과 그들을 향한 기도의 내용 속에 잘 나타나 있다. 그래서 바울은 빌립보서 4장 1절에서 그들을 부르기를, "나의 사랑하고 사모하는 형제들, 나의 기쁨이요 면류관인 나의 사랑하는 자들"이라고 표현한다. 또한 바울은 "예수 그리스도의 심장으로 빌립보 교인들을 사모하고 있으며, 하나님이 증인이라."고 말하고 있다(1:8). 이처럼 자신의 마음을 그대로 표현해서 빌립보 교인들에 대한 사랑을 말하고 있는 것만 보더라도, 혹은 그 때 사용한

호칭만 보더라도 바울이 이들과 얼마나 특별한 관계에 있었는지 분명히 알 수 있다.[157]

바울과 빌립보 교회와의 관계를 보여주는 또 다른 예는, 바울이 극히 예외적으로 빌립보 교회로부터는 개인의 용도를 위한 재정적 지원을 받았다고 하는 점이다(1:3-5; 2:25; 4:10-14f). 우리는 언뜻 재정적 지원을 받는 것이 무슨 큰 의미가 있을까 생각할 수도 있지만, 바울의 선교 원칙을 생각한다면 이것은 매우 중대한 의미가 있다. 바울의 선교 원칙은 기본적으로 '자비량 선교'였다. 즉, 어떤 교회로부터도 재정적 지원을 일체 받지 않고 자기 손으로 벌어서 생계를 유지하며 선교 활동을 하는 것이었는데, 이것은 두 가지 이유에서였다. 첫째는, 자신이 값없이 받은 은혜의 복음을 돈을 받지 않고 값없이 선포해야 그 은혜가 더욱 강하게 증거될 수 있기에, 즉, 복음의 은혜의 성격을 더욱 강조하기 위해서 일체 돈을 받지 않았던 것이다. 또 다른 이유는, 적대자들이 자신에 대해서 선교를 빌미로 하여 개인의 이익을 추구한다는 비판을 못하도록 하기 위해서였다.

그런데 빌립보 교회에서만은 예외적으로 재정적 지원을 받았는데, 물론 4장을 읽다 보면 그것조차도 아주 불편해 하고 있는 것을 볼 수 있다(4:10f). 하지만 빌립보 교회로부터 재정 지원을 받은 것도 개인을 위함이 아니라 궁극적으로는 복음의 효과적이고 능률적인 선포를 위한 것이었다. 아무튼 이것은 바울과 빌립보 교인과의 관계를 단적으로 보여주는 중요한 하나의 증거이다.

이처럼 빌립보 교회는 바울 일행의 물질적 필요를 지원해 주었을 뿐 아니라, 복음 전파에도 힘을 같이 했다(4:3). 또한 빌립보 교인들은 바울이 빌립보를 떠나 데살로니가와 고린도에서 일하는 동안에도 바울에게 지속적인 관심을 가지고 여러 번 쓸 것을 보내는 등 도움을 보냈다(4:16; 고후 11:9). 바울 역시 빌립보를 떠난 이후에도 빌립보 교회에 지속적인 관심을 보였다. 그는 디모데를 보내어 마케도니아 교회들을 돌보게 했고(2:19; 행 19:21-23), 그 자신은 두 번 이상 그곳을 방문했다. 제3차 전도여행 중에 에베소에서의 사역을 마치고 겨울을 보내기 위해 고린도로 가기 전 빌립보를 다시 방문했었고(행 20:1-3; 고후 2:13), 그 이듬해 봄에 빌립보를 방문하여 유월절 절기를 보내었다(행 20:3-6).[158] 사도 바울과 빌립보 교인들은 이러한 방문뿐만 아니라 전달자들을 통하여도 수시로 소식을 주고받았다. 이것만 보더라도 바울과 빌립보 교회는 서로에 대해 끊임없는 관심과 사랑을 나누었던 특별한 관계였음을 알 수 있다(2:25; 행 18:5; 19:22; 고후 11:9).

5. 빌립보서의 기록 배경

바울이 빌립보서를 쓰게 된 배경과 상황은 무엇이었을까? 왜 바울은 이 서신을 써야 했으며, 어떤 상황에서 이 편지를 쓰게 되었는가? 이 질문은 이 서신의 기록 목적이 되기도 하는데, 이것을 밝히기 위해서 우리는 우선 빌립보서 안에서 몇 가지 정보를 추측해야 한다.

첫째, 바울은 이 편지를 감옥에서 쓰면서,[159] 지금 디모데와 에바브로디도Epaphroditus를 빌립보 교회에 천거하고 있다(2:19-30).[160] 바울은 "그들이 좋은 사람이라."고 추천하고, 교회가 그들을 잘 받아들이도록 부탁을 하고 있다. 이렇게 함으로써 이제 곧 빌립보에 당도할 그들이 그곳에서 잘 영접받을 수 있도록 준비시키고 있는 것이다. 이런 점으로 미루어 볼 때 혹시 디모데나 에바브로디도에 대한 빌립보 교회의 오해나 비판이 있다면 그것을 미리 풀어 해소하려는 점이 있지 않은가 생각된다(2:23f).

에바브로디도가 바울을 찾아가게 된 배경은 다음과 같다. 바울이 옥에 갇히게 되자 빌립보 교회는 헌금을 모아 에바브로디도 편에 보내면서, 그로 하여금 옥에 갇힌 바울을 수발들도록 했다.[161] 그런데 바울이 지금 에바브로디도에 대해 천거하는 내용을 미루어 생각해보면 에바브로디도가 그 일을 충분히 못했든지, 아니면 그로부터 소식이 거의 없었든지 해서 에바브로디도에 대한 오해가 생겼을 수도 있고, 또는 교회에서 그에 대한 비판도 다소 있었을 가능성도 있다.[162] 그래서 바울은 일부러 그 부분을 상당히 구체적으로 언급하면서 "에바브로디도가 빌립보 교회의 당부를 자기에 대해서 넘치도록 잘 완수했을 뿐만 아니라(2:30), 그 자신이 병들어 죽을 지경에 빠졌었는데(2:27), 지금은 완치되어서 그의 병환에 대해 빌립보 교회가 걱정할까봐 이제 돌려보낸다(2:28)."고 매우 자세히 설명하고 있다. 이런 점으로 미루어서 에바브로디도에 대한 오해도 조금은 있지 않았는가 유추해 볼 수 있다. 그래서 바울은 혹시라도 오해가 있다면 그것을 해소해서 디모데와 에바브로디도가 빌립보 교회에 잘 도착하고 영접받을 수 있도록 이 편지를 보내서 준비하는 것을 우리는 볼 수 있다.

둘째, 에바브로디도를 통해서 빌립보 교회가 보낸 편지와 헌금을 감사히 잘 받았다고 하는 확인증 성격을 지닌 감사의 글을 쓰고 있다.[163]

셋째, 바울은 빌립보 교회의 몇 가지 문제들을 이 편지에서 다루고 있는데, 한마디로 에바브로디도를 통해서 보고 받은 빌립보 교회 내의 분쟁 상황을 집중적으로 언급하고 있다.¹⁶⁴ 바울은 1장 후반절부터 2장까지, 또한 4장에서도 그 문제를 다루고 있는데, 한마디로 "교회 전체가 하나되는 것이 중요하다."는 것을 매우 강조하고 있다. 특히 4장에서 나타나는 유오디아와 순두게는 빌립보 교회의 중요한 여성 지도자였는데, 이들은 의견의 일치를 보지 못하고 마음이 하나되지 못한 상태에 있었다.¹⁶⁵ 어쩌면 주도권 경쟁을 했거나 두 지도자를 따라 교회가 분리 위기에 처했을 수도 있다. 그래서 바울은 이들에게 한마음이 될 것을 심각하게 권면하는 듯이 보인다(1:27; 2:3, 5; 3:15, 19; 4:2, 10). 바울은 하나 됨을 이루기 위해서는 서로 겸손과 사랑의 마음을 가져야 함을 강조하며, 그리스도의 사랑과 겸손의 예를 들어 그것을 본받을 것을 권하고 있다. 특히 바울은 "주 안에서 같은 마음을 품으라(4:2)."고 하는데, 이 명령의 의미는 그리스도를 자신의 구주로 고백하고 예수님의 주권에 순종하기로 서약한 그대들이 어떻게 '자기 주장', '자기 뜻' 만을 고집할 수 있는가 말하면서, 한 주님을 믿는 신앙고백에 합당하게 자신의 의지를 꺾고 예수님의 모습을 추구하는 자들이 되라는 권면인 것이다.

넷째, 빌립보 교회는 어쩌면 고린도후서 10-13장에서 볼 수 있는 '유대 기독교 열광주의자들'에 의해 복음의 이해에 혼돈을 가져오고, 그리스도인의 삶에 혼란을 가져오는 문제들을 만난 것으로 보인다.¹⁶⁶ 그들은 외부에서 침투한 자들인 듯한데, 그들의 주장은 다음과 같이 요약될 수 있다.¹⁶⁷

(1) 그들은 바울이 전한 할례와 율법으로부터 자유로운 은혜의 복음을 반대하면서, 빌립보 교회의 이방 그리스도인들에게 할례를 요구했다.

(2) 그들은 자신들의 영적 체험을 강조하면서, 그것을 신자들이 '지금, 여기에서' 얻을 수 있는 구원의 완성의 징표로 자랑했다.

(3) 그들은 성도들에게 존재하는 현재의 고난을 무시하고, 또한 그리스도의 재림 때에 있을 구원의 완성에 대한 미래적 소망도 무시하면서 지금 현재 완전한 구원을 누리면서 승리자로 살 수 있다고 주장했다. 이것을 흔히 '영광의 신학',[168] 또는 '승리의 신학'triumphalism이라고 하는데, 이런 영광의 신학에 도취된 자들이 빌립보 교회에 들어 와서 교회를 어지럽히고 성도들을 미혹케 했던 것으로 보인다. 그래서 바울은 "개들을 삼가고, 손(損)할례당을 삼가라."고 말하고 있다(3:2). 여기서 '손할례당'(κατατομή)이란 말은 바울이 스스로 만들어낸 말인데, 이것은 '할례'(περιτομή)라는 말을 비꼬는 말로서 할례의 본질을 알지 못한 채 은혜의 복음을 반대하는 자들을 비아냥거리는 의미로 사용한 독특한 단어이다.[169] 즉, 자기 몸을 스스로 잘라낸 자들이라는 욕에 가까운 심한 표현이라 할 수 있다.[170] 바울은 이 말을 지금 유대 대적자들에게 하고 있는데, 그들은 빌립보 교회에 침투하여 "할례를 받아야 지금 완성된 구원을 보장받는다."고 했던 자들이다. 바울은 이들을 비꼬아서 그리스도를 믿는 우리가 진짜 περιτομή(할례), 즉, 새 언약의 백성으로 언약의 표인 진짜 할례를 지닌 '할례당'이라 선언한다. 반면 유대인들은 자신의 육신을 신뢰하는 자에 불과한 자기 육신의 한 조각을 잘라내는 자들(손할례당: κατατομή), 곧 거짓 할례자라고 심하게 욕을 하고 있는 것이다.

마지막 다섯 번째로, 빌립보 교회는 계속되는 핍박 아래 놓인 박해받는 교회였고, 외부의 핍박에 대한 두려움도 있었던 것으로 보인다

(1:28-29).¹⁷¹ 이것은 바울이 빌립보 교회를 세울 때부터 이미 빌립보의 로마 시민정신과 부딪쳐서 바울 스스로 감옥살이하고 고난 받은 것을 보면 알 수 있다. 빌립보서를 계속 읽어가다 보면 그와 같은 갈등과 외적인 핍박이 끊이지 않고 계속되었음을 알 수 있고, 이러한 상황 속에서 빌립보 교인들은 전투와 투쟁의 삶을 살아가고 있었음을 우리는 빌립보서에서 충분히 유추할 수 있다.

이와 같은 여러 상황들로 미루어 볼 때, 바울은 이 서신에서 빌립보 교회 성도들에게 그들의 배려와 보내준 선물에 대한 감사함을, 그리고 그들에 대한 자신의 넘치는 사랑을 표현하고, 또한 교회가 믿음 위에 든든히 설 수 있도록 후속 목회지원을 하고 있음을 알 수 있다. 아마도 바울의 모든 편지 중에서 빌립보서만큼 교회에 대한 사랑을 표현하는 편지는 드물 것이다. 바울은 핍박을 겪고 있는 성도들을 위로하며, 교회에서 하나 됨을 이루도록 권면하고, 외적인 이방인들의 핍박이나 유대 열광적 그리스도인들의 훼방에 맞서서 믿음에 굳게 서도록 이 편지를 쓰고 있는 것이다.

6. 빌립보서의 기록 목적

빌립보서가 기록된 상황을 바탕으로 우리는 빌립보서의 기록 목적을 다음과 같이 요약할 수 있다. 첫째, 빌립보서는 바울이 빌립보 교회의 사랑과 배려에 대한 감사를 표현하기 위해 기록한 편지이다.¹⁷² 바울의 투옥 소식을 들은 빌립보 교인들은 그를 염려하여 빌립보 교회의 젊은 목회자인 에바브로디도를 바울 곁으로 보내 시중들게 했고, 또 그 편에 바울에게 헌금도 전달했다(2:25). 그런데 에바브로디도는 병들어 죽게 되었고(2:26, 30),[173] 이 소식을 들은 빌립보 교회는 바울에게 도움을 주려고 보낸 것이 오히려 바울에게 더 짐이 된 것을 근심하게 되었다 (2:26). 또한 바울은 이로 인해 빌립보 교회가 얼마나 염려할 것인지 근심하게 되었다(2:27). 그러나 얼마 후 에바브로디도는 낫게 되었고 바울은 그를 다시 빌립보로 돌려보내면서 빌립보 교회의 사랑에 대해 감사의 글을 쓴 것이 바로 빌립보서이다(4:14-19).

둘째, 바울이 자신의 오랜 투옥에 대한 변명apology을 위해 기록한 편지이다. 아마도 빌립보 교인들은 바울의 오랜 투옥으로 인해 낙심하게 되었거나, 복음의 능력에 대하여 의심을 가졌을 수도 있다. 복음을 증거하던 바울이 왜 오랫동안 감옥에 갇히며, 이것은 복음 전파에 방해가 되는 것이 아닌가 하는 의문들이다. 그렇기에 바울은 서신 초두에서 자신의 매임이 복음에 방해가 된 것이 아니라 오히려 복음의 진보가 되었음을 알리려 하고 있다(1:6-30).

셋째, 빌립보 교회 내의 분쟁 상황을 바로 잡고 일치를 도모하기 위한 목적에서 기록되었다. 바울은 에바브로디도를 통해 빌립보 교회 내에 분파가 있음을 듣게 되었고, 이들에게 죽기까지 자신을 낮추신 그리스도를 본받아 하나가 될 것을 권면하기 위하여 이 서신을 기록하고 있다(1:27; 2:1-16; 4:2-3).

넷째, 빌립보 교회 내에 들어와서 거짓 가르침으로 교회를 혼란케 하던 유대 기독교 열광주의자들을 경계하기 위한 목적에서 기록되었다.[174] 당시 빌립보 교회 내에는 유대 기독교 열광주의자들로 보이는 바울의 적대자들이 침투하여 할례를 강요하며 성도들을 혼란 가운데로 몰아넣고 있었다. 바울은 이들로부터 교회와 성도들을 보호하고,

교회를 믿음 위에 굳게 세우기 위해서 이 서신을 기록했다(3:2-21).

다섯째, 계속되는 박해 아래 놓여 있는 빌립보 교회와 성도들을 위로하기 위한 목적에서 기록되었다.[175] 바울이 교회를 세울 때부터 빌립보 교회는 이미 소위 로마 시민정신과 부딪침으로 핍박과 박해를 받았던 교회였다. 바울은 외부 이방인들의 핍박이 계속되는 가운데 전투와 투쟁의 삶을 살아가던 성도들을 위로하며, 교회를 힘있게 세우기 위하여 이 서신을 기록했던 것이다.

7. 결론: 현대에 주는 교훈

우리는 지금까지 빌립보서를 올바로 해석하기 위하여 반드시 알아야 할 빌립보서의 역사적·종교적 배경과 기록 목적을 간략히 살펴보았다. 이 서신의 배경적 연구를 마치면서, 가장 인상적으로 남는 하나의 단어가 있다. 그것은 바로 '시민권'(τὸ πολίτευμα)이라는 단어이다.[176]

시민권!
당시 빌립보 사람들이 그토록 자랑스러워했고, 또한 자부심과 긍지를 가지고 있었던 시민권! 주변 야만족들 사이에서 로마 시민다운 구별된 삶을 살면서 로마 시민의 정신, 윤리, 가치관, 행복관, 인생관 등을 보여주도록 동기를 부여했던 시민권! 유한한 세상 나라인 로마 시민권이란 것이 도대체 무엇이기에 빌립보 사람들로 하여금 그토록 긍지와 자부심 속에서 주변의 사람들과 구별된 삶을 살도록 했을까!

흔히 우리 기독교인들을 가리켜 이 땅에 살지만 이 땅에 속하지 않은 하나님 나라의 백성, 혹은 시민이라 한다. 그래서 바울은 우리의 시민권은 하늘에 있다고 말한다. 그렇다면 과연 오늘 우리 성도들은 자신이 하늘나라 시민권을 지녔다는 것에 대해 얼마나 자부심과 긍지와 자랑과 감격을 가지고 있을까? 그리고 그 감격과 긍지 속에서 영원하고 쇠하지 않는 하나님 나라의 시민답게 구별된 삶을 살면서 하나님 나라의 정신, 윤리, 가치관, 행복관, 인생관을 삶으로 보여주고 있는가? 또한 그러한 하늘나라 시민들이 모인 교회의 모습은 어떠한가?

빌립보서를 보면 천국 시민의 가치관을 보여주는 여러 개의 귀한 단어가 있다. 그중 하나가 바로 '기쁨'이라는 단어이다. 흔히 빌립보서를 가리켜 '기쁨의 서신'이라 부르기도 하는데, 이는 옥중에서 기록한 서신임에도 불구하고 '기뻐하라'는 명령이 여러 번 등장하기 때문이다 (1:4; 18, 25; 2:17-18; 3:1; 4:4, 10, 13 등).[177]

당시 바울의 상황은 어떤 이유로도 기뻐할 수 있는 상황이 아니었다. 그럼에도 바울은 옥중에서 옥 바깥에 있는 자유인들을 향하여 '기뻐하라'고 명령한다. 이렇게 명령하는 이유는 천국 시민들은 이 세상 사람들과는 기쁨의 이유가 다르고, 가치관이 다르고, 행복관이 다르기 때문이었다. 이 세상 사람들이 슬퍼하고 절망하는 일들이 천국 시민들인 그리스도인들에게는 기쁨의 이유가 될 수 있다. 왜냐하면 천국 시민들에게는 현재가 중요한 것이 아니라 미래가, 이 세상에서의 평가가 중요한 것이 아니라 하나님 나라에서의 평가가 중요하기 때문이다. 하나님 나라를 중심한 가치관, 하나님 앞에 설 때 가지고 갈 수 있고, 그 분 앞에서 영원할 수 있는 것이 무엇인지를 분명히 알고, 주님을 절대화시키기 때문에 이 세상을 상대화시키며 살아가는 사람들! 우리는 그들을 '그리스도인', '천국 시민'이라고 부른다.

우리 그리스도인들은 이 땅에 심겨져 있는 하나님 나라의 백성들로서, 하늘로부터 예수 그리스도께서 우리의 주권자로 오셔서 우리를 구원할 것이고, 이 땅에서의 고난에 찬 비천한 몸을 영광스러운 모습으로 변화시키실 것이며, 그 때 우리는 하나님의 구원의 완성인 하나님의 영광에 참여할 것이라는 확신과 소망을 가지고 살아가는 자들이다. 그렇다면 이와 같은 소망을 지닌 자답게 이 세상을 천국 시민답게 살아가야 한다. 더 이상 이 세상의 가치를 추구하고 세상의 뜻대로 살아서는 안 되고 복음에 합당하게 살아야 하며, 하나님의 법대로 살아가야만 하는 것이다. 그렇게 모든 그리스도인들이 자신의 신분에 합당한 삶을 살아감으로써, 자신이 천국 시민인 것을 분명히 세상에 보여주어야 하고, 천국의 가치관과 행복관과 정신을 이 세상 사람들에게 보여줌으로써 세상을 변화시키는 실천하는 그리스도인, 성숙한 그리스도인이 되어야만 한다.

우리 한국교회의 성도들이 자신의 정체성을 바로 깨닫고, 하나님 나라 백성다운 정신과 가치관과 행복관을 가지고 신분에 합당한 삶을 살아감으로 총체적 부패의 마지막 길을 걸어가는 이 세상을 다시 새롭게 변화시키는 놀라운 역사가 일어나야만 할 것이다.

5. 골로새서 배경 연구

1. 서론

골로새서는 바울이 로마 옥중에서 골로새 교회의 일꾼인 에바브라 Epaphras의 방문을 받고, 그로부터 들은 골로새 교회의 어려운 문제를 해결하기 위해 기록한 서신이다.[178] 골로새 교회의 상황을 다루는 것은 쉽지 않은 주제인데, 골로새 교회가 처했던 문제는 무엇보다도 그 교회에 침투하여 교회의 안녕을 위협하고 있는 위험스러운 이단에 관한 것이었다. 골로새 교회 이단의 주요한 특징으로는, 그리스도의 선재성을 부인하고(1:15-19), 신적인 계시보다는 인간의 철학을 강조했으며(2:8), 천사숭배를 요구했다. 또한 유대교의 요소들, 즉 할례(2:11; 3:1)와 랍비의 전통(2:8), 금식 규정들과 안식일과 절기 준수(2:16) 등을 강조했다.[179]

그렇다면 이 이단 사설의 정체는 무엇이었을까? 이들은 어떻게 교회 안에 침투하여 성도들을 혼란에 몰아넣었을까? 또한 성도들은 왜 그리도 쉽게 복음에서 떠나 그러한 이단 사설에 현혹되었을까?[180] 그리고 바울 사도는 왜 그토록 그리스도의 유일성과 절대성과 선재성을 이 서신에서 강조하고 있는 것일까? 21세기를 살아가는 우리로서는 이러한 일련의 현상이나 모습들이 납득이 잘 가지 않는다. 그것은 오늘 우리가 처해있는 상황이나 종교, 문화적 배경이 골로새 교회와는 전혀 다르기 때문이다. 그러므로 이런 질문들에 대한 답을 얻기 위해서는 먼저 우리는 바울서신이 가지는 일반적인 성격을 알아야 한다.

바울서신은 이천여 년 전에 기록된 과거의 책이다. 그것은 1세기에 일어난 사건들을 언급하고 있고, 초대교회의 상황을 전제로 하고 있다. 바울은 특수한 상황에 처해 있는 교회와 성도들을 잘못된 가르침으로부터 보호하고 바르게 양육하려는 목회적, 선교적 목적에서 이 서신들을 기록했다. 그렇기 때문에 바울서신을 바로 해석하기 원하는 사람은 21세기의 눈으로 성경을 무리하게 해석하려 해서는 안 되고, 무엇보다도 기록 당시의 상황으로 돌아가서 1세기의 저자와 독자의 관점에서 성경을 읽으려는 자세가 필요하다. 이제, 골로새서의 역사적 상황을 복원하고 재구성하여 골로새 교회와 교인들이 처했던 상황을 바르게 이해하고 현재의 삶에 적용할 수 있도록 배경적인 문제들을 살펴보도록 하자.

2. 골로새의 역사적 배경

2.1. 골로새의 지리적 위치

골로새 the City of Colossae는 소아시아의 브루기아 주(州)Phrygia 루커스Lycus 계곡에 위치한 도시로서, 에베소에서 내륙으로 약 160km 더 들어간 동쪽에 있었다.[181] 이 도시가 언제 세워졌는지 그 기원에 대해서는 불분명하지만, 헤로도투스는Herodotus는 이미 주전 480년에 골로새를 '브루기아의 위대한 도시'라고 불렀다.[182] 골로새가 성장할 수 있었던 이유는, 이 도시가 소아시아 에베소에서 동쪽 시리아로 가는 주요 무역로인 루커스Lycus 계곡에 위치하고 있었기 때문이다. 동서교통의 요충지로서, 자연히 동서(東西) 문물의 교류 장소가 되어 무역이 활발히 진행되었던 '인구가 많고 번화한 대도시'였다(Xenophon, *Anabasis*, 1,2,6). 주로 많이 거래가 되었던 품목은 양털과 그것을 가공하여 만든 양털 직물이었다.[183]

이처럼 한때 이 도시는 아주 중요한 상업도시였지만, 인근 성읍들(골 4:13)의 주요 도시인 상업 중심지 라오디게아와 온천 휴양도시 히에라폴리스Hierapolis의 급성장으로 인하여 신약 시대에는 상대적으로 작은 도시로 변하게 된다.[184] 이와 같은 이유로 골로새서에 관하여 중요한 주석을 쓴 라이트풋Lightfoot은, 골로새는 그리 크거나 중요한 도시는 아니어서 바울의 편지를 받은 도시 중 규모가 가장 작은 도시였을 것이라 말하고 있다.[185]

그럼에도 모든 무역도시가 그러하듯 골로새도 많은 상인들과 여행객들의 출입이 잦은 관계로 각종 철학과 종교 사상이 혼합되는 양상을 보였다.[186] 따라서 이곳에 세워진 골로새 교회는 각종 이단 사상이 난무하여 어려움을 당했지만, 오히려 그럴수록 이 도시에서 복음을 확고히 세우는 것은 주변 지역의 복음의 확산을 돕는 데 매우 중요한 의미를 지니고 있었다.[187] 골로새는 루커스 계곡Lycus Valley을 강타한 지진으로 파괴되었다가 네로에 의해 다시 세워졌고,[188] 요한계시록이 기록되었던 주후 95년경에는 온천으로 유명한 히에라폴리스Hierapolis와 더불어 냉천으로 그나마 이름이 나 있었다. 그리고 후대로 갈수록 골로새는 문헌에서조차 잘 언급되지 않을 정도가 되고 말았다.

2.2. 골로새의 주민

바울이 이 편지를 기록했던 당시 골로새 시(市)의 주민은 주로 브루기아 원주민들과 정치에 종사한 로마인들, 그리고 이주민들로 구성되었다. 하지만 이들 이외에도 상당한 수의 디아스포라 유대인도 그 도시에 함께 거주했던 것으로 추측된다.[189] 그 근거를 역사가 요세푸스Josephus의 책에서 두 가지 발견할 수 있다. 첫째, "안티오쿠스 3세Antiocus III가 메소포타미아와 바벨론에서 약 2천 명의 유대인들을 골로새 지방으로 이주 시켰다."[190] 둘째, 주전 62-61년경, "당시 이곳의 로마 총독이었던 플라쿠스Flaccus가 골로새에 거주하는 유대인들이 예루살렘의 성전세로 20파운드의 금을 수송하려고 하는 것을 금했다."는 기록이 나오는데, 그 때의 금값을 유대 성인 남자의 수로 나누어 계산해보면 골로새를 중심으로 한 라오디게아 지역에 적어도 약 1만 1천 명 정도의 유대 성인 남자가 거주하고 있었음을 추측할 수 있다.[191]

골로새 지방에 이 정도의 많은 유대인들이 거주하고 있었다는 사실은 우리가 골로새서의 상황을 바로 인식하는 데 있어서 매우 중요한 열쇠를 제공한다. 왜 골로새서에 유대적 특징들이 그렇게 많이 나타나고 있는지, 다시 말하면 거짓 교사들이 축제일, 새 달, 안식일 준수를 요구하고 음식에 대한 규정들을 만들고(2:6, 21), 또한 엄격한 금욕주의 규정을 강조하는 유대주의적 성향과 특징들이 나타나는지 이해할 수 있고, 더 나아가 골로새 교회를 위협하던 이단들의 실체를 밝히는 데 있어 중요한 배경을 얻을 수 있다.

3. 골로새의 문화적 배경

골로새서를 바로 이해하기 위해서는 당시 골로새뿐 아니라, 로마 제국 전체를 지배하고 있던 문화적인 배경을 아는 것이 필요하다.

바울 당시 초대교회는 로마 제국의 세계였다. 로마 제국은 동쪽으로는 지금의 인도 서부 인더스 강에서부터 서쪽으로는 대서양까지, 그리고 북쪽으로는 라인 강과 다뉴브 강에서 남쪽으로 북부 이집트에 이르기까지 지중해 연안을 둘러싼 막강한 국가를 건설했다.[192] 또한 로마인들은 그의 제국 내에서 군대의 빠른 이동을 위해 직선 도로망을 구축했고, 이것으로 로마 제국의 많은 도시들을 거미줄처럼 연결했다. 그리고 로마 군대는 이 군사 도로를 잘 정비하고, 바다에서는 안전한 항해를 보장해서 사람들의 여행이 아주 자유롭고 편리해지도록 만들었다. 결국 이것은 로마 제국 내의 다양한 민족들과 그들 문화의 상호이동과 혼합을 가져왔다.

특히 안전하고 편리한 여행이 보장되자, 순회 철학자들이 상인이나 노예들, 군인들과 더불어 한 도시에서 다른 도시로 옮겨 다니면서 자신들의 철학 사상, 관습, 종교들을 전파함으로 이러한 요소들이 서로 뒤섞이는 혼합주의 syncretism – 종교적, 문화적 혼합주의 – 가 팽배하게 되었다.

한마디로 말해 로마 제국은 문화적으로는 알렉산더 대왕의 후계자들이 이루었던 헬레니즘의 계승자였다. 헬레니즘이란 로마가 지중해 연안에 이뤄놓은 광대한 제국에 헬라인과 동양인의 인종적 혼합을 도모하고, 헬라의 사상과 문화, 동양의 문화와 종교성을 융합시켜 이루려고 했던 혼합문화를 가리킨다. 또한 헬라는 혼합 종교의 사상이 만연해 있었다. 그래서 어떠한 사상이든 그 체계 안에 녹여서 혼합 종교의 한 요소로 삼으려고 했는데, 기독교의 복음 역시 골로새에서 그러한 위험에 직면하게 되었던 것이다.

그렇다면 그러한 문화가 끼친 영향은 당시 사람들 가운데서 어떻게 나타났을까? 이 점에 대해 바울은, 헬라인은 '많은 신(神)들과 많은 주(主)들'(θεοὶ πολλοὶ καὶ κύριοι πολλοί)을 섬긴다고 평가하고 있다(고전 8:5). 바울이 헬라인을 그렇게 평가했을 때 과연 그것이 의미하는 것은 무엇이었을까? 왜 그들은 많은 신들과 주를 섬겨야 했을까? 그 이유는 다음과 같다.

신약 시대의 헬라 세계는 고전적 헬라 철학인 플라톤주의나 아리스토텔레스의 고전적 가르침이 무너지고 그것들이 대중화되면서 사람들은 더 이상 이해하기 어려운 형이상학에서 벗어나 "어떻게 살아야 하느냐?"하는 삶의 방식에 대한 문제에 관심을 갖기 시작했다. 그래서 신약 시대에 나타나는 헬라의 철학 학파로는 물질주의를 추구하는 에피쿠로스 학파Epicurianism, 자연에 순응해서 살아야 함을 가르친 스토아 학파Stoicism, 그리고 회의주의Scepticism나 냉소주의Cynicism 등이 나타난다. 그리고 이들 학파는 각자의 철학자들을 배출해서, 여러 도시를 순회하며 자신의 철학을 전하고 있었던 상황이었다.[193]

그 결과, 당연히 사람들 사이에는 물질주의적이고 회의주의적인 사고가 일반적으로 나타나게 되었다. 그렇지만 무엇보다도 가장 큰 영향을 미쳤던 철학사조는, 인간은 자신의 주어진 숙명에 순응해야 하며 숙명을 거스를 수 없다고 하는 숙명주의적 사고였다.[194] 이러한 숙명론이 사람들에게 가장 큰 영향을 미쳐서 사람들을 절망으로 몰아넣었으며, 이 절망의 분위기가 팽배했던 때였다.[195] 따라서 사람들은 자연히 도덕적인 무책임으로 타락하게 되는데, 이 도덕적인 타락이 또한 당시의 주요한 특성이었던 것이다. 그러면 그럴수록 사람들은 신들과 주(主)들로부터 도움을 얻으려고 했는데, 그래서 자연히 발달하게 된 것이 점성술이었다. 당시 사람들은 하늘에 있는 별들, 혹은 별에 존재하는 신들이 인간의 운명을 좌우한다고 보고, 별들과 그곳에 존재하는 신들을 기쁘게 하려고 노력했다.[196] 이러한 노력이 점차로 그 신들에게 제사하는 형태의 신비종교로 발전되었던 것이 바울 당시 선교지의 일반적인 상황이었다.

한편 이들은 영지주의 Gnosticism 적 비밀 지식을 얻어서 물질적인 세계로부터 자신들의 영혼을 해방시켜 신적인 영역으로 진입시킬 수 있다고 보았다. 그리하여 이 시대는 영지주의가 발달하게 되었다. 한마디로 당시 헬레니즘의 영적, 도덕적 분위기는 회의주의와 숙명주의와 절망의 상태에서 구원을 간절히 원하는 분위기였다. 이들은 점성술이나 영지주의의 비밀지식, 혹은 신비종교들을 통해서 구원을 얻으려고 했다.[197] 도덕적인 면에서 보면 숙명주의와 물질주의는 사람들로 하여금 도덕적인 무책임을 유발시킴으로 심한 타락상을 보였는데, 이러한 상황은 당시 골로새도 예외는 아니었다.

4. 골로새의 종교적 배경

기독교 시대 중 초기 몇 세기 동안의 고대 세계는 '신비주의 종교들'로 만연해 있었다.[198] 그것은 다양한 종류의 숭배 신앙인데, 이들은 비밀스러운 입회 예식을 통해 신과 신비한 합일에 들어가게 하는 신앙을 의미했다.[199] 특히 1세기 중반 로마 제국은 다양한 종교가 만연했었는데, 그리스, 이집트 및 동양의 신비주의 종교들, 엘레우시스Eleusis, 이시스Isis, 디오니수스Dionysus, 미트라Mithra, 키벨레Cybele 및 기타 지역적인 신비 종교였다.[200] 골로새는 좀 더 특징적인 종교의 경향이 있었다. 바울 당시 골로새가 위치한 브루기아 지역은 마술과 신비스러운 것들로 가득찬 혼합 종교의 특색을 매우 강하게 나타내었다.[201] 골로새 도시에 널리 퍼져 있던 대표적인 종교로는 다음과 같은 것들이 있었다.

4.1. 키벨레(Cybele)를 섬기는 이교

골로새에는 곡식의 결실의 표상이자 거대한 어머니 신(神)으로 표현되는 키벨레Cybele를 섬기는 이교가 성행했다.[202] 키벨레를 섬기는 의식rituals은 아주 강렬했는데, 이 의식의 두 가지 성향은 열광적인 엑스타시와 동시에 금욕주의가 겸해지는 것이었다. 이들의 예배 의식은 신봉자들이 잔뜩 취한 듯한 무절제 속에서 거행되었고, 심지어 의식을 행하는 가운데 몸에 자해 행위마저도 서슴지 않았다.[203] 그래서 바울은 이러한 상황을 염두에 두고 골로새서 2장 3절, 11절에서 몸의 자해 행위를 언급하고 있는 것이 아닐까 추측된다. 이들의 입회 예식 - 비밀 식사, 술취함, 감정적 열광 - 의 목적은 신과의 신비한 합일에 들어가는 것이었다.

4.2. 미트라(Mithra)를 섬기는 신비 종교들[204]

1세기 중반 로마 제국에서 가장 두드러졌던 종교는 다양한 민족들에게 종교적인 만족과 영원한 소망을 약속하는 미트라이즘Mithraism과 같은 신비 종교였다.[205] 바울 당시 골로새에서 미트라[Mithra]를 섬기는 종교가 강한 영향력을 발휘하고 있었다.

페르시아에서 유래된 미트라이즘은 특히 주후 2-3세기경에 이르러서는 로마 제국에서 수많은 추종자를 가졌다.[206] 빛의 신 미트라스는 승리의 영웅으로 그의 편에 빛을 가지고 있었으며, 어두움을 물리치는 신으로 숭배되었다. 특히 이 종교는 기독교와 비슷한 점을 많이 가지고 있어 기독교와 강한 대립을 일으켰다. 예를 들면, 미트라스의 투사들은 빛의 승리를 위하여 전쟁을 해야 하기 때문에 도덕적인 계명들을 지킬 의무가 있었다. 그리고 이 신을 믿는 사람은 죽은 후에 빛의 세계가 열리기 전, 자신의 행위에 따라 신의 심판을 받아야 했다. 또한 이들은 세례식을 거행하고, 성만찬을 시행하는 등 기독교와 비슷한 점을 많이 가지고 있었다.

당시 무절제가 횡행하던 종교적 상황 속에서 도덕적인 의무를 강조하고 어두움과의 싸움을 주장했던 미트라스 종교는 강한 매력을 발휘하였으며, 당시 널리 전파되어 있던 기독교와 날카로운 대립을 일으켰다. 비록 양자 간의 대립은 주후 4세기 기독교의 승리로 끝이 났지만,[207] 바울 당시 골로새에서 미트라이즘은 강한 영향력을 발휘하고 있었다.

4.3. 세상의 여러 구성 요소를 신으로 섬기는 종교들

이방 종교들 외에 '세상 요인들', '요소들'[elements]을 섬기는 것'으로 종교적인 모습이 나타나기도 한다(골 2:8, 20). 『개역개정』 성경은 이 단어에 해당하는 τὰ στοιχεῖα τοῦ κόσμου를 '초등학문'이라고 번역했는데, 이 번역이 뜻하는 바가 무엇인지는 이해하기 매우 어렵다. 영어 번역은 이를 'elemental spirit', 혹은 'elemental thing', 즉 '세상을 구성하는 요소들', '세상의 기초적 원리들'이라 했는데, 이러한 것을 하나의 마력을 가진 힘으로 보고 이것들을 신으로 섬긴다는 뜻으로 해석한다.

그렇다면 '세상을 구성하는 요소들'(τὰ στοιχεῖα τοῦ κόσμου)이 구체적으로 의미하는 것은 무엇일까? 우리는 이것을 다음과 같이 생각해 볼 수 있다. 고대 헬라 사상에 의하면, 이 세상은 네 가지 요소로 구성되었다. 물, 불, 흙과 공기인데,[208] 당시 사람들은 이 네 가지를 신들로 숭상하고,[209] 그들을 기쁘게 해야 자신들의 운명이 편하다고 생각했다. 이 세상의 구성 요소들을 신으로 섬기는 것이 골로새의 일반적인 종교적 경향이었고, 이러한 사상에 골로새 교인들이 영향을 받았기 때문에 바울이 그와 같이 경고하지 않았을까 생각된다.

4.4. 영지주의(Gnosticism)

영지주의는 바울서신을 해석하는 데 매우 중요한 열쇠를 제공한다. 영지주의는 바울이 복음을 전한 선교지 전체에 퍼져 있었던 시대 정신이었기 때문인데, 당시 사람들, 심지어는 그리스도인들조차도 어떤 모습으로든 많은 영향을 받을 정도였다.

영지주의는 기원이 분명치 않은 일종의 혼합주의 사상 체계로서, 그 영향력이 절정을 이룬 때는 주후 2세기 중반이었다.[210] 이 사상은 헬라 철학, 동방의 신비주의, 유대교의 율법주의 등이 뒤섞인 혼합주의로서, 그 세계관은 극히 이원적이다. 즉, 신의 세계는 선한 반면 물질계는 악하고, 영은 선하며 육은 악하다는 것이다. 신은 아주 거룩하고 물질은 매우 부정(不淨)하기 때문에 그가 직접 물질계를 창조할 수 없었고, 신에게서 제일 멀리 떨어진 에온(aeon: 신성을 지니고 있는 반신반인[半神半人]적 존재)이 물질계를 창조했다고 생각한다.

에온aeon의 존재는 유출설에 근거를 두고 있다. 유출설이란, 신의 신성의 충만함이 제일 높은 하늘에서부터 물질세계인 땅에까지 점점 흘러 나왔는데, 유출의 충만함이 저 하늘의 가장 높은 신에서부터 점점 유출되어 이 땅의 물질의 세계에 오면 더 이상 지속되지 않고 없어지게 된다. 이러한 방식으로 하나님의 신성의 충만함인 유출론에 근거해서 땅에 사는 인간들과 저 하늘의 신 사이에 신성을 띠고 공중을 지배하고 있는 신인적 존재aeon들이 있다고 보았다. 인간은 공중을 지배하는 에온들로 인해 스스로는 신의 세계에 이를 수 없고, 다만 신에게서 내려온 구속자로부터 '지식'을 받은 자만이 신에게 이를 수 있다고 생각했다.[211]

그러므로, 그리스도는 단지 여러 에온들 중의 하나로, 비록 신에게서 왔으나 부정한 육신을 입을 수 없었으며, 그의 육체는 천사와 같은 가현적인 육체였다고 주장한다. 이들은 육체는 무가치하고 악하기 때문에 육적 생활을 죄악시하여 극단적 금욕주의로 흐르는가 하면, 육체로 짓는 죄는 어떠한 형태든 죄가 아니라고 하여 극도의 방종주의로 흐르기도 했다.[212]

4.5. 혼합주의적 유대교

골로새 도시는 신비주의 경향뿐 아니라, 혼합주의적인 유대교의 영향도 상당히 강했던 것으로 보인다.[213] 사람이 구원을 얻기 위해서는 믿음으로만은 되지 않고 금욕적인 계율이나 유대교의 절기 준수와 율법 준수를 함께 구원의 조건으로 삼았는데, 이는 바울이 전한 이신칭의의 복음을 완전히 뒤엎는 거짓 교훈이 아닐 수 없었다. 후대에는 몬타누스주의로 알려진 기독교 이설들도 이곳으로 흘러 들어왔다.

이처럼 골로새는 키벨레(Cybele)나 미트라(Mithra), 혹은 세상 여러 구성 요소들을 신으로 섬기는 신비종교가 만연하였고, 거기에 영지주의와 유대교도 한몫을 해서 매우 복잡한 혼합 종교적인 현상을 나타냈던 도시였다. 또한 신을 아는 지식을 터득하기 위해서 여러 훈련(discipline), 금욕주의적 형태, 그리고 여러 가지 의식(ritual)들이 요구되었던 상황이 골로새의 종교적인 분위기였다.

5. 골로새 교회의 상황

골로새서를 읽다보면, 우리는 골로새 교회가 그 지역에 퍼져있던 복잡한 혼합 종교들의 영향을 받아서 그리스도에 대한 인식이 흐려지고 있는 것을 본문에서 확실히 파악할 수 있다. 사람은 환경의 지배를 받을 수밖에 없는 존재이다. 그런데 골로새 교회의 주된 구성원들은 누구였는가? 대다수가 이방인이었다(1:12, 27; 2:13). 그렇다면 그들은 당연히 믿기 전 과거에 지니고 있던 이방 사상이나, 시대를 지배하고 있던 이방 종교 전통에 영향을 받을 수밖에 없었고, 그러한 거짓 가르침에 쉽게 넘어갈 위험성이 많았다.

그렇다면 이러한 종교적인 현상이 어떤 모습으로 교회 안에 침투되었고, 어떤 모습으로 교인들에게 영향을 미쳤을까? 왜 그리도 빨리 복음에서 떠나 혼합 종교의 위험에 빠지게 되었을까?

지금까지 언급했던 종교적인 전통을 가진 골로새인들은 하나님의 아들 예수 그리스도의 복음을 받았을 때, 그리스도를 에온^{aeon} 중의 하나로, 아마 그 중에서 다소 높은 에온 정도로 생각했을 것이다. 그러므로 그리스도를 자신들의 기존 종교체계에 편입시키고, 기독교 예배의식도 자신들의 과거 종교의식과 혼합했다. 그 결과 '그리스도의 유일성,' '그리스도의 구원자로서의 유일성과 절대성' 그리고 "세상의 통치자로서의 유일성"을 위협받게 되었을 것이다. 또한 기독교 예배도 골로새의 토착적인 혼합 종교들의 광란적이거나 금욕주의적인 예배의식과 뒤섞여 진정한 사도적 전통이 위협을 받았을 것으로 보인다.

한마디로 헬레니즘 종교의 특징인 혼합 종교의 정신! 그래서 어떠한 사상도 그 체계 안에 녹여서 혼합 종교의 한 요소로 삼으려고 했는데, 바로 기독교의 복음도 지금 골로새에서 그러한 위험에 직면하게 되었던 것이다. 이때 바울은 어떻게 이 문제에 대처했는가? 복음의 근본으로 돌아가는 것! 즉, 구원에 있어서 그리스도의 유일성, 그리스도의 절대성, 그리스도의 우주론적 역할을 강조함으로써 기독교 복음이 혼합 종교 안에 섞이고 녹아 들어가는 것을 방지하고 있음을 볼 수 있다.

6. 골로새 교회의 이단 사설

과연 어떤 사상이 실제로 교회를 위협했는가? 이단의 가르침과 교리는 무엇이었을까? 이것을 정확히 밝혀 당시 상황을 재구성하는 것은 결코 쉽지 않은 주제이다. 이것은 골로새서뿐만 아니라 바울의 다른 서신도 마찬가지이다. 예를 들면 로마서, 고린도전후서, 갈라디아서 등 다른 서신 그 어느 곳에도 이단 사설에 대한 정확한 정의를 내리지 않고 있기 때문이다.

따라서 골로새 교회의 이단의 정체를 파악하기 위해서는 바울이 그들의 정체나 주장에 대해 어떻게 대처하고 있는지 바울의 반론을 자세히 살피는 것이 필요하다. 즉, "이단 사설이 이러한 것을 주장했기 때문에 바울이 대항해서 이런 말을 하는구나."하고 추론함으로써 이단 사설의 주장과 성격을 대략적으로 파악할 수 있는 것이다.[214]

(1) 대표적인 예를 들면, 골로새서 1장 19절에서 "아버지께서는 모든 충만(πᾶν τὸ πλήρωμα)으로 예수 안에 거하게 하시고,"라고 한 것이나, 2장 18절에 "아무도 꾸며낸 겸손(ταπεινοφροσύνη) - 금욕주의적으로 자신을 자해함 - 과 천사숭배(θρησκεια τῶν ἀγγέλων)를 이유로 …"라는 말이 나오는데, '충만'(τὸ πλήρωμα)[215]이나 '천사숭배'(θρησκεια τῶν ἀγγέλων)[216]와 같은 요소들은 이단 사설의 정체를 파악할 수 있게 하는 중요한 단서이다.

(2) 골로새서 2장 21절에 "곧 붙잡지도 말고, 맛보지도 말고, 만지지도 말라 …" 여기 "붙잡지도 말고, 맛보지도 말고, 만지지도 말라."는 것은 골로새 이단자들의 구호를 인용하는 것으로 보이는데,[217] 이러한 표현들도 이들의 정체를 알아낼 수 있는 하나의 중요한 요소이다.

(3) 골로새서 2장 23절에 "이런 것들은 자의적 숭배와 겸손과 몸을 괴롭게 하는 데는 지혜 있는 모양이나 오직 육체를 따르는 것을 금하는 데는 조금도 유익이 없느니라." 이것은 이단 사설이 요구하는 금욕주의적인 의식과 자해 행위를 가리키고 있는데,[218] 바울은

이러한 것들은 진정한 겸손의 덕을 고양시키는 데 아무 소용이 없다고 말한다. 그러므로 당시 이단 사설이 강력한 자해 행위를 동반한 금욕주의적 의식을 고취했다는 사실을 우리는 유추할 수 있다.

(4) 골로새서 2장 8절, 20절에 '세상의 초등학문', '세상의 원초적 신들'(τὰ στοιχεῖα τοῦ κόσμου)을 섬기고, 그들을 기쁘게 해야 운명이 편해질 수 있다는 사상을 가진 것으로 보인다.

(5) 바울은 2장 8절에서 '철학과 헛된 속임수'(ὁ συλαγωγῶν διὰ τῆς φιλοσοφία καὶ κενῆς ἀπάτης)에 대해 특별히 경고하고 있는데, 이것은 골로새 교인 중 일부가 잘못된 가르침에 현혹되고 있음을 보여준다. 바울이 어떤 의미로 '철학'이라는 말을 사용했는지 규정하기 어렵지만,[219] 일반적으로 헬라적 요소를 가리키고 있다고 추정된다.

(6) 거짓 가르침의 또 다른 중요한 단서가 몇 군데 나타난다. 1장 19절의 '충만'(τὸ πλήρωμα)이라는 단어와 2장 3절의 '지식'(γνῶσις)[220]이라는 단어, 2장 23절의 '육체를 따르는 것'(πλησμονὴ τῆς σαρκός)[221]이란 용어인데, 이것은 모두 영지주의에서 사용되었던 말이다.

(7) 그들은 유대주의적 성격을 띠고 있었다(2:16, 18, 21).

결론적으로 골로새 교회를 위협했던 이단 사상의 정체는 무엇이었을까? 이제 이 문제가 구체적으로 논의되어야 할 순서이지만, 엄밀히 말해 이 주제는 이 글의 범위를 벗어나게 된다. 이단 사상의 정체는 후에 '골로새서 주석'에서 자세히 다루기로 하고, 다만 우리는 배경적 연구의 결론으로 이렇게 정리하면 좋을 것이다. 골로새 교회의 이단은 '유대주의적인 성격을 띠었고, 영지주의적인 사상을 지닌 혼합주의'였던 것은 분명히 말할 수 있을 것이다.[222]

7. 결론: 현대에 주는 교훈

골로새서는 바울이 전한 기독교 복음이 헬라의 혼합 종교와 부딪쳐서 순수성을 유지하지 못하고 그 사상체계 속으로 녹아 들어가고 있을 때 이것을 바로잡기 위한 목적으로 기록되었다. 바울은 이러한 혼합주의로부터 복음을 지키기 위해 다시 한 번 그리스도의 유일성, 절대성, 우주론적 역할을 강조함으로써 골로새 교인들에게 복음을 확고히 하고자 했다.

이 문제는 기독교가 이방 세계에 전파된 이후 수백 년 동안 계속해서 부딪쳐야 하는 문제였다. 비단 그 시대뿐만 아니라 소위 종교 다원주의 시대를 사는 오늘 우리에게도 골로새서에서 바울이 부딪쳤던 문제는 아주 심각한 문제로 다가온다. 특히 타 종교와 타 문화권에서 선교하는 사람들에게는 아주 심각한 문제로 대두되고 있다.

많은 사람들이 종교와 문화적 배경이 다른 나라에서 복음을 전하기 위해서는 타 종교와의 대화가 필수적이고, 기독교 복음을 효과적으로 이해시키기 위해 선교지의 종교를 어떤 식으로든 인정하고 들어가야 한다고 공공연히 말한다. 그러나 이것은 이방 종교의 체계에 익숙한 골로새 교인들이 그리스도를 설명할 때 "그리스도는 에온[aeon] 중의 하나이다."라고 소개하는 것과 동일한 매우 위험한 가르침이다. 이러한 자세가 얼마나 위험한 것인지 좀 더 구체적으로 살펴보자.

아프리카 교회들은 과거 식민주의 시대와 비교하면서 그들의 문화적, 역사적 정체성을 재탐구한다. 또한 남미에서는 착취 혹은 남용의 관점에서 신앙을 재고하며 성경을 다시 읽는다. 아시아에서는 힌두교와 불교 신앙의 관점에서 성서적 유일성을 탐구한다. 이러한 모습은 선교지역에서 두드러지게 나타나지만, 사실은 어디서나 나타날 수 있는 현상이다.

그러나 이러한 현상, 즉, 상황에 대한 지나친 강조는 성경의 가르침에서 벗어난 혼합적이고 정치적인 복음을 만들어 낼 수 있다. 결과적으로 다원주의와 상대주의의 늪에 빠져 신학의 보편성을 상실하고 신학의 정체성을 변질시키는 엄청난 결과를 초래할 수 있는 것이다. 필리핀의 천주교는 더 이상 천주교가 아닌 토착화된 종교로 변질되었고, 남미의 기독교도 더 이상 본래의 기독교가 아닌 혼합주의적 토착화 종교로 전락하고 말았다.

그런데 안타깝게도 오늘 우리 한국교회에서도 이와 같은 현상이 나타나고 있다. 적지 않은 기독교인들이 "기독교에만 유일한 구원이 있다."고 하는 것은 너무 편협한 생각이라 말하며, 타 종교와의 대화라는 미명 아래 범종교대회를 개최하고, 토착화라는 이름으로 그리스도를 우리나라의 전통적인 신앙 체계 속에서 설명하려는 시도들이 그것이다. 또한 기독교의 구원도 유일한 것이 아니라 다른 종교에서도 얻을 수 있다는 종교 다원주의 모습도 나타나고 있다. 그 결정적인 예가 바로 지난 2013년 10월 부산 벡스코(Bexco)에서 열렸던 세계교회협의회(WCC) 제10차 부산총회였다. '세계 기독교계 올림픽'으로 불리는 WCC 대회는 겉으로는 기독교의 화합과 일치를 추구하며 더 나아가 이웃 종교와의 교류를 추구한다는 말을 하지만, 실제로 이런 주장은 타 종교의 구원을 인정하는 종교 다원주의인 것이다.

이때 WCC 반대운동에 적극적으로 나섰던 보수진영의 대표적인 단체가 한국기독교총연합회(한기총)이었다. 당시 한기총은 'WCC 100만인 서명'을 청와대에 발송하는 등 부산총회 개최를 반대했고, 피켓을 들고 WCC 부산총회 참가자들에게 전단지를 나눠주며 "WCC 악마들아, 물러가라." "사단이 한국에 왔다." "회개하고 빨리 WCC에서 빠져나오라."는 등의 구호를 외쳤다.

한마디로 WCC의 에큐메니컬 운동은 '평화 그리고 화합'이라는 표어를 내걸고 교파와 교회의 차이를 초월해 기독교 일치를 주장하고 있으나 그 배경에는 '구원은 오직 그리스도로만'이라는 하나님의 진리를 왜곡하고 배도하려는 무서운 의도가 숨겨져 있음을 간과해서는 안 된다.

당시 골로새 교회와 비슷한 위기에 처한 우리 한국교회에게 골로새서는 아주 귀중한 교훈을 주고 있다. 이른바 토착화의 한계에 경계선을 그어주고, 종교적 혼합주의의 위험을 어떻게 극복할 것인지 모범을 제시하고 있기 때문이다. 골로새서를 읽고 연구하는 우리들이 이러한 위기를 바르게 인식하고, 바울과 마찬가지로 "구원은 오직 예수 그리스도만 믿음으로!"라고 한목소리로 외침으로써, 종교 다원주의의 위기에 처한 한국교회를 다시 말씀 위에 바르게 세워야 할 것이다.

데살로니가전서 배경 연구

1. 서론

데살로니가전후서는 사도 바울이 데살로니가 교회에 보낸 서신이다. 바울은 제2차 전도여행 때 빌립보에 이어 데살로니가의 유대인 회당에서 세 안식일에 걸쳐 예수님의 고난과 죽음, 부활에 대하여 설교하였다(행 17:1-3). 선교 결과 다수의 결신자를 얻었지만, 유대인들의 강렬한 반대에 부딪히고 극심한 박해에 직면하여 이곳을 떠나야 했다(행 17:5-10). 이후 데살로니가 교회로 두 통의 편지를 보냈는데, 이것이 바로 '데살로니가전서'와 '데살로니가후서'이다. 두 편지는 같은 장소에서 기록되었다. 당시 바울은 고린도에 머물러 있었고, 주위의 동행자들도 변화가 없는 것으로 보아 데살로니가전서를 쓴 후 얼마 지나지 않아 후서를 쓴 것으로 추측할 수 있다. 그 후 제3차 전도여행을 마치고 귀향하는 길에 다시 데살로니가를 방문했으며, 이곳의 신실한 두 성도 아리스다고Aristarchus와 세군도Secundus가 예루살렘까지 바울을 수행하기도 했다(행 20:4; 27:2).

대부분의 성경학자들에 의하면, 데살로니가전서는 바울이 선교사역을 해나가면서 부딪치는 문제를 해결하기 위하여 기록한 최초의 서신일 뿐 아니라, 신약 성경 중에서도 가장 먼저 기록된 문서라고 인정되고 있다.[223] 또한 데살로니가전서는 사도 바울의 선교 방법과 메시지에 대한 통찰을 제공하는 중요한 서신이다. 이 서신이 최초의 서신이라는 사실은 여러 측면에서 커다란 의미와 중요성을 가진다.

첫째, 그동안 구전oral tradition으로만 내려오던 기독교의 복음과 초대교회의 역사가 최초의 문서로 기록됨으로써 이제 기독교는 세계적인 종교로 확산될 수 있는 기초를 갖게 되었다. 둘째, 최초의 문서인 데살로니가전서는 기독교의 초기 모습을 가장 정확하게 보여주는 자료인 동시에 초기 기독교의 본질을 규명하는 데 매우 중요한 실마리를 제공하고 있다. 또한 데살로니가전서는 바울의 초기 사상의 진수를 파악하는 데 큰 공헌을 제공해주었다.[224]

이와 더불어 신약 성경 중에서 가장 오래된 본문인 데살로니가전서는 종말론적인 특징을 독특하게 입증할 뿐만 아니라, 기독교 초기 교회들의 교훈과 소망이 얼마나 뚜렷하게 종말론적이었는지를 제시해주고 있다. 실제로 데살로니가전서를 읽다보면, 각 장에서 우리는 예수님의 재림에 대하여, 그리고 그 재림을 기다리는 성도들의 모습이 어떠해야 하는지 바울의 교훈을 분명히 발견하게 된다(2:12; 3:13; 4:13-5:11; 5:23). 이는 많은 핍박을 받았던 데살로니가 교회가 그 박해를 이겨낼 수 있었던 비결도 종말론적인 신앙이었지만, 동시에 잘못된 재림 대망의 모습도 나타났기 때문이다. 따라서 데살로니가 교회를 향한 바울의 설교는 매우 강한 종말론적 요소를 지니고 있고, 무엇보다도 임박한 그리스도의 재림(파루시아)에 대한 기대가 뚜렷하게 나타나고 있다. 그러므로 데살로니가전서의 중심 주제는 그리스도의 재림에 관한 교훈, 즉, 종말론Eschatology이라 할 수 있다.

그러나 데살로니가전서는 종말론적 교훈뿐만 아니라 여러 복합적인 메시지를 지니고 있다. 박해 받는 교회였던 데살로니가 교회가 어떻게 그 박해를 이겨낼 수 있었는가? 단지 3주에 걸쳐 개척 목회한 교회가 어떻게 마케도니아와 아가야 지역의 '본(τύπος)이 되는 교회'(살전 1:7)가 될 수 있었는가? 또한 바울의 선교 동기를 의심하는 일부 성도들에게 자신을 변호하면서 자신의 목회관을 표명하고 있는 등 본 서신은 복합적인 메시지를 지니고 있다.

이제 이런 다중적인 의미를 지니고 있는 데살로니가전서를 살펴보도록 하자. 이 서신을 바로 이해하기 위해서는 먼저 데살로니가와 데살로니가 교회의 상황을 올바로 아는 것이 중요하다. 이는 다른 바울서신과 마찬가지로 데살로니가전서에는 두 가지 상황, 즉, 발신자인 바울과 수신자인 데살로니가 교회의 상황이 존재하기 때문이고 이런 상황에 대한 이해 없이는 누구도 이 서신을 바로 이해할 수 없기 때문이다.

2. 데살로니가의 역사적 배경

데살로니가Thessalonica는 '텟살리의 승리'란 뜻으로, 유럽의 관문인 마케도니아 지방의 칼시더드 반도 북서쪽 터마만Thermaic Gulf 어귀에 위치한다. 마케도니아의 주요 무역항이며 미항(美港)으로서 '살로니키'Saloniki라 불리기도 하며, 헬라 신화의 본산인 2,917m 높이의 올림푸스산Mt. Olympus이 보이는 곳이다.[225] 이 도시는 발칸 반도를 횡단하여 이스탄불까지 로마와 아시아를 연결하는 로마의 주요 간선 도로였던 에그나티아 도로 Via Egnatia 226와 연결되는 교통의 요지다.

데살로니가라는 도시는 주전 332년 헬라의 알렉산더 대제 사후, 주전 315년경 마케도니아의 왕 카산드로스 Casandros (주전 316-297년경)가 테마 Thema 인근에 새로운 도시를 건설하고 25개의 마을 주민을 이주시켜 정착시킨 뒤, 아내이자 필립 왕의 딸이며, 알렉산더의 이복누이인 테살로니카의 이름을 따서 '데살로니가'로 부르게 되었다. 그 후 로마와의 퓌드나 전투 Battle of Pydna 이후 로마의 속국이 되었다가(주전 168년경), 로마의 주로 편입되어 마케도니아 주(州)의 수도로 승격되었고(주전 146년경) 이때부터 데살로니가의 전성시대가 시작되었다. 이후 '전(全) 마케도니아의 어머니'로 불리며 주전 42년 자유시 civitas libera의 특권을 부여받고 시의회에서 매년 5-6명의 시 당국자들 Politarchs이 선출되어 자치적으로 시정을 관장하였다. 시 당국자들은 마케도니아 여러 도시들의 행정장관을 가리키는 용어로, 헬라 문헌에서는 사도행전 17장 6절에 유일하게 나타날 뿐이다.[227] 바울 당시에는 인구가 대략 12만 명이었고, 다수의 유대인이 거주하면서 회당 등이 있었던 주요 거점 도시였다.[228]

3. 데살로니가 교회

3.1. 설립 과정과 구성원

바울은 제2차 전도여행 중 빌립보에서 복음을 전한 후, 암비볼리와 아볼로니아를 거쳐 주후 49년경 데살로니가에 도착했다(행 17:1; 바울의 제2차 전도여행 지도를 참조하라.) 그는 자신의 규례대로 유대교 회당에 들어가서 세 안식일에 걸쳐 복음을 전했는데, 그 주된 선포의 내용은 "예수는 메시아, 곧 그리스도이시다."라는 기독론적인 메시지였다. 즉, 구약에서 예언했던 대로 자기 백성을 죄에서 구원할 메시아가 고난을 당하고 죽은 후 다시 부활할 것을 설명하고, 예수께서 실제로 부활하심으로 구약의 예언이 실제로 성취되었다는 내용의 복음을 설교했다(행 17:2-3).

안식일을 제외한 평일에는 자신과 동역자들의 생활비를 해결하기 위해 시장에서 천막 만드는 일을 하면서 만나는 사람들에게 전도했고(2:9), 밤이면 야손의 집에 모인 사람들에게 복음을 증거했을 것으로 보인다. 그의 설교를 듣고 그 중의 어떤 사람 곧 경건한 헬라인의 큰 무리와 적지 않은 귀부인들도 기독교의 복음을 받아들였다(행 17:4). 대표적인 개종자로는 바울과 선교사들 일행에게 친절을 베푼 야손과, 후에 바울의 전도여행 동반자로서 함께 옥에 갇히기도 했던 아리스다고 the Thessalonians, Aristarchus도 있었고, 하나님을 경외하는 무리들 God fearer과 특히 사회적으로 높은 지위에 있었던 공직자들의 부인인 '귀부인'들도 있었다.[229] 이것은 귀족층이 교회 안에 들어온 공식적인 첫 기록이기도 하다. 이처럼 세 안식일, 혹은 최대 한 달 동안의 전도 결과, 이방신을 섬기던 자들이 "우상을 버리고 하나님께로 돌아와서 살아계시고 참되신 하나님을 섬기게 되어"(살전 1:9), 데살로니가라는 타락한 도시에 하나님의 교회가 서게 되었다(행 17:4).[230] 이처럼 데살로니가 교회는 개종한 많은 이방인들을 중심으로 세워졌고, 바울과 동역자들은 초신자들에게 기독교 신앙과 삶에 대해 교훈을 주었다.

그러나 바울은 회당에서 복음을 전한 지 세 안식일 만에 황급히 데살로니가를 떠날 수밖에 없었다. 이는 자신들의 선교 성과를 빼앗긴 유대인들이 바울의 메시지를 거부하고, "시기가 가득하여" 소동을 일으켰기 때문이었다(행 17:5). 박해의 근본 원인은 데살로니가에서 복음 전파를 성공했기 때문이었다. 당시 바울이 복음을 전했던 회당에는 세 종류의 부류가 참석했는데, '유대인들'과 유대교에 호감을 느껴 '개종한 이방인들'(τῶν σεβομένων προσηλύτων" προσελψτεσ), 그리고 아직 개종은 하지 않았지만 '하나님을 경외하는 자들'(οἱ φοβούμενοι τὸν θεόν; God-fearer)이었다. 이들 가운데 이방 헬라인들은 유대교 선교의 성과였는데, 바울의 선교로 인해 개종자들을 데살로니가 교회에 빼앗기게 되었다. 이에 불신 유대인들이 시기와 질투로 폭동을 일으켜 바울은 데살로니가 교회의 새 신자들을 영적으로 충분히 훈련시키지 못한 채 고린도로 피신하게 된다(행 17:5-10). 데살로니가의 선교는 바울이 개척한 교회 중 최단 기간의 선교 기록이다.

3.2. 체류 기간

일부 학자들은 이런 저런 정황들을 근거로 바울이 세 안식일(약 한 달)이 아니라 4개월, 또는 길게는 6개월 정도를 데살로니가에 머물렀을 것이라고 주장한다.[231] 예를 들면 첫째, 누가는 긴 이야기를 압축해서 설명하기에 종종 상세한 설명을 생략하는 기록 기법 때문이라는 것이다. 둘째, 바울이 데살로니가에 있을 때 빌립보 교인들이 선교 지원을 했는데, 그것이 가능하려면 적어도 체류 기간이 한 달 이상은 되어야 한다.[232] 셋째, 데살로니가 교인들이 바울과 동역자들의 모범을 보고 마케도니아와 아가야 지방의 믿는 자들의 본(τύπος)이 되었던 것을 증거로 들기도 한다(살전 1:6-7).[233] 넷째, 데살로니가전서 5장 12절에서 지도자들에게 복종할 것을 권면하는 내용을 예로 들어 개척 교회에 지도자들이

생기려면 적어도 4주보다는 더 많은 기간이 필요하다는 것이다.[234]

그러나 이런 주장들은 추정일 뿐 누가의 사도행전 기록을 뒤바꿀 만한 결정적 근거가 되지는 못한다. 따라서 우리는 누가의 기록대로 바울이 최대 한 달 정도밖에 데살로니가에 머물지 못했고, 교회를 개척하던 중 환란이 일어나 밤에 데살로니가를 떠났다고 본다. 결국 바울은 교회 개척 중 외적 요인으로 어쩔 수 없이 교회를 떠나게 되었고, 데살로니가의 어린 교회young church는 큰 핍박과 환란을 당하게 되었다(2:14; 3:4).

4. 데살로니가 교회의 상황

일부 학자들은 데살로니가 교회는 특별한 문제가 없었다고 말한다.[235] 그렇게 주장하는 이유는 바울이 본 서신의 상당 부분을 감사에 할애하고 있기 때문이다.[236] 그러나 사도행전과 데살로니가전서를 살펴보면 바울이 이 편지를 보낼 수밖에 없었던 긴박한 상황들이 전개되고 있다. 사실 바울이 어떤 교회에 편지를 보냈다고 하는 것은 그 편지를 보낼 수밖에 없었던 분명한 상황을 전제로 하고 있는 것이다. 그렇다면 그 중요한 상황은 무엇이었을까?

첫째, 데살로니가 교회 안에는 바울의 사도권과 복음에 대하여 의문을 제기하는 '반대자'들이 있었다(2:3-13). 이런 문제 속에서 바울은 자신의 전도 사역과 인격ethos에 대해 비평하는 자들로부터 자신의 사도권과 복음을 변호해야 하는 상황을 만나게 되었다.

둘째, 데살로니가 교회의 특징은 무엇보다 '박해받는 교회'라고 할 수 있을 것이다. 성도들과 교회는 계속되는 박해 아래 놓여 있었는데, 이는 거룩한 삶은 반드시 고난을 동반하기 때문이다. 그런데 놀라운 것은 이 어린 교회가 안팎으로부터 오는 극심한 핍박을 꿋꿋하게 견디어 냈다는 점이다(3:5-7).[237] 그렇지만 박해가 끊임없이 계속되는 상황 속에서 성도들을 굳건히 세워야 하는 수신자의 상황이 존재했다(3:3).

셋째, 무엇보다도 데살로니가 교회를 위협하고 있었던 가장 중요한 문제는 재림에 대한 오해에서 비롯된 혼란의 상황이었다. 당시 데살로니가 교인들은 재림의 때와 시기, 죽은 자의 부활에 대한 바울의 가르침을 올바로 파악하지 못했고, 그 결과 혼란에 빠져 현재의 삶에 충실하지 못하고 무위도식하거나 부도덕한 행위를 하는 성도들이 속출하고 있었던 것이다.

5. 기록 동기와 목적

데살로니가 교회의 상황은 데살로니가전서의 기록 동기와 목적과 직결된다. 이 서신을 기록할 당시 바울은 고린도에 머물고 있었다. 당시 바울은 데살로니가 교회의 새 신자들을 충분히 훈련시키지 못한 채, 이 도시에서 쫓겨나 남쪽 베뢰아와 아덴을 거쳐 고린도로 피신하게 된다. 그러나 바울은 데살로니가 교인들에 대한 염려와 관심을 떨쳐 버릴 수 없었다. 이는 유대인들의 박해와 바울 적대자들의 훼방이 새로 생긴 교회를 혼란케 하고 위기에 빠뜨리려 했기 때문이었다(3:5). 그리하여 바울은 데살로니가 교회 성도들의 믿음을 굳게 하고, 그들을 위로하기 위해 디모데를 데살로니가 교회로 파송하였는데(3:1b-2), 그곳에서 돌아온 디모데로부터 데살로니가 교인들이 믿음 위에 굳게 선 것과 바울을 사모하고 있다는 기쁨의 소식을 들을 수 있었다(3:6).

그러나 디모데는 염려되는 소식도 전했다. 그것은 일부 성도들이 바울의 선교 동기에 대해 의문을 제기한다는 것과 특히 그리스도의 재림에 관한 오해가 발생했다는 내용이었다. 즉, 어떤 이들은 최근에 죽은 자들이 그리스도의 재림 때 그 영광에 참여하지 못할 것을 염려하고 있고(4:13), 그리스도의 재림을 오해하는 일부 성도들은 일하는 것을 중단하고 무질서한 삶에 빠지고 있다는 소식이었다(4:11b. 참조. 5:14).

디모데의 이러한 보고를 들은 바울은 데살로니가 교인들의 신앙에 대해서 감사하고, 또한 그들이 의문시하는 문제들에 대하여 설명하며, 그들을 격려하고 믿음에 굳게 세우기 위하여 이 편지를 쓰게 되었던 것이다. 다시 말하면, 첫째, 바울의 선교 동기를 의심하는 반대자들이 있는 상황 속에서 자신의 복음 전파의 자세와 복음을 변호하려는 변증적 목적으로 이 서신을 기록하고 있다.[238] 둘째, 계속되는 박해 아래 놓여 있던 어려움의 상황 속에서 성도들로 하여금 박해를 이겨내고 굳건히 서도록 하기 위한 목회적 목적으로 이 서신을 기록하고 있다(3:3). 셋째, 무엇보다도 재림에 대한 오해로 말미암은 무질서와 혼란을 바로 잡고 올바른 종말론적인 삶을 살게 하려는 목회적 목적으로 데살로니가전서를 기록하고 있는 것이다.

이러한 바울의 메시지들은 단지 데살로니가 교회뿐만 아니라 오늘 우리 한국교회에도 매우 핵심적 교훈이 될 수 있다. 이제, 세 가지 주요 기록 목적을 중심으로 이 서신의 메시지를 자세히 살펴봄으로써 데살로니가전서의 현대적 의의를 살펴보려고 한다.

6. 반대자의 비난에 대한 자기 변호

6.1. 소극적 변호

제2장에서 바울은 자신과 자신이 전한 복음을 비난하는 자들에 대하여 자신을 변호한다. 바울의 여러 서신들이 '사도권'과 '전파한 복음'에 대한 변증적 목적을 가지고 기록되었듯이 이 서신도 자신을 적대시하고 교회를 혼란 속에 빠뜨리는 '적대자'들로부터 교회와 성도들을 보호하기 위한 목적으로 기록되었다. 바울의 자기 변호는 '회상 모티브'motive로 시작한다. 즉, 데살로니가 교인들에게 자신이 그곳에서 어떤 자세로 복음을 전했는지 회상해보라고 말한다.

바울은 먼저 소극적negative statements으로 "나는 ~ 하지 않았다."라고 자신을 변호한다. "우리의 권면은 간사함이나 부정에서 난 것이 아니요 속임수로 하는 것도 아니라" 즉, 자신을 속이는 자와 대조하면서, 자신의 가르침은 속이는 자와는 달리 기만이 아니요, 간사함이나 부정에서 난 것도 아니라고 말한다(2:3 참조). 그리고 복음 전파의 자세는 아첨의 말을 하거나, 탐심의 탈을 쓰지 않았다고 말한다(2:5). 대신, 오직 하나님께 복음을 위탁 받은 자로서 사람을 기쁘게 하려 하지 아니하고 마음을 감찰하시는 하나님을 기쁘시게 하려 하였다고 주장한다(2:4). 이것은 바울을 대적하고 바울의 복음과 사도권에 대하여 의문을 제기했던 적대자들의 모습과는 분명히 대조되는 모습이었다. 그들은 육체의 즐거움과 물질의 소유, 그리고 인간의 영광을 구하였는데, 바울은 이런 것을 결코 추구하지 않았을 뿐만 아니라 이 모든 것으로부터 자유하였음을 분명히 밝히고 있다.

6.2. 적극적 변호

이어서 바울은 적극적positive statements으로 자신을 변호한다: "나는 데살로니가인들 중에서 유순한 자가 되어 유모가 자기 자녀를 기름과 같이 하였고(2:7), 영적인 아버지가 되었으며(2:11), 데살로니가 성도들에게 복음뿐 아니라 목숨까지도 주기를 기뻐했다(2:8)."

바울이 선포한 복음은 도덕적인 교훈이나 추상적인 사상이 아니라 듣는 자를 변화시키는 하나님의 능력의 말씀이다. 이 복음은 말로만 데살로니가인들에게 이른 것이 아니라, 오직 능력과 성령과 큰 확신으로 된 것이다(1:5). 그들은 복음을 사람의 말이 아닌 하나님의 말씀으로 받았다(2:13). 이 하나님의 말씀을 전파하는 바울은 당시 헬라 철학자들과는 전혀 다른 '그리스도의 사도'였던 것이다.

7. 박해에 대한 교훈

'박해 받는 교회'였던 데살로니가 교회는 많은 핍박과 박해를 당하는 상황 속에서도 믿음을 저버리지 않고 승리하는 성도들이 되었다. 도대체 바울은 무엇을what, 어떻게how 가르쳤기에 단지 1개월이란 짧은 기간 동안 핍박을 능히 이겨내는 성도를 만들 수 있었을까? 오늘날에도 아무리 탁월한 목회자라 할지라도 연고도 없는 도시에서 1개월 안에 교회를 개척하여 핍박을 견디는 성숙한 성도들을 만들어낸다는 것은 거의 불가능한 일이다. 그런데 어떻게 바울은 그런 불가능한 일을 해낼 수 있었던 것일까?

또한 어떻게 1개월의 목회를 통해 성도들을 '마케도니아와 아가야에 있는 모든 믿는 자의 본(本, τύπος)'이 되는 성도들을 만들어낼 수 있었을까? 만약 우리가 데살로니가전서를 읽으면서 그 이유를 알아낼 수만 있다면 오늘 우리가 전도를 하고 교회를 개척하는 데 귀중한 교훈을 얻을 수 있을 것이다. 이 가르침을 우리는 '바울의 교회개척용 가르침', 혹은 '바울의 근본적 가르침'Paul's Original Teachings이라 말할 수 있다.[239] 무엇보다도 바울은 데살로니가 교인들의 정체성Identity과 세상에서의 거룩한 삶Separation from the World에 대해 미리 교육했고, 그 거룩한 삶은 고난을 동반한다고 성도들에게 예고Sufferings as Parts of the Christian Life 했던 것을 볼 수 있다.[240]

7.1 데살로니가 성도들의 정체성(Identity)

데살로니가인들은 과거에 하나님을 모르는 이방인(4:5)이었고, 소망 없는 자들이었으며(4:13), 어둠의 아들들이었다(5:5, 8). 그러나 하나님께서는 그들을 부르셔서 자기 나라와 영광에 이르게 하셨고(2:12; cf. 4:7; 5:24), 하나님의 백성이 되게 하셨다. 그러므로 그들은 하나님의 자녀인 자신의 정체성에 걸맞게 "하나님께 합당히 행하여야 한다."(2:12). 하나님이 거룩하시기 때문에, 그들은 하나님 앞에서 "거룩함에 흠이 없어야 한다."(3:13). 이는 하나님의 뜻은 그들의 거룩함이기 때문이다(4:3). 한마디로 거룩은 세상과의 '다름'과 '구별'이다. 데살로니가인들은 비록 이 세상 속에서 발을 디디며 살아가지만, 그들의 삶의 원리와 기준은 세상의 그것과 분명히 다름을 보여주어야 한다고 바울에게 교육받았다.

7.2. 거룩함은 고난을 동반(Sufferings as Parts of the Christian Life)

또한 거룩을 추구하는 삶은 필연적으로 고난을 수반하게 되어 있다. 이미 바울은 복음에는 고난이 필연적으로 동반된다는 사실을 말했었다. 이는 하나님께 순종하는 것이란 어려운 것이고, 사망에서 생명으로 돌아선다는 것은 고통스러운 것이기 때문이다. 사실 거짓과 죽음의 세상에서 초월적인 진리와 생명에 성실한다는 것은 세상에 대하여 위협적인 것이기에 성도들은 세상으로부터 배척과 핍박을 반드시 받게 된다. 실제로 데살로니가 성도들은 많은 환난 가운데서 말씀을 받았다(1:6). 그들은 유대에 있는 교회가 유대인들에게 고난을 받은 것처럼, 자기 나라 사람들에게 고난을 받았다(2:14). 바울은 이것이 일어나리라고 처음부터 경고했었다(3:4). 고난을 받음으로 데살로니가인들은 바울을 본받는 자가 되었고(1:6), 하나님의 말씀을 전하다가 죽임을 당한 예수님과 선지자들의 길을 가게 되었다.

결론적으로, 바울이 1개월이라는 단기간의 목회를 통해 박해를 이겨내고 '본'(本, τύπος)이 되는 성도들을 만들 수 있었던 '개척 가르침'을 아래와 같이 정리할 수 있다.

(1) 강력한 유일신관Radical Monotheism: 우상 숭배를 버릴 것을 가르침(1:9b).[241]
(2) 예수의 부활과 임박한 재림Resurrection and Impending Parousia[242]
(3) 장래의 고난에 대한 바울의 예고Sufferings as Parts of the Christian Life[243]
(4) 세상과 구별되는 거룩한 삶Separation from the World[244]
(5) 형제 사랑Brotherly/Sisterly Love[245]
(6) 근면한 노동Labor with Your Hands[246]

(7) 그리스도와 우리를 닮으라는 권면 Imitation of Christ and us247

8. 데살로니가전서에 나타난 종말론

데살로니가전서의 중심 주제는 한마디로 그리스도의 재림에 관한 교훈, 즉, 종말론 Eschatology이라 할 수 있다. 이제 데살로니가전서에 나타난 예수님의 재림에 관한 바울의 종말론적 교훈을 중점적으로 살펴보고, 그러한 메시지가 오늘을 살아가는 우리에게 어떠한 의미가 있는지를 살펴보려 한다.

8.1. 위기의 발생 원인: 임박한 종말에 대한 오해

바울이 데살로니가 교회에서 세 안식일에 걸쳐 복음을 전할 때, 그가 전한 복음은 기독교 신앙의 본질인 예수에 관한 기독론적인 설교였다. 즉, 예수는 하나님의 아들이시요, 주님이 되신다고 하는 것이었다(행 17:3). 계속해서 바울은 증거하기를, 하나님께서는 그 예수를 죽은 자 가운데서 다시 살리셨으며, 부활하시고 승천하신 주님Lord은 심판주와 구세주로서 곧 세상에 다시 오실 것이라는 재림 종말론의 메시지를 전하였던 것이다. 이러한 바울의 가르침은 바울만의 메시지가 아니라 초대교회의 기본적인 가르침이었다.

아마도 데살로니가 교인들은 재림에 관한 바울의 설교에 깊은 감명을 받았던 것으로 보인다. 그래서 그들은 과거에 섬겼던 우상을 버리고 하나님께로 돌아와서 하늘로부터 다시 강림하시는 하나님의 아들을 간절히 기다리고 있었다(1:10). 또한 그들은 주님이 자신들을 장차 노하심에서 건지실 것이라고 믿었기에(1:10) 그리스도가 다시 오시기까지 흠없고 순전한 생활을 영위하기를 열망하였다(3:13; 5:23). 하지만 곧 오실 것이라고 기대하였던 주님의 재림이 지연되고,[248] 오히려 그들에게 고난과 박해만이 계속되자 확신은 흔들렸고 문제가 발생하기 시작하였다.

(1) 죽은 자들에 대한 의문 제기

특히 공동체의 위기는 데살로니가 교인들 중에서 주님의 재림을 보지 못하고 죽은 자들이 속출함으로 인해 생겨나기 시작했다(4:13). 당시 살아 있던 교인들의 눈으로 보기에는 그들은 재림으로 완성될 하나님의 나라에 참여할 기회를 놓쳐 버린 것으로 이해되었다. 실제로 신자들은, "신앙은 죽음도 극복하는 것이라."고 믿어 왔는데, 만일 "죽음이 예수로 말미암은 새로운 삶의 끝이라."고 한다면 미래에 대한 소망은 이제 더이상 없다고 느꼈을 것이다. 이것은 그리스도인의 현존의 삶에 대한 의미를 잃게 하였고, 죽은 자들과 마찬가지로 자신들의 믿음도 결국 헛된 것이 아닌가 하는 의심과 혼란 속으로 빠져들게 만들었던 것이다.

(2) 재림의 시기에 관한 의문 제기

재림에 관한 의문 중에서 공동체의 최대 관심사는 주님의 재림이 정확히 언제 임하느냐 하는 재림의 시기에 관한 것이었다. 당시 성도들은 재림의 시기와 날짜에 대해 추측하고 예상하는 데 지나치게 집착한 나머지 정작 자신들이 지금, 여기서 마땅히 해야 할 일을 잊고 태만한 삶을 살았던 것으로 보인다.[249]

데살로니가 교인들은 상당히 열광적으로 종말을 기대했던 것으로 보인다. 그래서 어떤 학자들은 데살로니가 교회를 말할 때 '열광주의적 공동체' 혹은 '천년왕국적 과격주의' 등으로 표현하고 있다.[250] 이러한 관심과 열정이 반드시 그릇된 것만은 아니지만, 현재와 미래에 대한 균형을 상실할 때 종말론적 열광주의는 바람직하지 못한 모습으로 나타날 수 있다. 종말을 향한 급격한 기대감이 이미 종말이 실현되었다는 사실로 오해될 수도 있고, 윤리적으로는 현실에 대한 책임감보다는 현실에 대한 도피나 거부로 나타날 수도 있다. 실지로 이러한 전조가 이미 데살로니가 교회에 나타나고 있었다고 보아도 좋을 것이다(5:6-8 참조). 이처럼 종말론적 열광주의가 부정적으로 표출될 때는 현실의 삶에 대한 도피 내지는 책임감 결핍으로 나타나게 되는 것이다. 성적인 윤리문제가 야기된 것도 같은 맥락에서 이해할 수 있을 것이다.

한마디로, 데살로니가 성도들은 그리스도의 재림과 죽은 자의 부활에 대한 바울의 교훈을 올바로 파악하지 못했던 것으로 보인다. 특히 그레코 로마의 사상 체계에 익숙해 있던 데살로니가 교인들은 바울의 메시지를 자신들의 체계로 변형시켜 이해하여 종말론적 열광주의에 빠져들었고, 그 결과 자신들의 사상이 삶으로 표현될 때 오히려 무책임함과 혼란의 모습으로 나타나게 되었다.

8.2. 그릇된 종말론에 대한 바울의 교훈

바울은 그릇된 종말론으로 말미암아 위기를 만난 데살로니가 교회를 향하여 다음과 같은 세 가지의 답을 주고 있다.

첫째, 바울은 이미 죽은 자들도 주님의 재림 때에 불이익을 받지 않을 것이라고 분명히 말한다(4:16-18). 즉, 지금 살아 있는 사람들뿐만 아니라 이미 죽은 사람들도 재림으로 완성될 구원에 참여할 것이라는 확신을 심어줌으로써 죽은 자들에 대한 데살로니가 교인들의 걱정과 염려를 없애주려 하고 있다.

둘째, 바울은 데살로니가 교인들이 가장 관심을 가지고 있는 재림의 때와 시기에 관하여 말하기를, 그것은 어떤 시간표나 계산에 의해 정해지는 것이 아니라, 전적으로 하나님의 주권 안에 있음을 밝히고 있다(5:1-3). 그러면서 바울은 구체적인 재림의 때와 시기에 관하여는 언급을 하지 않고, 다만 주의 날이 도둑같이 임할 것이라고 말하면서 "근신하여 깨어 있으라."고 권면한다. 이렇게 말하는 이유는 무엇일까? 그것은 사람들로서는 알 수도 없고, 추측할 필요도 없는 하나님이 하시는 일에 지나치게 신경을 쓰느라 정작 지금 이 땅에서 내가 해야 할 일에 충실치 못하는 어리석음을 범하지 않도록 하기 위함이었다.

셋째, 바울은 가장 중요한 문제인 데살로니가 교회의 위기의 원인에 대하여 언급하고 있는데, 그 위기는 교인들이 자신의 정체성을 잊어버린 데서 생겨난 것임을 지적하고 있다. 데살로니가 교회의 성도들은 어떤 사람들이었는가? 도대체 그들의 정체성은 무엇이었는가? 그들은 이미 예수 그리스도와 함께 죽고 다시 살아서 그리스도 안에서 새로운 피조물이 된 사람들이었다(고후 5:17). 또한 죽음과 악에 대하여 본질적인 승리를 쟁취하고, 구원과 생명의 새로운 시대로 들어가 이미 영생을 소유하고 있는 사람들이었다. 그들은 위기의 순간마다 그 무엇보다도 이와 같은 '자신의 정체성'을 기억해야 했다.

또한 이러한 자신의 정체성과 더불어 그들이 잊지 말았어야 할 것은, 그들이 믿는 하나님이 어떠한 분이신가 하는 것이었다. 하나님은 "그리스도를 죽음 가운데서 살리신 분"이시며, "살아 계시고 참되신 분"

이시다(1:9). 그렇기 때문에 하나님을 믿는 자들은, "하나님은 예수를 죽은 자들 가운데서 살리셨다."는 역사적 사실에 기초한 참된 소망을 가지고 있을 뿐 아니라, 마지막 날 하나님께서 그들을 또한 살리실 것이라는 사실을 분명히 믿는 사람들이다. 그러므로 상황이 아무리 이해하기 어렵고 힘들다 할지라도 이 두 가지 사실만은 반드시 기억해야 했다. 그런데 데살로니가 교인들은 자신의 신분과 정체성을 잊어버리고 하나님 없는 자처럼, 소망이 없는 자처럼 자신들 중에 죽은 자들을 위하여 슬퍼했던 것이다. 바울은 이러한 위기의 원인을 데살로니가 교인들에게 분명히 상기시킴으로, 다시 한 번 그들의 신분에 합당한 올바른 삶을 살도록 교훈하고 있다.

8.3. 재림을 기다리는 성도의 올바른 삶

그렇다면 재림을 기다리는 성도들의 바람직한 삶의 모습이란 어떠한 것일까? 이 질문에 대하여 바울은 다음과 같이 교훈한다. 비록 데살로니가 교인들이 주님의 재림의 때와 시기는 정확히 알 수 없지만, 그들이 분명히 알고 있는 것은 주님이 재림하시면 그들은 "항상 주와 함께 있으리라."(4:17)는 사실이다. 그래서 바울은 데살로니가 교인들에게 이러한 소망을 가지고, 두 세대 – 이 개념은 바울의 종말론을 특징짓는 중요한 단어인데, 다음 항목을 참조하라 – 사이에서 오직 깨어 근신하면서(5:5-10), 부르심에 합당하게 살라(4:7)고 권면하고 있다.

그렇다면 "깨어 근신한다."는 것은 구체적으로 어떻게 표출되어야 하는가? 그것은 결코 새로운 교훈이 아니었다. 바울은 데살로니가전서 4장 1-2절 및 11절에서 데살로니가 성도들이 이미 교훈을 받아 알고 있었던 조목들임을 상기시키고 있다. "… 여러분은 어떻게 살아야 하며 어떻게 하나님을 기쁘시게 해야 할 것인지를 우리에게서 배운 대로 하고 있으니, 더욱 그렇게 힘쓰도록 하십시오."(2절: 필자역); "그리고 우리가 여러분에게 명령한 대로 조용하게 살기를 힘쓰고, 자기 일에 전념하며, 자기 손으로 힘써 일하십시오."(11절: 필자역). 이것은 아마도 거룩함을 가르치는 초대 기독교의 교리 문답을 가리키는 것 같다.

특별히 바울은 데살로니가전서 4장 5절에서 데살로니가 교인들에게 "하나님을 모르는 이방인과 같이 색욕을 따르지 말라."고 권한다. 이는 거룩함을 버리고 더러움 속에서 살아가는 사람은 거룩함을 위하여 성도를 부르신 하나님을 저버리는 자이기 때문이다(4:5-8). 또한 바울은 믿는 자들은 교회의 다른 형제, 자매들에게 사랑의 태도를 취하여야 한다고 권면한다. 서로 위로함으로 덕을 세우고(4:18; 5:11), 지도자들을 존중하고(5:12), 서로 화목해야 함을 강조한다(5:13). 더 나아가서 바울은, 당시 철학자들의 가르침을 상기시키는 조언을 하고 있다. "… 자기 일에 전념하며, 자기 손으로 힘써 일하십시오."(4:11).

이와 같이 두 세대 사이에서 '근신하며 깨어있는 삶'이란 일상적인 삶을 포기하고 종말의 징조들만 살피기에 전념하는 것이 아니라, 현재 자신의 삶에 충실하면서 이 땅 위에서 하나님의 사명을 감당하는 삶을 살아가는 것이다.[251] 한마디로, "범사에 헤아려 좋은 것을 취하고, 악은 어떤 모양이라도 버리는 삶"을 살아가는 것이다(5:21-22).

그리스도인들은 분명히 재림의 영광스러운 미래를 가지고 있다. 그 영광스러운 미래, 즉 재림을 가장 잘 준비하는 모습은 어떠한 것일까? 한마디로 말한다면, 그것은 현재의 중요성을 자각하며 현재를 충실히 사는 것이다. 이보다 더 좋은 미래의 준비는 있을 수 없기 때문이다. 따라서 '지금', 그리고 '이 세상' 속에서 그리스도인들이 마땅히 감당해야 사명과 역할을 등한시 여기는 사람이 있다면, 그 동기가 아무리 영적이라 할지라도 결코 하나님이 원하시는 삶을 살아가는 사람은 아닌 것이다.

9. 바울의 종말론

바울의 종말 사상은 유대 묵시 사상의 구조를 이어 받기는 하지만,[252] 다메섹 도상에서 만난 예수 그리스도의 죽음과 부활에 의해 완전히 새롭게 해석되고 있다.

9.1. 바울 종말론의 구조: 두 세대(two ages)

바울의 종말론은 '두 세대' two ages 사상에서 잘 보여주고 있는데,[253] 그가 이와 같은 '두 세대' - 옛 세대와 새 세대 - 사상을 가지고 있었던 것은 그의 서신에 분명히 나타난다(롬 12:2; 고전 1:20; 2:6, 8; 3:18; 고후 4:4; 갈 1:4; 엡 1:21; 2:22 등). 이 세대(혹은, 이 세상)는 사단의 지배 아래 있는(엡 2:2) 악한 세대이며(갈 1:4), 어둠의 세대이다(엡 6:12; 롬 13:12).

그러나 바울에 의하면, 이처럼 옛 세대가 존속하는 이 세대 안에 예수의 죽음과 부활에 의해 하나님 나라의 질서에 속한 '새 세대'가 이 땅에 이미 도래했다는 것이다. 다시 말하면, 그리스도의 죽음과 부활은 과거 역사 가운데 일어났던 단순한 사건이 아니라 그리스도께서 통치하시는 새로운 세대를 이미 이 세상 속에서 시작하게 만든 종말론적 사건이었다. 이처럼 그리스도와 더불어 새 세대가 시작되었고, 그리스도 안에서 죄인들이 믿음으로 구원 받고 하나님의 백성이 되는 하나님의 종말론적 구원이 나타난 것이다.

따라서 우리는 '현재'는 하나님의 종말론적 구원의 활동이 이미 시작된 때라는 사실을 인정해야만 그의 종말론을 바르게 이해할 수 있다. 바울은 말하기를, "때가 차매 하나님이 그 아들을 보내신 것, 그리고 이 악한 세대에서 우리를 건지시려고 우리 죄를 위하여 자기 몸을 바치신 것"은 '현재'(갈 4:4)라고 말한다. 동일한 맥락에서 바울은 고린도 교인들에게는 "보라 지금은 은혜 받을 만한 때요 보라 지금은 구원의 날이라."(고후 6:2)고 쓰고 있고, "그런즉 누구든지 그리스도 안에 있으면 새로운 피조물이라 이전 것은 지나갔으니 보라 새 것이 되었도다."(고후 5:17)라고 증거하고 있다.

그럼에도 불구하고, 하나님의 완전한 구원은 아직도 미래에 속한다. 바울은 옛 세대의 권세가 아직도 존속하며, 주 예수의 강림(살전 3:13)과 마지막 부활(살전 4:16-17)과 세계의 구원은 아직도 도래하지 않았음을 명백히 한다. 사실 그리스도인들은 죽은 자의 부활(살전 4:14-16)과 재림의 날(3:13; 4:14-17)을 고대하며, 마지막 원수인 사망의 권세까지도 멸망할 것을 소망하고 있다.

이처럼 사도 바울의 종말론 구조는 연속적인 계획 the plan of consecutiveness 에 근거해 있다. 이것은 지금 이 세상과 장차 올 새 세상이 대조되어 있는 가운데, 새로운 존재가 옛 세상 안에서 진전해 나간다는 의미이다. 이러한 두 세대론은 한마디로 하나님의 통치가 '이미' already 이 땅 안에서 시작되었지만, 그러나 '아직' not yet 그 완성을 기다리고 있다는 것이다. 그렇지만 바울의 세대 의식에 있어서 분명한 것은, 하나님의 종말론적 행위인 구원은 그리스도의 십자가와 부활에 의해 '이 세대'

의 운명은 이미 결정되었다는 것이다. 그것은 그리스도의 사건에서 근본적인 전환점을 이루었다. 비록 현재의 악한 세대가 아직 계속되고 있고, 그리스도의 재림과 하나님 나라의 도래가 지연되는 듯 보인다 할지라도 그리스도의 종말론적인 통치는 이미 시작되었기 때문이다.

9.2. 그리스도인의 정체성

그렇다면 바울은 그리스도인을 어떻게 정의하고 있는가? 바울에게 있어서 그리스도인은 새로운 구원의 소망을 덧입고 살아가는 새로운 실재이며, 장차 그리스도와 연합하여 부활하리라는 확실성을 지니며 살아가는 종말론적 실재인 것이다. 다시 말하자면 그리스도인은 비록 옛 세대에 살지만, 옛 세대에 속하지 않은 새 세대의 사람, 새로운 피조물로 정의할 수 있는 것이다. 한마디로 그리스도인은 이 세상의 정착민이 아니라 나그네와 행인이요, 저 천국 본향을 향해 가는 순례자들이다.

9.3. 두 세대 사이를 살아가는 그리스도인의 삶

이와 더불어 바울은, 이 땅에서의 '그리스도인의 삶'이란, 공존하는 두 세대가 존속되는 옛 세대와, 도래한 새 세대 사이에서 종말론적 갈등을 겪는 삶으로 정의하고 있다.[254] 두 세대 사이의 긴장, 이것은 바울 사상 전체를 반영한다. 그리스도인은 두 세대를 살아간다. 그는 옛 세대에 아직도 살고 있지만, 이미 새 세대의 시민이다. 새 것이 왔지만, 아직도 옛 것이 남아 있다. 그러나 바울은 우리가 여전히 악한 세력들과 싸워야 할 이러한 '악한 세대'(갈 1:4)에서 살고 있음을 상기시킨다. 그렇기 때문에 비록 우리의 옛 사람이 그리스도와 함께 이미 십자가에 못 박혔을지라도(롬 6:6), 죄의 몸을 멸하기 위해 여전히 우리는 육의 행실들을 죽여야만 한다(롬 8:13). 다른 본문에서 신자는 육과 그 죄악된 정욕들과 싸우는 적극적인 방식으로써 그리스도로 옷 입거나(롬 13:14), 또는 새 사람을 입으라(엡 4:24)고 권면 받는다.

하나님 나라의 시민이 된 성도는 예수 그리스도께서 그의 나라를 완성하기 위해 다시 오실 때까지 신분에 일치하는 삶으로 나타내야 한다(빌 1:27; 3:20f; 골 3:1ff). 바울은 이것이 오직 성령의 능력을 통해서만 실현될 수 있다고 말한다. 따라서 바울은 그의 독자들이 '성령으로'(롬 8;13; 갈 5:16f. 참조. 골 3:5ff) 몸의 행실을 죽이며, 성령을 따라 살 것을 권면하고 있는 것이다(갈 5:16-26).

이러한 두 세대 사이의 삶 속에서 그리스도인들이 흔들림 없이 그리스도인답게 살아갈 수 있는 비결은 무엇보다도 자신의 정체성을 바로 이해하는 것이다. 동시에 이 시대는 임시적인 것이요, 완성을 향해 나아가는 과정이라는 것을 바로 이해하고 주님의 재림을 대망하면서 살아가는 것이다. 그렇게 할 때 우리는 이 세상에 안주하는 대신 이 세상을 상대화시킬 수 있고, 이 세상의 정착민이 아니라 본향을 향해 가는 '나그네'와 '순례자'답게 이 세상 속에서 구별되어 살아갈 수 있는 것이다.

결론적으로, 그리스도인은 분명히 재림의 영광스러운 미래를 가지고 있다. 두 세대의 긴장 속에서 살아가는 그리스도인은 순간마다 자신이 주의 긍휼에 의지하고 있으며, 구원을 완성하러 다시 오실 주님의 재림에 근거하여 살아가고 있다는 사실을 잊어서는 안 된다. 하나님께서는 인간의 산술적인 시간 개념을 깨뜨리시고 성육신하신 아들을 통해 나타나실 것인데, 그는 자신의 왕적인 통치권을 확립하기 위해 이 세상의 역사에 종지부를 찍으실 것이다. 또한 바울은 그리스도인들이 다시 오실 예수님을 기다리는 동안 아무 일도 하지 않고 빈둥거리며 세월만 허송하도록 부르심을 받은 것이 아님을 분명히 교훈한다. 오히려 그들은 미래의 재림을 준비하기 위하여 현재를 믿음과 사랑과 소망으로 성실하게 살아가야만 하는 것이다.

10. 데살로니가전서가 우리에게 주는 교훈

지금까지 살펴본 데살로니가전서는 바울의 종말에 대한 교훈과 더불어 그리스도인들이 오늘날 이 땅 위에서 어떻게 살아가야 하는지를 분명히 가르쳐준다. 데살로니가전서의 중심이 되는 '예수 그리스도의 재림'이란 주제는 어쩌면 오늘 이 땅 위에서 살아가고 있는 우리 성도들에게는 조금은 식상한 단어로 들릴지도 모른다. 그것은 '시한부 종말론' 혹은 '재림 예수' 등 재림에 대한 오해로 인해, 현실을 회피하고 미래에만 몰두하는 우리 사회에 나타난 잘못된 종교적 현상들 때문이다. 이런 이유로 많은 성도들이 '재림'의 주제가 나오면 애써 피하려는 모습을 보이거나, 혹은 이것을 죽음 이후의 문제로 생각하여 진지하게 생각하기 싫어하는 모습까지 보인다. 그러나 이런 모습은 결코 정상적인 모습도, 또한 바람직한 모습도 아니다. 초대교회를 힘있게 지탱해주었던 가장 중요한 원동력이 무엇이었는가? 바로 임박한 재림대망 사상이 아니었는가! 그들의 인사가 '마라나타'(μαράνα θά)였다. 이처럼 주님의 재림을 간절히 기다리는 '재림대망 사상'은 초대교회를 힘있게 지탱시켜준 원동력이었음이 틀림 없다.

그렇다면 이러한 재림대망 사상은 과거 초대교회에만 필요했던 것일까? 그것은 결코 아니다. 교회사를 보면 재림신앙이 살아있을 때 교회가 살아있었음을 우리는 확인할 수 있다. 이런 면에서 본다면, 오늘 우리 한국교회와 성도들의 모습은 어떤가? 과연 우리는 주님의 재림을 소망하며 재림신앙을 우리 신앙의 원동력으로 삼고 있는가? 아니면, 주일마다 "… 저리로 산 자와 죽은 자를 심판하러 오시리라."는 고백은 하지만, 사실은 더 이상 주님의 재림을 기다리지 않는 것은 아닌가? 이 질문에 긍정적인 대답을 할 수 없다면, '재림신앙'은 현실에 안주하는 삶 속에서 세속화의 위기 앞에 직면한 오늘날 우리 한국교회가 회복해야 할 가장 중요한 신앙 아닌가 생각한다.

그럼에도 불구하고, 일부 현대 신학자들은 재림을 강조한 바울의 교훈은 이미 많은 시간이 지나가 버렸기 때문에 비현실적인 것이라고 주장하기도 한다. 그러나 어떤 이유에서든 재림신앙을 강조하지 않는 것은 기독교의 뿌리를 송두리째 흔드는 위험한 사상이라는 것을 분명히 알아야 한다.

그렇지만, 이러한 재림대망 사상이 데살로니가 교회처럼 결코 현실에 대한 도피나 방치로 나타나서도 안 된다. 앞서 언급한 바와 같이 바울은 그리스도인들이 다시 오실 예수님을 기다리는 동안 아무 일도 하지 않고, 세월만 허송하도록 부르심을 받은 것이 아니라는 것을 분명하게 가르친다. 하나님께서는 분명한 뜻과 목적이 계셔서 우리를 죄의 덫으로부터 구원하셨다. 그러므로 결코 구원 자체를 마지막 목적으로 오해해서는 안 된다. 만일 하나님께서 우리를 구원하여 하늘나라로 데려가는 것, 그것 자체가 목적이라면, 왜 우리를 구원하신 즉시 그곳으로 부르시지 않고 이 세상에서 살라고 하시는 것일까? 하나님께서는 구속받은 백성들이 이 세상에 살면서 하나님의 백성으로서 거룩한 모습을 드러내며 살도록 우리를 죄로부터 구원하신 것이다. 따라서 구원을 받은 자는 그에 합당한 모습을 실제 삶 가운데서 나타내야 하고, 삶의 모든 영역을 그리스도 주권의 영역으로 변화시켜 나가는 귀한 모습을 보여야 하는 것이다. 바로 이것이 데살로니가 서신들이 우리에게 주는 분명한 메시지이다.

11. 결론: 현대에 주는 교훈

한국교회의 성장 원인을 연구하는 교회사가(敎會史家)들에 의하면, 한국 개신교 성장의 중요한 원인 중 하나는 바로 '초대교회적 재림대망 사상'이었다고 입을 모으고 있다. 초대교회와 마찬가지로 한국교회를 생동감 있고 힘있게 만들었던 원동력이 재림대망 사상이었다. 그런데 언제부터인가 한국교회에서 재림의 메시지가 서서히 사라지기 시작했다. 특히 경제가 급격히 발전하고, 성도들의 생활이 안정되면서 이러한 현상은 그 속도를 더해갔다. 한국의 기독교 전파 이래 경제 발전 이전까지 모든 시대에 걸쳐 그렇게도 강조되었던 '마라나타'(μαράνα θά)의 재림신앙이 특히 최근 들어 사라지고 있는 까닭은 무엇일까?

많은 뜻있는 사람들은 오래 전부터 세속화 secularization 의 위기 앞에 선 우리 한국교회와 성도들에 대하여 염려의 목소리를 높여 왔다. 우리 교회 안에 '마음이 부한 자'들이 너무 많다는 것이다. 또한 하나님 없이도 살 수 있을 것 같은 사람들이 너무 많고, 자신이 누구인지, 그리스도인이란 어떤 사람인지에 대한 '그리스도인의 정체성'을 모르는 사람들도 너무 많다고 한다. 그리하여 영원한 본향을 향해 가는 나그네와 순례자의 신분에 전혀 걸맞지 않은 삶을 사는 사람이 많다. 주일마다 사도신경을 고백하며 주님의 재림을 믿으며 기다린다고 말하지만 그 고백과 일치하는 삶을 전혀 살지 못하는 성도가 많다고 염려하고 있다. 데살로니가전서를 읽으면서 바라보는 오늘 우리 한국교회의 모습은 어떠한가?

재림신앙의 회복과 관련해서 이 시점에서 언급하고 싶은 신앙인이 있다. 지나온 그 분의 삶의 발자취를 보건대 모든 면에서 존경하지 않을 수 없는 한 원로께서 지나온 자신의 생애를 정리하면서 글을 썼는데, 그 글의 제목이 '세상을 다녀가며'이다.[255] '세상을 다녀가며'라는 한 구절 속에는 한 신앙인의 신앙관과 인생관이 분명히 나타나고 있다. 이 세상은 정착지가 아니라 임시적인 곳이요, 잠시 '다녀가는 곳'이라는 것이다. 그리고 이 땅 위에서 그리스도인으로 살아가게 하시는 하나님의 뜻과 바람과 사명이 있다는 것이다. 자신의 정체성에 대한 명확한 이해와 이 세상에 대한 올바른 이해를 가지고 주의 재림을 기다리며 살아간 성도의 삶이 하나님 보시기에 얼마나 아름다운 생애였을까? 이처럼 자신이 어디로부터 와서 어디로 가는지 시작과 최후의 목적지를 분명히 알고 있는 사람만이 이 세상 자체를 목적이나 우상으로 삼지 않고, 무엇을 위해 이 세상을 다녀가는지를 바르게 알고 바르게 살아갈 수 있는 것이다.

참된 설교자는 복음의 '피안성'(彼岸性, 내세관)과 '차안성'(此岸性, 현세관)을 동시에 설교하는 사람이다. 그런 설교자가 하나님의 말씀 전부 Scriptura Tota를 올바로 선포하는 것이다. 데살로니가전서를 읽으면서 우리 모두가 현실을 직시하고, 다시 재림신앙을 회복함으로 '세상을 다녀가는' 사람답게 참된 믿음의 사람으로 살아가는 귀한 역사가 일어나야 할 것이다.

PART 5

바울서신의 특성과 구조 분석

1. 1세기 그레코-로만 시대의 바울서신
2. 바울서신의 간략한 구조 분석

1세기 그레코-로만 시대의 바울서신

바울서신은 성도들이 처한 여러 상황 중에 그들을 교훈하고 교회를 말씀 위에 바로 세우기 위하여 목회적, 선교적, 변증적, 신학적 목적에서 기록된 상황서신이다.[1] 즉, 바울서신은 신학적인 논문이나 체계적인 교리를 세우기 위한 신학적 교리서나 지침서라기보다는 성도들이 처한 상황에 대해 사도이자 목회자인 바울이 그들을 말씀 위에 바로 세우고 양육하기 위해 보낸 상황(적합적) 편지이다.[2] 사도 바울은 독자들에게 편지를 보낼 때 당시 그레코-로만 Greco-Roman 편지의 일반적인 형태[3]로 구성하고 있지만, 자신의 뜻을 효과적으로 전하기 위해 기존의 편지 형태를 다소 변형하고 있다. 즉, 바울서신의 기본적인 틀은 당시 편지 형식과 유사하지만, 자신만의 독특한 편지 작성법을 보여주고 있다. 따라서 13편의 바울서신은 당시 헬라의 서신이나 유대 서신과 비교해 볼 때 바울만의 특징을 지니고 있으며, 서신 내용은 기독교 용어나 의미로 새롭게 구성되었다.

1. 서론

사도 바울이 살던 시대는 그레코-로만시대였다. 헬라와 로마인은 편지를 통해서 자신의 생각을 표현하기를 즐겼는데, 바울 당시 편지 쓰는 정형화된 관습이 존재했다. 따라서 바울 역시 당시 서신의 형태(특히 개인적인 편지personal-private letter)와 특징을 잘 알고 있었다. 이 형식의 상당 부분이 동일한 방식으로, 혹은 변형된 형태로 바울의 13편의 서신에 반영되어 나타난다. 따라서, 바울서신을 제대로 파악하려면 먼저 그레코-로만 편지 형식을 이해하는 것이 필수적이다.

그레코-로만 편지는 사적 서신private letter, 공적 서신Public Letter, 문학 서신Literary Letter 등 그 종류가 다양했다. 편지의 구조는 편지 서두opening, 본문body, 맺는 말closing의 세 요소로 이루어졌으며, 이 구성 요소 안에 세부적으로 정해진 공식(관습)이 존재했다. 이 정형화된 공식의 상당 부분을 바울은 자신의 서신들 속에 창조적으로 변형하여 사용하였다.

사도 바울은 위에서 언급한 동시대의 편지 작성법을 완전히 배제하지는 않는다. 즉, 사도 바울은 당시의 편지 쓰기인 "서두opening-본론body-결어closing"의 틀을 유지한다.[4] 그 이유는 명확한데, 편지를 받는 독자들이 대화의 형식 - 즉, 문학적 형식 - 을 바로 이해하게 하기 위해서였다. 그럼에도 불구하고, 목양이라는 구체적인 필요 때문에 사도 바울은 동시대의 편지 양식을 자신의 목적에 따라 수정하고 있다.[5] 그 특징은 크게 두 군데에서 나타나는데, 첫 번째 부분은 '감사 단락'thanksgiving의 확장이고, 두 번째 부분은 '본론 부분'main body에서 훈계 단락the epistolary paraenesis이 존재한다는 점이다.

감사 단락의 경우, 바울 당대의 그리스-로마 편지에서도 등장하는데 그 형태가 독립적이기보다는 편지 서두에 포함되어 있는 반면, 바울서신에서는 확장되고 독립적인 역할을 한다. 또한 당대의 편지는 자신의 상황을 감사하는 내용으로 구성된 반면, 바울의 감사 단락은 수신자들과 관련한 하나님께 대한 감사(εὐχαρίστω τῷ θεῷ: I give thanks to God)로 내용이 구성되었다는 점에서 큰 차이가 있다.[6] 또한 감사뿐 아니라 '성도들을 위한 기도' prayers를 추가하여 바울만의 특별한 형식을 만들었다. '훈계 단락'의 경우도 당대의 편지에서는 찾아볼 수 없는 부분으로, 사도 바울이 자신의 목회를 위해 새롭게 만든 부분이라고 말할 수 있다.

2. 바울 편지의 독특성

2.1. 편지 서두(Opening)

사도 바울의 편지는 일관된 형식으로 발신자 sender, 수신자 receiver, 그리고 인사 greeting로 구성되어 있다

(1) 발신자(Sender)

발신자 부분에서 바울은 자신을 그리스도의 종(δοῦλος), 또는 사도(ἀπόστολος)라고 공식적으로 소개한다. 독자들에게 자신이 잘 알려지지 않았거나(롬 1:1-6), 또는 자신의 사도적 권위가 도전을 받고 있을 때(갈 1:1) 바울은 특별히 자신의 사도직을 강조한다.

때때로 편지 발신자 부분에 그의 동역자(들)의 이름이 함께 나타난다. 이들은 편지의 공동 발신자co-sender들을 가리키는데,[7] 이런 공동 집필자의 형식은 고대의 편지 양식에서는 드문 것으로, 바울은 이를 통해 공동 책임을 강조하고 편지의 공식적인 특징을 부각시키기 위함이었던 것으로 보인다.[8]

(2) 수신자(Receiver)

수신자는 '수신자의 명칭'과 '수신자를 긍정적으로 묘사하는 구절'로 구성되는데, 이 둘을 가리켜 '수신자 공식'recipient Formulas이라고 부른다. 수신자의 명칭은 주로 '특정 지역의 교회'local church 혹은 '성도들'이며, 대개 '하나님 아버지와 주 예수 그리스도 안에 있는'이라는 구절, 즉, 수신자를 긍정적으로 표현하는 구절이 동반된다. 특히 수신자를 언급하는 여러 용어를 통해 바울은 독자들에게 그들의 정체성Identity[9]과 함께 그들이 소유한 영광과 특권, 그리고 동시에 '책임'responsibility을 상기시키면서 구원 받은 신분에 합당한 삶을 살 것을 강조한다. 하나님의 은혜와 인간의 책임(혹은 응답)과의 상호관계(A Mutual Relationship between God's Grace and Man's Responsibility 또는 Response)! 이것은 성도들이 복음의 풍성함을 누리면서 성도답게 사는 데 결코 놓쳐서는 안 될 삶의 핵심적인 요소이다.

(3) 인사 부분(Greeting)

바울서신 서두의 인사 부분에서는 기독교 형식의 인사가 나타난다. 사도 바울은 헬라식 인사말 '카리스'(χάρις)에 전형적인 히브리식 인사말 '샬롬'(שלום)을 덧붙여 여러 교회에게 문안 인사를 한다. 이것은 이방인과 유대인이 함께 살아가는 공동체 모두를 염두에 둔 사랑과 배려의 인사말로, 바울이 새롭게 만든 것이다.[10]

한 가지 기억해야 할 것은 '은혜와 평강!' 두 단어의 상호관계인데, 은혜와 평강은 서로 긴밀하게 연결되어 있다. 은혜(χάρις)는 '무가치한 자에게 베푸시는 하나님의 무조건적인 사랑'으로, 이것은 '죄인의 구원'으로 귀결된다.[11] 그리고 평강(εἰρήνη)은 은혜를 받은 자에게 나타나는 외적 표시라 할 수 있다. 따라서 은혜가 없으면 평강은 존재하기 어렵다. 왜냐하면 은혜는 원인이고, 평강은 은혜의 결과이기 때문이다. 원인이 없으면 결과가 없고, 강이 없으면 바다가 없듯이 은혜가 없으면 평강은 존재하지 않는 것이다. 그러므로 평강이 부족한 사람은 평강이 없음을 탓하기 전에 먼저 주님께로부터 오는 은혜가 없음을 생각해야 한다. 결론적으로 말하면, 그리스도의 구속의 은혜로 말미암아 구원 받은 신자는 어떤 상황에서도 평강의 사람이 될 수 있는 것이다.

2.2. 감사와 기도(Thanksgiving & Prayers), 영광송(Doxology)

감사와 기도 부분에서 바울은 '내가 감사하노니'(εὐχαριστῶ: I give thanks)라는 형식formula을 사용하여(롬 1:8; 고전 1:4; 빌 1:3; 골 1:3; 살전 1:2; 살후 1:3; 딤전 1:12; 딤후 1:3; 몬 4; 참조. 고후 1:3; 엡 1:3) 독자들의 '믿음'에 대하여 하나님께 감사를 드린다. 하나님을 향한 사도 바울의 감사의 핵심은 오직 한 가지, 성도들의 '믿음'이다(롬 1:8). 그러나 감사의 내용이 '믿음'으로만 천편일률적으로 나타나는 것이 아니라 성도들의 상황에 맞게 여러 모습으로 다양하게 변형되어 나타난다.[12] 감사 부분의 주요 내용은, 수신자의 믿음과 영적인 안녕, 하나님의 은혜에 대한 감사(롬 1:8; 고전 1:4; 골 1:3; 살전 1:3), 영광송(엡 1:3-14; 고후 1:3), 회중을 위한 기도(롬 1:10; 빌 1:4; 엡 1:15ff), 기억(회상) 모티브motive (롬 1:9; 빌 1:3; 살전 2), 때로는 서신의 주제와 목적이 간접적으로 언급되고 표현되기도 한다.[13]

특히, 본문에서 언급할 주제들을 감사 부분에서 예시한 좋은 예는 로마서인데, 1장 11-12절은 로마인들에게 영적인 은사를 나누어주기 원하는 바울의 소망에 대해서 말하고 있고, 로마서 1장 13-17절은 바울이 나누기 원하는 영적 은사는 '그리스도의 복음에 대한 이해'임을 보여 주고 있다. 바울은 이로써 감사와 기도 부분에서 로마서 전체의 주제를 명확하게 알려주고 있는 것이다.

2.3. 본론(Main Body)

사도 바울은 편지 본론을 구성함에 있어 당시의 편지 형식인 삼중 구조, 즉 본론 서두Body Opening – 중심 본론Main Body – 본론 맺음Body Closing 의 구조를 따른다.[14]

(1) 본론 서두(Body-Opening)

본론을 여는 여러 형식이 있으나 주로 두 가지 동사를 사용한 형식이 사용된다. 즉, 그노리조(γνωρίζω)와 파라칼로(παρακαλῶ) 형식이다. 먼저, γνωρίζω(내가 너희에게 알게 하노니: I let you know)동사를 사용하여 성도들이 잘 모르는 것을 알려주는 형식으로 본론을 시작한다(롬 1:13; 고후 1:8; 갈 1:11; 빌 1:12). 또한 παρακαλῶ(권하노니: request, appeal)를 사용하여 본론의 도입으로서 성도들을 향한 권면과 호소 형식을 취하기도 한다(몬 9; 고전 1:10; 살후 2:1). 본론 서두 부분도 종종 편지의 본론의 주제를 나타내고 있다(롬 1:16이하; 고전 1:10).

(2) 본론(Main-Body)

바울서신의 본론 부분은 대부분 교회 안에서 일어난 문제들에 대한 교훈과 권면으로 구성되어 있다. 바울서신의 가장 주요한 기록 목적이 편지로 후속 목회를 하는 것이기 때문이다. 그러나 특정한 주제에 대한 권면 이외에도 몇몇 서신의 본론은 일반적인 권면으로 구성되어 있다. 즉, 본론이 교리적 부분Indicative과 실천적 권면 부분Imperative으로 구성되어 있는데, 대표적 예는 로마서, 에베소서, 갈라디아서이다. 로마서 1-11장, 에베소서 1-3장, 갈라디아서 1-4장은 교리적 부분으로, 로마서 12-16장, 에베소서 4-6장, 갈라디아서 5-6장은 실천적 권면 부분으로 구성되어 있다.

1) 교리적 부분(Indicative Statements)

교리적 부분Indicative Statements에서는 교의적인 내용을 다루고 있는데, 주요 내용은 소망 없던 인간의 과거 상태, 그 죄인을 구원하시기 위해 하나님께서 행하신 일, 구원의 과정, 그 결과, 구원 받은 신자의 상황, 이들이 누리는 영광과 특권 등이 자세히 언급되고 있다.[15]

2) 실천적 권면 부분(Imperative Statements)

교리적 부분에 이어지는 실천적 권면Imperative Statements 부분에서는 "구원 받은 성도들이 어떻게 살아야 할 것인지" 삶에 대한 윤리적·도덕적 권면이 명령법으로 이어진다. 바울은 하나님의 구원의 은혜에 대한 인간의 최고의 응답은 '변화'임을 강조한다. 그리고 성도의 선한 삶은 하나님 자녀된 신분에 합당한 삶일 뿐 결코 인간의 자랑이나 의나 공로가 될 수 없고 따라서 보상의 조건이 될 수 없음을 강조하며 상급 논리를 부인한다. 즉, 신자의 윤리는 목적 윤리, 조건 윤리(새 관점 학파New Perspective on Paul의 신인 협동의 구원론 아님),[16] 흥정 윤리가 아니라, 믿음 윤리Faith-Ethics, 감사의 윤리, 빚진 자의 윤리, 하나님 자녀의 윤리이며, 궁극적으로 보은(報恩)의 윤리임을 강조한다.

(3) 본론 맺음(Body-Closing)

본론 맺음 부분에서 바울은 독자들이 긍정적으로 반응할 것을 믿는 '믿음의 표현'confidence formula(롬 15:14; 몬 21), 또는 독자들을 직접 방문하려는 이유에 대한 내용apostolic parousia(바울의 방문[사도적 현존], 롬 15:22b; 고전 16:5b; 고후 12:14) 등을 언급한다.[17]

2.4. 결어(Closing)

바울의 편지는 특징적으로 인사, 축복(예. 고전 16:23; 갈 6:16, 18; 엡 6:23-24; 살후 3:16, 18), 그리고 송영/영광송(예. 롬 16:25-27; 빌 4:20) 등으로 끝을 맺는다.[18] 때때로 맺음말에는 "거룩한 입맞춤으로 서로 인사하라."라는 권면이 포함되어 있다(롬 16:16; 고전 16:20; 고후 13:12; 살전 5:26). 이러한 기본적인 구조 안에서 바울의 편지는 다양한 변형을 포함하고 있으며, 이것은 바울의 의도를 파악하는 데 매우 중요하게 작용한다.[19]

바울서신의 간략한 구조 분석

1. 로마서 구조 분석

1.1. 서론

로마서는 바울서신 중 가장 영향력을 끼쳤던 서신[20]으로, 로마에 거주하는 그리스도인들(유대인 및 이방인 출신 모두)에게 보낸 편지이다. 비록 로마서가 교회사적으로 기독교 신앙의 정수를 담고 있는 것으로 평가되어 사도 바울의 작은 신학책으로 불리워지고는 했지만,[21] 학자들은 이 편지가 로마 교회가 직면한 문제들에 대한 답변을 주는 실제 편지라는 점에 동의하고 있다.[22]

1.2. 내용 분해

Ⅰ. 편지 서두 1:1–7

Ⅱ. 감사 단락 1:8-15

Ⅲ. 본론 1:16-15:13

    1. 본론 열기

        로마서의 주제: "하나님의 복음에 나타난 의" 1:16-17

    2. 본론 Ⅰ: 교리/직설법 부분 1:18-11:36

        ① 인간의 과거 상태 1:18-3:20

        ② 하나님의 사역의 내용 - 칭의의 복음 3:21-4:25

        ③ 하나님 사역의 결과 - 성도들이 누리는 영광과 특권 5:1-8:39

        ④ 이스라엘에 대한 하나님의 계획 9:1-11:36

    3. 본론 Ⅱ: 권면/명령법 부분 12:1-15:13

        ① 성도의 변화와 분별, 세속 정부에 대한 성도의 자세
           12:1-13:14

        ② 성도들의 분열을 해소할 것 14:1-15:13

Ⅳ. 결어 및 인사 15:14-16:27

    1. 스페인 선교를 위한 계획과 포부 15:14-33

    2. 뵈뵈 추천, 편지의 내용 요약, 동역자의 문안을 전함 16:1-27

2. 고린도전서 구조 분석

2.1. 서론

고린도전서는 로마서 다음으로 긴 서신으로, 사도 바울이 제2차 전도여행 시 고린도 교회를 세우고 18개월을 사역하였던 그 교회와 주변의 교회들에게 보낸 편지이다. 고린도전서는 고린도 교회의 상황에 대한 사도 바울의 권고의 내용을 담고 있을 뿐만 아니라, 고린도 교회의 질문에 대한 답변을 담고 있다.[23] 고린도전서의 이러한 성격은 사도 바울의 목회자로서의 자질을 가장 잘 드러내 줄 뿐만 아니라, 초창기 교회가 겪고 있었던 어려움들과 그들의 반응이 무엇인지를 보여주는 것으로 평가받는다.[24]

2.2. 내용 분해

Ⅰ. 편지 서두 1:1-2

Ⅱ. 감사 단락 1:3-9

Ⅲ. 본론 1:10-15:58

   1. 고린도 교회의 분열과 여러 문제에 대한 권면 1:10-6:20
   2. 고린도 교회가 질문한 여러 내용에 대한 답변
       ① 결혼에 대하여 7:1-40
       ② 우상에게 바쳐진 제물에 대하여 8:1-11:1
       ③ 기도와 예언에 있어서 여성의 처신에 대하여 11:2-16
       ④ 주의 만찬에 대하여 11:17-34

⑤ 영적 은사에 대하여 12:1-14:40
⑥ 부활과 성도의 위로에 대하여 15:1-58

Ⅳ. 결어 16:1-24

3. 고린도후서 구조 분석

3.1. 서론

고린도전서를 통해 고린도 교회의 분열과 여러 문제들은 사도 바울을 힘들게 했다는 것을 우리는 추측할 수 있다. 특히 고린도후서는 이러한 상황을 잘 반영해주고 있다. 사도 바울이 고린도전서를 보낸 후 고린도 교회의 문제가 잘 해결되지 않자 아마도 다시 한 번 고린도를 방문한 듯하다. 그러나 그 방문에서 어려움을 겪은 바울은 돌아와 다시 편지를 보낸 듯하다(참조. 고후 7:8, 12; '눈물의 편지'). 이 편지의 답변을 기다리던 사도 바울은 디도로부터 좋은 소식을 듣고, 다시 고린도후서를 쓰기 시작했다(7:6-7). 그러나 편지를 쓰고 있을 즈음(9장), 다른 소식으로 인해 편지의 내용이 조금 다른 어조로 바뀌고 있다(10-13장).[25] 사도 바울이 고린도 교회에 보낸 이 마지막 편지는 끊임없이 갈등하는 교회와 그들을 온전히 세우고자 변함없이 노력하는 한 목회자의 모습을 잘 보여주고 있다.[26]

3.2. 내용 분해

Ⅰ. 편지 서두 1:1-2

Ⅱ. 영광송과 감사 1:3-9

Ⅲ. 본론 1:12-13:13

  1. 본론 Ⅰ 1:12-9:15

    ① 고린도 교회 성도들에 대한 사도 바울의 자세 1:12-2:13

    ② 사도 바울의 사역과 위로를 받음 2:14-7:16

③ 예루살렘 교회를 위한 헌금에 대하여 8:1-9:15
　　2. 본론 II 10:1-13:13
　　　　① 적대자들에 대한 사도 바울의 자세 10:1-12:13
　　　　② 사도 바울의 세 번째 방문 예고 12:14-13:13

IV. 결어 13:11-14

4. 갈라디아서 구조 분석

4.1. 서론

갈라디아서는 사도 바울이 갈라디아 지역에 세운 교회들에게 보낸 편지이다. 이신칭의의 은혜의 복음을 받아들였던 갈라디아 교회 성도들은 교회에 침투한 거짓 교사들에 의해 복음을 떠나게 되는 일이 일어났다.[27] 이에 바울은 갈라디아 교회 성도들에게 바른 복음이 무엇인지를 깨우치며 다시 참된 복음으로 돌아오도록 촉구하는데, 한편으로는 논리적인 어조로, 다른 한편으로는 단호한 어조로 편지를 기록하고 있다.

그러나 갈라디아서를 이해하기 위해서는 한 가지 해결해야 할 문제가 있다. 즉, 편지의 수신지인 갈라디아 교회가 어디인가 하는 것이다. 바울 당시에 갈라디아라고 부를 수 있는 곳은 두 곳으로, 한 곳은 바울이 제1차 전도여행 때 방문한 남부 갈라디아 지역(행 13:13-14:25)이고, 다른 한 곳은 제2차 전도여행 때 방문한 북부 갈라디아 지역이다(행 16:6). 사도 바울이 마지막 전도여행을 떠났을 때 두 지역 모두를 재방문한 것으로 보아, 남부 갈라디아 및 북부 갈라디아 지역 모두 교회가 존재했다고 추측할 수 있다(행 18:23; 19:1).

이 편지의 수신지가 중요한 이유는, 갈라디아서가 기독교 신앙의 핵심적인 내용을 담고 있는데, 그에 비해 갈라디아서의 배경에 대한 정보가 거의 없기 때문이다. 따라서 사도행전에 의존해 근래의 학자들은 바울이 분명하게 활동했던 남부 갈라디아 지역을 이 편지의 수신지로 본다(이 경우 갈라디아서가 바울의 13편의 서신 중 최초의 편지가 된다). 그러나 내용에 있어서 갈라디아서와 로마서가 유사한 내용을 담고 있다는 점에서 다른 학자들은 이 편지의 수신지를 북부 갈라디아 지역으로 본다.[28] 그러나 여전히 두 견해 모두 불확실하다. 전자의 견해는, 사도행전이 사도 바울의 사역 전체를 기록한 것이 아님에도 마치 이 두 가지를 일치시키려 하며, 게다가 제3차 전도여행은 간과하고 있기 때문이다. 또한 후자의 견해는, 바울 신학의 순차적 발전 이론에 근거를 두고 자의적으로 구성하고 있다는 느낌을 주고 있기 때문이다. 따라서 갈라디아서를 읽을 때는 수신지나 기록 시기의 문제를 고민하는 것도 중요하지만 무엇보다 본문이 전하는 내용을 먼저 파악하는 것이 더 중요하다. 그리고 그 내용을 근거로 이 편지의 수신지가 어느 곳인지를 파악하는 것이 중요한 작업이 될 것이다.[29]

4.2. 내용 분해

Ⅰ. 편지 서두 1:1-5

Ⅱ. 본론 1:6-6:10

   1. 본론 I: 교리/직설법 부분 1:6-3:21

     ① 다른 복음은 없음에 대한 문제 제기 1:6-10

     ② 근거 I: 사도직과 복음의 기원에 대한 역사적/자서전적 논증 1:11-2:21

     ③ 근거 Ⅱ: 복음의 능력과 유일성에 대한 성경적/신학적 논증 3:1-4:31

   2. 본론 Ⅱ: 권면/명령법 부분 - 성령님을 따라 사는 삶 5:1-6:10

Ⅲ. 결어 6:11-18

5. 에베소서 구조 분석

5.1. 서론

에베소서는 옥중서신에 속한다. 옥중서신이란 사도 바울이 감옥에 수감되어 있는 기간에 기록된 편지들을 말한다. 옥중서신으로는 에베소서 외에 빌립보서, 골로새서 및 빌레몬서가 있다. 한편, 에베소서는 수신자들에 대한 표현이 정확하게 기록되어 있지만 일반적으로 회람서신a circular letter으로 여겨진다.[30] 회람서신이란 한 교회에 보낸 편지가 아니라 한 지역에 속한 여러 교회들에게 보낸 편지를 가리키는데, 필연적으로 일반적이고 보편적인 내용을 담고 있을 수밖에 없다.[31] 그러나 이 말은 에베소서가 하나의 신학 요약서와 같다거나, 실제로는 편지가 아니라는 것을 뜻하는 것은 아니다. 따라서 비록 에베소서에서 편지의 정황을 정확히 찾아내기는 어렵더라도,[32] 본 서신이 전달하는 바가 바울의 상황과 더불어 편지의 수신자들(즉, 초대 기독교인들)의 상황을 반영하고 있음을 분명히 고려하며 읽어야 할 것이다.[33]

5.2. 내용 분해

Ⅰ. 편지 서두 1:1–2

Ⅱ. 영광송 1:3–14

Ⅲ. 감사와 기도 단락 1:15–23

   1. 구원을 계획하신 하나님을 찬양함 1:3–14

   2. 감사의 기도 1:15–23

Ⅳ. 본론 2:1-6:20

    1. 본론 I: 교리/직설법 부분: 성도의 영광과 특권 2:1-3:21
    2. 본론 II: 권면/명령법 부분: 신분에 합당한 삶 4:1-6:20

Ⅴ. 결어 6:21-24

6. 빌립보서 구조 분석

6.1. 서론

빌립보서는 에베소서, 골로새서 및 빌레몬서와 함께 옥중서신에 속한다. 그럼에도 편지의 내용 때문에 빌립보서는 '우정의 훈계 편지'라고 불리기도 한다.[34] 이러한 사항은 빌립보서 전반에 나타나는 분위기, 용어 등을 통해 충분히 확인할 수 있다.[35] 그러나 빌립보서의 가장 중요한 기록 목적은 빌립보 교회에 감사를 전하기 위함이다. 즉, 빌립보 교회의 목회자였던 에바브라디도 편에 빌립보 교회가 보내준 선물을 잘 받았다는 '확인증' 성격을 지닌 감사의 편지인 것이다. 그리고 감사의 편지를 보내는 편에, 빌립보 교회의 문제였던 분열, 유대주의자 손(損)할례당(3장)의 문제들에 대해 교훈하는 목회적 편지이다.

한편, 빌립보서의 진정성이 의심받은 적은 없지만,[36] 몇몇 학자들은 빌립보서가 하나의 단일한 편지가 아니라 여러 편지의 복합물이라고 생각한다. 특히, 3장에서의 주제와 어조의 변화, 그리고 감사 단락이 편지 마지막 부분에 다시 등장하기 때문이다. 그러나 이러한 구조는 사도 바울 편지에 때때로 나타나기에 이러한 근거들만으로는 빌립보서의 단일성을 부인할 수 없다는 견해가 점점 강해지고 있다.[37]

6.2. 내용 분해

Ⅰ. 편지 서두 1:1-2
Ⅱ. 감사 단락 1:3-11

Ⅲ. 본론 1:12-4:20

1. 본론 I: 교리/직설법 부분: 복음의 진보와 그에 합당한 자세
   1:12-2:30
2. 본론 II: 훈계/명령법 부분 3:1-4:20
   ① 유대주의자들에 대한 경고 3:1-4:1
   ② 빌립보 교회에 필요한 권면들 4:2-9
   ③ 빌립보 교회의 선물에 대한 감사 4:10-20

Ⅳ. 결어 4:21-23

7. 골로새서 구조 분석

7.1. 서론

골로새서는 에베소서, 빌립보서, 빌레몬서와 함께 옥중서신으로 알려져 있다. 그러나 주의할 사항은 골로새 교회는 사도 바울이 아닌, 그의 제자 에바브라 Epaphras가 개척한 교회였다는 점이다(골 1:7-8; 4:12-13).[38] 그럼에도 골로새서의 내용은 피상적이거나 일반적이지 않고 매우 구체적인 교훈을 담고 있다. 왜냐하면, 비록 바울이 골로새 교회 성도들을 모두 알지는 못했을지라도, 제자이자 골로새 교회의 목회자인 에바브라와 동역자이자 편지 전달자인 두기고 및 오네시모를 통해 골로새 교회의 상황을 충분히 알 수 있었을 것이기 때문이다.[39] 이러한 골로새서는 종종 역사적으로 빌레몬서와 연관되고(즉, 오네시모와 관련하여), 내용적으로는 에베소서와 관련되어 연구되었다.[40] 한편, 골로새서의 저작설과 관련하여 최근의 학자들은 바울 저작에 대다수 동의한다.[41]

7.2. 내용 분해

Ⅰ. 편지 서두 1:1–2

Ⅱ. 감사 단락 1:3–12

Ⅲ. 본론 1:13–4:9

  1. 본론 Ⅰ:
    교리/직설법 부분: 참되신 구주요 기준이 되시는 예수 그리스도
    1:13–2:15

2. 본론 II: 훈계/명령법 부분: 그리스도와 함께 죽고 사는 삶
2:16-4:9

IV. 결어 4:10-18

8. 데살로니가전서 구조 분석

8.1. 서론

데살로니가전서는 사도 바울이 쓴 편지들 중 현존하는 가장 오래된 편지로 평가된다.[42] 그러나 아직 해결되지 않은 갈라디아서의 연대 문제에 따라 순위는 여전히 유동적이다.[43] 따라서 데살로니가전서는 사도 바울의 초창기 편지들 중의 하나라고 말하는 것이 지금으로서는 가장 정확한 표현일 것이다.

8.2. 내용 분해

Ⅰ. 편지 서두 1:1

Ⅱ. 감사 단락 1:2-5

Ⅲ. 본론 1:6-5:24

   1. 본론 I: 직설법 부분: 회상과 소식을 통한 훈계를 위한 준비
      1:6-3:13

   2. 본론 II: 훈계/명령법 부분: 성도들에 대한 권면 4:1-5:24

     ① 거룩한 삶 4:1-12

     ② 죽은 자들의 부활과 성도의 위로 4:13-18

     ③ 주님의 다시 오심과 준비 5:1-11

     ④ 기타 권면들과 성도들을 위한 기도 5:12-24

Ⅳ. 결어 5:25-28

9. 데살로니가후서 구조 분석

9.1. 서론

일부 학자들은 데살로니가후서의 바울 저작설을 의심해왔다.[44] 그러나 대부분의 학자들은 데살로니가후서는 사도 바울이 데살로니가전서를 작성하여 보낸 후, 그의 동역자 디모데를 통해 상황이 좋지 않다는 소식을 듣고 곧 이어 보낸 편지라는 점에 동의한다.[45] 이 편지는 데살로니가 교회 성도들을 향한 바울의 목회자로서의 심정을 분명히 나타내고 있다. 또한[46] 데살로니가전서에서 사도 바울이 전한 복음에 대하여 성도들이 보인 반응을 직·간접적으로 살펴볼 수 있는 중요한 자료의 역할도 한다.[47]

9.2. 내용 분해

Ⅰ. 편지 서두 1:1-2

Ⅱ. 감사 단락 1:3-12

Ⅲ. 본론 2:1-3:15

  1. 본론 Ⅰ:
    교리/직설법 부분: 주님의 강림하심의 날에 일어날 일 2:1-12
  2. 본론 Ⅱ:
    훈계/명령법 부분: 데살로니가 성도들에 대한 확신과 훈계
    2:13-3:15
    ① 가르친 바를 확인하고 데살로니가 교회와 성도들을 위해 기도함
      2:13-3:5

② 문제를 일으키는 자들에 대한 훈계 3:6-16

Ⅳ. 결어 3:17-18

10. 디모데전서 구조 분석

10.1. 서론

디모데전서는 사도 바울이 믿음의 아들 디모데에게 보낸 첫 번째 편지이다. 디모데는 사도 바울이 자신을 대신해 에베소 지역의 교회를 맡아 사역하도록 세운 동역자였다. 이 편지를 통해 사도 바울은 디모데가 주어진 사역을 잘 감당할 수 있도록 개인적 차원과 교회적 차원의 지침과 훈계를 전한다.[48] 본 편지의 목적은 3장 14-15절, "내가 속히 네게 가기를 바라나 이것을 네게 쓰는 것은 만일 내가 지체하면 너로 하여금 하나님의 집에서 어떻게 행하여야 할지를 알게 하려 함이니 이 집은 살아 계신 하나님의 교회요 진리의 기둥과 터니라."는 표현을 통해 분명히 알 수 있다.[49]

10.2. 내용 분해

Ⅰ. 편지 서두 1:1-2

Ⅱ. 본론 1:3-6:19

   1. 본론 Ⅰ:
      에베소 교회와 관련된 디모데의 처신에 대한 권면 1:3-4:16
        ① 바울을 본받는 목회 사역자가 될 것 1:3-20
        ② 교회의 질서를 위한 권고 2:1-3:16
        ③ 거짓 교훈과 관련된 직무 4:1-4:16
   2. 본론 Ⅱ: 젊은 목회자에게 주는 권면 5:1-6:19
        ① 교회의 각 구성원들에 대한 훈계 5:1-6:2

② 그 외의 교훈들 6:3-19

Ⅲ. 결어 6:20-21

11. 디모데후서 구조 분석

11.1. 서론

디모데후서는 사도 바울이 자신의 영적 아들이요 동역자인 디모데에게 보낸 마지막 편지이다. 생의 마지막의 순간에 남기는 유언의 글처럼,[50] 자신과 동일한 사역자의 길을 걷고 있는 디모데에게 사역자에게 늘 일어나고 향후 다가올 수 있는 여러 시험들을 이겨낼 것을 진심으로 훈계하는 편지이다.[51]

11.2. 내용 분해

Ⅰ. 편지 서두 1:1-2

Ⅱ. 감사 단락 1:3-5

Ⅲ. 본론 1:6-4:18

    1. 사역자의 현재의 고난(사역과 관련)을 이겨낼 것 1:6-2:13

    2. 사역자의 미래의 고난(거짓 교사 등)을 이겨낼 것 2:14-4:5

    3. 추가 권면 4:6-18

Ⅳ. 결어 4:19-22

12. 디도서 구조 분석

12.1. 서론

디도서는 바울이 그레데 지역의 사역자로 임명받은 디도에게 보낸 편지이다.[52] 사도 바울의 권면으로 그레데에 남아 사역하게 된 디도는 어떻게 교회에 직분자(장로들)를 세워 조직화하고 교회의 질서를 세워나갈 것인지를 이 편지를 통해 가르침을 받는다.[53]

12.2. 내용 분해

Ⅰ. 편지 서두 1:1-4

Ⅱ. 본론 1:5-3:14

  1. 본론 Ⅰ
    직설법 부분: 그레데 지역에서 디도가 해야 할 일 1:5-16
  2. 본론 Ⅱ
    훈계 부분: 성도들에 대한 바른 교훈과 바른 행동에 대한 권면
    2:1-3:14

Ⅲ. 결어 3:15

13. 빌레몬서 구조 분석

13.1. 서론

빌레몬서는 바울서신 중 분량이 가장 짧고 개인적인 내용을 담은 편지이다.[54] 에베소서, 빌립보서, 골로새서와 함께 옥중서신으로 알려져 있다. 오네시모는 바울의 동역자였던 빌레몬으로부터 도망한 노예였는데, 바울의 전도를 통해 그의 동역자가 되었다. 이러한 오네시모를 돌려보내면서 그를 사랑으로 받아주고 용납해 줄 것을 빌레몬에게 권면하는 내용을 담고 있다.

13.2. 내용 분해

Ⅰ. 편지 서두 1:1-3

Ⅱ. 감사 단락 1:4-7

Ⅲ. 본론 오네시모를 형제로 용납해 줄 것을 권면함 1:8-22

Ⅳ. 결어 1:23-25

PART 6

결론

1. 바울서신을 통해 본 한국교회
2. 바울서신 바로 읽기
3. 복음을 복음되게, 교회를 교회되게

Historical and theological background of Paul's letters

결론

1. 바울서신을 통해 본 한국교회

세계에서 유례를 찾아보기 어려울 정도로 급성장해왔던 우리 한국교회는 과거 부흥의 역사를 뒤로 한 채, 성장이 중지되고 정체 상태를 맞아 위기 의식이 깊어져가고 있다. 정체의 원인에는 세속화 secularization 등 여러 요인들이 있겠지만, 우리 교회들이 하나님 말씀 이외의 것으로 교회를 부흥시키려 하고, 또 해결 방안을 찾으려는 생각이 팽배한 것도 위기를 초래한 요인이 아닌가 생각된다. 한국교회의 위기는 곧 강단의 위기에서 비롯되었다고 해도 과언이 아니다. 강단에서 말씀이 약화될 때, 목회자는 다른 곳에 눈을 돌리게 되기 때문이다. 말씀의 전문가인 목회자는 '기록된 말씀' written words 을 '살아계신 말씀' living words 으로 바꾸어야 하는 사명을 지닌 자이다. 따라서 목회자는 무엇보다 말씀의 능력을 신뢰하고, 자기 본연의 임무인 말씀 연구에 온 힘을 쏟아야만 하는 것이다.

위기의 시대를 살아가는 우리에게 바울서신은 그 어느 때보다도 더욱 의미있게 다가온다. 바울서신이 기록된 후 이천여 년의 간극으로 인하여 언어나 문화, 그리고 상황은 달라졌을지라도 교회가 겪는 어려움이나 문제의 근본 원인은 거의 달라지지 않은 듯하다. 이는 바울 당시에도 우리 시대와 비슷한 세속화의 문제들이 교회 안에 일어났고, 사도는 그 문제들에 대한 답으로 바울서신을 기록했기 때문이다. 바울서신은 이러한 상황 가운데 처한 성도들을 교훈하고, 또한 교회를 말씀 위에 바로 세우기 위하여 목회적·선교적·변증적·신학적 목적에서 바울이 기록한 상황서신이다.

바울을 연구한다는 것은 바울이 그의 서신에서 원래 의도했던 메시지를 찾아내고, 동시에 그것이 21세기를 살아가는 우리에게 어떠한 의미가 있는지를 적용하는 작업이다. 이러한 작업을 우리는 '석의'라고 하는데, 신약학에서 가장 중요한 것은 본문을 석의Exegesis하는 것이다. 즉, 상황서신인 바울서신의 기록 당시의 역사적 배경을 바로 알고, 그 기초 위에서 보편적이고 영원한 메시지를 추출하여 지금 이 시대에 적용하는 석의 작업! 이것이 우리 설교자들에게 주어진 중요한 과제인 것이다.

2. 바울서신 바로 읽기

바울서신을 바로 석의하기 위해서는 우리는 다시 성경 연구의 원론으로 돌아가야 한다. 본문을 아무 편견이나 전제, 틀이 없이 성경 자체가 말하도록 해야 하는 것이다. 설교자들은 신학을 공부하면서 자신도 모르게 어떤 틀을 가지려던 노력들이 무의식중에 있었던 것이 사실이다. 이제 우리는 성경 연구의 가장 기본적인 자세가 무엇인지를 다시 한 번 깊이 생각하고, 본문 자체에 우선권을 부여하고 본문이 말하는 것을 들으려는 성경 연구의 기본 자세를 확립해야 한다.

바울서신의 해석방법론에 있어서는, 무엇보다 먼저 바울서신의 상황성이 분명히 인식되고 강조되어야 한다. 이는 바울서신은 특정한 상황에서 쓰였기 때문이며, 사도의 메시지는 상황 속에 전해져야 하기 때문이다. 그러나 보수 진영에서는 바울서신이 기록된 상황이나 배경에 주목하지 못했다. 청중에 대한 상황 역시 집중하지 못하였던 것도 사실이다. 반면, 진보 진영에서는 본문을 접할 때나 설교의 대상인 청중을 대할 때 그들의 상황성에 지나치게 주목하였다. 보수 진영은 그들의 상황성이 지나치다고 여겼고, 진보 진영은 보수 진영의 비(非)상황성을 비난하였다.

바울서신을 석의할 때 우리는 무엇보다 서신의 상황성에 대해 주목해야 한다. 그러나 진보 진영에서 주목해온 방식보다는, 본문의 내용을 보다 정확히 이해하기 위한 측면에서 상황성이 고려되어야 한다. 그 상황을 파악하는 것 역시 역사와 문화를 파악하는 방식을 포함하지만, 진보 진영처럼 상황성에만 지나치게 주목하기보다 우리에게 주어진 일차적 권위 자료인 바울서신 본문을 우선적으로 깊이 연구해야 한다. 그리하여 본문 안에 담긴 메시지와 자료들을 통해 수신자들의 상황이 어떠했는지를 역추적하는 방식이 필요하다.[1] 이러한 방식은 적절한 수준에서 본문보다 상황 파악이 앞서지 않고, 오히려 본문을 통하여 상황을 보다 깊이 파악할 수 있게 해준다. 즉, 본문에 집중하되, 상황을 보다 깊이 파악하는 효과를 준다. 중요한 것은 이러한 상황 파악이 본문 해석의 중요한 열쇠가 된다는 것이다.

바울의 교훈에서 확인했듯, 바울은 특수한 상황에서 편지를 써 내려갔지만, 보편적이며 통일적인 불변의 복음의 메시지를 전하고 있다. 진보 진영에서 주장하듯 바울 복음이 상황에서 만들어지고 진보되는 것이 아니라, 바울 복음의 핵심과 내용은 변하지 않았지만 각 수신자들의 상황에 맞게 복음을 전하였다는 사실이다. 이것은 바울 연구자들이 결코 놓쳐서는 안될 상황성 이해와 적용에 대한 중요한 핵심이다.

3. 복음을 복음되게, 교회를 교회되게

오늘날 우리 한국교회는 '부흥'을 잃어버린 세대가 되었다. 모두들 "Again 1907!"을 외치며 부흥을 다시 꿈꾸어 보지만, 과거와 같은 그런 부흥이 일어나리라 기대하는 사람은 그리 많지 않은 듯하다. 부흥이란 무엇일까? 부흥이란 교회가 본질에 충실할 때 하나님께서 내려주시는 축복으로, 그것은 양적일 수도, 질적일 수도 있다. 그렇다면 본질에 충실한다는 것이 무엇일까? 하나님을 공경하고 사람을 사랑하면서 '말씀대로 사는 것'이다. 부흥은 결코 특별하거나 거창하거나 획기적이지 않다. 인간적인 지혜나 방법에 있는 것도 아니다. 하나님의 말씀! 십자가의 복음! 이것이면 충분하다. 아니, 그것이 전부이다.

이천 년 전 사도 바울을 만났던 대부분의 사람들은 그에게 두 가지를 요구했다. 한 부류는 그가 전능하신 창조주 하나님에 대해 설교한다는 사실을 알고 그에게 '이적'을 요구했다. 다른 부류는 바울에게 '신비한 지혜'나 '철학적 지식'을 요구했다. 이러한 두 부류의 사람들! 바울의 말을 빌자면 "유대인은 표적을 구하고, 헬라인은 지혜를 구했다."고 할까! 그런데 바울은 이들의 요구에 타협하기보다는 오직 십자가만 전했다.

21세기를 살아가는 많은 한국교회 성도들도 이제 십자가보다는 더 다른 많은 것을 교회로부터 얻기를 기대한다. 그러나 이 점 한 가지만은 분명히 기억해야 할 것이다. 21세기를 살아가며 이 세상이 더욱 다양화, 문명화되어간다 할지라도 기독교의 진리는 우리 인간이 좋아하고 얻고 싶어하는 그 속에 있는 것이 아니라는 사실이다. 교회는 사람들이 필요로 하는 것을 주는 곳이 아니라, 하나님께서 사람들에게 필요하다고 선언하신 것을 주는 곳이어야 한다.

그것은 무엇일까? 십자가! 인간을 구원하시는 하나님의 능력인 십자가! 바로 그것이다. 십자가는 지난 이천 년 기독교 역사에서도 그러했듯 오늘 우리 한국에서도 하나님의 능력이요, 하나님의 지혜인 것이다. 그 안에 용서와 구원의 길이 있다. 그것은 21세기에도 동일하게 인간을 구원하시는 하나님의 능력인 것이다: "내 말과 내 전도함이 설득력 있는 지혜의 말로 하지 아니하고 다만 성령의 나타나심과 능력으로 하여 너희 믿음이 사람의 지혜에 있지 아니하고 다만 하나님의 능력에 있게 하려 하였노라."(고전 2:4-5).

위기와 침체 속에 정체되어 있는 우리 한국교회가 다시 복음 위에, 십자가 위에 굳건히 세워지기를 바란다. 이 참된 부흥을 위하여 복음을 복음되게, 교회를 교회되게, 성도를 성도되게 하는 설교자가 우리 한국교회에 가득하여져서, 진정한 부흥의 역사가 이 땅에 다시 한 번 뜨겁게 일어나기를 간절히 소망한다.

부록

초기 예루살렘 교회는
교회의 이상적 모형이 될 수 있는가?

1. 서론
2. 예루살렘 교회의 모습과 생활
3. 예루살렘 교회의 특징
4. 예루살렘 교회: 모든 교회의 이상적 모형인가?
5. 결론

Historical and theological background of Paul's letters

부록

초기 예루살렘 교회는
교회의 이상적 모형이 될 수 있는가?

1. 서론

한국교회는 1884년(혹은 1882년) 선교가 시작된 이래 세계에서 유례를 찾아볼 수 없을 정도로 급성장하여 1세기 만에 860만 신도를 가진 동양 최대의 개신 교회로 발전하였다. 세계 교회가 경이의 눈으로 우리 한국교회를 바라보고 있고, 21세기 아시아와 세계 교회를 책임질 교회라고 말하기도 한다. 그러나 21세기 초의 우리 한국교회는 심각하게 세속화되어 교회 내외로부터 비판을 받고 있으며, 성장이 중지되고 정체 상태를 맞아 위기 의식이 고조되고 있는 것이 부인할 수 없는 현실이다.

심지어는 언제부터인가 제2의 종교개혁이 다시 일어나야 한다는 외침이 공공연히 들려오고 있다. 1517년, 신비주의와 의식중심 등 형식과 전통에 치우쳐 하나님의 바람과는 전혀 다른 방향으로 치닫던 교회를 하나님께서 원하시는 모습으로 새롭게 변화시키고자 했던 외로운 싸움이 바로 종교개혁이었다. 그렇다면 종교개혁이란 좀 더 정확히 말하면 '교회의 개혁'을 의미하는 것이다. 만일 이 개혁 운동이 없었더라면 기독교는 그 본질과 복음을 잃어버린 변질된 하나의 종교 단체로 전락해 버렸을 것이다. 이런 맥락에서 보면 종교개혁이란 오늘 우리 한국교회뿐만 아니라 21세기 기독교회가 짊어진 가장 큰 과제임에 틀림없다.

"개혁된 교회는 계속 개혁되어야 한다." ecclesia semper reformanda '부단히 자기를 개혁하는 교회'[1]가 되어야 한다는 이 말은, 끊임없이 계속되는 세속화와 변질의 흐름 속에서 복음을 수호하고, 교회가 교회되게 하는 '반복적인 자체개혁'과 '궤도수정'과 '원상회복'을 시도하는 교회가 되어야 한다는 것이다. 개혁할 요소가 여전히 우리 가운데 있는 한 1517년에 일어났던 종교개혁은 오늘날에도, 지금 이 순간에도 계속 일어나야 한다. 21세기 한국교회는 어떻게 될 것인가? 그것은 정해진 것이 아니라 우리 교회들이 창조하는 것이며, 하나님 말씀에 어떻게 순종하는가에 따라 결정될 것이다.

한국교회가 하나님과 사람 앞에서 사명을 감당하는 성숙한 교회가 되려면 무엇보다도 스스로를 직시할 수 있어야 하며, 안팎에서 들려오는 비판의 소리를 외면하지 말고 그 소리에 귀 기울일 줄 알아야 한다. 이미 오래 전부터 우리 교회의 모습에 대해 걱정하고 염려하는 목소리만이 아니라, 기존 교회의 문제점들에 대한 강한 비판이 많이 제기되었다. 그들 중에는 대안 제시에는 관심 없이 오직 교회 비판만을 목표로 한몫을 단단히 보려는 파괴적인 신학자나 기독교 단체들도 있다. 하지만 대부분의 경우는 현재 교회나 기독교인들의 부정적인 모습을 거침없이 지적하고 "이상적인 교회의 모습은 어떤 것인가?" 교회의 '정체성과 본질'에 대해 고민하고, 또한 그 대안으로 새로운 교회 운동을 이상적인 교회 모형으로 제시하기도 한다. 예를 들면 현대적 개념의 수도원 운

동, 기도원 운동, 여러 모양의 기독교 공동체, 고립된 기독교 사회 등이 모두 이러한 부류이다.[2]

그렇다면 과연 무엇을 기준으로 하여 비판과 개선이 제시될 수 있는가? 개혁한다면 무엇을 개혁하고, 회복한다면 무엇을 회복한다는 말인가? 교회나 기독교 공동체를 평가하는 근본적인 기준은 과연 무엇인가 하는 것이다. 이 질문에 답하기 위해서는 무엇보다도 먼저 교회를 긍정적, 혹은 부정적으로 비교할 수 있는 이상적인 모형이 필요하다. 이것이 없이는 비교와 비판, 개선의 호소는 논리적으로 불가능하다. 비판 작업이란 비판의 기준이 될 만한 '교회의 원형'이 무엇보다도 먼저 제시되고, 그 후에 이 원형에 비추어 현 교회의 부정적인 모습이 조명되어야 하기 때문이다.

개혁 작업에 있어서도 마찬가지이다. 먼저 이상적인 교회의 모형이 제시되고, 그 후에 그것과 현실을 비교하여 그 때 발견되는 부정적인 면을 비판하고, 현재의 교회를 이것에 일치시키려는 시도가 일어나야 한다. 그렇지 않다면 앞서 언급한 움직임들이나 그 이외의 모든 선의의 교회개혁 방안들은 비판이나 개혁이라기보다는 교회의 모습을 한 번 변형해 보려는 의미없는 시도에 지나지 않을 것이다. 교회를 비판하고 개혁함에 있어 가장 중요한 것은 무엇을 그 기준으로 할 것인가, 즉, 어떤 교회가 과연 예수님께서 요구하시는 교회의 원형, 혹은 이상적 교회인가 하는 것을 고정(考定)하는 것이다.

많은 사람들, 특히 교회 지도자들은 예루살렘 교회가 – 예루살렘의 기독교 초기 공동체란 명칭을 자주 쓰기도 한다 – 이 기준의 역할을 훌륭히 수행할 수 있다고 믿고 있다. 다시 말하자면, 오순절 직후의 예루살렘 교회의 모습은 그 교회의 역사적인 모습을 보여 주는 것뿐 아니라, 한 걸음 더 나아가 그 자체로 교회의 본래 모습인 이상적인 모형으로 세시되고 있다는 것이다. 이런 이유로 교회의 개혁을 부르짖으며 기독교의 미래를 이끌어가기 원하는 사람들은 사도행전 2장에 등장하는 예루살렘 교회의 모습, 특히 예루살렘 교회의 공동생활이야말로 이상적인 교회의 모습이라고 생각한다. 오늘날의 교회가 이와 같은 순수한 모습을 잃어버리고, 공동체적 삶을 되풀이하지 못하는 것이 우리 불행의 근본 원인이라고 하면서, 어떤 희생과 대가를 치르더라도 예루살렘 공동체를 회복하는 것이 우리가 추구해야 할 목표라고 주장한다. 심지어는 오직 이것만이 현대 교회가 가지고 있는 수많은 고질적인 문제점들을 바로 잡고 진정한 교회로 회복될 수 있는 유일한 해결책이라고 말한다. 공동체성의 회복과 초기 예루살렘 기독교 공동체로의 전환이 신학과 신앙의 목표로 설정된 것이다.

정말 그러한가? 이제 우리는 예루살렘 교회가 과연 이런 기준의 역할을 할 수 있는지 묻고자 한다. 다시 말하자면, 누가나 그 밖의 성경 기자들이 예루살렘 교회의 초기 모습을 모든 시대의 모든 교회가 추구하고 재현해야 할 교회의 이상적인 모습으로 제시하고 있는가 하는 물음인 것이다. 이 글의 목적은 "이상적인 교회의 모습은 어떤 것인가?" "예루살렘 교회에서 무엇을 본받을 것인가?"를 제시하기보다는, 사도행전에 나타난 예루살렘 교회는 과연 모든 시대의 모든 교회가 추구하고 복원해야 할 '이상적인 교회' 또는 '이상적인 모범'이 될 수 있는가 하는 문제를 중점적으로 다루려는 것이다.

2. 예루살렘 교회의 모습과 생활

사도행전은 기독교 신앙과 신학의 출발점, 그리고 그리스도인들의 뿌리를 제시하고 옳고 그름을 판단할 수 있는 척도를 제시한다. 그리하여 우리 신앙 형태 중 어느 것이 옳으며 어느 것이 고쳐져야 할 것인지를 확인할 수 있게 해준다.[3] 특히 사도행전 1-5장은 예루살렘 교회의 역사적 기원과 모습에 관해 기술하고 있다. 물론 이 기록은 최초의 정보도 아니고 유일한 사료도 아니지만, 기독교 운동이 어떻게 시작되었는지 이해하는 데 필수적인 자료이다. 이것은 단순히 객관적인 역사의 기록이나 창안된 역사의 재구성이 아니라, 사건과 사건에 대한 해석이 한데 모여 어우러진 것이라고 할 수 있다. '역사'가 존재하는 것이 사실이지만, 그 역사는 믿음의 눈을 통해 보고 이해한 역사인 것이다.[4] 이러한 사도행전은 예루살렘 교회의 초기 모습과 생활에 대해 이렇게 기술하고 있다.

예수님께서 승천하신 직후부터 백 수십 명 이상의 제자들은 주님이 부탁하신 대로 예루살렘을 떠나지 않고 기도하고 있었다. 가룟 유다를 제외한 나머지 열한 사도들이 자연히 이 모임을 이끌고 있었는데 특히 베드로가 그들을 대변하고 있었다. 그의 지도 아래 '갈릴리 사람들'로 불리는 무리들(행 1:11; 2:7), 즉 예수님과 그의 생애를 목격했던 사람들이 "마음을 같이 하여 오로지 기도에 힘쓴 것"(행 1:14)과 결원이 생겼던 사도직에 맛디아를 제비뽑아 보충한 것(행 1:16-26)만이 그들이 했던 일로 기록되어 있다.

약 10여 일이 경과한 오순절 아침에도 그들은 여느 때처럼 성전에 모여 있었는데 "하늘에서 급하고 강한 바람 같은 소리가 있어 그들이 모여 있던 온 집에 가득하였고, 불의 혀처럼 갈라지는 것들이 각 사람 위에 머물렀으며, 모두가 성령의 충만함을 받고 성령이 말하게 하시는 대로 다른 언어로 말하기를 시작하였다."(행 2:4). 그러자 로마 제국의 곳곳에서 온 유대인들과 개종자들이 놀라 제자들 주위로 모여들었다. 놀라거나, 의혹의 시선을 보내거나, 혹은 비난하는 사람들을 향해 베드로가 즉석에서 설교를 하게 되고, 그의 설교에 많은 사람들이 큰 감동을 받아 설교가 끝나자 즉시 세례를 받았는데, 그 결과 약 삼천 명의 영혼이 더해지는 일이 일어나게 되었다(행 2:41).

오순절 사건을 통하여 예루살렘 교회는 예수님의 약속을 기다리는 교회에서 예수님의 지상명령을 이행하는 교회로 바뀌었다. 이전과는 다른 새로운 형태의 교회가 등장한 것이다. 약속하신 대로 승천하신 예수님께서 성령을 모두에게 부어주시고 모든 제자들이 성령으로 충만해진 지금, 제자들은 더 이상 무엇을 기다리거나 또 머뭇거릴 수 없었다. 성령의 오심과 동시에 그들은 자연히 활동하는 교회로 변화하였다. "예루살렘과 온 유대와 사마리아와 땅 끝까지 이르러 내 증인이 되리라."는 예수님의 예언이 사도들을 통하여, 즉 그들의 적극적인 행동과 사역을 도구로 삼아 실현되기 시작한 것이다. 그 첫 열매가 삼천여 명의 새로운 제자들이었다.[5]

지금까지의 사실은 예수님의 실제 제자들로 구성되었던 예루살렘 교회가 어떻게 새로운 형태로 변화했는가를 보여주는 사도행전 기록의 요약인데, 공동생활 모습이 등장하는 것은 바로 이 사건 다음이다. 오순절 사건이 지난 이후 예루살렘 교회의 생활은 크게 바뀌었다.[6] 누가는 이 바뀐 모습을 사도행전 2장 42-47절에 구체적으로 기록하고 있다. 그들은[7] "사도의 가르침을 받아 교제와 떡을 떼는 것과 기도에 몰두했다."(42절).[8] 교회의 이런 모습은 예루살렘 기독교 공동체 밖의 모든 사람들에게 두려움을 주었다. 하지만 "믿는 사람들은 모두 같은 곳에 있었고, 모든 것을 함께 사용했으며, 자신의 재산과 소유를 팔아 모두에게 그들이 필요한 대로 그것을 나누어주었다."(44-45절). 또한 그들은 날마다 마음을 같이 하여 성전에 있었고, 집에서 떡을 떼었으며, 기쁨과 순전한 마음으로 음식을 먹고 하나님을 찬미했으며, 사람들에게 칭찬을 받았다(46절). 그리고 살아계신 주님께서는 이 삼천 수백 명의 생동하는 집단에 매일 구원얻는 자들을 더해 주셨다."(47절). 이제 우리는 사도행전 2장 42-47절의 기록에 근거하여 예루살렘 교회의 특징을 다음과 같이 정리할 수 있을 것이다.

3. 예루살렘 교회의 특징

3.1. 사도들의 가르침과 배움

'사도들의 가르침'(ἡ διδαχὴ τῶν ἀποστόλων)이 예루살렘 교회의 중요한 본질이 되었다는 것을 이해하려면 우리는 먼저 오순절을 전후하여 예루살렘 교회의 구성원들이 크게 달라졌다는 점을 인식해야만 한다. 오순절 이전의 교회 구성원은 모두 예수님을 직접 보아 알고, 예수님께서 행하시는 이적들을 직접 경험했고, 예수님께 직접 배운 자들이었다. 이런 상황에서 '사도들의 가르침'이란 형태의 활동은 두드러질 수 없었고, 그럴 필요도 거의 없었다. 그러나 오순절 사건을 경험한 이후 상황이 완전히 달라지기 시작했다. 새로운 제자들이 늘어나 기존의 제자들과 함께 신앙 공동체를 이루기 시작했기 때문이다. 기존 제자들과 비교해 볼 때 이들은 나사렛 예수에 관하여 정확히 알고 있지 못했다.

다만 그들은 예수를 죽인 것에 가책을 느끼고 베드로의 설교와 성령의 감화에 자극받아 예수님을 믿고 세례를 받았을 뿐이다. 그들이 진정한 예수님의 제자, 즉 기독교인으로 변화해가기 위해서는 제자들을 통하여 그리스도에 관한 복음을 계속 들어야만 했다. '가르침과 배움'은 오순절 사건 직후 예루살렘 교회에 생겨난 긴급한 필요였던 것이다. 따라서 교회가 힘을 기울여야 했던 일에도 불가피하게 변화가 일어나게 된 것이다.

신자들이 갑자기 늘어나게 되자 사도들은 가르치는 일에, 새로운 신자들은 배우는 일에 전념할 수밖에 없었다. 사도들은 예수님에게서 보고 듣고 배우고 익힌 것을 전해주는 증인으로 사역하였고, 새로 믿게 된 제자들은 배우기 위하여 사도들에게 모여야 했다. '사도들의 가르침'은 이 초기 단계에 가르치는 사역, 혹은 그 권한이 사도들에게만 주어져 있었다는 것을 암시한다.[9] 복음은 다른 어디에서도 들을 수도, 읽을 수도 없었다. 전해져 내려오는 기독교 전통은 아직 다른 어디로도 옮겨지거나 전파되기 전이었다. 기독교 전통의 최초 소유자들이 한곳에 함께 모여 있는 상황에서, 이제 막 예수님을 만나서 그 분을 주님으로 고백한 수천 명의 사람들은 사도들 주변에 모여 가르침과 배움을 지속하면서 이미 예수를 믿고 따랐던 제자들과의 '교제'(κοινωνία)가 싹트기 시작했다. 새로운 신자들이 기존 제자들보다 열 배 이상 더 많은 상황에서 기존 제자들은 주로 섬기는 역할을 했고, 이와 같은 희생의 섬김 가운데 그들의 교제가 더욱 깊어졌으리라는 사실은 어렵지 않게 추측할 수 있다.

예루살렘 교회가 보여주었듯이 예수님에 관하여 가르치고 배우는 것은 교회의 본질에 속한다.[10] 예수님을 믿는 사람들은 하나님의 생명의 도구가 되어 이 땅 위에 하나님 나라를 확장하고 하나님의 통치, 구원과 심판을 널리 전파해야 한다. 오늘날의 교회도 이 사명에서 예외가 되어서는 안 된다. 이 땅 위에 교회가 존재하는 가장 근본적인 이유는 신앙의 대상이신 예수 그리스도에 대해 가르치고 배우는 것, 곧 말씀을 전파하는 것이기 때문이다. 예루살렘 교회는 말씀을 전파하는 교회였다.

3.2. 교제와 성만찬과 기도

말씀 전파와 더불어 예루살렘 교회가 보여주었던 중요한 특징은 성도의 교제(κοινωνία)였다. 그들은 교회에 모여 말씀을 가르치고 배우는 가운데 교제했고, 특히 이 교제는 먼저 믿은 사도들과 성도들의 섬김과 봉사를 통하여 깊어졌음을 알 수 있다. 또한 그들은 말씀을 배우기 위해 교회에 모였을 때, 함께 음식을 먹었다. 여기서 '교제'라는 것은 공동식사로 표현되는 식탁의 교제table fellowship를 의미하기도 하는데, 그것은 흔히 '아가페 축제' 혹은 '나눔의 식사'라고도 불려졌다.[11]

또 다른 특징은 공동체 식사나 애찬과 더불어 주님이 기념하라고 명하셨던 성만찬이 엄숙하게 거행되었다는 것이다. 사도행전 2장 42절의 "떡을 떼었다"(τῇ κλάσει τοῦ ἄρτου)는 표현이 무엇을 가리키는가에 관하여 보통 세 가지 학설이 있다: (1) 일상적인 식사,[12] (2) 공동체적 단결을 다지는 애찬,[13] (3) 성만찬을 가리키는 것인데,[14] 대체적으로 학자들은 (3)을 주장하며, 이 구절을 성만찬을 위한 특수용어로 이해한다. 그러나 앞뒤 문맥과 역사적 상황에 비추어 (1)과 (2)가 함께 병행되었을 가능성을 부정하지 않는다. 즉, 예수님과 제자들이 행한 마지막 만찬의 연장으로 성찬 의식이 행해졌듯이, 애찬과 성만찬이 병행되었을 수도 있다는 것이다. 이와 더불어 다른 특징은, 이전과 같이 그들은 교회에 모여 함께 기도하는 데(ταῖς προσευχαῖς) 전념했다. 좀 더 구체적으로 말하자면, 본문의 정관사는 성전의 일일 예배에서 행하여지는 정해진 기도를 지속적으로 했다는 것을 시사하고 있다.[15]

요약하면, 말씀 전파와 교제, 성만찬, 그리고 기도는 당시 예루살렘 교회가 보여주었던 특징적인 모습이었다. 그러나 이것은 단지 예루살렘 교회만의 독특한 모습은 아니었다. 이후에 생겨난 모든 교회들도 이러한 특징들을 계속 보여주었고, 또한 그렇게 할 것을 계속 권면받은 사실을 통해 쉽게 확인할 수 있다. 우리는 그 증거를 사도행전 후반부 혹은 서신서 전체를 통해서 거듭 확인할 수 있다. 그러므로 예루살렘 교회가 보여주었던 여러 특징들은 후대 교회들도 마땅히 보여주어야 할 교회의 본질적인 요소라 할 수 있다.

그렇지만 한 가지, 여기서 알아야 할 것이 있다. 그것은 사도행전 2장의 누가의 보도는 칼빈이 말한 대로 '교회의 본질'이나 '바른 표지'가 무엇인지 알려주는 조직신학적 원리나 교리에 관한 진술이 아니라는 것이다.[16] 이것은 오순절 사건으로 급속히 성장하게 된 예루살렘 교회의 모습과 실생활에 대한 사실적 보도이다. 즉, 누가는 지금 교회의 기초나 원리, 표식이나 임무를 고정(考定)하거나 제정하는 것이 아니라 초대교회의 움직임을 독자들에게 생생하게 알려주고 있는 것이다. 사도들의 가르침, 사람들과의 교제, 성만찬을 겸한 애찬, 그리고 기도는 초대교회의 실제적 필요와 요구에 따라 자연스럽게 역사의 전면에 부상한 활동들이라는 점을, 또한 교회의 원리는 이와 같이 교회의 삶을 통하여 서서히 나타나 교회의 모습을 형성하는 요소들로 정착되었다는 사실을 우리는 결코 잊어서는 안 될 것이다.

3.3. 공동체적 생활

예루살렘 교회가 보여주었던 또 하나의 특징은 '공동체적 생활'이었다. 이 특징 역시 당시 예루살렘 교회의 실제적 필요 때문에 형성된 것이었다. 누가는 "믿는 사람들이 다 함께 있어 모든 것을 공유하고 재산과 소유를 팔아 각 사람의 필요를 따라 나누어주고 날마다 마음을 같이 하여 성전에 모이기를 힘쓰고 집에서 떡을 떼며 기쁨과 순전한 마음으로 음식을 먹고 하나님을 찬미했다."고 기록하고 있다(행 2:44-47).

그렇다면 왜 그렇게 함께 모여서 공동체적 삶을 영위해야만 했을까? 굳이 그렇게 해야 할 필요가 있었을까? 이 질문에 대한 답을 얻기 위해서는 당시 상황을 아는 것이 중요하다. 이미 앞에서 살폈던 것처럼, 예루살렘 교회의 공동 생활은 가르치는 권한이 아직 사도들에게만 주어져 있었던 상황에서 사도들을 중심으로 모두 모여야 하고 헤어져서는 안될 명백한 필요 때문에 발생한 것이었다. 배우기 위해서는 가르치는 사람들이 있는 곳으로 모일 수밖에 없었다. 그래서 믿는 사람들은 모두 같은 장소에 함께 있었고, 그곳에서는 배움과 가르침의 장이 펼쳐졌다. 그리고 기존 제자들과 새로운 신자들 사이에는 알력이나 불화, 혹은 경계심이나 경쟁 심리보다는 화합과 교제, 상호 협력이 두드러지게 나타났다. 그 결과 그들은 모든 것을 공유할 수 있었던 것이다(44절).[17]

그러는 가운데 긴급한 상황이 발생했다. 그것은 거대한 공동체를 유지하는 일이었다. 이를 위해서는 필요한 것들이 많이 있었다. 하지만 육체적인 삶의 필요가 '가르침과 배움'의 활동, 즉, 복음 사역을 중단하는 걸림돌이 될 수는 없었다. 사람들은 자발적으로 자신의 재산을 교회의 복음 사역을 위하여 아낌없이 팔았고, 각 사람의 필요를 따라 나누어주었다(45절). 아마 당시에는 이와 같은 방법이 아니고서는 그 많은 사람들이 새로운 움직임을 계속해 갈 수 없었을 것이다.

그렇다면 우리는 이렇게 말할 수 있을 것이다. 예루살렘 교회의 공동 생활은 긴급한 상황적 필요에 의한 것이었고, 자발적인 것이었으며, 그 원동력은 기쁨이었다. 이러한 헌신적인 사람들로 말미암아 예루살렘 교회는 잠시도 지체함 없이 복음을 전하고 가르치는 교회로서의 본연의 모습을 빠른 속도로 갖추어 나갔던 것이다.

의식주 문제에 아무런 제약과 방해를 받지 않게 되자 사람들은 새로운 방식의 삶에 쉽게 몰두할 수 있었다. 그들은 수시로 성전에 모여 가르치고 배우고 기도하며 찬송하는 일들에 전념했다. 그러나 초기 예루살렘 교회의 기쁨과 활력이 넘치는 생활은 단지 공적 예배와 기도 등 성전 안에서만 이루어진 모습이 아니었다. 그들은 성전뿐만 아니라 어느 곳에서나 기쁨을 누렸다. "집에서 떡을 떼며 기쁨과 순전한 마음으로 음식을 나누고 하나님을 찬미했다."(45-46절). 자신의 소유를 혼자서만 누리는 것이 아니라 모두의 필요를 위하여 자발적으로 팔아 공동체를 세워 나감으로써 예루살렘 교회는 더욱 굳게 결속되어 갔다. 누가는 구성원의 급속한 증가와 변화에 지혜롭게 대처해 나갔던 예루살렘 교회의 초기 생활을 이렇게 간략하게 소개하고 있다.

3.4. 구별된 삶과 성장

예루살렘 교회는 이제 뚜렷하게 유대 사회로부터 구별되어 갔다. 비록 유대 사회가 이들의 삶의 터전으로 남아 있기는 했지만 예루살렘 교회는 누가 보더라도 기존 사회와는 다른 방향으로 흘러가고 있었다. 성령의 오심과 충만, 이에 자극받은 교회의 변모와 활기찬 모습, 경건의 삶과 사랑으로 전개되는 공동체 생활은 교회 밖의 사람들에게도 서서히 영향을 미치기 시작했다. 예루살렘 교회는 교회 밖의 사람들에게 한편으로는 두려움을 일으켰고(행 2:43), 다른 한편으로는 칭찬으로 이어졌다(행 2:47). 이것은 기독교 교회가 세상 사람들과 기존 사회로부터 분명히 구별되었고, 또 구별된 삶을 살았다는 사실을 보여준다.

사람들이 두려워하게 된 것은 교회가 갑자기 활기찬 움직임을 전개했기 때문이기도 하지만, 또한 "사도들로 인하여 기사와 표적이 많이 나타난" 때문이기도 했다(행 2:43). 표적과 기이한 일들은 기독교의 진실성을 단시간에 사람들에게 확신케 하는 힘이 있었다.[18] 아무튼 사람들에게 보여지고 느껴지는 예루살렘 교회의 모습은 처음부터 긍정적인 것이었다. 누가의 기록에 의하면 교회는 사람들에게 두려움을 일으켰고 칭찬으로 이어졌으며, 사람들의 비난이나 거부의 대상이 아니라 인간적 삶의 모습에서도 사회를 앞서가고 있었다. 이러한 교회의 영향력은 2장의 마지막 결론 구절인 "주님께서 구원 받는 사람을 날마다 더하게 하셨다."로 이어진다(47절). 삼천여 명이 증가한 예루살렘 교회에 어느 정도의 숫자가 더 늘어났는지 우리는 알 수 없다. 또한 이러한 성장이 얼마나 오래도록 이어졌는지에 관하여서도 누가는 침묵한다. 하지만 그의 기록은 교회의 공동체적 사랑과 희생과 헌신의 삶이 교회 성장의 중요한 원동력이 되었다는 것을 충분히 알려주고 있다.[19]

4. 예루살렘 교회: 모든 교회의 이상적 모형인가?

이제 우리는 여기서 중요한 질문을 만나게 된다. 예루살렘 교회는 모든 시대의 모든 교회가 추구해야할 이상적인 모형이 될 수 있는가? 특히 당시의 공동체적 생활은 모든 교회가 반드시 추구해야 할 이상적인 교회의 모형이 될 수 있는가? 아니면 여러 다양한 상황 아래에서 일부분만을 본받아야 하는 것인가?

이 문제와 관련하여 피G. D. Fee와 스투어드D. Stuart는 중요한 해석학적 원칙에 근거하여 우리에게 적절한 답을 제시하고 있다. 그들은 초대교회 안에서 일어났던 일들이 후대의 모든 교회들 안에서 여전히 일어나야 하는가를 논의한 끝에 몇 가지 구체적인 원리들을 제시하는데, 그 원리들은 우리의 질문에 대한 매우 적절한 답이 될 수 있을 것이다. 성경에 나타나는 어떤 특정 행동이 계속 반복되어야 할 것인지 아닌지를 결정하기 위해서는 다음 몇 가지 요인들이 고려되어야 한다고 제시한다.[20]

1) 신약 성경 내에서 발견되는 유일한 형태이면서도 반복적으로 나타나는 행동의 경우 : 반복되어야 할 당위성이 지극히 높음.

2) 신약 성경 내에서 발견되는 유일한 형태이지만 반복적으로 나타나지는 않는 경우, 즉 단 한 차례만 나타나는 행동의 경우 : 그 행동이 성경의 다른 곳에서의 가르침과 조화를 이룰 경우에만 반복되어야 할 당위성이 있음.

3) 상황에 따라 변할 수 있는 행동의 경우 : 반복되어야 할 당위성이 전혀 없든지, 아니면 새로운 상황에 맞추어 적절히 적응된 형태로

적용되어야 함.

이 원칙에 따르자면 우리의 질문에 대한 답을 얻기 위해서는 사도행전 2장에 나타났던 공동체적 생활이 이후에는 어떻게 나타나고 있는지를 살피는 것이 필요할 것이다.

4.1. 공동체적인 생활은 영속적인 원리인가?

사도행전 2장에 보면 초기 예루살렘 기독교 공동체의 공동생활에 대한 묘사가 나타난다. 그러나 이상한 것은 그 이후부터는 삼천 명이 증가했을 때와 같은 공동생활에 대한 묘사는 사도행전 어느 곳에서도 다시는 발견되지 않는다는 사실이다. 베드로 사도가 앉은뱅이를 걷게 한 것이 동기가 되어 다시 오천여 명의 새로운[21] '믿는 자들'(행 4:4)이 생겨나게 되고, 예루살렘 교회는 이제 팔천 수백 명 이상의 숫자로 순식간에 불어나게 된다. 이 '믿는 무리들'은 이전에 삼천 명의 새 신자들이 생겼을 때와 같이 "한마음과 한 뜻이 되어 아무도 자기에게 속한 것들을 자기 것이라고 말하지 않고 모든 것을 서로 함께 사용했다"(행 4:32). 사도들은 큰 권능으로 주 예수의 부활을 선포하고 가르쳤으며, 그들 모두에게 큰 은혜가 있었다(행 4:33). 교인들 중에서 밭이나 집을 가진 사람들이 그것을 팔아 사도들에게 가져왔고, 그들은 이것을 필요에 따라 각자에게 나누어주었는데, 이 때문에 그 많은 사람들이 함께 살았지만 그들 중에 궁핍한 사람이 하나도 없었다(행 4:34-35). 이 믿는 자들의 집단에 비로소 '교회'(ἐκκλησία)라는 단어가 사용된다(행 5:11).[22]

사도행전을 계속 읽어가다 보면 이후로도 스데반의 순교와 이것이 계기가 되어 일어난 '예루살렘에 있는 교회'(행 8:1)의 박해로 교인들이 예루살렘 밖으로 흩어지기까지 예루살렘 교회는 발전을 계속한다. 그들의 주요 활동무대는 여전히 성전이었고(행 5:12), 사도들의 복음 선포로 "주님을 믿는 남녀의 무리가 계속 증가하였다."(행 5:14). 구제활동으로 인해 잠시 불화가 일기는 했지만, 이 사건이 예루살렘 교회의 성장을 방해하지는 못했다. 오히려 '열두 사도들과 모든 제자들'(행 6:2)의 지혜로운 선택으로 하나님의 말씀은 더 힘있게 전파되었고, '예루살렘에 있는 제자들의 수' 곧 예루살렘 교회는 크게 증가하였다(행 6:7).

그렇지만 누가는 이곳에서도 공동생활에 관한 기록을 하지 않았다. 그 이유는 무엇일까? 예루살렘 교회의 공동체적 삶을 모든 시대와 모든 장소에 적용할 수 있는 원리로 일반화시키려는 사람들은 당연히 공동생활이 계속되었기 때문이라고 그 이유를 주장한다. 그러나 누가의 이 침묵을 그들의 주장을 확증하는 근거로 삼을 수는 없다. 무(無)에서부터 유(有)를 함부로 결론짓는 것은 어려운 일이기 때문이다. 이와는 반대로 공동체적 유무상통의 생활이 다시 나타나지 않았기 때문에 누가는 기록하지 않았거나 기록할 것이 없었다고 추측할 수도 있다. 3장 47절 이하를 보면, 이 증가는 삼천여 명 내지 오천여 명씩 증가한 사건과 비교해 볼 때 기존 교회의 안정된 삶을 크게 위협할 만한 사건은 아니었다. 교인들의 사소한 증가는 그들의 재산을 모두 매각하는 획기적인 방법이 아니고서도 얼마든지 대처할 수 있었을 것이다. 어떻든 누가는 추가적 증가 부분에는 큰 관심을 기울이지 않았다.

스데반의 순교 이후 제자들은 뿔뿔이 흩어지게 되고, 복음은 이제 새로운 전기를 맞아 예루살렘을 벗어나 온 유대로, 사마리아로, 그리고 땅끝까지 퍼져 나간다. 그렇다고 해서 예루살렘 교회가 사라졌다거나 쇠퇴한 것은 아니었다. 예루살렘 교회는 주후 60년경까지 그 존립을 계속했다. 오늘날 예루살렘 교회의 공동체적 생활을 이상적인 교회의 모습으로 생각하고 그것을 보편적이고 일반적인 원리로 생각하는 많은 사람들은 그 이후에도 공동체적 삶에 대한 언급이 계속 나타났을 것이라고 기대할 수도 있겠지만, 초기의 공동생활이나 그와 비슷한 어떤 것도 성경에 다시는 언급되지 않고 있다. 또한 이때의 일들이 신약성경의 어디에서도 이상적 교회의 모습으로 회상되지도 않았고, 그것을 모범으로 삼도록 권고되거나 강요되지도 않았다.[23]

그렇다면 이 모든 사실이 우리에게 암시하는 것은 무엇인가? 그것은 예루살렘 교회의 이러한 초기 공동체적 모습과 생활이란 시대와 상황에 상관없이 적용되고 추구되어야 할 보편적이고 영속적인 원리가 아니라, 특수한 상황에 잠시 나타났다가 사라져간 일시적인 것임에 틀림없다는 것이다.[24]

그러므로 어느 누구도 예루살렘 교회의 이 초기 공동체적 삶을 일반화하거나 영속화해서는 안 된다. 누가는 현대 공산주의의 기초를 놓지도 않았고,[25] 기독교 공동체 활동의 근거를 마련하지도 않았다. '공동'이나 '공평'이란 것은 교회에 속한 모두가 지향했던 목표가 아니었다. 공동생활이나 공평한 분배의 법칙은 이 부분만이 아니라 사도행전 전체에도 다시 발견하기 어려운 생소한 사상이다. 모든 재산을 서로 공유해야 한다거나, 혹은 모두 함께 모여 공동체적 삶을 영위해야 한다는 사상을 성경이 기독교적 이상으로 제시하고 있다고 보는 사람들은 누가와 사도행전을 심각하게 곡해하고 있는 것이다.

사도행전뿐만 아니라 신약성경의 다른 어떤 책도 이때의 모습을 표준적인 과거로 회상하거나, 이것을 모방하도록 명령 내지 권고하지 않았다. 이것이 바로 예루살렘 교회의 초기 공동체적 삶을 일시적이요, 필요에 의하여 발생한 긴급사태로 이해했다는 증거이다. 누가는 단지 구성원의 급속한 증가와 변화에 지혜롭게 대처해 갔던 예루살렘 교회의 초기생활을 간략하게 소개했을 뿐이다.[26] 이런 면에서 볼 때 우리는 주후 36년경부터는 예루살렘을 떠나 사방으로 흩어져서 다른 지역 교회의 모체가 되고 주후 60년경 이후부터는 예루살렘의 멸망을 앞두고 완전히 자취를 감추는 이 예루살렘 교회를 여러 가지 면에서 후에 나타나는 다른 교회들과 구분할 필요가 있다. 예루살렘 교회의 역사에서도 공동생활이 나타나는 것은 아주 특수한 상황으로 제한된다는 것이다.

결론적으로 말하자면, 예루살렘 교회를 교회의 이상적 모형이나 절대적 기준이라고 부르기에는, 특히 그 공동체적 삶을 교회의 모형이라고 부르기에는 여러 가지 점에서 어려울 듯하다. 그것을 교회의 일반적 원리나 요소로 고정하는 것은 사실은 불가능하다는 것이다. 누가는 모든 교회가 예루살렘 교회와 같이 되어야 한다거나, 혹은 예루살렘 교회를 본받아야 한다거나, 혹은 그 공동체적 삶의 모습을 이상으로 삼고 매진해야 한다고 어디에서도 말하지 않았다. 누가의 보도는 "교회의 이상적인 모습은 어떤 것인가"하는 질문에 답을 주기 위한 소위 '교회의 이상적 모습'을 제시하기 위함이 아니라, 초대 예루살렘 교회의 역사적 모습을 알려주기 위한 것이다. 그렇다면 우리는 이렇게 정리할 수 있을 것이다.

사도행전을 근거로 하여 공동체의 기초를 마련하려 하고, 공동체성의 원리를 넓히고자 하는 많은 신학적 작업과 신앙적 활동은 성경적 근거를 결여하고 있다. 교회의 구조적인 약점과 오점투성이의 역사, 그리고 인간의 죄악성 때문에 교회의 이상적 모습인 기독교 공동체를 결성하고 유지해 가는 데 실패하는 것이 아니라, 교회나 성경이 그러한 집단체적 움직임을 어디에도 이상적인 모습으로 구상해 놓지 않았기 때문에 성공할 수 없는 것이다.

이와 더불어 또 한 가지 우리가 깊이 생각해 보아야 할 것은 공동체적 삶을 이상적인 모습으로 일반화시키는 것은 오히려 성경의 가르침과는 정면으로 위배될 수 있다는 사실이다. 다시 말하자면, 모든 기독교 공동체적 움직임은 그것이 어떤 모습을 지니고 있든 예수님께서 가르치신 하나님 나라의 비밀을 정면으로 반박하고 있는 것이다.[27] 그 이유는, 예수님께서 가르치신 대로 하나님 나라는 현존하는 이 세상 속에 뿌리를 내리고 그 속에서 확장되고 결국 그 종국에 도달하는 것이라면, 교회의 이상적 모습은 공동생활이나 기독교 공동체 등 고립된 단체의 외형적인 모습에서가 아니라 세상 속에 섞여 같은 사회적 삶을 향유하면서도 구별된 삶을 살아가는 영적인 차원에서 발견될 수 있을 것이기 때문이다.[28]

이제 좀 더 구체적으로 예루살렘 교회, 특히 그 '초기 공동체적 생활'을 교회의 모형으로 삼을 수 없는 몇 가지 특수한 점을 지적해 보고자 한다. 이 특징들은 이후의 다른 어떤 교회에도 나타날 수 없는 요소들로서 초기 예루살렘 교회에만 있었던 것이다. 그 중에서도 우리는 초기 예루살렘 교회에 공동체 생활을 요청했던 필수적 요소들에 초점을 맞출 것이다. 이 요소들은 다른 교회에 반복될 수 없을 뿐만 아니라 예루살렘 교회에서조차도 이 시기를 지나고 나면 더 이상 존재하지 않았던 것들이다.

이후의 모든 교회 및 기독교 공동체 운동들은 이 요소들을 되찾을 수 없기 때문에 그 어떤 것도 예루살렘 교회의 초기 공동체 모습과는 같은 것이 될 수 없다.[29] 따라서 사도행전 2장의 공동체 생활은 공동체 운동이나 다른 교회의 이상적 모형이 결코 될 수 없다. 모든 공동체적 활동이나 교회의 모습은 그 시대, 그 지역 그리고 그곳에 참여하는 기독교인들의 특수한 역사적 모습을 가질 뿐이다. 이러한 근본적인 차이를 해소하지 않는 한, 현재 교회의 부정적 요소나 미숙한 모습을 개혁하기 위해 사도행전의 자료를 교회의 이상적인 모습이나 보편적이고 일반적인 원리로 그대로 주장하는 것은 무리가 될 것이다.

4.2. 예루살렘 교회 초기 공동체 생활의 특수성

(1) 사도성

예루살렘 교회는 사도성이라는 관점에서 한편으로는 예수님을 따르던 무리들과 구별되고 다른 한편으로는 이후에 세워진 모든 다른 교회와 구별된다.[30] 예수님이 승천하시기까지 모든 제자들은 예수님을 따라 다녔다. 모든 주도권은 예수님이 가지고 계셨으며 예수님의 구속 사역이 그 중심이 되어 있었다. 예수님이 사도들을 임명하기는 하셨지만 사도들의 활동은 제자들 집단의 중심 주제가 되지는 못했다. 그러나 예수님이 승천하신 후에는 사도들이 이 집단의 전면에 서서 활동하였다. 비록 성령님이 모든 것을 주도하시는 분으로, 승천하신 예수님이 여전히 교회를 다스리고 계신 것으로 말해지지만 가시적으로는 그리고 실제적으로는 열두 사도들이 교회의 삶을 이끌어갔다. 사도들이 예루살렘 교회를 설립하는 역할을 감당한 것이다. 예루살렘 교회는 사도들이 설립하고 지도하던 사도적 교회 Apostolic church였다.

사도들은 예수님이 위임하신 교회 설립의 사명을 완수한 후 곳곳으로 흩어졌다. 그들의 활동무대를 다 추적할 수는 없지만 흩어진 그들은 전도를 하고 예수님의 증인으로 활동하며 교회를 계속 세워나갔다. 그렇지만 예루살렘 교회 후에 세워진 이 교회들은 더 이상 사도적 교회라고 볼 수 없다는 점에서 예루살렘 교회와는 구별되어야 한다. 누가가 사도행전을 기록하며 사용한 '사도'란 명칭의 용례를 따르면 예루살렘 교회 이외에는 사도 교회가 달리 존재하지 않는다. 누가는 예루살렘 교회의 회의가 있었던 15장 이후에 단 한 번도 '사도' 혹은 '사도들'이란 용어를 사용하지 않음으로써 사도들의 역할이 끝난 것으로 보고 있음이 틀림없는 것이다. 즉 사도직은 개인의 인격이나 선교 활동에서의 지도력과 관계된 것이 아니라 특별한 직무인 교회 설립과 관련된 것으로 보고 있다는 뜻이다.[31]

로마 가톨릭 교회Roman Catholic Church는 이러한 사도성이 교회의 대표인 교황을 통하여 계속된다고 주장하고 있지만 개혁 교회는 성경이 이 점을 전혀 지지하지 않음을 그 출발점에서 확실히 해 두었다.[32] 그렇다면 더 이상의 사도적 교회는 없는 것이다. 당연히 현대의 어떤 공동체도 사도적 권위와 능력으로 이끌리는 공동체가 되지 못하는 것이다. 다만 그 단체를 인도하는 지도자가 있을 뿐이다.

(2) 사도적 가르침

예루살렘 교회의 초기 공동체 모습에서 가장 확실하게 눈에 띄는 활동은 사도들의 가르침이었다.[33] 초기 공동체 생활은 이 가르치는 권한이 사도직에 머물러 있을 때 나타났다. 수많은 사람들이 회개하고 세례를 받고 예루살렘 교회의 새 구성원이 되는 급박한 상황인데도 그들은 가르치는 권한과 책임을 부여받은 사도들 주변에 몰려 있어야 했다. 그들은 자신들이 잘못 알고 있는 것을 사도들을 통하여 교정해야 했고 그들이 알지 못하는 것에 대하여 사도들의 증언을 들어야 했다. 그들이 보았지만 믿지 않았던 예수님에 대하여 갑자기 눈이 밝아지고 마음이 열린 상태에서 그들은 사도들이 활동하는 주변을 떠날 수가 없었다. 복음은 그들에게 새로운 삶을 열었던 것이다.

초기 공동생활은 이 영적 필요성 때문에 자연히 발생한 것이다. 영적인 필요는 곧 육적인 필요로 뒷받침이 되어야 했다. 먼저 예수님을 믿은 사람들은 성령님의 감화에 따라 그들의 재산을 팔아 사람들의 육적인 필요를 해소했고, 그들에게 사도들의 증언과 가르침이 연일 계속되었다. 먼저 믿은 신자들은 새로운 신자들을 위한 봉사자들로 활동한 것이다. 그것은 가르치는 권한을 가진 사람들보다 배워야 할 사람들이 월등히 많은 상황에서 갑자기 성령님의 감화로 일어난 것이었다. 사람들이 사도 주변에 모여 있어야 할 이유가 있었고, 이와 같은 이유가 자신의 재산을 팔고 함께 사용하는 공동체 생활을 탄생시켰던 것이다.

잠시 후에 예루살렘 교회가 구제에 전념할 일곱 명을 선출했으나 이들이 구제보다는 복음전파와 가르치는 사역에 뛰어듦으로써 가르치는 권한이 사도 이외의 사람들에게로 확대되었음이 드러났다. 물론 이러한 확대는 성령님의 사역이었고 하나님의 뜻이었다. 우리에게 중요한 요점은 가르치는 사역과 권한이 사도 이외의 사람들에게로 확대됨과 동시에 예루살렘 교회조차도 공동체 생활을 더 이상 유지하지 않았다는 사실이다. 역사적으로 보면 예루살렘 교회에 박해가 일었고 이 박해로 신자들이 뿔뿔이 흩어지기 시작했으며 그들이 가는 곳곳에서 복음을 전하고 교회를 세우게 되는 시기와 공동체 생활의 중단은 거의 동시에 있었다. 흩어진 신자들이, 또한 새로 세워지는 교회가 이런 공동생활을 반복했다는 어떤 증거도 사도행전에는 남아 있지 않다.

오늘날의 교회와 마찬가지로 사람들은 각자의 삶의 처소에서 개인적인 삶을 유지하면서 신앙생활을 했다. 그 결과 교회는 복음이 전파되는 도시의 한 중앙에 세워졌고, 사람들은 그들의 신앙생활을 위하여 모였다 헤어졌다 하는 일을 반복할 수밖에 없었다. 이것은 신자들의 삶이 초기 공동생활과 비교해볼 때 이기적으로 변모하고 타락했기 때문이 아니라 특별한 상황에서 일시적으로 나타났던 일시적 모습이 사라진 것을 의미한다.

이런 상황적인 관점에서 본다면 예루살렘 교회의 공동생활은 모든 교회가 다 그러해야 한다는 일반적인 모습을 보여주는 것은 결코 아니다. 후대의 교회나 기독교 공동체에는 이 필연성이 결여될 수밖에 없다. 따라서 예루살렘 초기 공동체의 모습은 모든 시대 모든 장소에 똑같이 존재해야 하는 교회나 공동체의 이상적 모형이라고 할 수 없다. 필요에 따라 나타나 잠시 존재하다 사라진 특수한 모습일 뿐이다. 이것을 이상형으로 삼고 교회와 공동체를 그 상태로 몰아가려고 하는 시도는 역사를 거슬러 올라가는 것과 지극히 인위적인 모습이 될 뿐이다.

(3) 소비 공동체

삶은 생산을 필요로 한다. 한 사람이나 한 가정, 그리고 한 집단의 생존 유지를 위한 생산수단은 인류의 역사만큼이나 그 역사가 오래되었고, 이 땅에 인류의 삶이 계속되는 동안 결코 무시할 수 없는 것으로 계속 존재할 것이다. 따라서 어떤 특수한 집단이 생산수단 없이 살아간다는 것은 불가능한 일이다. 그렇게 보인다 하더라도 사실은 생산수단 없이 살아가는 것이 아니라 외부의 도움을 받아 삶을 유지해 가는 것으로서 그 집단은 도움을 생산수단으로 삼는 것이 된다. 즉, 도움을 주는 사람들에게 의존적으로 살아가는 것이다.

예루살렘 교회의 초기 공동체는 함께 모여 있어야 할 급박한 필요로 인해 생산수단을 사용할 수 없었다. 순전히 소비 공동체로 존재했던 것이다. 비록 그들이 하나님의 말씀을 들어야 한다는 '영적 욕구'가 먹고살아야 한다는 '육적 욕구'를 앞섰기 때문에 함께 모여 있기는 했지만, 그렇다고 해서 생명을 유지하는 삶의 필요가 없어진 것은 아니었다. 그렇기에 모여 있는 사람들의 삶의 필요를 채워주기 위한 응급수단이 동원되어야만 했다. 이 필요가 사유재산의 매각과 공동체를 위한 사용이라는 공동생활을 불러 일으켰다.[34] 사람들은 성령에 충만하여 서로가 필요를 채웠고, 얼마동안 사람들은 전혀 생산활동에 가담하지 않고도 생존하며 영적 욕구에 몰입할 수 있었다.

그러나 생산수단이나 생산활동 없이 수천 명의 사람들이 얼마나 오래 함께 살아갈 수 있을까? 팔아서 사도들에게 바칠 수 있는 재산도 밭도 제한되어 있었다. 그 많은 사람들에게 다른 것은 몰라도 최소한 매일의 양식이 공급되어야 했다. 소비 공동체는 그들이 가진 것을 다 소진하면 존립을 계속할 수 없는 것이다. 그렇다고 과거 이스라엘 백성이 만나를 공급받았던 것과 같은 하나님의 특별한 이적이 있지도 않았다. 예루살렘 공동체는 경제적으로도 더 지속할 힘을 가지고 있지 않았다. 모든 목격자들이 전도자와 선생으로 활동하기 시작함에 따라 영적 욕구도 그렇게 긴박하지는 않았다. 따라서 소비 공동체로서의 예루살렘 초기 공동체는 그 일시적 모습을 감추고 사라질 수밖에 없었다.

후대의 어떤 교회나 공동체가 예루살렘 교회에 나타난 초기 공동체의 모습처럼 순수 소비 공동체로 조직되고 존속할 수 있을까? 그들이 예루살렘 교회를 본받아 공동체를 조직한다 하더라도 생산수단을 마련하지 않는 한 그 공동체는 구성원들의 소유를 모두 사용한 다음에는 해산할 수밖에 없다. 이것이 역사적으로 볼 때 수많은 공동체들이 새로이 나타났다가 곧 사라지고 만 중요한 이유 중의 하나일 것이다. 다른 면에서 보면 고유의 생산수단과 생산활동을 갖춘 공동체만이 비교적 길게 존재하며 활동할 수 있었던 이유일 것이다. 생산수단을 가지고 생산활동에 가담하는 공동체만이 살아남을 수 있기 때문이다.

순수한 소비 공동체는 언제나 단명(短命)일 수밖에 없다. 그러나 공동체를 지속하기 위하여 생산수단을 겸비하기 시작하면, 그것은 이미 예루살렘 교회의 초기 공동체 모습과는 달라지고 마는 것이다. 그렇다면 우리는 이렇게 분명히 말할 수 있을 것이다. 예루살렘 교회의 초기 공동체 모습은 교회의 이상형도, 공동체 운동의 모형도 아닌 것이다. 필연성 때문에 예루살렘 공동체는 종말에 직면하지 않았으면서도 소비 공동체로서 등장했다는 사실을 누구도 잊어서는 안 될 것이다. 하나님께서 그 공동생활을 지속시켜 주시기 위하여 특별히 만나를 내리시는 등 비상활동을 하지 않으셨다는 것도 하나님의 뜻이 이런 일시적 공동생활에 있는 것이 아니라[35] 교회는 세상 안에 존재하면서도, 세상과 그 존립 기반을 같이하면서도 부름받은 하나님의 백성으로 존재하며 세상의 빛과 소금으로 살아가는 데 있음을 증명하는 것이다.

(4) 자발적 공동체

예루살렘 교회의 공동체적 삶의 특징은 그 본질이 '자발적'인 것이라는 점이다. 그들은 예수님을 믿고 죄사함을 받고 성령님을 선물로 받아 예수님에 관해 배우고자 하는 간절한 열망으로 모여들었는데, 공동생활은 이렇게 모인 사람들의 필요 때문에 발생한 것이었다. 아무도 그와 같은 것을 강요하거나 권장하지 않았다. 그것은 철저히 자발적인 것이었다.

그러나 오늘날 예루살렘 공동체의 모습을 교회의 필수적인 요소나 이상적인 요소라고 가르침으로써 자발적인 참여를 유도하거나 강요하는 것은 결국은 강요된 공동생활을 낳을 수밖에 없으며, 이런 방식으로 제도화하는 공동체는 예루살렘 교회의 모습과는 근본적으로 다른 것이다.[36]

(5) 하나의 교회

예루살렘 교회의 또 다른 특징 한 가지는 이 교회가 다른 모든 교회의 모체인 모교회(母敎會)[37]이면서 동시에 당시의 전체 교회인 하나의 교회를 형성하고 있었다는 점이다. 그것은 최초의 교회이면서 - 다른 교회가 나타나기 이전의 - 동시에 전체 교회였다. 교회는 유대교 유대 사회로부터 분리되어 전혀 다른 이름의 교회로 존립을 시작한 것이다. 그 전체 교회가 공동체 생활에 가담하고 있었다. 단 한 신자의 예외도 없었다. 유대 사회 속에 섞여 살다가 갑자기 분리되어 다른 하나의 집단으로 구성되었기 때문에 교회는 유대 사회와는 뚜렷이 구별되는 이질 집단이었고 그 집단 전체가 함께 모여서 공동체를 구성했던 것이다.[38]

그 이후의 교회나 공동체는 이러한 특성을 가질 수가 없다. 예루살렘 교회가 초기 공동체 생활을 일찌감치 포기했기 때문에 그 이후의 어떤 교회나 어떤 공동체도 전체 교회를 포함하는 공동체나 교회가 될 수는 없는 것이다. 특히 교회가 이미 세워진 곳에서 예루살렘 교회를 모델로 하여 활기있는 공동체나 교회를 조직하려면 이것은 이질 집단에서 기독교인들이 뛰쳐나가는 것을 뜻하지 않고 자연히 같은 신앙을 가진 동질 집단에 반기를 들고 바른 집단을 조직하는 것을 뜻하게 된다. 예루살렘 교회의 초기 공동체 생활을 이상으로 삼는 모든 기독교 집단이 본질상 기존 교회에 대한 강한 비판과 반발을 핵심으로 삼을 수밖에 없는 이유가 바로 여기에 있는 것이다. 예루살렘 교회는 그들이 의존하거나 비판할 수 있는 기존의 동질집단을 가지고 있지 않았다. 그들은 다른 신앙, 즉 예수님을 믿기를 거부하는 그들의 동족으로부터 이탈한 것이다. 그것은 다른 종교 사이의 문제였다. 그러나 그 이후의 교회나 공동체 운동은 항상 교회 안의 문제로 부각되는 분명한 차이가 있는 것이다.

더 많은 차이점들을 열거할 수도 있지만, 위의 중요한 요소만으로도 충분히 결론에 도달할 수 있는 것으로 보인다. 지금까지 살핀 역사적 상황 연구에 의하면 예루살렘 교회는 오늘 우리 교회의 모형이 될 수 있는 면이 많이 있기도 하지만, 또한 그 공동체만이 지니고 있는 특수한 면도 있었음을 보게 된다. 예루살렘 교회의 특수성은 그 교회가 처한 특별한 상황 때문이었던 것이 분명하며, 따라서 예루살렘 교회의 외형적 형태가 후대의 모든 교회 가운데서 그 외형적 모습 그대로 반복되어야 할 필연성은 없음을 인식해야 한다. 이러한 상황적 고려 없이 예루살렘 교회를 무조건 이 시대의 이상적 모형으로 삼아 그것을 그대로 구현하려는 것은 지나친 생각일 수 있다.

5. 결론

예루살렘 교회는 이 지상에 설립된 최초의 교회인 동시에 다른 모든 교회의 기초가 된다. 따라서 그 교회를 이상적 모형으로 삼아 그것을 복원하려 하거나, 그 교회가 보여주었던 특징들을 본받고자 하는 것은 그리 잘못된 것은 아닐 것이다. 아니, 지극히 당연한 생각일 수 있다. 그래서 교회가 말씀에서 벗어났다고 걱정하는 목소리가 높아지면 높아질수록, 교회가 개혁되어야 한다고 주장하는 사람들이 많아지면 많아질수록 "예루살렘 교회로 돌아가야 한다."는 말을 자주 듣게 된다.

물론, 본받고 유지해야할 것들이 많이 있다. 예루살렘 교회의 중요한 특징인 말씀 전파, 성도의 교제, 성만찬, 기도, 그리고 사회로부터 칭찬과 두려움의 대상이 되어 사회를 변화시킬 수 있는 영향력을 소유하고 있었던 모습들은 모든 시대의 모든 교회가 추구해야 할 이상적 교회의 모습일 것이다. 그렇지만 시대의 차이나 상황의 변화에 맞추어 적절히 적응된 형태로 적용되어야 할 것도 있다. 당시 예루살렘 교회가 처했던 특수한 상황 속에서 나타날 수밖에 없었던 일시적인 현상들이나 원리들도 있다는 것이다. 그런 것들은 절대적인 이상이나 기준은 되지 못하는데, 이는 다른 성경의 가르침과 조화를 이루지 못하기 때문이다. 예를 들면 공동체적 생활이나 재산의 공유와 같은 것들인데, 이러한 문제에 대해 전혀 상황적인 고려 없이 무조건적 복원을 주장하는 것은 성경적 근거를 지니지 못한 것으로 교회를 더욱 혼란 속으로 몰아넣는 위험한 행동이 될 수도 있다.

기독교인들이 새로운 교회운동에 관심을 가지면서 예루살렘 교회를 그 모델로 제시하는 것은 의존 관계에서 전해 받은 믿음을 독립된 것으로, 그리고 완전히 새로운 것으로 정립하려는 것이어서 언제라도 단체의 정체성과 기독교성에 의문을 제기하게 될 수 있다. 예루살렘 교회는 사도교회로서, 그리고 교회를 출발케 하는 한 알의 밀알이 되어 그 역할을 다하고 역사의 뒤안길로 사라졌다. 초기 예루살렘 기독교 공동체를 향한 사람들과 교회의 무조건적인 향수는 어쩌면 무모한 것이 될 수 있을 것이다. 교회의 이상적인 모습은 눈에 보이는 외형의 모습과 형태가 아니라, 세상 속에 살면서도 세상과 구별되며, 세상을 변화시켜 가야 할 우리 신앙인들의 영적인 차원의 삶에서 진정으로 추구해야 할 것이기 때문이다.

미주
Endnotes

Historical and theological background of Paul's letters

| 미주 |
Endnotes

Part 1. 바울서신 개관

1. 네슬 알란드(Nestle-Aland) 헬라어 성경 28판에 의하면 신약 260장 중 87장이 바울서신으로, 분량으로는 신약의 24.6%, 약 4분의 1을 차지하고 있다(Nestle-Aland, *Novum Testamentum Graece*, 28th ed. [Stuttgart: Deutsche Bibelgesellschaft, 2012]). 또한 사도행전의 60%가 바울의 사역에 관한 기록으로 이 또한 전체 28장 가운데 17장에 해당된다(사도행전 9장, 13-28장). 따라서 바울의 생애에 대한 기록들과 그가 기록한 서신서들까지 모두 합하면 신약성경 전체 장수의 40%를 차지하는 셈이다. 물론 현재 NA 28판에 사용된 장과 절의 구분이 절대적인 것은 아니다. 왜냐하면 원문이 기록될 당시 신약성경 대문자 사본에는 악센트나 구두점이 없었고, 심지어는 띄어쓰기도 없었기 때문이다. 주후 9세기 이후 소문자 사본으로 필사되면서 띄어쓰기와 구두점, 그리고 악센트(accent)가 붙여지게 되었다. 현대적 장(章)의 구분은 1204년 S. Langdon이, 그리고 절(節)의 구분은 1551년 R. Stephanus에 의해 나누어져서 오늘의 신약성경의 형태를 가지게 되었다. 이처럼 장, 절의 구분이 모두 후대의 소문자 사본이나 인쇄본에서, 그리고 두 사람의 본문 이해에 의해 인위적으로 결정된 것인 만큼 이 구분에 절대적인 의미를 둘 필요는 없는 것이다. 다만 바울에 관한 기록이 그만큼 많은 분량에 이르고, 중요한 위치를 차지하고 있다는 것에 대한 객관적 증거로 이해하면 될 것이다.

2. 예를 들어, 상황성과 가장 거리가 있다고 여겨졌던 교리서신인 로마서조차도 최근의 연구에서는 특정한 상황 가운데서 다양한 목적으로 저술되었다고 일반적으로 인정되고 있다. 로마서를 어떤 특정한 역사적 동기와는 무관한 하나의 신학적 논문이나 교리서, 또는 단순한 바울 사상의 개요서 정도로 보는 것은 로마서의 역사적 상황의 특수성을 부인하는 것이 되며, 그 결과 로마서를 올

바로 이해하지 못하는 결과를 초래하게 된다. 로마서의 상황성과 다중적 목적에 대해, 특히 Dunn은 로마서의 목적에 대한 이전 논의들을 선교적, 변증적, 목회적 목적으로 정리하면서 로마서의 기록 목적이 다중적("that Paul had not simply on but several purposes in view when he wrote")이라고 주장하고 있다. J.D.G. Dunn, "Romans, Letter to the," in *Dictionary of Paul and his Letters*, G.F. Hawthorne et al. (Downers Grove: InterVarsity Press, 1993), 839-41.

3. P.T. O'Brien, "Letters, Letter Forms," in *Dictionary of Paul and his Letters*, G.F. Hawthorne et al. (Downers Grove: InterVarsity Press, 1993), 551. 참조. B.W. Longenecker and T.D. Still, *Thinking through Paul: A Survey of His Life, Letters, and Theology* (Grand Rapids, Michigan: Zondervan, 2014), 54.

4. 그러나 바울의 복음은 체계적이거나 조직적으로 보이지 않는다. 그 이유는 무엇일까? 왜 일관성과 통일성 없는 신학자란 반론이 제기되고 있을까? 이 질문에 대한 답을 제시하는 것은 바울신학의 중심을 찾는 것과 동시에 바울서신을 어떻게 접근할 것인가 하는 연구 방법론과도 밀접한 관계가 있다. 이러한 문제에 대한 더 자세한 논의를 위해서는 한천설, "바울신학의 중심: 1980년대 이후의 논의와 최근 동향", 『신학지남』 78/3 (2011. 가을), 279-309를 참조하라.

5. 네덜란드의 대표적 개혁주의 신학자인 Herman Nicolaas Ridderbos는 바울신학의 중심주제는 그리스도의 죽음과 부활에 있어서 절정을 이룬 하나님의 구원역사라고 말했다. 즉, 그리스도 안에서 나타난 하나님의 위대한 구원역사를 바울신학이라는 웅장한 건물로 들어가는 중심적인 통로요, 그 핵심이라고 주장하고 있다. 역사에 나타난 그리스도에 대한 하나님의 약속, 그리스도를 통한 하나님 자신의 약속의 성취와 그 완성이 바울신학의 중심이며, 그 밖의 모든 부수적인 주제들이 이러한 중심과 연결되어 자리를 잡고 통일성을 가지게 되는 것이라고 한다:

> 바울의 설교를 지배하는 주제는 그리스도의 강림과 사역, 특별히 그리스도의 죽음과 부활 속에서 하나님이 행하신 구원행위이다. 이 행위는 한편으로는 이스라엘 국가의 역사 속에서 하나님이 하신 사역의 완성이기 때문에 또한 성경의 완성이다. 다른 한편으로 그것은 그리스도의 재림, 그리고 하나님 나라의 도래의 궁극적인 성취에까지 이르고 있다. 이러한 위대

한 구속사적(heilsgeschichtliche / heilshistorische) 구조 속에서 바울설교 전체가 이해되며, 그 모든 부수적인 부분들이 자기 자리를 확보하고 조직적으로 통합되는 것이다.

Ridderbos의 더 자세한 견해를 위해서는 *Paulus: Ontwerp van zijn theologie* (Kampen: Kok, 1966, ⁷2000), 34ff., 173f. 등을 참조하라.

6. 최근의 바울서신과 바울 신학의 연구 동향에 대해서는 한천설, "바울 신학의 중심: 1980년대 이후의 논의와 최근 동향" 신학지남 78/3 (2011): 279-309를 참조하라.

7. 사도 바울은 편지를 쓰기보다는 직접 찾아가 사람들을 대면(face to face)하고 생동감 있게 문제들을 처리하고 싶어 했다. 이러한 안타까운 심정이 그의 편지에는 많이 남아 있다(고후 12:19-13:2). 이런 후속 목회지원이 바울서신의 가장 주요한 기록 목적이다.

8. 바울서신의 상황성에 대해 Christiaan Beker는 "바울의 모든 신학적 가르침은 '상황성'(Contingency)을 지니고 있다. 그렇지만 상황적 편지를 쓴 바울은 그 나름대로의 통일성 있는 신학(Coherence)을 지닌 사람이다."고 하면서 바울서신의 상황성을 강조하고 있다. 하지만 상황적 필요성이 새로운 사상을 만들었다고 함부로 생각거나, 또는 바울의 신학을 '상황적 산물'로 만들어서는 안 된다고 하면서 바울서신의 통일성을 동시에 강조하고 있다(J.C. Beker, "Paul the Theologian Major Motifs in Pauline Theology," *Interpretation* 43 [1989], 352-55). 또한 L. Ann Jervis, *The Purpose of Romans: A Comparative Letter Structure Investigation*, JSNTS 55 (Sheffield: JSOT Press, 1991), 16-68도 참고하라.

9. 일반적으로 한국교회의 선교의 시작은 개신교 선교사 언더우드(H.G. Underwood)와 아펜젤러(H. Appenzeller)가 선교사역을 시작한 1884년으로 알려져 있다. 그러나 스코틀랜드의 선교사인 존 로스(John Ross)의 누가복음 번역이 1882년에 시작된 것을 근거로 한국의 선교의 원년을 1882년으로 보기도 한다. 더 자세한 논의는 한천설, "『바른성경』의 원문충실도에 대한 연구(1): 신약성경을 중심으로", 『성경과 신학』 76 (2015), 67을 보라.

10. Beker, "Contingency and Coherence," 143.

11. "여자는 교회에서 잠잠하라 그들에게는 말하는 것을 허락함이 없나니 율법에 이른 것 같이 오직 복종할 것이요."(고전 14:34).

12. "만일 여자가 머리를 가리지 않거든 깎을 것이요 만일 깎거나 미는 것이 여자에게 부끄러움이 되거든 가릴지니라."(고전 11:6).

13. 그러나 로마서조차도 상황성을 지니고 있다. 로마서 13장과 14장에서 바울이 로마 교회 성도들이 처한 문제들에 대해 목회적 교훈을 하고 있는 것이 그 증거이다. 로마서의 상황성에 대해서는 본서 IV장 "로마서 배경 연구"를 참조하라.

14. 사도 바울이 선포한 복음의 일관성과 상황성에 대한 자세한 이해를 위해서는, J. Christiaan Beker, (a) "Contingency and Coherence," *USQR* 33 (1978): 141-51, (b) "The Method of Recasting Pauline Theology: The Coherence-Contingency Scheme as Interpretive Model," in *Society of Biblical Literature 1986 Seminar Papers*, ed. Kent Harold Richards (Atlanta: Scholars Press, 1986), 596-601, (c) "Paul's Theology: Consistent or Inconsistent?" *NTS* 34 (1988): 364-67을 참조하라.

15. Beker, "Contingency and Coherence," 148.

16. 역사적 상황을 복원한다는 것은 1세기 당시의 사회-문화-정치-종교-역사적 상황을 본문과 보조 자료를 사용하여 재구축하는 것을 의미한다. 그 과정에서 특히 저자와 수신자가 처한 사회문화적-교회적 상황에 주목해야 한다. 이때 성경 사전이나 주석, 그리고 신약서론 책을 참조할 수 있는데, 특별히 바울서신의 배경을 위해서는 R.P. Martin, *Dictionary of Paul and his Letters* (Downers Grove: InterVarsity Press, 1992)와 G.F. Hawthorne, *Dictionary of the later New Testament and its developments* (Downers Grove: InterVarsity Press, 1997)을 참조하면 좋을 것이다.

17. 복음서의 시대적 상황이나 종교적 배경을 위해서는 Joachim Jeremias, *Jerusalem zur Zeit Jesu: Eine kulturgeschichtliche Untersuchung zur neutestamentlichen Zeitgeschichte*, Dritte, neubearbeitete Auflage (Götingen: Vangenhoeck

& Ruprecht, 1962); 『예수시대의 예루살렘: 신약성서 시대의 사회 경제사 연구』, 번역실 역 (서울: 한국신학연구소, 1988); Eduard Lohse, *Umwelt des Neuen Testaments* (Göttingen: Vandenhoeck & Ruprecht, 1977), 『신약성서 배경사』, 박창건 역. 개정판 (서울: 대한기독교출판사, 1995); Abraham J. Malherbe, *Social Aspects of Early Christianity*, 2nd enlarged edition (Philadelphia: Fortress, 1983), 『초기 그리스도교의 사회적 이해』, 조태연 역 (서울: 대한기독교서회 1994)를 참조하면 좋을 것이다. 신약배경에 대한 더 자세한 문헌 목록은 Craig A. Evans, *Ancient Texts for New Testament Studies: a guide to the background literature* (Peabody: Hendrickson, 2005)를 참조하라.

18. 석의의 과정에서 추출한 보편적이고 영원한 메시지를 현대의 삶에 적용하는 것은 해석(hermeneutics)의 마지막 단계에서 해야 한다. 서신 역시 성령의 감동으로 된 영감된 말씀이기에 모든 시대의 교회에 그 적합성을 가지고 있다. 바울서신의 메시지를 현대에 적용하는 원칙은 "what it meant?"에서 "what it means?"로 넘어오는 단계이고, 약 2,000년 사이의 간격을 연결하는 단계이다. 실제로 학자들의 관심은 "what it meant"로, 1세기의 의미를 연구하는 데 중점을 두고 현대적 적용에 대해서 소홀히 했기에 교회 안에서 바울서신을 통해서 제기되는 실제적인 문제들에 대한 모호함이 여전히 많이 남아 있다. 적용은 더 어렵고 기도를 요하는 작업일 수 있다. 하나님의 말씀은 모든 시대에 진리와 규범이지만 문화적 상대성(cultural relativity)으로 인해서 1세기 서신의 내용을 문자적으로 21세기에 적용할 때 무리가 따를 수 있다. 이러한 과정에서 참고할 책은 다음과 같다: A.B. Du Toit, *Guide to the New Testament* (Pretoria: NGKB, 1982); A.J. Malherbe, *Ancient epistolary theorists*. The Society of Biblical Literature(1988); G.D. Fee and D. Stuart, *How to Read the Bible for all its Worth* 2nd ed. (Grand Rapids: Zondervan, 1993), 30; 앨버트 벨, 『신약 시대의 사회와 문화』(서울: 생명의 말씀사, 2001).

19. 통계청이 10년에 한 번씩 실시하여 2005년 11월 25일 발표한 '2005년 인구주택 총조사 인구부문 전수집계 결과'에 따르면, 기독교 인구는 전체 861만 6,000명(18.3%)으로, 불교(1,072만 6,000명, 22.8%)의 뒤를 이은 것으로 나타났다. 이는 그동안 일부 보수교계가 한국 기독교 인구를 1,300만 명이라고 밝힌 것과는 큰 차이가 난다. 한편 직전 조사(1995년 11월) 때의 결과(876만

명, 19.7%)보다 15만 명 가까이 감소한 것으로 집계돼 기독교 교세가 하락세로 접어들었음을 드러냈다 (www.iwithjesus.com/news/articleView.html?idxno=810).

20. 교회개혁실천연대는 2010년 10월27-11월11일 인사이트 리서치와 공동으로 개신교계 인사 300명(설문의 응답자는 신학자와 목회자 등을 포함한 개신교인들이며 평신도가 56%, 목회자가 44%)을 대상으로 '교회 본연의 모습 대비 현재의 한국교회 평가' 설문조사를 실시한 결과 "하나님이 기대하는 교회 본연의 모습을 100점이라고 할 때 현재 한국교회는 평균 몇 점 정도 되겠느냐?"는 질문에 응답자들이 제시한 평균점수는 43.9점이었다. 10년 후의 예상 점수는 43.1점으로 현재 점수보다 더 낮았다. 이들이 한국교회에 대해 부정적인 평가를 내린 이유(복수응답)로는 한국교회가 개교회주의적, 기복주의, 물량주의, 성공지상주의, 사회권력 대변 등의 세속주의에 사로잡혀 있기 때문(29.4%)이라는 응답이 가장 많았고, 부패지수가 높아지는 등 자정능력을 상실했기 때문(12.4%)이라는 응답이 두 번째로 많았다. (http://www.hani.co.kr/arti/society/religious/452882.html).

현재 우리 한국교회는 세계 교회가 가지고 있는 많은 문제점을 모두 가지고 있다고 해도 과언이 아닐 것이다. 기복주의, 물량주의, 공로주의, 현세주의, 개인주의, 세속화, 반목, 분열! 한마디로 우리 한국교회는 성장에 만취, 칭찬을 하는 사람들 틈에서 현실을 직시하지 못하고, 하나님의 경종을 심각하게 받아들이지 않고 있지 않은가 염려가 된다. 더 자세한 현재 한국교회에 대한 분석과 평가를 위해서는 저자의 다음 글을 참고하라. Cheon-Seol Han, "Pauline Soteriology and the Korean Church: A Diagnosis of the Korean Church in the 21st Century and the Solutions through Pauline Soteriology," *Chongshin Review* 17(2012): 229-30.

Part 2. 바울과 그의 생애

1. B.W. Longenecker and T.D. Still, *Thinking through Paul: A Survey of His Life,*

Letters, and Theology (Grand Rapids: Zondervan, 2014), 21-22.

2. "바울이 가로되 나는 유대인이라 소읍이 아닌 길리기아 다소성의 시민이니 청컨대 백성에게 말하기를 허락하라 하니."(행 22:19). "소읍(small town)이 아닌 다소"는 보통 크기 정도가 아니라 대도시로 당시 인구가 약 50만 명에 이르렀다고 한다. H.R. Johnson, *Who then is the Paul?* (University Press of America, 1981), 11을 참조하라.

3. 현재 다소는 1921년 이후 터키에 귀속되어 약 21만 명의 터키족 이슬람교도들이 살고 있으며, 그 옛날 찬란했던 헬라문명이나 학문의 중심지의 흔적을 거의 찾아볼 수 없는 매우 낙후된 도시로 존재하고 있다.

4. 위의 내용과 관련하여 Picirilli는 다소가 중요한 도시라고 생각되는 네 가지 이유를 이렇게 제시한다:

① 도시의 규모: 바울 당시 약 50만 명의 인구를 가졌다.
② 도시의 무역: 항구 도시로서, 지중해로 흘러가는 키드누스(cydnus) 강을 가지고 있고, 또한 북방에 다소 산맥이 있어 광물과 목재가 풍부했다.
③ 정치적 지위: 고대 시대에 앗수르, 바벨론, 페르시아 제국 등의 소아시아 중심 도시였고, 셀류코스 왕조 시대에도 그러했다. 또한 로마 시대에는 길리기아 주(州)의 수도로 중요 지위를 가졌다.
④ 학문의 도시: 아테네와 알렉산드리아를 능가하는 대학 도시로서 아네노도루스(주후 7년 사망)와 네스토르(Nestor)와 같은 학자들이 은퇴하여 활동한 곳이다.

더 자세한 정보를 위해서는 R.E. Picirilli(로버트 E. 피키릴리), 『사도 바울』, 배용덕 역 (서울: 솔로몬, 1993), 12-15를 참고하라.

5. 초대교회의 교부인 제롬(Jerome)에 따르면 바울과 그의 부모는 전쟁포로로 갈릴리 지방의 작은 마을 기샬라(Gischala)에서 마르크 안토니(Mark Anthoy)에 의해 다소(Tarsus)로 강제 이주되었으며, 후에 로마에 기여한 공로를 인정받아 로마 시민권을 갖게 되었다고 한다(*Lives of Illustrious Men*, 5). 그러나 이점은 행 23:6의 내용과 잘 맞지 않는다. 차라리 그의 부모가 강제 이주되었고, 바울은 다소에서 태어났다고 보는 것이 옳을 것이다. 이러한 견해를 위해서는 Brian

Rapske, *The Book of Acts and Paul in Roman Custody* (Grand Rapids: Eerdmans, 1994), 87을 보라.

6. 베냐민 지파는 유다 지파와 더불어 끝까지 다윗 왕조를 지킨 지파로서 자부심이 큰 지파였고 사울 왕을 배출한 왕가 가문이었다. 베냐민 지파로 아람어를 모국어로 사용하는 바리새인이었던 바울의 아버지는 그의 아들도 바리새인으로 키우려 했을 것이다. 바울이 바리새인이 된 것은 아마도 그의 아버지의 영향이었음이 분명하다.

7. W.R. Stegner, "Jew, Paul the," in *Dictionary of Paul and his Letters*, G.F. Hawthorne, R.P. Martin and D.G. Ried eds. (Downers Grove: InterVarsity, 1993), 504, 507-508.

8. 참조. 롬 11:1; 고후 11:22.

9. 회심 이전의 바울(pre-Christian Paul)에 대해서는 Jerome Murphy-O'Conner, *Paul: A Critical Life* (Oxford: Oxford University Press, 1996), 32-70과 M. Hengel and Anna Maria Schwemer, *Paul Between Damascus and Antioch: The Unknown Years* (London: SCM, 1997), 그리고 Hengel의 또 다른 저서인 *The Pre-Christian Paul* (Philadelphia: Trinity Press International, 1991)을 보라.

10. 예수님 당시 히브리어는 죽은 언어(死語)로 율법학자들만 사용하고 있었고, 일반 백성들은 아람어를 모국어로 사용하고 있었다. 당시 유대인은 일상생활에서 아람어를 사용하고 있었으므로 히브리인이란 말은 아람어를 말하는 유대인이란 뜻이다. 따라서 히브리어를 말할 수 있다고 할 때는 곧 아람어를 말한다는 것을 의미한다.

11. 바울의 부모의 모국어는 아람어라는 것은 그들의 이민 경력이 짧았거나, 만약 길다면 유대교 전통을 철저히 교육받았기 때문일 것이다. 바울은 헬라도시에서 태어났음에도 불구하고 자신의 모국어가 아람어라고 말한다(참고, 행 26:14).

12. 일반적으로 유대인들이 랍비가 되는 교육을 받는 과정은 다음과 같다. 6-7세 때에 회당에 붙어 있는 베스 하-세페르(Beth Ha-Sepher), '책의 집'에서 토

라교육을 통해 유대인 성경 읽는 법을 배우고, 10세쯤에는 베스 하 미드라쉬(Beth Ha-Midrash: 전통의 집)라는 중등학교에서 토라의 율법해석서로 성문율법(written Torah)를 항목별로 법제화한 구전율법(Oral Torah)인 미쉬나(Mishnah)를 배운다. 바울은 아마 이런 청소년기를 거친 후, 주후 1세기 가장 뛰어나고 영향을 끼치던 바리새파 교육가요 대(大) 랍비인 가말리엘 밑에서 고등교육을 받은 것으로 보인다. 일반적으로 고등 랍비교육에서는 상대와의 토론과 논쟁, 분석과 풍자적 비판, 그리고 가상의 상대가 제기하는 질문에 답하는 법(diatribe)을 배웠다. 바울의 서신들에 이런 토론이 등장하는 것을 보아서 우리는 바울이 기독교 신앙의 교리들을 분명하고 논리적으로 해석하고 설명할 수 있었던 것은 어느 정도 가말리엘 문하에서의 교육의 결과라고 말할 수 있을 것이다. 바울의 바리새인 교육에 대한 더 자세한 정보를 위해서는, James I. Packer, Merril C. Tenney, & W. White eds., *The Bible Almanac* (Nashville: Nelson, 1980), 57-64를 보라.

13. 당시에는 Hillel(진보주의자)학파와 Shammai(보수주의자)학파가 존재했는데, 사울의 스승이었던 가말리엘은 힐렐의 손자였다. 힐렐 학파는 샴마이 학파에 비해 상대적으로 개방적이고 율법을 적용하는 데 유연성이 있었다(행 5:34-39에 수록되어 있는 가말리엘의 제안을 보면 이것을 확인할 수 있다).

14. 일부 학자들은 "예루살렘에서 자랐다."(ἀνατεθραμμένος)는 의미가 (행 22:3) '교육을 받았고'(πεπαιδευμένος)라는 의미와 함께 쓰일 수 있기에 가말리엘 문하에서 교육을 받았다는 말로 볼 수 있다고 주장한다. 이러한 주장에 대해서는 J. McRay, *Paul: His Life and Teaching* (Grand Rapids: Baker, 2003), 44를 참조하라.

15. 어린 시절 바울이 예루살렘으로 공부하러 왔다는 것은 그의 부모가 부유했음을 암시한다. 그리고 바울과 구브로 총독 서기오 바울과의 접촉(행 13:4-12)이 잘 보여주듯 바울은 분명 자신이 복음을 전한 그리스와 로마 도시들에서 지식인들과 접촉했다. 또한 바울의 높은 사회적 지위는 에베소에서 아시아 관리들과 친교에 대한 적절한 설명을 제공해 준다. Steven M. Baugh, "Paul and Ephesus: The Apostle Among his Contemporaries," (Ph. D. diss. University of California, Irvine, 1990), 153.

16. 그러나 바울이 랍비 교육을 받으러 예루살렘에 왔을 시기를 십대의 어느 시점으로 늦게 보는 학자도 있다. J. McRay, *Paul: His Life and Teaching*, 44.

17. Van Unnik은 이 구절 중 '자라'(ἀνατεθραμμένος)"라는 표현에 근거해 사도 바울이 아주 어린 시절에 다소를 떠나 예루살렘에서 성장했다고 주장한다. W.C. Van Unnik, *Tarsus or Jerusalem: The City of Paul's Youth*, tran. G. Ogg (London: The Epworth, 1962), 56. 그러나 그의 주장이 이 단어 하나에 너무 의지한다는 문제점과 더불어(Picirilli, 『사도 바울』, 16), '이 성(예루살렘)'이라는 표현이 '자라'(ἀνατεθραμμένος)가 아니라 '교육을 받았고'(πεπαιδευμένος)와 함께 쓰일 수 있다는 입장 때문에 그의 주장은 확고한 근거를 가지지 못한다(전경연, 『원시 기독교와 바울』 [서울: 대한기독교출판사, 1993], 201-202). 그럼에도 불구하고, 그의 나이를 정확히 알 수는 없지만 어린 시절 예루살렘을 방문한 것은 분명한 사실이다(빌 3:5). 이러한 견해를 위해서는 P.T. O'Brien의 *The Epistle to the Philippians* (Grand Rapids: Eerdmans, 1991), 369를 참고하라.

18. J.W. Thompson, *Preaching like Paul: Homiletical Wisdom for Today* (Westminster: John Knox Press, 2000).

19. "바울이 전형적 그레코-로마 도시인 다소에서 태어나서 부분적이지만 그곳에서 자라났다는 사실은 바울의 과거를 형성하는 데 커다란 공헌을 하였다. 그러나 정통 유대인의 아들로서 그의 히브리적 유산이 훨씬 더 많은 공헌을 했다는 것은 의심할 바 없는 일이다." Picirilli, 『사도 바울』, 39. 한편, 최근에는 사도 바울이 유대인의 정체성을 가지고 (혹은 잃지 않고) 신학을 개진했다는 측면, 즉 유대교와 결별한 기독교인이 아닌 여전한 유대인으로서 신학하고 복음을 전했다는 연구에 대해서는 Stegner, "Jew, Paul the," 503-11; B.H. Young, *Paul, the Jewish, the Theologian: A Pharisee among Christians, Jews, and Gentiles* (Peabody: Hendrickson, 1997); M.D. Nanos and M. Zetterholm eds., *Paul within Judaism: Restoring the First-Century Context to the Apostle* (Philadelphia: Fortress Press, 2015)를 참조하라.

20. Picirilli, 『사도 바울』, 31-37.

21. 이 말은 그의 회심이 있었더라도 여전히 이전 배경들의 영향이 완전히 해소되지는 않았을 것을 의미한다. 참조. Picirilli, 『사도 바울』, 88.

22. "바울이 헬라어를 사용했고, 아울러 그보다도 그가 다소에서 유력한 유대 가문의 한 일원으로서 소년시절 배경을 가지고 있었으므로, 우리는 바울이 헬라파 유대인임을 의심할 여지가 없다 … 그러나 헬라 철학의 영향을 받아 타협하거나 변질되지 않고 자신의 가족의 정통 유대교 신앙의 순수성을 유지했다는 점에서 그는 헬라화된 사람들은 아니었다." Picirilli, 『사도 바울』, 32, 33.

23. 많은 사람들, 특히 우리 한국교회 성도들이 바울의 이름과 관련하여 큰 오해를 한다. 원래 바울의 이름은 '큰 자 사울'(שָׁאוּל)이었는데 다메섹 도상에서 그리스도를 만나고 회심하여 '작은 자 바울'로 이름을 바꾸게 된 것이라고 한다. 언뜻 보면 설득력있어 보이지만, 이것은 우리 한국에만 있는 토착화된 신학이다. 이것이 전혀 바르지 않다는 것을 우리는 사도행전을 기록을 보면 분명히 알 수 있다. 바울의 회심은 사도행전 9장에 나타나는데, 누가는 제1차 전도여행 전까지(13:9) '사울'이라고 부르다가 제1차 전도여행을 떠나는 시기인 행 13장부터 '바울'로 부르기 시작했다("바울이라고 하는 사울!": Saul, who was also called Paul, 행 13:9). 즉 다메섹 회심 이후(9장), 14년 동안 계속 사울이라고 불렸던 것이다. 바울이란 이름을 쓴 이유는 로마 제국에서의 선교활동을 위해 히브리 이름이 아니라 로마 이름 바울을 쓰게 된 것이다.

24. 예를 들면, 주후 51년 7월부터 52년 6월까지 아가야 총독의 이름은 루키우스 유니우스 갈리오(Lucius Junius Gallio)이다. 1905년 그리스의 델피(Delphi)에서 Gallio 비문(碑文)이 발견되었는데, 이를 통해 바울의 생애 연대를 측정할 수 있게 되었고, 또한 당시 로마 총독의 기독교에 대한 판례를 확인할 수 있게 되었다.

25. 바울의 이름에 대한 상세한 논의를 위해서는, C. Hemer, "The Name of Paul," *TynB* (1985): 179-83을 보라.

26. 바울의 로마 시민권에 관한 사도행전의 기록은 대부분의 학자들에 의해 인정되고 있다. 바울의 로마 시민권에 대한 설득력 있는 주장에 대해서는, M. Hengel, *The Pre-Christian Paul* (Philadelphia: Trinity Press International,

1991), 6-15를 보라; Picirilli, 『사도 바울』, 17, 18.

27. Picirilli는 바울의 로마 시민권을 다음과 같이 강조한다: "바울은 단지 그러한 세계(s.c. 로마 제국)에서 태어나고 자란 것만은 아니다. 그는 로마의 시민이었다. 이것이 당연한 것이라고 생각해서는 결코 안된다. 바울 당시 로마 제국에서 살았던 대부분의 사람들은 로마 시민이 아니었기 때문이다."(『사도 바울』, 28).

28. Peter Garnsey and Richard Saller, *The Roman Empire: Economy, Society and Culture* (Berkeley, Calif.: University of California Press, 1987), 117.

29. M. Reasoner, "Citizenship, Roman and Heavenly," in *Dictionary of Paul and his Letters*, G.F. Hawthorne, R. P. Martin and D.G. Ried eds. (Downers Grove: InterVarsity, 1993), 139-40; Picirilli, 『사도 바울』, 30-31.

30. 로마서 1:16을 보면 바울은 자기가 이제는 복음을 부끄러워하지 않는다고 한다. 이 말은 과거에는 부끄러워했다는 말이 되기도 하는데, 이는 십자가에 못 박힌 인간 예수를 하나님의 아들, 그리스도, 즉 메시아로 전하는 기독교의 복음은 그에게는 결코 받아들일 수 없는 걸림돌이 되었기 때문이다.

31. Karl-Wilhelm Niebuhr, *Heidenapostel aus Israel. Die jüdische Identität des Paulus nach ihrer Darstellung in seinen Briefen*, WUNT 62(Tübingen: Mohr Siebeck, 1992), 60-61.

32. 사도행전의 역사성을 논의하는 문맥에서 Johnson은 이 비문의 발견으로 사도행전이 사도 바울의 연대를 결정하는 데 '필수 불가결한 자료'임이 확증되었다고 주장한다. L.T. Johnson, 『최신 신약 개론』, 채천석 역 (서울: 크리스챤 다이제스트, 2002), 317.

33. 참조: J.R. McRay, "Corinth," in *Dictionary of New Testament Background*, C.A. Evans and S. E. Porter (Downers Grove: InterVarsity Press, 2000), 230.

34. 참조. R.B. Edwards and M. Reasoner, "Rome: Overview," in *Dictionary of New Testament Background*, C.A. Evans and S.E. Porter (Downers Grove: InterVarsity Press, 2000), 1016.

35. "기독교 세계에서, 가장 중요한 것은 이 1세기 그레코-로마의 시민권자이며 유대교 랍비인 바울이 일찍이 없었던 가장 탁월한 기독교 설교자요 신학자가 되었다는 것이다." Picirilli, 『사도 바울』, 74.

36. F.F. Bruce, *The Epistle to the Galatians* (Grand Rapids: Eerdmans, 1982), 93: "The purpose of the revelation, that Paul should proclaim the gospel of Christ among the Gentiles, was part of the revelation itself: conversion and commission came together (cf. Rom 1:5)."

37. Bruce, *The Epistle to the Galatians*, 93; D.A. DeSilva(데이비드 A. 드실바), 『신약 개론』, 김경식 외 역 (서울: CLC, 2013), 649-50.

38. R.P. Martin, 『신약의 초석 II』, 원광연 역 (서울: 크리스챤 다이제스트, 2000), 150-52; Picirilli, 『사도 바울』, 81.

39. Bruce는 외적 환상(vision)과 내적 조명(illumination)이 동시에 일어난 것을 지칭한다고 본다. Bruce, *The Epistle to the Galatians*, 92-93. Longenecker와 Still도 이와 동일하게 주장하면서, "이 논의는 갈 1:16에 등장하는 '내 속에'(ἐν ἐμοί)라는 표현과 관련하여 이것은 마음의 계몽이 아닌 삶의 구체화를 나타내기 때문이다"고 했다: "This is not simply the enlightenment of the mind; rather, it is the enlivenment of a person in transformed patterns of life." Longenecker and Still, *Thinking through Paul*, 93.

40. "무엇보다도, 바울은 기독교나 기타 어떤 종교나 윤리적 체계로가 아니라 그리스도께로 회심했다." Martin, 『신약의 초석 II』, 153.

41. 다메섹 도상에서 바울은 부활하신 그리스도의 계시만 받은 것이 아니라, 이방인에게 가서 복음을 전하라는 사도로서의 소명도 받았다는 것은 여러 학자들에게 의해 주장되고 있는데, 특히 S. Kim, *The Origin of Paul's Gospel*, 2nd ed., (Tübingen: Mohr Siebeck, 1984), 96-97을 보라.

42. DeSilva, 『신약 개론』, 653.

43. "바울의 문제는 토라를 지킬 수 없다는 데 있는 것이 아니라 토라가 하나님의 의의 최종적이고 궁극적인 계시가 아니라는 데 있다. 따라서 바울에게 있어서

근본적인 마음의 변화는 토라에서 예수로 권위와 계시의 중심이 옮겨갔다는 것이다." DeSilva, 『신약 개론』, 653.

44. Bruce, *The Epistle to the Galatians*, 89.

45. 바울이 회심 후 아라비아에서 무엇을 했는가에 대해서는 여러 가능성이 있지만 다른 무엇보다 우선적으로 복음 증거를 한 것으로 보인다. 그 근거가 어디에 있는가? 갈라디아서 1:17에 보면 바울이 아라비아로 갔다가 다메섹으로 돌아갔다고 했는데, 고린도후서 1:32, 33에 보면 그가 다메섹에 있을 때 아레다왕의 방백이 바울을 잡으려고 하였다고 했다. 이 사실을 볼 때 바울은 나바티안 왕국인 아라비아 지방에서 복음을 증거했고, 이로 인하여 나바티안, 아레타왕의 노여움을 사게 되었고 아레타왕은 바울을 체포하려고 했던 것이며 바울이 다메섹에 이르렀을 때 왕의 신하들이 그를 잡으려고 성을 지키고 있게 된 것이다. 그래서 광주리를 타고 성벽을 통해 밖으로 도망하여 예루살렘으로 올라갔는데, 그것은 회심 후 3년 만의 일이었다. 아라비아의 여행이 선교여행이었다는 주장에 대해서는 Hengel and Schwemer, *Paul Between Damascus and Antioch: The Unknown Years*, 102-106을 보라.

46. Hengel, and Schwemer, *Paul Between Damascus and Antioch: The Unknown Years*, 39.

47. Jacob Jervell, *Die Apostelgeschichte*, KEK 3 (Göttingen: Vandenhoeck & Ruprecht, 1998), 324. 사도행전 11:20-21 참조.

48. 사도행전 4:36에 보면 바나바의 본명은 요셉이며, '위로의 아들'(son of consolation) 혹은 '느보의 아들'이란 뜻이다. 그는 구브로 섬의 살라미에서 태어난 레위 족속의 사람이었으며 마가의 사촌이었다. 즉, 아버지의 형제의 아들이었다. 그는 부유한 사람인 듯했으나 일찍이 밭을 팔아 사도들에게 가난한 자를 도우라며 헌금한 것을 알 수 있다(행 4:37). 사도행전에 보면 그는 "착한 사람이요, 성령과 믿음이 충만한 자라."(11:24)고 하였고, 그의 권면의 말씀에 의하여 교회가 크게 부흥하였다. 그가 훌륭한 것은 자신은 2인자 역할로 만족하고 다른 사람을 세우는 귀한 사람이었다. 바울과 바나바의 가르침으로 인하여 안디옥에서는 '그리스도인'(Χριστιανός)이란 명칭이 생길 만큼 큰 역사가

일어났다. 이들 말씀사역자의 힘으로 안디옥 교회는 3년 만에 세계적인 교회로 성장하였고 이젠 오히려 예루살렘 교회가 흉년으로 고생하게 되자 헌금을 보낼 만큼 큰일을 하게 되었으며 선교사역 또한 수행하게 되었다(행 13:1ff).

49. 우리는 바울이 10년 머무는 동안 고향 다소에서 복음을 전했을 것을 충분히 알 수 있다. 바울은 10년 동안 수리아와 길리기아 사역을 했는데, 바울의 수리아 사역에 대해서는 Eckhard J. Schnabel, *Early Christian Mission*, 2 vols. (Downers Grove: InterVarsity Press, 2004), 1:780-97; 2:1048-54. 그리고 길리기아의 사역에 대해서는 *Early Christian Mission*, 2:1054-69를 참조하라.

50. "교회에서 유대주의와의 싸움이 있은 지 약 2,000년이 지났기에, 그것은 우리와 다소 상관없는 것으로 보인다. 하지만 그 문제와 싸우는 것은 당대에 매우 중요했으며, 구원 받은 믿음의 본질에 대한 핵심적인 이슈를 명쾌하게 만든 기독교의 후세대를 위한 승리였다. 예루살렘 회의는 이방인들이 기독교인이 되기 위해서 유대인이 되어야 할 필요가 없음을 확증했다." A. Fernando, 『NIV 적용주석: 사도행전』, 채천석 역 (서울: 솔로몬, 2013), 491-92.

51. R.H. Stein, "Jerusalem," in *Dictionary of Paul and his Letters*, G.F. Hawthorne, R. P. Martin and D.G. Ried eds. (Downers Grove: InterVarsity, 1993), 468-69. Stein에 따르면 당면한 문제는, (1) 의롭게 되기 위해 이방인들이 할례를 받아야 하는가, (2) 사람은 어떻게 의롭게 되는가, 그리고 (3) 사도 바울의 사도권이었다고 지적한다.

52. Fernando, 『NIV 적용주석: 사도행전』, 484.

53. C.S. Keener, *Acts: An Exegetical Commentary*, vol. 3 (Grand Rapids: Baker Academic, 2014), 2207.

54. F.F. Bruce, 『사도행전 (하)』, 김재영, 장동민 역 (서울: 아가페, 2014), 72, 76.

55. Stein, "Jerusalem," 465; Picirilli, 『사도 바울』, 161; Bruce, 『사도행전 (하)』, 80.

56. 수리아 안디옥의 교회는 예루살렘 교회와 비교되는 국제적인 교회로 급속도로 성장해 나아갔다. 만약 예루살렘의 교회가 일반적인 의미에서 기독교인들의 모교회(mother church)였다면, 안디옥의 교회는 특수한 의미에서 이방 기

독교인들의 모교회였다. 사도행전 13:1에 보면 안디옥 교회의 지도자들을 소개하고 있는데 이들은 '선지자들과 교사들'이었으며, 그 이름들은 ① 바나바, ② 니게르라하는 시므온, ③ 구레네 사람 루기오, ④ 헤롯의 젖동생 마나엔, ⑤ 사울(바울), 다섯 명이었다.

57. 예루살렘교회와 그 회의의 의미에 대해서는 Richard Bauckham, "James and the Jerusalem Church," in *The Book of Acts in its Palestinian Setting*, ed. R. Bauckham, The Book of Acts in Its First-Century Setting 4 (Exeter, U.K.: Paternoster, 1995), 415-80을 참조하라.

58. L.T. Johnson, *The Acts of the Apostles* (Collegeville: The Liturgical Press, 1992), 267.

59. 참조. E. Haechen(헨헨), 『사도행전(II)』, 박경미 역 (서울: 한국신학연구소, 1989), 111.

60. "이 단락의 주요한 주제는 사람들이 나누는 옛 구분을 깨뜨리는 것이다". Fernando, 『NIV 적용주석: 사도행전』, 378.

61. Johnson, 『최신 신약 개론』, 314-15.

62. 참조. Fernando, 『NIV 적용주석: 사도행전』, 379.

63. 당시 유대주의자들의 관점에서 보면 할례와 율법은 유대인과 비유대인을 구분하는 사회학적인 경계의 표지들이었던 동시에 자신들을 하나님의 언약백성으로 생각했던 유대인들의 정체성을 확인해 주는 신분표지들이었다. 이런 의미에서 할례나 율법은 유대인들의 선민적 배타주의의 보루가 되었다.

64. 참조. Fernando, 『NIV 적용주석: 사도행전』, 493.

65. Fernando, 『NIV 적용주석: 사도행전』, 396-97.

66. Picirilli, 『사도 바울』, 162-63.

67. "하나님께서 이방인 선교에 있어 역사하셨고, 교회는 하나님의 주도적인 사역에 순종적으로 답해야만 한다." Johnson, *The Acts of the Apostles*, 272.

68. 참조. Fernando, 『NIV 적용주석: 사도행전』, 484. 할례의 중요성에 대해서는 Keener, *Acts: An Exegetical Commentary*, 2215-22를 참조하라.

69. 당시 예루살렘 교회에는 각기 다른 두 성향을 지닌 그룹들이 있었다고 전해진다. 첫째는 보수파 유대 그리스도인들인데, 이들은 이방인도 할례와 율법의 범주 안에 들어와야 한다는 강한 의식을 지니고 있었다. 유대교와 기독교 사이에 구태여 경계선을 그을 필요가 없다고 생각하는 사람들이었다. 둘째로는 베드로로 대표되는 예루살렘 교회의 지도부인데, 실제적으로는 야고보가 실세를 가지고 있었다고 보아야 한다. 이들은 상당히 중재적인 입장을 지니고 있었다.

70. Johnson, 『최신 신약 개론』, 315; Keener, *Acts: An Exegetical Commentary*, 2226-29.

71. Fernando, 『NIV 적용주석: 사도행전』, 485.

72. 그러나 Haechen은 예루살렘 교회의 우선권을 부인하지는 않는다: "공동체들이 서로 느슨하게 관련되어 있었으며, 단지 특별한 사정이 있을 때만 예루살렘에 원조를 요청했다. 그러나 예루살렘은 전 그리스도교 지체의 영적 머리였으며, 주님의 지상생애와 부활을 목격한 자들이 있는 '사도들의 장소'였다". Haechen, 『사도행전 (II)』, 111-12.

73. Haechen, 『사도행전 (II)』, 108-109.

74. Bruce, 『사도행전 (하)』, 87.

75. Haechen, 『사도행전 (II)』, 119-20을 참조하라.

76. Keener, *Acts: An Exegetical Commentary*, 2231.

77. Fernando, 『NIV 적용주석: 사도행전』, 487.

78. "베드로와 그의 동료들은 '무거운 짐'(마 23:4)에 대조되는 그리스도의 '가벼운 멍에'(마 11:29 이하) 안에서 기뻐하는 것을 배웠다. 그들은 자신들의 구원이 그리스도의 값없는 은혜에서 나왔다는 사실을 인정하였다." Bruce, 『사도행전 (하)』, 85.

79. Keener, *Acts: An Exegetical Commentrary*, 2238-39.

80. "사실 안티오키아의 이방 선교에 대한 이러한 승인은 모든 예루살렘 사람들에게는 명예로운, 놀랄만한 일이었다. 그들은 할례받지 않은 이방인들을 새로운 하나님의 백성의 한 지체로 인정함으로써 어쨌든 유대교 사상을 넘어섰다". Haechen, 『사도행전 (II)』, 120.

81. 참조. Bruce, 『사도행전 (하)』, 88.

82. 야고보는 이방인 선교의 성취를 바라보면서 아모스 9:11-12의 70인경을 인용하고 있다. 야고보의 아모스 인용에 대한 자세한 논의를 위해서는 Fernando, 『NIV 적용주석: 사도행전』, 489를 참조하라.

83. BDAG, s.v. κρίνω.

84. Fernando, 『NIV 적용주석: 사도행전』, 489-90.

85. Bruce, 『사도행전 (하)』, 90.

86. Bruce, 『사도행전 (하)』, 91.

87. Haechen, 『사도행전 (II)』, 93.

88 Johnson, *The Acts of the Apostles*, 279.

89. "이 서신은 이런 결정에 있어서 교회의 연합과 통일성을 강조한다". Fernando, 『NIV 적용주석: 사도행전』, 491.

90. 물론 이런 질문들은 얼마든지 제기될 수 있다. 그러나 우리가 성경 본문을 연구하면서 배우게 되는 중요한 한 가지 원리는, 본문에서 얻고자 하는 현대적 적용은 '실제적인 적용'보다는 오히려 '원리적 적용'인 경우가 더 많이 있다는 것이다. 즉, 성경 본문에서 다루고 있는 주제나 관심이 오늘날 우리의 그것들과 꼭 일치하지 않을 수도 있다는 말인데, 그런 경우 우리는 먼저 본문이 위치한 성경 전체 흐름 속에서 나타나고 있는 핵심원리를 바로 이해하고, 이 원리적 적용 아래 우리 시대와 문화, 그리고 우리가 속한 공동체의 신앙 전통의 영향을 인식하면서 실제적이고 구체적인 적용을 가시화, 곧 생활화해야 하는 것이다.

91. 바울은 선교사로서 약 25,000km를 여행했으며, 이 중 14,000km는 육로로 갔다고 전해진다. 이와 비교해서 알렉산더(Alexander the Great) 대왕은 약 32,000km를 여행했다. Elmer, C. May et. al., *Ancient and Medival Warfare* (Wayne, N.J.: Avery, 1984), 29를 참조하라.

92. 제1차 전도여행의 시기를 주후 46년경으로 보는 이유는, Gallio가 주후 51년 7월 아가야 총독으로 부임하기 전에 바울은 이미 고린도에서 사역을 시작했으며, 이때는 적어도 예루살렘 공의회가 개최된 48년경보다 3년 후가 될 것이고, 제1차 전도여행은 예루살렘 공의회보다 적어도 2년 전으로 보아야 하기 때문이다.

93. Schnabel, *Early Christian Mission*, 2:1074-89.

94. 1세기 당시 유대 팔레스틴 본토의 유대인 인구는 약 50-60만 명 정도로 추산한다. 하지만 헬라-로마 제국에 사는 디아스포라 유대인들은 적어도 350만 명이 넘는 것으로 추정되고 있다. 어느 지역이든 유대인 성인 남자 10명만 넘으면 그 지역에 회당을 세울 수 있었다. 이 회당은 유대인들의 예배, 교육, 교제의 중심이었으며, 또한 여관과 직업알선소의 역할을 하기도 했다. 예수님 당시 팔레스틴 지역의 인구와 디아스포라에 대한 자세한 정보를 위해서는 Joachim Jeremias, *Jerusalem zur Zeit Jesu: Eine kulturgeschichtliche Untersuchung zur neutestamentlichen Zeitgeschichte* (Göttingen: Vangenhoeck & Ruprecht, 1962);『예수시대의 예루살렘: 신약성서 시대의 사회 경제사 연구』, 번역실 역 (서울: 한국신학연구소, 1988)을 보라.

95. "… 회중이 흩어진 후에 유대인들과 '유대교에 입교한 경건한 자들'(τῶν σεβομένων προσηλύτων) 중에서 많은 이들이 바울과 바나바를 따르니…" (행 13:43a). 바울이 복음을 전하던 소아시아 지역의 영적 상태는 우상 숭배와 성도덕의 타락으로 특징지을 수 있다. 이런 다신교 우상 숭배 사상이 만연한 이방지역에서 유일신을 섬기는 유대인들은 비난의 대상이 되었지만, 유대인들의 도덕적이고 가정에 충실한 삶의 자세에 감동을 받아 할례를 받고 유대교로 개종한 사람들(proselytes)이 있었다.

96. "… 이스라엘 사람들과 하나님을 경외하는 이들(οἱ φοβούμενοι τὸν θεόν)

너희는 들어라."(행 13:16). '하나님을 경외하는 이들'(God fearer)이란 할례를 받고 유대교에 입교하지는 못했지만 유대교에 호감을 가지고 회당예배에 참석하고 있었던 사람들을 말한다. 더 자세한 정보를 위해서는, Lee I. Levine, *The Ancient Synagogue: The First Thousand Years* (New Haven, Conn: Yale Unversity Press, 2000), 111ff.

97. 이처럼 당시 회당은 서로 다른 배경과 신앙을 가진 유대인들을 위한 공개 토론장의 역할을 하기도 했다. Lee I. Levine, *The Ancient Synagogue: The First Thousand Years*, 111ff.

98. 선교 현장에서 전했던 바울 설교의 핵심 내용에 대해서는 한천설, "바울의 설교 연구"『그말씀』(1997. 9): 118-132를 참조하라.

99. F.W. Norris, "Antioch: Antioch of Syria," in *The Anchor Bible Dictionary*, D.N. Freedman ed., vol. 1 (New York: Doubleday, 1992), 265.

100. Schnabel, *Early Christian Mission*, 1:781-97; 2:1069-72; Norris, "Antioch: Antioch of Syria," 265.

101. Schnabel, *Early Christian Mission*, 1:780-97.

102. Jacob Jervell, *Die Apostelgeschichte*, KEK 3 (Göttingen: Vandenhoeck & Ruprecht, 1998), 324. 사도행전 11:20-21 참조.

103. Norris, "Antioch: Antioch of Syria," 267.

104. R.W. Smith et al., "Seleucia," in *The Anchor Bible Dictionary*, D.N. Freedman ed., vol. 5 (New York: Doubleday, 1992), 1075-76.

105. J. McRay, "Cyprus," in *The Anchor Bible Dictionary*, D.N. Freedman ed., vol. 1 (New York: Doubleday, 1992), 1228.

106. 살라미는 '소금'이라는 뜻으로 염전이 많았고, 바나바의 고향이었다. 레위인이던 바나바는 살라미에 있을 때 땅을 팔아 헌금한 일도 있었고(행 4:36-37), 제2차 전도여행을 출발할 때 마가의 동행 문제로 바울과 헤어진 후 이곳으로 귀향했다(행 15:39).

107. 서기오 바울에 대한 자세한 내용을 위해서는 다음 책을 보라: Schnabel, *Early Christian Mission*, 2:1084-88.

108. Picirilli, 『사도 바울』, 122; McRay, "Cyprus," 1230.

109. S.T. Caroll, "Pamphylia," in *The Anchor Bible Dictionary*, D.N. Freedman ed., vol. 5 (New York: Doubleday, 1992), 138.

110. 참고. W.W. Gasque, "Perga," in *The Anchor Bible Dictionary*, D.N. Freedman ed., vol. 5 (New York: Doubleday, 1992), 228.

111. J.D. Wineland, "Attalia," in *The Anchor Bible Dictionary*, D.N. Freedman ed., vol. 1 (New York: Doubleday, 1992), 523.

112. G.W. Hansen, "Galatians, Letter to the," in *Dictionary of Paul and his Letters*, G.F. Hawthorne et al. (Downers Grove: InterVarsity Press, 1993), 323-34.

113. Thomas Witulski, *Die Adressaten des Galaterbriefes, Untersuchungen zur Gemeinde von Gemeinde von Antiochia ad Pisidiam*, FRLANT 193 (Göttingen: Vandenhoeck & Ruprecht, 2000), 189-90.

114. S. Mitchell, "Antioch: Antioch of Pisidia," in *The Anchor Bible Dictionary*, D.N. Freedman ed., vol. 1 (New York: Doubleday, 1992), 264.

115. W.W. Gasque, "Iconium," in *The Anchor Bible Dictionary*, D.N. Freedman ed., vol. 3 (New York: Doubleday, 1992), 357.

116. D.S. Porter, "Lystra," in *The Anchor Bible Dictionary*, D.N. Freedman ed., vol. 3 (New York: Doubleday, 1992), 426-27.

117. Picirilli, 『사도 바울』, 134.

118. 참조. J.D. Wineland, "Derbe," in *The Anchor Bible Dictionary*, D.N. Freedman ed., vol. 3 (New York: Doubleday, 1992), 145.

119. D. Moody, "A New Chronology for the Life and Letters of Paul",

in *Chronos, Kairos, Christos: Nativity and Chronological Studies Presented to Jack Finegan*, ed. J. Vardaman (Winona Lake: Eisenbrauns, 1989), 223-25.

120. 이 기간의 바울의 여행경로를 재구성하는 문제에 대해서는 Schnabel, *Early Christian Mission*, 2:1131-50을 참조하라.

121. 마케도니아의 주요 도시인 빌립보에 대한 정보를 위해서는 Schnabel, *Early Christian Mission*, 1:1151-53을 참조하라.

122. 행 16:13에 "안식일에 우리가 기도할 곳이 있을까 하여 문 밖 강가에 나가 거기 앉아서 모인 여자들에게 말하는데." 이것을 보면 바울은 빌립보에 가서 먼저 유대인의 기도처(προσευχή)를 찾았다고 했는데, 회당을 의미할 수도 있지만 그보다는 빌립보에는 정식 회당이 없었고 빌립보에 유대인들이 거의 살고 있지 않았음을 보여준다. 이는 유대인 성인 10명이 있으면 회당을 세울 수 있고, 그렇지 않으면 기도처를 세우게 했기 때문이다. 빌립보에 대한 자세한 설명을 위해서는 본서 IV장의 "빌립보서 배경 연구"를 보라.

123. M. Hengel, "Proseuche und Synagoge: Jüdische Gemeinde, Gotteshaus und Gottesdienst in der Diaspora und in Palästina(1971)," in *Judaica et Hellenica I, Studien zum antiken Judentum und seiner griechisch-römischen Umwelt*, WUNT 90 (Tübingen: Mohr Siebeck, 1996), 171-95.

124. G.D. Fee, *Paul's Letter to the Philippians*, NICNT (Grand Rapids: Eerdmans, 1995), 25-26.

125. 마케도니아의 수도인 데살로니가에 대한 정보를 위해서는 Schnabel, *Early Christian Mission*, 1:1160-63을 참조하라.

126. 마케도니아의 주요 도시인 베뢰아(Berea)에 대한 자세한 정보를 위해서는 Schnabel, *Early Christian Mission*, 1:1168을 참조하라.

127. 고린도에 대한 역사적 배경 등 자세한 정보에 대해서는 본서 IV장의 "고린도전서 배경 연구"를 참고하라.

128. J.D. Bing, "Cilicia," in *The Anchor Bible Dictionary*, D.N. Freedman ed., vol. 1 (New York: Doubleday, 1992), 1022-23, 1024.

129. F.F. Bruce, "Phrygia," in *The Anchor Bible Dictionary*, D.N. Freedman ed., vol. 5 (New York: Doubleday, 1992), 366-67.

130. S.T. Carrol, "Mysia," in *The Anchor Bible Dictionary*, D.N. Freedman ed., vol. 4 (New York: Doubleday, 1992), 940-41.

131. E.M. Yamauch, "Troas," in *The Anchor Bible Dictionary*, D.N. Freedman ed., vol. 6 (New York: Doubleday, 1992), 666.

132. D.A.D. Thorsen, "Samothrace," in *The Anchor Bible Dictionary*, D.N. Freedman ed., vol. 5 (New York: Doubleday, 1992), 949.

133. 로마는 주전 148년경 마케도니아에 대한 지배를 확고히 하기 위해 마케도니아의 Adria 해안에 위치한 Apollonia Dyrrhachium에서 데살로니가로 이어지는 '에그나티아 길'(Via Egnatia)이라는 군사도로를 건설했다. 이 도로는 후에 동쪽으로 빌립보 부근의 항구도시인 Neapolis까지, 그리고 후에는 Byzantium(현대의 이스탄불)까지 연장되었다. 이 도로에 대한 상세한 정보를 위해서는 O'Sullivan, *The Egnatian Way* (Newton Abbot: David and Charles, 1972); Hammond, "The Western Part of the Via Egnatia", *JRS* 64 (1974), 185-94를 참조하라.

134. C. Gempf, "Neapolis," in *The Anchor Bible Dictionary*, D.N. Freedman ed., vol. 4 (New York: Doubleday, 1992), 1052-53.

135. 빌립보의 역사적 배경에 대한 더욱 상세한 설명을 위해서는 본서 IV장의 "빌립보서 배경 연구"를 참고하라.

136. G.F. Hawthorne, "Philippians, Letter to the," in *Dictionary of Paul and his Letters*, G.F. Hawthorne et al. (Downers Grove: InterVarsity Press, 1993), 707.

137. Hawthorne, "Philippians, Letter to the," 707-708. 참조. H.L. Hendirix,

"Philippi," in *The Anchor Bible Dictionary*, D.N. Freedman ed., vol. 5 (New York: Doubleday, 1992), 315-16.

138. J.D. Wineland, "Amphipolis," in *The Anchor Bible Dictionary*, D.N. Freedman ed., vol. 1 (New York: Doubleday, 1992), 216-17.

139. 참조. I. Roll, "Apollonia," in *The Anchor Bible Dictionary*, D.N. Freedman ed., vol. 1 (New York: Doubleday, 1992), 298-99.

140. 데살로니가의 역사적 배경에 대한 더욱 상세한 설명을 위해서는 본서 IV장의 "데살로니가전서 배경 연구"를 참고하라.

141. J.W. Simpson Jr. "Thessalonians, Letters to the," in *Dictionary of Paul and his Letters*, G.F. Hawthorne et al. (Downers Grove: InterVarsity Press, 1993), 932-39, 특히 933을 보라.

142. 참고. H.L. Hendrix, "Thessalonica," in *The Anchor Bible Dictionary*, D.N. Freedman ed., vol. 6 (New York: Doubleday, 1992), 524-26.

143. J.D. Wineland, "Beroea," in *The Anchor Bible Dictionary*, D.N. Freedman ed., vol. 1 (New York: Doubleday, 1992), 678.

144. 아래의 사진은 http://all-free-download.com/free-photos/download/acropolis_parthenon_athens_222242.html에서 제공하는 무료 사진을 가져옴.

145. J.R. McRay, "Athens," in *Dictionary of New Testament Background*, C.A. Evans and S.E. Porter (Downers Grove: InterVarsity Press, 2000), 139; Bruce, 『사도행전 (하)』, 141.

146. "어떤 에피쿠로스와 스토아 철학자들도 바울과 쟁론할새 어떤 사람은 이르되 이 말쟁이가 무슨 말을 하고자 하느냐 하고 어떤 사람은 이르되 이방신들을 전하는 사람인가보다 하니 이는 바울이 예수와 부활을 전하기 때문이라."(행 17:18): Bruce, 『사도행전 (하)』, 142-45.

147. 고린도에 관한 더욱 상세한 설명을 위해서는 본서 IV장의 "고린도전서 배경 연구"를 참고하라.

148. J. Murphy-O'Conner, "Corinth," in Anchor Bible Dictionary, D.N. Freedman ed., vol. 1 (New Haven / London: Yale University Press, 2008), 1136; J. McRay, Archaeology and the New Testament (Grand Rapids: Baker Book House, 1991), 312.

149. McRay, "Corinth," 228; S.J. Hafemann, "Corinthians, Letters to the," in Dictionary of Paul and his Letters, G.F. Hawthorne et al. (Downers Grove: InterVarsity Press, 1993), 172; Bruce, 『사도행전 (하)』, 167.

150. 고대 그리스의 도시 국가의 대부분은 중심지에 높은 언덕을 가지고 있었고, 이것을 '폴리스'(πόλις: polis)라고 불렀다. 그러나 시간이 지남에 따라 도시 국가가 polis로 불리게 되어 본래 폴리스였던 언덕은 acros(ἀκρός, 높은)이라는 형용사를 붙여 아크로폴리스(acropolis)라 부르게 되었다. 아크로폴리스는 수비하기에 적합하여 성벽을 쌓아 도시의 방어지점이 되었고, 이 언덕에는 그 도시가 섬기는 신전이 있었다.

151. Strabo, Geography, 8.6.20. Hafemann, "Corinthians, Letters to the," 172-73; McRay, Archaeology and the New Testament, 315; "Corinth," 228-29; Bruce, 『사도행전 (하)』, 167-68. 이 신전에서 진행된 제의에 대한 자세한 정보는 D. Garland, 1 Corinthians (Grand Rapids: Baker, 2003), 9; C.E. Fant and M.C. Raddish, A Guide to Biblical Sites in Greece and Turkey (Oxford: University Press, 2003), 54를 참조하라.

152. McRay, Archaeology and the New Testament, 312. 참조. Picirilli, 『사도 바울』, 191.

153. 갈리오 비문에 대해서는 Rainer Riesner, Paul's Early Period: Chronology, Mission Strategy, Theology (Grand Rapids: Eerdmans, 1998), 202-207.

154. McRay, "Corinth," 230.

155. Bruce, 『사도행전 (하)』, 167.

156. C.E. Arnold, "Ephesus," in Dictionary of Paul and his Letters, G.F. Hawthorne et al. (Downers Grove: InterVarsity Press, 1993), 250; Bruce, 『사도

행전 (하)』, 184.

157. 바울 당시 에베소는 로마가 지배하는 아시아 지역의 행정상 수도였으며, 로마 제국의 주요 3대 도시 중 하나였다. 인구는 약 25만 명 정도로 추정하는데, 모두가 동의하는 것은 아니다: Arnold, "Ephesus," 249: R.E. Oster Jr, "Ephesus," *ABD* II, 542-49.

158. Strabo, *Geography*, 4.1.24.

159. Picirilli, 『사도 바울』, 236.

160. 참조. R.L. Hohlfelder, "Caesarea," in *The Anchor Bible Dictionary*, D.N. Freedman ed., vol. 1 (New York: Doubleday, 1992), 798-800.

161. D. Moody, "A New Chronology for the Life and Letters of Paul", 232-33.

162. D.F. Watson, "Greece and Macedon," in *Dictionary of New Testament Background*, C.A. Evans and S. E. Porter (Downers Grove: InterVarsity Press, 2000), 425.

163. Watson, "Greece and Macedon," 425.

164. E.M. Yamauchi, "Assos," in *The Anchor Bible Dictionary*, D.N. Freedman ed., vol. 1 (New York: Doubleday, 1992), 503.

165. J.W. Wineland, "Mitylene," in *The Anchor Bible Dictionary*, D.N. Freedman ed., vol. 4 (New York: Doubleday, 1992), 878-79.

166. J.D. Wineland, "Samos," in *The Anchor Bible Dictionary*, D.N. Freedman ed., vol. 5 (New York: Doubleday, 1992), 948.

167. 참조. J. McRay, "Miletus," in *The Anchor Bible Dictionary*, D.N. Freedman ed., vol. 5 (New York: Doubleday, 1992), 825-26.

168. S.T. Carroll, "Cos," in *The Anchor Bible Dictionary*, D.N. Freedman ed., vol. 1 (New York: Doubleday, 1992), 1161-62.

169. S.T. Carroll, "Rhodes," in *The Anchor Bible Dictionary*, D.N. Freedman ed.,

vol. 5 (New York: Doubleday, 1992), 720.

170. D.R. Edwards, "Tyre," in *The Anchor Bible Dictionary*, D.N. Freedman ed., vol. 6 (New York: Doubleday, 1992), 687.

171. Edwards, "Tyre," 690-91.

172. 참조. M. Dothan, "Acco," in *The Anchor Bible Dictionary*, D.N. Freedman ed., vol. 1 (New York: Doubleday, 1992), 52-53.

173. "그 날 밤에 주께서 바울 곁에 서서 이르시되 담대하라 네가 예루살렘에서 나의 일을 증언한 것 같이 로마에서도 증언하여야 하리라 하시니라."(행 23:11).

174. "24 베스도가 말하되 아그립바 왕과 여기 같이 있는 여러분이여 당신들이 보는 이 사람은 유대의 모든 무리가 크게 외치되 살려 두지 못할 사람이라고 하여 예루살렘에서와 여기서도 내게 청원하였으나 25 내가 살피건대 죽일 죄를 범한 일이 없더이다 그러나 그가 황제에게 상소한 고로 보내기로 결정하였나이다."(행 25:24-25); "이에 아그립바가 베스도에게 이르되 이 사람이 만일 가이사에게 상소하지 아니하였더라면 석방될 수 있을 뻔하였다 하니라."(행 26:32).

175. 참조. P.C. Schmitz, "Sidon," in *The Anchor Bible Dictionary*, D.N. Freedman ed., vol. 6 (New York: Doubleday, 1992), 17-18.

176. E.M. Yamauchi, "Myra," in *The Anchor Bible Dictionary*, D.N. Freedman ed., vol. 4 (New York: Doubleday, 1992), 939-40; Strabo, Geography, 14.665.

177. J.A. Pattengale, "Crete," in *The Anchor Bible Dictionary*, D.N. Freedman ed., vol. 1 (New York: Doubleday, 1992), 1206.

178. J.D. Wineland, "Fair Havens," in *The Anchor Bible Dictionary*, D.N. Freedman ed., vol. 2 (New York: Doubleday, 1992), 744.

179. 참조. W.W. Gasque, "Malta," in *The Anchor Bible Dictionary*, D.N. Freed-

man ed., vol. 4 (New York: Doubleday, 1992), 489.

180. 참조. A. Betz, "Syracuse," in *The Anchor Bible Dictionary*, D.N. Freedman ed., vol. 6 (New York: Doubleday, 1992), 270-71.

181. J.D. Wineland, "Rhegium," in *The Anchor Bible Dictionary*, D.N. Freedman ed., vol. 5 (New York: Doubleday, 1992), 709.

182. S.T. Carroll, "Puteoli," in *The Anchor Bible Dictionary*, D.N. Freedman ed., vol. 5 (New York: Doubleday, 1992), 560.

183. Carroll, "Puteoli," 561.

184. C. Kelly, *The Roman Empire: A Very Short Introduction* (Oxford: Oxford University Press, 2006), 1.

185. McRay, *Archaeology and the New Testament*, 341.

186. D.F. Watson, "Roman Empire," in *Dictionary of New Testament Background*, C.A. Evans and S.E. Porter (Downers Grove: InterVarsity Press, 2000), 974.

187. Watson, "Roman Empire," 975; Edwards and Reasoner, "Rome: Overview," 1010.

188. Edwards and Reasoner, "Rome: Overview," 1010.

189. Watson, "Roman Empire," 975-76.

190. 참조. G. Ostrogosky, 『비잔티움 제국사 324-1453』, 한정숙과 김경연 역 (서울: 까치글방, 1999), 11.

191. Watson, "Roman Empire," 978. 이와 관련된 로마의 역사에 대해서는 Ostrogosky, 『비잔티움 제국사 324-1453』, 1장 및 8장을 참조하라.

192. Edwards and Reasoner, "Rome: Overview," 1016.

193. Edwards and Reasoner, "Rome: Overview," 1014. M. Reasoner, "Rome and

Roman Christianity," in *Dictionary of Paul and his Letters*, G.F. Hawthorne, R.P. Martin and D.G. Ried eds. (Downers Grove: InterVarsity, 1993), 851.

194. Edwards and Reasoner, "Rome: Overview," 1016.

Part 3. 바울서신 석의 방법론

1. G.D. Fee and D. Stuart, *How to Read the Bible for all its Worth* (Grand Rapids: Zondervan, 22003), 30.

2. Köstenberger와 Patterson은 그들의 저서인 *Invitation to Biblical Interpretation*에서 '해석학의 3요소(hermeneutical triad)'를 제시한다. 첫째는 역사(history)인데, 여기서는 저작시기, 특징 등이 포함된다. 둘째는 문학(literature)인데, 여기에는 문학적 장르(literal genre), 구조(literary plan), 개요(outline), 내용분해(unit-by-unit discussion) 등이 포함된다. 셋째는 신학(theology)으로 여기에는 신학적 주제(theological themes) 등이 포함된다. 이들은 이런 방식으로 신약성경의 각권과 본문을 분석했다. A.J. Köstenberger and R.D. Patterson, *Invitation to Biblical Interpretation* (Grand Rapids: Kregel, 2005).

3. 역사적 상황을 복원하는 과정에서 특히 저자와 수신자가 처한 사회문화적-교회적 상황에 주목해야 한다. 이때 주석이나 신약서론 책을 참조할 수 있는데, 특별히 바울서신의 배경을 위해서는 R.P. Martin, *Dictionary of Paul and his Letters* (Downers Grove: InterVarsity Press, 1992)와 G.F. Hawthorne, *Dictionary of the later New Testament and its developments* (Downers Grove: InterVarsity Press, 1997)을 참조하면 좋을 것이다.

4. G.F. Hawthorne, *Dictionary of the later New Testament and its developments*, 127-29를 참조하라.

5. 바울 당시의 그레코-로만(Greco-Roman) 편지의 형식과 특징에 대해서는 본서 5장을 참고하라.

6. Köstenberger and R.D. Patterson, *Invitation to Biblical Interpretation*, 233.

7. 석의의 과정에서 추출한 보편적이고 영원한 메시지를 현대의 삶에 적용하는 것은 해석(hermeneutics)의 마지막 단계에서 해야 한다. 적용은 어렵고 기도를 필요로 하는 작업인데, 이러한 과정에서 참고하면 좋은 책은 다음과 같다: A.B. Du Toit, *Guide to the New Testament* (Pretoria: NGKB, 1982); A.J. Malherbe, *Ancient epistolary theorists*. The Society of Biblical Literature; G.D. Fee and D. Stuart, *How to Read the Bible for all its Worth*, 2nd ed. (Grand Rapids: Zondervan, 1993).

8. 안타깝게도, 진화론에 맞서서 창조론을 주장하는 창조과학회의 성경에 대한 접근 방식이 이러한 경향을 매우 강하게 띠고 있다. 창조를 믿는 그들의 신앙과 그것을 수호하고자 하는 노력은 분명 가치 있는 것이지만, 그들은 무엇보다도 성경이 과학 지식을 위한 책이 아니라는 것을 기억해야 할 것이다. 특별히, 창세기의 족보를 가지고 지구의 나이를 계산하려는 그들의 시도는 창세기의 기록 목적과 그 장르에 대한 굉장한 오해로부터 시작된 것이라는 점을 인식해야 할 것이다.

9. 이것은 유기적 영감의 기본적인 요소임을 기억하라. 영감에 대해서는 I.A. McFarland, "Inspiration," in I.A. Mcfarland, D.A.S. Fergusson, K. Kilby and I.R. Torrance (eds.), *The Cambridge Dictionary of the Christian Theology* (Cambridge: Cambridge University Press, 2011), 241.

10. Fee and Stuart, *How to Read the Bible for all its Worth*, 30은 이를 "성경은 그것이 결코 의미하지 않은 것을 의미할 수 없다."는 말로 표현하고 있다.

11. L.W. Hutardo은 그의 글인 "Paul's Christology," in J.D.G. Dunn, *The Cambridge Companion to St. Paul* (Cambridge: Cambridge University Press, 2003), 196에서 복음서와 바울 사이의 예수 그리스도에 대한 서술에 있어 상당한 일치를 인정하고 있다.

12. 각 저자가 활동한 지역과 그들이 대상으로 삼고 있는 청중들이 속한 교회 혹은 공동체의 상황이 다르다.

13. 복음서들은 전체적으로 그리스도의 생애와 가르침을 중점적으로 다루는 것을 목적으로 한 책이며, 바울의 서신들은 그의 교회 성도들에게 상황에 따른 가르침을 주기 위한 목적으로 그리스도에 관한 언급을 하곤 한다는 점에서 이러한 차이가 발생할 수밖에 없다.

14. 이러한 특성을 가장 극명하게 보이는 복음서가 마가복음이라는 것은 널리 잘 알려진 사실이다.

Part 4. 바울서신 배경 연구

1. 많은 성도들이 '로마서의 길'(Roman Road)로 알려진 일련의 본문(롬 3:25-5:8-6:23-10:9)을 통해 부활하신 예수를 자신의 구주로 고백하여 구원에 이르렀다. Bruce는 로마서를 깊이 읽는 사람들에게 일어날 놀라운 결과에 대해서 잘 설명했다. F.F. Bruce, *The Letter of Paul to the Romans: Introduction and Commentary*, rev. ed., TNTC (Grand Rapids: Eerdmans, 1985), 56.

2. 로마서와 히브리서의 본문 비교 연구를 확인하기 위해서, W. Sanday and A.C. Headlam, *Romans* (Edinburgh: T&T Clark, 1977), lxxv-lxxvii을 참조하라.

3. 예를 들면, 로마의 클레멘트와 이그나티우스의 편지들에서 우리는 로마서의 여러 흔적을 발견할 수 있다. Sanday and Headlam, *Romans*, lxxx-lxxxii.

4. 예를 들면, T.R. Schreiner, *Romans* (Grand Rapids: Baker, 1998), 1에서 어거스틴(Augustine)의 신학이 "로마서에 상당히 빚을 졌다."고 지적하고 있다.

5. "This epistle is really the chief part of the New Testament, and is truly the purest gospel." Martin Luther, *Luther's Works*, J. Pelikan and H. Lehman(ed.) (Philadelphia: Fortress, 1958-86), 34: 336. 또한 *Lectures on Romans: Glosses and Scholia*. H.C. Oswald (ed.) (Philadelphia: Muhlenberg, 1972), 25: 365도 보라.

6. F.J. Matera, *New Testament Theology: Exploring Diversity and Unity* (Louisville/

London: Westminster John Knox Press, 2007), 167-68.

7. J.D.G. Dunn, "Romans, Letter to the", in G.F. Hawthorne, R.P. Martin and D.G. Ried (eds.), *Dictionary of Paul and his Letters* (Downers Grove: InterVarsity, 1993), 839-41에서는 로마서 기록 목적을 다룸에 있어 전통적 목적을 그리 크게 다루지 않고 있다.

8. Daniel Jong-sang Chae, *Paul as Apostle to the Gentile: His Apostolic Self-Awareness and its Influence on the Soteriological Argument in Romans* (Cumbria: Paternoster, 1997), 7-13을 참조하라.

9. 로마서의 기록장소에 대해서 학자들은 여러 도시들을 제시해왔다. 고린도, 아덴, 에베소, 빌립보, 데살로니가, 마케도니아 지역 등이 포함된다. 이들 도시 중에서 로마서의 기록 지역으로 가장 가능성이 높은 도시는 고린도이다. 로마서의 고린도 저작을 단언하는 주석가들은 J. Fitzmyer, *Romans: A New Translation with Introduction and Commentary*, Anchor Bible (Garden City: Doubleday, 1993), 85-87; T.R. Schreiner, *Romans* (Grand Rapids: Baker, 1998), 4; D.J. Moo, *Romans 1-8* (Chicago: The Moody Bible Institute, 1991), 4를 보라.

10. C. Kelly, *The Roman Empire: A Very Short Introduction* (Oxford: Oxford University Press, 2006), 1.

11. 당시의 로마와 인구에 대해서는 M. Reasoner, "Rome and Roman Christianity," in G.F. Hawthorne, R. P. Martin and D.G. Ried(eds.), *Dictionary of Paul and his Letters* (Downers Grove: InterVarsity, 1993), 850-55, 특히 851을 보라.

12. H.J. Leon, *The Jews of Ancient Rome* (Philadelphia: Jewish Publishing Society of America, 1960), 4-9.

13. 1세기 당시 로마에는 대략 40,000명 정도의 유대인들이 거주했을 것으로 추산되는데, 이들이 어떻게 로마에 거주하게 되었는지에 대한 로마에서의 유대인의 기원에 대해서는 Reasoner, "Rome and Roman Christianity," 851을 참조하라.

14. Reasoner에 의하면 로마에 기독교가 처음 전파되었을 때 카피톨리움(Capitolium)에 있던 대(大) 신전에는 앞서 언급한 신들에 대한 숭배가 로마 시(市)

전체에 만연했다고 한다. "Rome and Roman Christianity," 851.

15. M. Bunson, *Encyclopedia of the Roman Empire* (New York: Facts on File, 2002), 425를 참조하라.

16. B.W. Jones, "Claudius", in *Anchor Bible Dictionary*, D.N. Freedmaned., vol. 1.(New Haven/London: Yale University Press, 2008), 1054.

17. 로마서의 수신자는 "로마에서 하나님의 사랑하심을 받고 성도로 부르심을 받은 모든 자"(1:7)와 "로마에 있는 너희"(1:15)들로 로마에 거주하는 신자들을 가리킨다.

18. *Adv. Haer.* 3.1.2; *Catalogus Liberianus*, 주후 354.

19. F. Thielman, *Theology of the New Testament* (Grand Rapids: Zondervan, 2005), 343은 바울이 로마의 교인들이 복음을 다시 듣기를 바랐다고 생각했을 것이라는 가정과 로마서에 나타난 로마 교회의 상황을 연결시키고자 하는데, 이러한 시도는 이방인의 사도로서 바울의 사명과 편지의 목적을 일치시키고자 하는 시도이긴 하지만, 바울이 그렇게 짐작했을 것이라는 가정은 증명되기 어렵다.

20. PL 17, col. 46.

21. Schreiner, *Romans*, 10-12를 보면 그도 역시 로마 교회의 기원에 관하여 정확히 알 수 없음을 지적하고 있다.

22. Suetonius, *Life of Claudius*, 25,4.

23. Jones, "Claudius," 1054.

24. 일반적인 회당의 관행을 위해서는 G.F. Moore, *Judaism* (Massachusetts: Hendrickson Publishers, 1960), 289-90을, 회당에서의 예배와 설교에 대해서는 M. Saperstein, "Sermons," in *The Cambridge Dictionary of Judaism and Jewish Culture*, J.R. Baskin(ed.)(New York: Cambridge University Press, 2011), 542-43을 참조하라.

25. 비시디아 안디옥에서의 바울의 회당 선교를 보면 회당 예배에 참여했던 사람

들을 확인할 수 있다: "… 회당의 모임이 끝난 후에 유대인과 유대교에 입교한 경건한 사람들이 많이 바울과 바나바를 따르니…"(행 13:43a).

26. "… 이스라엘 사람들과 및 하나님을 경외하는 사람들(οἱ φοβούμενοι τὸν θεόν)아 들어라."(행 13:16b).

27. C. Bryan, *A Preface to Romans* (New York: Oxford University Press, 2000), 220.

28. G.M. Burge, L.H. Cohick and G.L. Green, *The New Testament in Antiquity* (Grand Rapids: Zondervan, 2009), 325.

29. Schreiner 역시 이러한 의견에 동의하고 있으며(Schreiner, *Romans*, 13-14), 이에 대한 반대 논의를 위해서는 Shreiner, *Romans*, 14-15를 참조하라.

30. D.J. Moo, *Romans 1-8*, 13.

31. 이에 대한 간략한 논의를 위해 Schreiner, *Romans*, 15를 참조하라. 이러한 주장을 하는 자들은 로마서를 바울신학의 요약으로 여기는 사람들이다.

32. G.D. Fee, *The Epistle to the Romans* (Grand Rapids: Eerdmans, 1996), 19-21.

33. Fee, *The Epistle to the Romans*, 19.

34. Dunn, "Romans, Letter to The", 839-40.

35. F.J. Matera, *Romans* (Grand Rapids: Baker, 2010), 9.

36. Matera, *Romans*, 9.

37. Dunn, "Romans, Letter to The", 840.

38. Matera, *Romans*, 9.

39. Moo 역시 이러한 관점에서 로마서의 저술 목적을 서술하고 있는데, 자세한 논의를 위해서는 그의 *Romans 1-8*, 16-22를 참조하라.

40. Martin Luther, *Luther's Works*, J. Pelikan and H. Lehman, ed. (Philadelphia: Fortress, 1958-86), 4:65.

41. 바울이 로마서에서 다룬 주제는 한 개인의 이신칭의의 문제를 다루기도 하지만, 그보다는 유대인과 이방인의 동등성이라는 점을 더 강조하려고 했던 것이다. 전통적으로 로마서는 이신칭의, 혹은 하나님의 의에 대한 교리를 설명하는 서신으로 이해되어 왔다. 이것은 결코 틀리지 않고, 이것이 로마서의 중심 주제인 것은 사실이다. 그러나 바울이 이 교리 자체를 설명하기 위해 본 서신을 쓰고 있는지, 아니면 믿음으로 말미암아 하나님의 백성된 이방인의 신분을 설명하고 따라서 유대인과 이방인의 차별없음, 즉 동등성을 입증하려는 과정에서 칭의 교리를 많이 언급하고 있는지를 잘 살펴야 한다는 것이다. 이러한 문제는 더 많은 설명을 필요로 하는데, 더 자세한 논의에 대해서는 필자의 "δικαιοσύνη θεοῦ 개념에 대한 재조명: 바울서신에 나타난 δικαιοσύνη θεοῦ 이해를 위한 예비적 고찰," 『신학지남』 제30집(2011): 470-514과 "'새 관점' 학파의 칭의론과 21세기 한국교회: '새 관점' 학파의 행위구원론에 대한 비평적 고찰," 『총신대논총』 제30집(2011): 470-514을 참고하라.

42. G. Fee, *The First Epistle to the Corinthians* (Grand Rapids: Eerdmans, 1987), 4.

43. 이 기록들을 담고 있는 고대 저자들은 Apuleius, Strabo, Ovid, Pausanius, Cicero, Pliny 등이며, 좀 더 자세한 기록과 언급을 위해서는 J.A. Fitzmyer, *First Corinthians* (New Haven/London: Yale University Press, 2008), 21-28을 참조하라.

44. 고린도 서쪽에 위치하고 있었던 Lechaeum항은 아드리아 해(海)와 바다 건너편 이탈리아를 연결시켜주는 항구이다. 그리스인들은 주전 6세기 전 중요한 이 두 개의 항구 사이의 지협을 디올코스(diolkos)로 알려진 돌길을 깔았고, 이것이 지금은 고린도 운하로 연결되었다. 이 diolkos 도로는 50년대 말 그리스 고고학자인 N.M. Verdelis가 발굴해서 지금까지 그 흔적이 보존되고 있다. 더 자세한 설명을 위해서는, McRay, *Archaeology and the New Testament*, 312를 참조하라.

45. 고린도의 역사 및 그 종교적, 문화적 배경에 대해서는 거의 모든 정보를 담고 있는 Murphy-O'Conner의 *St. Paul's Corinth: Texts and Archaeology* (New Haven/London: Yale University Press, 2008)과 id. "Corinth", in *Anchor Bible Dictionary*, vol. 1. D.N. Freedman (ed.), (New Haven, London: Yale Univer-

sity Press, 2008)을 참조하라.

46. 바울 당시 Murphy-O'Conner, "Corinth", 1136.

47. Murphy-O'Conner, "Corinth", 1136.

48. W. J. Larkin Jr. *Acts*, IVPNTS 5 (Downers Grove: InterVarsity, 1995), 262. 당시 인구가 20만 명이 넘었을 것이라 주장하는 학자는 W. McRay, *Archaeology and New Testaments* (Grand Rapids: Baker, 1991), 312를 보라.

49. D. Bock, *Acts*, BECNT (Grand Rapids: Eerdmans, 2007), 577.

50. 고린도에서는 수많은 신들이 숭배되었고(고전 8:5), 제사들이 성행했다. 이들 중엔 아폴로, 아테나, 제우스, 데에테르, 포르투나 등이 있었는데, 고린도의 신(神)은 사랑의 여신 아프로디테였다. 고린도를 내려다보는 아크로고린도(Acrocorinth) 언덕에는 아프로디테(Aphrodite) 신전이 있었다. 더 자세한 정보를 위해서는 D. Garland, *1 Corinthians* (Grand Rapids: Baker, 2003), 9를 참조하라.

51. 고린도의 아프로디테 신전에는 약 일천 명의 매춘부들이 성창(聖娼)으로 일하고 있었고, 수많은 방문객들은 이들과 부도덕한 관계를 맺음으로써 사랑의 여신을 숭배했다. Strabo, Geogrphy 8,6,20; 또한 C.E. Fant and M.C. Raddish, *A Guide to Biblical Sites in Greece and Turkey* (Oxford: University Press, 2003), 54.

52. Murphy-O'Conner, "Corinth", 1135-36. 또한 이것과 더불어 고린도의 종교적, 문화적 배경에 대한 탁월한 요약에 대해서는 D. Garland, *1 Corinthians*을 참조하라.

53. Murphy-O'Conner, "Corinth", 1139.

54. 고린도 교회의 신자였던 에라스도(Erastus)는 고린도 시의 회계를 맡은 재무관(the city treasurer)이었다(롬 16:23). 이 사람은 고린도 거리 중 하나를 자신의 개인 비용으로 포장했는데, 그것을 기리기 위해 고린도 극장 앞의 비문에 그의 이름이 새겨진 관료로 보인다. McRay, *Archaeology and New Testa-*

ments, 331-33.

55. 이러한 견해를 위해서는 D.E. Aune, "Eschatology", in *Anchor Bible Dictionary*, D.N. Freedman ed., vol. 2, (New Haven, London: Yale University Press, 2008), 602를 참조하라.

56. 이를 위해서는 Aune, "Eschatology", 598을 참조하라.

57. 과거: τῇ γὰρ ἐλπίδι ἐσώθημεν(우리는 소망으로 구원을 받았습니다, 필자역: 롬 8:24a): 현재: δι' οὗ καὶ σῴζεσθε, τίνι λόγῳ εὐηγγελισάμην ὑμῖν εἰ κατέχετε, ἐκτὸς εἰ μὴ εἰκῇ ἐπιστεύσατε(내가 여러분에게 전한 이 말씀을 굳게 지킨다면, 또 여러분이 헛되이 믿게 된 것이 아니라면, 여러분은 이 말씀으로 구원을 받고 있습니다, 필자역: 고전 15:2), 미래: πολλῷ οὖν μᾶλλον δικαιωθέντες νῦν ἐν τῷ αἵματι αὐτοῦ σωθησόμεθα δι' αὐτοῦ ἀπὸ τῆς ὀργῆς(그러므로 이제 그분의 피로 의롭게 된 우리가 그분을 통하여 하나님의 진노에서 구원을 받게 될 것이 더욱 분명합니다, 필자역: 롬 5:9).

58. Garland, *1 Corinthians*, 13-14는 "over-realized eschatology"라는 용어로 이들의 잘못된 종말론을 규정하고 있으며, 그 결과 성령 체험에 대한 그들의 오해가 일어났음을 필자와 동일하게 설명하고 있다.

59. R.F. Collins, *First Corinthians* (Minnesota: The Liturgical Press, 1999), 187는 열광주의를 다음과 같이 설명하고 있다. "Those who act in such fashion, without regard for others, are those described as 'hybrists' by Peter Marshall. The traits with which Paul describes them are those associated with hybris in philosophical writings from Aristotle to the Stoics. These are the 'inspirited ones'(πνευματικοι) who boast of their possession of the spirit or spirit-related realities(cf. 12:1). Their situation is sometimes described as "enthusiasm" and their ideological position as a 'realized eschatology.' 'Enthusiasm' is virtually a technical term, first used in NT scholarship by Wilhelm Litgert(1908) to describe the ecstatic and spirit-filled situation of the Corinthians."

60. A.C. Thiselton, *The First Epistle to the Corinthians* (Grand Rapids, Carlisle:

Erdmans 2000), 123-24는 이에 대해 사도행전 18:26-28에서 아볼로가 "담대히" 그리고 "힘있게" 말했다면, 이것이 "두려움과 떨림 가운데" 말한 바울과 극명한 대조를 이루었을 수 있다는 타당한 근거를 제시한다.

61. 이는 Manson과 Barrett가 따른 것과 동일한 가정을 따르는 의견일 수 있는데, 왜냐하면 두 사람 모두 성찬과 음식법 등의 문제에 대한 바울과 베드로의 다른 접근이 이러한 분열에 반영되었을 것으로 생각하기 때문이다. 더 자세한 논의를 위해서는 Thiselton, *The First Epistle to the Corinthians*, 128-29을 보라.

62. 이에 관해서는 Thiselton, *The First Epistle to the Corinthians*, 131을 참조하라. 이외에도 Thiselton은 그리스도파의 정체성에 대한 5개의 가정을 더 제시하고 있다.

63. 이는 영혼만이 신에게서 온 본질이라고 믿는 영육 이원론적 사고에서 근거한 것으로 생각된다. K. Rudolph, "Gnosticism," in *Anchor Bible Dictionary*, D.N. Freedman ed., vol. 2, (New Haven/London: Yale University Press, 2008), 1033-34.

64. Garland, *1 Corinthians*, 14는 이를 성도들의 실천에 중점을 둔 서신이라는 말로 표현하고 있다.

65. 원문에는 τῶν Χλόης으로 되어 있는데 이 단어는 직역하면 '글로에의 사람들', 즉 글로에에게 속한 사람들(those of Chloe) 또는 '글로에의 가족'으로 번역할 수도 있다.

66. 고린도전서 5:9에 언급되고 있는 이 서신을 학자들은 흔히 '고린도서신 A'라 부른다. 이 서신은 신약성경이나 어떤 사본에도 보존되어 있지 않다. 바울은 이 서신에서 성적 부도덕 문제에 직면해 있는 고린도 성도들에게 스스로 그리스도인이라 하면서도 성적으로는 부도덕한 사람들과는 교제하지 말라고 당부하는 편지를 쓴 것으로 보인다. 고전 15:10-13에 따르면 일부 성도들이 그 편지를 오해해서 이방 사회와 단절된 채 부도덕한 사람들과는 모든 관계를 끊어야 한다고 바울이 주장하고 있다고 생각했다.

67. 일부 학자들은 바울의 이런 표현을 사용하여 고린도 서신을 고린도전후서가

아니라 4개의 서신, 즉 A, B, C, D로 특별하게 구분한다. 제1서신을 '고린도서신 A', 제2서신을 '고린도서신 B', 제3서신을 '고린도서신 C', 그리고 제4서신을 '고린도서신 D'로 본다. 이러한 구분에 대해서는 D.A. Carson and D. Moo, *An Introduction to the New Testaments*, 2nd ed. (Grand Rapids: Eerdmans, 2005), 420-55을 보라. 한편, Guthrie는 제1서신을 '이전 편지'(The previous letter), 제2서신을 '고린도전서', 제3서신을 '고통스러운 편지', 그리고 제4서신을 '고린도후서'로 부른다. *New Testament Introduction*, rev. ed. (Downers Grove: InterVarsity, 1990), 437.

68. 이는 고린도전서 16:8을 근거로 한다. H.D. Betz and M. M. Mitchell, "Corinthians, First Epistle to the," in *Anchor Bible Dictionary*, D.N. Freedman ed., vol.1. (New Haven/London: Yale University Press, 2008), 1140.

69. 이것은 종교개혁 당시 루터가 히브리서 설교를 통해 표명한 자신의 신학으로, 믿음이란 그리스도의 고난에 동참하는 것을 의미한다고 하는 것이 골자라 할 것이다. 이는 당시 만연해 있던 로마 가톨릭의 영광의 신학에 대한 반동으로 제기되었다고 볼 수도 있겠지만, 성경이 말하는 순수한 믿음에 대한 재천명이라 보는 것이 더욱 적절할 것으로 생각된다. 더 자세한 내용을 위해서는 R. Kolb, "Luther on the Theology of the Cross," *Lutheran Quarterly* XVI, 2002: 443-66을 참조하라.

70. 이는 종교개혁 당시 로마 가톨릭의 신학을 대변하는 개념으로, 우리가 하나님의 뜻을 모두 알 수 있고 이것을 힘써 행하면 이 땅에서 물질적 복락을 받는다는 것을 골자로 하고 있다. 한국의 기복적 신앙이라 생각하면 이해가 쉬울 것으로 생각된다.

71. 본문에서 "덕을 세운다."로 번역된 헬라어 단어는 οἰκοδομέω(오이코도메오)라는 동사이다. 이 단어는 바울이 즐겨 사용하는 그림언어로 "(집을) 세운다."(build up, construct)는 의미를 지닌다. 『개역개정』을 비롯한 대부분의 한글 번역성경은 이 단어를 '덕을 세운다'로 번역하여 '세운다'라는 의미보다는 '덕'에 더 관심을 가지게 만들었다. 그러나 이 번역은 바울의 의도와는 전혀 다른 것이다. 바울은 은사이든, 성도의 삶이든 다른 사람을 무너뜨리는 것이 아니라 '세우는' 삶을 살아야 한다는 것이다. 그런데 한글성경들이 본절을 원문에

충실하게 번역하지 못하여 본문의 정확한 이해를 방해하고 있다. οἰκοδομέω에 대한 더 자세한 논의를 위해서는 한천설, "『바른성경』의 원문충실도에 대한 연구(1): 신약성경을 중심으로", 『성경과 신학』 76 (2015), 80을 보라.

72. "덕스럽게 하다"라는 동사는 οἰκοδομέω인데, 그 의미에 대해서는 미주 71을 참조하라.

73. D.K.Campbell & H.W. Hoehner, *Galatians, Ephesians, Philippians, Colossians* (Wheaton: Victor Books, 1983), 7.

74. 특히 마틴 루터(Martin Luther)가 선호하던 서신으로 그는 자신의 아내만큼 갈라디아서가 소중하다고 묘사하면서 이 서신을 '나와 약혼한 나의 서신, 카티 폰 보라(Katie von Bora)'라고 불렀다. G.W. Hansen, "Galatians, Letter to the," in *Dictionary of Paul and His Letter*, G.F. Hawthorne, R.P. Martin and D.G. Reid ed. (Downers Grove: InterVarsity, 1993), 323.

75. G. Duncan, *The Epistles of Paul to the Galatians* (London: Hodder & Stoughton, 1934), xliii.

76. L. Morris는 *Galatians: Paul's Charter of Christian Freedom* (Downers Grove: InterVarsity, 1996)에서 갈라디아서를 이렇게 적절히 부르고 있다.

77. 우리는 갈라디아서에서 바울에 대한 적대자들의 비난과 그리스도를 통한 은혜의 복음에 대한 바울의 강력한 변론에 주목한다. 바울은 이 서신에서 복음의 진리를 교회 안에서 일어나는 율법주의를 둘러싼 다툼에 적용하면서 이신칭의 교리를 설명하고 있다.

78. 원어 본문 ταῖς ἐκκλησίαις τῆς Γαλατίας를 직역하면 '갈라디아에 있는 교회들에게'이다.

79. 고올족(Gauls)은 갈리아족이라 불리기도 하는데, 프랑스와 영국의 켈트족(Celts)과 같은 민족이었다.

80. 라이트푸트(Lightfoot)는 이런 저런 근거를 들어 북부 갈라디아설을 주장했지만, 특히 갈라디아서에 나타난 수신자들의 특성이 고올족의 특성과 매우 유사

하다는 점을 그 근거로 제시했다. 갈라디아인들은 술취함, 인색함, 분쟁, 자만심, 분냄, 방탕함, 변덕스러운 성향을 가진 사람들로 묘사되어 있다. 라이트푸트에 따르면, 고올족은 변덕스러운 것으로 잘 알려져 있다. 그래서 그는 갈라디아인들은 북부 갈라디아에 정착했던 고올족의 후손일 가능성이 크다고 결론지었다. J.B. Lightfoot, *St. Paul' Epistles to the Galatians*, ICC (Edinburgh: T&T Clark, 1921), lxix.

81. J. Moffat, *An Introduction to the Literature of the New Testament*, 3rd ed. (Edinburgh: T&T Clark, 1921), 90-101.

82. H.D. Betz, *Galatians*, Hermeneia (Philadelphia: Fortress, 1979), 23-27.

83. 북부 갈라디아설을 주장하는 사람들은 다음의 견해를 근거로 하고 있다.

① 갈라디아 사람들이란 용어의 관례적 사용: 북부 갈라디아 지역에는 본래 부루기아인들이 살고 있었다. 그러나 후에 고올족이 이들을 정복하고, 주전 3세기 말엽에 중앙 산악지역에 앙카라, 페시누스, 타바움 등 세 도시를 건립했다. Gaul족은 자신들의 호칭을 자신들의 거주 지명(地名)으로 삼기를 좋아했는데 여기에서 갈라디아 사람들이란 말이 나온 것이다.

② 누가의 일반적 용법: 누가는 밤빌리아, 비시디아, 그리고 루가오니아 등의 지명을 사용했다. 그런데 이 모든 지명들은 지리적인 위치를 가리킨다. 그러므로 행 16:6에서 바울과 그 일행이 부루기아와 갈라디아 지역을 통과했다는 설명 역시 누가가 그 지명들 또한 지리적 의미로 사용했다고 보는 것이 타당하다. 그럴 경우 갈라디아는 북부 갈라디아를 지칭한다고 할 수 있다.

③ 남부 갈라디아의 여러 도읍들에 관한 누가의 설명: 누가는 안디옥을 언급하면서 비시디아라는 단어를 함께 사용했으며(행13:14) 루스드라와 더베는 루가오니아의 도시들로 묘사하였다(행14:6) 이같은 사실들은 갈라디아라는 지명 또한 로마 행정구역의 명칭을 나타내려는 의도보다는 지역의 위치를 명시하기 위해 사용한 것임을 보여준다. 그와 같은 명칭을 가진 행정구역은 실제로 지리적 구역의 범위를 훨씬 넘어선 지역까지 확장되어 루가오니아, 비시디아, 그리고 브루기아의 일부까지를 포함한다. 그러나 누가가 모든 지역에 대해 행정구역 명칭을 사용한 것 같지는 않다.

④ 사도행전 16:6의 의미: 북부 갈라디아설 학자들은 이 구절은 바울과 그의 일행이 브루기아와 갈라디아 지역을 통과했다는 사실을 의미하는 것이라고 강조한다. 또한 두 지역이 언급된 것을 볼 때 갈라디아는 브루기아의 일부를 포함하고 있으므로 갈라디아란 명칭은 행정구역상의 명칭으로 볼 수 없다고 주장한다.

⑤ 사도행전 18:23의 의미: 이 구절은 바울이 제3차 전도여행을 시작하기 전, 안디옥에서 얼마 동안 머문 이후의 선교활동에 대해 설명해주고 있다. Lightfoot는 이 구절 역시 내용이 비슷한 행 16:6과 같은 방식으로 이해해야 한다고 주장했다. 그럴 경우 바울은 이 여행 초기에 북쪽 지역을 방문했을 것이다. 만일 이 두 구절에 대한 이같은 설명이 모두 옳다면, 사도행전은 사도 바울이 북부 지역에 여러 교회들을 세웠다는 사실적인 전제 아래 바울이 그 지역을 두 차례 방문한 사실을 기록하고 있는 것이다.

⑥ 이고니온을 떠난 이후 바울의 여정(행 16:6 이하): Moffat은 누가가 사용한 '통과했다'는 말을 행 18:23에 사용된 같은 단어와 관련지어 볼 때 이 말은 '복음을 전하며, 통과했다'는 의미도 있다고 주장했다. 이 단어를 이렇게 받아들인다면, 바울이 북부 지역에 몇몇 교회를 세웠다는 견해를 지지해준다. 그리고 "금지된"의 의미를 살펴보면, 바울이 이미 루가오니아에 있었을 때, 성령께서 아시아 사역을 금하심으로 그는 불가피하게 북부 지역으로 갈 수밖에 없었다.

⑦ 이 견해는 초대교회에서 일반적으로 지지되어 왔다.

⑧ 본 서신에서 중요하게 다루고 있는 율법, 특히 할례 문제는 남부 갈라디아보다는 이방인들이 대다수인 북부 갈라디아 지역에 해당된다. 할례 문제는 유대인들이 많은 남부 갈라디아에서는 심각한 문제가 될 수 없었다.

이러한 논쟁에 대한 더 자세한 토의와 정보를 위해서는 R. Longenecker, *Galatians*, WBC 41 (Dallas, Texas: Word Book, 1990)의 서론을 참조하라.

84. F.F. Bruce, *The Epistle to the Galatians*, NIGTC (Grand Rapids: Eerdmans, 1982).

85. R.N. Longenecker, *Galatians*, WBC 41 (Dallas: Word, 1990).

86. 본문에서 다룬 남부 갈라디아설 주장에 대한 간략한 근거 외에 더 자세한 근거는 다음과 같다:

① 사도행전 16:6과 18:23의 색다른 해석: 램지에 의하면, 행 16:6에 브루기아-갈라디아라는 지명이 나오는데 그것은 갈라디아의 로마 행정구역의 일부지역에 브루기아인들이 살았으며, 지리적으로는 브루기아로 알려졌다는 것을 의미한다. 그리고 같은 내용인 18:23은 갈라디아의 행정구역 안에 있는 여러 지역과 아시아의 행정구역에 인접해 있는 브루기아란 지역의 일부를 나타낸다. 이 두 구절을 이같이 이해함으로써 램지는 사도행전에는 바울이 북부 갈라디아를 방문했다는 기록이 없다고 주장했다(이러한 주장은 F.F. Bruce에 의해 더 강력히 주장되었다. 자세한 논의를 위해서는 그의 글들을 참조하라: "Galatians Problem. 2. North or South?" *BJRL* 52(1970) 258: *Commentary on Galatians* (Grand Rapids: Eerdmans, 1982), 10-13.

② 사도행전에 북부 갈라디아 교회들에 관한 기록이 없다는 점: 사도행전은 갈라디아 지역에서 활동하는 바울에 관해 아주 간략하게 언급하고 있다. 하지만 갈라디아서에 기록되어 있는 그처럼 중요한 논쟁이 있었던 교회에 대하여 거의 언급하고 있지 않는 점은 이해하기 쉽지 않다. 더구나 이 교회들은 누가가 바울의 전도활동 초기에 지대한 관심을 기울였던 교회였다고 보는 것이 일반적인 견해이다. 모팻은 여기에 대해 반박하지만 그럼에도 누가가 특히 남부 지역의 교회들에 대해서는 많이 언급하고 있으나, 북부 지역의 교회들에 관해서는 침묵하고 있는 사실 때문에 남부 갈라디아설이 상당한 지지를 받고 있다.

③ 북부 갈라디아 지역의 고립: 갈라디아서에는 바울이 건강을 회복하는 기간에 갈라디아 교회들을 처음 방문한 것으로 기록되어 있다(갈 4:13). 그러나 이러한 방문이 있었다는 사실은 참으로 믿기 어렵다. 왜냐하면, 북부 지역을 여행하는 일은 매우 험난했기 때문이다. 그래서 바울이 회복기의 환자로서 북부 지역보다는 남부 지역으로 여행했을 가능성이 더 크다는 램지의 견해가 상당한 지지를 받고 있다.

④ 바울이 사용한 행정구역의 명칭: 바울은 자신이 세운 교회들을 언급할 때 교회가 위치해 있는 행정구역의 명칭들, 곧 아가야, 아시아, 마케도니아 등을 사용하였다. 따라서 바울이 갈라디아 사람들이라고 한 것도 그와 같이 이해해야 한다는 것이다. 비록 누가는 지리적인 위치의 명칭을 사용했다고 하더라도 바울 역시 그와 같이 했을 것이라고 생각할 만한 근거는 아무 것도 없다. 바울은 여정을 기록할 때 누가와 비슷하게 기술했지만 그가 세운 여러 교회들은 제각기 그 교회가 속해 있는 행정구역별로 분류하였는데 이것은 매우 타당한 것으로 생각된다.

⑤ 남부 지역에 어울리는 갈라디아의 명칭: 램지는 이 명칭 이외에 남부 지역에 사는 여러 사람들에게 포괄적으로 적용될 수 있는 다른 이론을 생각하기는 힘들 것이라고 주장했다. 또한 그는 이 명칭이 인종적인 의미는 전혀 갖지 않으면서도 그 행정구역 내에 살고 있는 모든 주민들을 잘 묘사해 주는 명칭이라고 했다. 더욱이 남부인들은 로마 시민권과 관련시켜 그 명칭을 매우 자랑스럽게 생각했었다.

⑥ 사도행전 16:6의 분사에 대한 다른 해석: 이 구절의 분사는 브루기아와 갈라디아를 통과한 직후의 금지사항을 언급하고 있는 것으로 보는 것이 자연스럽다.

⑦ 바나바에 대한 언급: 갈 2장에 세 번이나 바나바의 이름이 언급되었다(1, 9, 13절). 이것은 바나바가 독자들에게 잘 알려진 인물인 경우 그 교회들이 남부의 교회일 때 더욱 자연스럽다고 주장하고 있다. 또 바나바가 바울과 동행한 것은 오직 제1차 전도여행 때였다.

⑧ 북부 갈라디아에서 온 구제 헌금의 모금 대표자가 없었다는 점: 행 20:4이하에서 바울 일행에 대한 언급은 두 사람 모두 남부 갈라디아에서 온 더베 사람 가이오와 루스드라에서 온 디모데였다. 그러나 북부 갈라디아 지역 사람들에 대해서는 언급이 없다. 갈라디아의 여러 교회가 이 구제에 참여했다는 사실은 고전 16:1에 근거할 때 분명해진다. 그러므로 가이오가 갈라디아의 여러 교회들의 대표자가 아니라면, 적어도 디모데가 이 교회를 대표한다고 보는 것이 매우 적절할 것이다. 분명히 고린도나 빌립보에서 온 대표에 관한 언급은 없다.

⑨ 갈라디아에 기록되어 있는 부수적인 내용들: 갈 4:14의 하나님의 천사는 아마도 행 14:12의 간접적인 암시일 것이다. 또한 주 예수의 흔적이란 표현은 돌로 맞은 사건과 관련이 있을 것이다. 그럴 경우 남부에 있는 여러 교회들이 이 서신의 수신자임에 틀림없다. 더구나 갈 2:5는 예루살렘에서 할례문제로 바울이 고전분투한 것이 갈라디아의 여러 교회들을 설립한 이후에 일어났던 사건이었음을 암시해 준다. 왜냐하면 바울은 자신이 "복음의 진리로 너희 가운데 항상 있게 하려고" 일시라도 복종치 아니하였다는 말을 덧붙이고 있기 때문이다. 이 사실은 복음이 이미 그들에게 전파되었다는 사실을 명백히 암시해준다.

⑩ 유대 기독교인들의 활동: 갈라디아서는 교회를 교란시키는 자들이 이방 그리스도인들에게 유대인의 관습과 규례들을 지킬 것을 강요했던 유대 그리스도인들이었음을 분명히 보여주고 있다. 그러한 활동이 실제로 있었던 것처럼 보여주는 가설이 더욱 호평을 받았고 또 그같은 가설은 남부 갈라디아설을 뒷받침해 주었다. 그 이유는 유대주의자들은 북부와 같은 외진 지역보다는 비시디아 안디옥과 같은 여러 지역으로 바울을 미행했을 것으로 생각하는 편이 훨씬 더 설득력 있어 보이기 때문이다. 아무튼 사도행전은 그러한 유대주의자들이 남부 지역에서 활동했으며, 또 그들의 활동이 예루살렘공회가 열리게 된 직접적인 원인이었음을 명백히 밝혀주고 있다.

이러한 논쟁에 대한 더 자세한 토의와 정보를 위해서는 R. Longenecker, *Galatians*, WBC 41 (Dallas, Texas: Word Book, 1990)의 서론을 참조하라.

87. 그러나 Lightfoot는 갈라디아서를 제3차 전도여행 말기에 고린도에서 보낸 서신으로 보았다. *St. Paul's Epistles to the Galatians*, lxix.

88. A. Cole, *The Epistle of Paul to the Galatians* (Grand Rapids: Eerdmans, 1965), 23.

89. 어느 시대를 막론하고 거룩은 이전의 이방인의 삶을 거슬러 사는 '이전과 다른 삶'이기에 고난을 동반하게 되어 있다. 바울 당시 로마인들이나 헬라인들의 종교적 상황은 다신교였고 우상 숭배였다(고전 8:5). 이들은 국가 영역(politeia), 가정 영역(oikonomia), 그리고 국가와 가정 사이의 사회 영역(koi-

nonia), 이 세 가지 차원 속에서 살아갔다. 이 모든 영역은 모두 우상 숭배와 긴밀히 연결되어 있었다. 따라서 헬라인이 우상 숭배를 중단하면, 국가, 사회, 가정에서 곧바로 핍박이 시작되었다. 좀 더 구체적으로 말하면, 국가적 영역에서는 황제숭배가 시민적 제의(civic cult)였다. 아우구스투스 황제 때 황제숭배가 시행되었고 주요 도시 곳곳에 신전이 이미 건설되어 있었다. 또한 어떤 도시는 자체적으로 섬기기로 결정한 신들이 있었고, 이런 경우에는 다른 우상 숭배와 달리 모든 시민들이 의무적으로 그 제사에 참여해야 했다. 예를 들어, 에베소는 아데미 여신을 도시의 수호신으로 섬기고 있었고, 아데미 여신 제사는 그 도시의 모든 시민들이 참가해야 하는 시민적 제의(civic cult)가 된다 (행 19:35). 사회적 응집력을 가진 종교 활동에 참여하지 않는 것은 동료 시민들에 대한 배반으로 여겨졌기에 사회와 가족으로부터 끊어지고, 가혹한 핍박이 가해졌던 것이다. 바울 당시 종교적 상황에 대한 더 많은 정보를 위해서는 N.C. Croy, "Religion, Personal," in *Dictionary of New Testament Background*. C.A. Evans and S.E. Porter ed., (Downers Grove: InterVarsity, 2000), 926-31와 J.D. Charles, "Pagan Sources in the New Testament," in *Dictionary of New Testament Background*, C.A. Evans and S.E. Porter eds. (Downers Grove: InterVarsity, 2000), 756-63을 참고하라.

90. 갈라디아가 어떤 한 도시가 아니라, 여러 도시를 포함하는 넓은 지역을 지칭하는 말이기 때문에, 이 편지에 언급된 갈라디아가 갈라디아의 북부 지역인지, 혹은 남부 지역인지에 대한 논의가 있다. 이러한 자세한 논의는 이미 앞에서 언급했다. 이 두 가지 논의 중 어느 하나를 선택하는 것은 결코 쉬운 일이 아니지만, 굳이 하나를 선택해야 한다면 갈라디아서 4:13에서 바울이 처음 갈라디아에 갔을 때 질병으로 고통을 당했다는 사실과 사도행전 16:6과 18:23의 기록들을 신빙성 있는 자료로 삼을 수 있다면, 상대적으로 바울의 이동경로로서 좀 더 용이했을 남부 갈라디아였을 가능성이 적지 않다. E. De W. Burton, *Galatians* (Edinburgh: T&T Clark, 1975), xxix-xl. 또한 Mitchell, "Galatia," 87에 따르면, 갈라디아 교회란 갈라디아 지역의 남부, 즉, 바울의 제1차 전도여행 경로에 속한 안디옥, 이고니움, 루스드라, 더베에 세워진 교회들을 말한다.

91. H.D. Betz, "Galatians, Epistle to the." in *Anchor Bible Dictionary*, D.N. Freedmaned., vol. 2. (New Haven/London: Yale University Press, 2008),

874.

92. 이것은 바울이 그의 대적자들이 제기한 두 가지 주요 논점에 대한 반박이다. 더 자세한 논의는 Betz, "Galatians, Epistle to The", 874을 보라.

93. 이는 갈라디아서 1:18과 2:1-10에서 언급되는 두 번의 예루살렘 방문과 사도행전 9:26-30; 11:30; 15:1-30; 18:22; 21:15-17절에 언급되는 다섯 번의 방문 사이에서 일치되는 사건이 무엇인가 하는 문제로부터 시작되며, 이를 결정하는 것은 갈라디아서 기록 시기를 결정하는 데도 중요한 역할을 한다. G.W. Hansen, "Galatians, Letter to the", in *Dictionary of Paul and his Letters*, G.F. Hawthorne, R.P. Martin and D.G. Reid eds., (Downers Grove: InterVarsity, 1993), 327.

94. F.F. Bruce, *Commentary on Galatians* (Grand Rapids: Eerdmans, 1982), 43-43, D.J. Moo, *Galatians* (Grand Rapids: Baker, 2013), 118을 참조하라.

95. Moo, *Galatians*, 120.

96. 유대교뿐만 아니라 그리스-로마 종교에서도 식사는 종교-사회적으로 중요한 의미를 갖고 있었고, 이를 통해서 그들의 신들이 기념을 받는다는 의미가 있었다는 점에서 유대인 혹은 그리스도인들에 의해 거부된 이방인의 식탁 참여 문제가 이해될 필요가 있다. V.E. Grimm, "On Food and the Body", in *The Blackwell Companion to the Roman Empire*, D.E. Pottered., (Malden, Oxford: Blackwell, 2006), 354.

97. Bruce, *Commentary on Galatians*, 133.

98. Bruce, *Commentary on Galatians*, 133.

99. R.N. Longenecker, *Galatians* (Dallas, Texas: Word Books, 1990), 123.

100. J.L. Martyn, *Galatians* (New York: Doubleday, 1997), 260-61.

101. Moo, *Galatians*, 161-62.

102. A.E. McGrath, "Justification", in *Dictionary of Paul and his Letters*, G.F. Hawthorne, R.P. Martin and D.G. Reideds., (Downers Grove: InterVarsity,

1993), 518.

103. S.E. Porter, "Holiness, Sanctification", in *Dictionary of Paul and his Letters*, G.F. Hawthorne, R.P. Martin and D.G. Reid eds., (Downers Grove: InterVarsity, 1993), 397.

104. L. Morris, "Salvation", in *Dictionary of Paul and his Letters*, G.F. Hawthorne, R.P. Martin and D.G. Reid eds., (Downers Grove: InterVarsity, 1993), 860-62.

105. 종교개혁 당시의 상황적 이해를 위해서는, E. Cameron, "Reformation", in *Cambridge Dictionary of Christian Theology*, I.A. Mcfarland, A.S. Fergusson, K. Kilby and I.R. Torrance,eds. (Cambridge: Cambridge University Press, 2011), 434-46을 참고하라.

106. 반(半) 펠라기우스 주의에 대한 정보를 위해서는, M. W. Elliot, "Pelagianism", in *Cambridge Dictionary of Christian Theology*, I.A. Mcfarland, A.S. Fergusson, K. Kilby and I.R. Torrance eds., (Cambridge: Cambridge University Press, 2011), 377-78을 참고하라.

107. Moo, *Galatians*, 120.

108. G.F. Hawthorne, "Philippians, Letter to The", in *Dictionary of Paul and his Letters*, G.F. Hawthorne, R.P. Martin and D.G. Reid eds., (Downers Grove: InterVarsity, 1993), 709.

109. P.T. O'Brien, *Philippians*, NIGTC (Grand Rapids: Eerdmans, 1991); J.T. Fitzgerald, "Philippians, Letter to the," in *Anchor Bible Dictionary*, D.N. Freedman ed., vol. 5, (New Haven, London: Yale University Press, 2008), 318.

110. 바울은 사역이 거의 끝나갈 무렵 여러 교회와 개인에게 서신을 보내는데 이 때는 그가 처음으로 로마에 투옥되는 시기였다(58-60년경). 바울은 이때 옥중서신이라 불리는 에베소서, 빌립보서, 골로새서, 빌레몬서를 기록하는데, 이중에서 빌립보서가 다른 옥중서신들보다 더 먼저 기록되었을 가능성이 높

다. 빌립보서의 기록 시기는 로마 투옥 중간쯤인 59년경으로 보인다. 그리고 나머지 세 서신들은 거의 같은 시기에 기록되었을 가능성이 높다. 빌립보서의 저작 시기에 관한 자세한 논의를 위해서는 M. Bockmuehl, *The Epistle to the Philippians*, BNTC 11 (Peabody: Hendrickson, 1998), 25-32; G. Fee, *Paul's Letter to the Philippians*, NICNT (Grand Rapids: Eerdmans, 1995), 34-37; O'Brien, *Philippians*, 19-26을 참조하라.

111. C.E. Arnold, "Ephesians, Letter to The", in *Dictionary of Paul and his Letters*, G.F. Hawthorne, R.P. Martin and D.G. Reid eds. (Downers Grove: InterVarsity, 1993), 238.

112. P.T. O'Brien, "Colossians, Letter to The", in *Dictionary of Paul and his Letters*, G.F. Hawthorne, R.P. Martin and D.G. Reid eds. (Downers Grove: InterVarsity, 1993), 147.

113. A. Patzia, "Philemon, Letter to The", in *Dictionary of Paul and his Letters*, G.F. Hawthorne, R.P. Martin and D.G. Reid eds., (Downers Grove: InterVarsity, 1993), 703.

114. O'Brien, *Philippians*, 34.

115. 이 짧은 서신 안에 '기쁨'이란 단어가 16번이나 등장하고 있다. 빌립보서에 나타나고 있는 '기쁨'이라는 주제에 대해서는 J.P. Heil, *Philippians: Let us Rejoice in Being Conformed to Christ* (Atlanta: SBL, 2010)을 참고 하라.

116. 이 구절은 많은 성도들이 사랑하는 구절이지만 바울의 의도를 제대로 이해하지 못하는 대표적 구절이기도 하다. 즉, 기록 배경을 제대로 알지 못한 채 성경 구절 중 지극히 일부의 구절들만 따로 떼어 자신이 원하는 대로 해석하고 의미를 부여하면서 바울의 서신에 접근하는 것이 얼마나 위험한지를 잘 보여주고 있다.

117. Hawthorne, "Philippians, Letter to The", 707.

118. Hawthorne, "Philippians, Letter to The", 707.

119. Strabo, *Geography*. 7.331. frg. 33: J. Schmidt, "Philippoi", PW (1938), 2212를 보라.

120. 행 16:12; J. Schmidt, "Philippoi", 2213을 보라.

121. 로마는 주전 148년경 마케도니아에 대한 지배를 확고히 하기 위해 마케도니아의 Adria해안에 위치한 Apollonia Dyrrhachium에서 데살로니가로 이어지는 '에그나티아 길'(Via Egnatia)이라는 군사도로를 건설했다. 이 도로는 후에 동쪽으로 빌립보와 근처 항구도시인 Neapolis까지, 그리고 후에는 Byzantium까지 연장되었다. 이 도로에 대한 상세한 정보를 위해서는 훌륭한 개관서인 O'Sullivan, *The Egnatian Way* (Newton Abbot: David and Charles, 1972); Strabo, *Geography*. 7.7.4; Hammond, "The Western Part of the Via Egnatia", JRS 64 (1974), 185-94를 참조하라.

122. H.L. Hendrix, "Philippi," in *Anchor Bible Dictionary*, D.N. Freedman ed., vol. 5. (New Haven, London: Yale University Press, 2008), 314. L.M. McDonald, "Philippi," in *Dictionary of New Testament Background*, C.A. Evans and S.E. Porter ed. (Downers Grove: InterVarsity, 2000), 787-89.

123. Hawthorne, "Philippians, Letter to The", 707.

124. H.M. Martin Jr. "Athens," in *Anchor Bible Dictionary*, D.N. Freedman ed., vol. 1. (New Haven, London: Yale University Press, 2008), 515.

125. '이탈리아의 벗'이란 뜻의 Ius Italicum(이우스 이탈리쿰)이란, 이탈리아 안에 있는 로마 영토의 법적 자격을 의미하는 단어로 로마 제국의 속국이 얻을 수 있는 최고의 특권이었다. 왜냐하면, 로마의 시민권을 부여받고 본토의 시민과 동일하게 취급되었으며 동일한 권한을 누릴 수 있었기 때문이다. 식민지 주민들은 인두세와 토지세 납부 의무에서 제외되었고, 부동산 소유와 양도가 가능했고, 민사소송을 제기할 수 있었다. 더 자세한 논의를 위해서는 Schmidt, "Philippoi", 2213; Hawthorne, "Philippians, Letter to The", xxxiii를 보라.

126. 바울은 빌립보서라는 짧은 편지에 군사적인, 또는 시민적인 은유적 표현

(metaphor)들을 많이 사용하고 있는데, 가장 대표적인 것이 바로 3장 20절의 '시민권'(τὸ πολίτευμα)이라는 단어이다. 당시 빌립보 시민들은 자신들이 로마 시민권을 소유하고 있음에 굉장한 자부심과 긍지를 갖고 있었다. 따라서 빌립보 시민들은 빌립보가 야만인들의 세계로 둘러싸인, 즉 바로 옆의 드라시안(Thracian) 야만인들 지역에 속한 세계 최고의 민족이자 문화 민족인 로마 제국의 도시라는 사실에 굉장한 긍지를 느꼈으며, 주변의 야만인들과는 구별되는 삶을 살아감으로 로마 제국의 높은 시민 정신과 문화를 야만인들에게 보여주려는 자부심을 갖고 있었다. 바울은 이것을 여기서 은유적으로 사용하고 있는 것이다.

127. 본문에서 바울이 빌립보 교인들에게 "복음에 합당하게 생활하라(πολῑτεύεσθε)."고 권면하는 말은 원문 그대로 번역하면 "복음에 합당하게 정치하라."는 의미이다. 여기서 파생된 단어가 '정치'(politics)라는 단어이다. 당시 빌립보인들은 드라시안(Thracian) 야만인들에게 둘러싸여 있었지만 그들의 법과 정신을 따라 살지 않고 '로마법에 따라'(Ius Italicum) 공동체적 시민의 삶을 영위했다. 여기서 '정치한다'는 것은 한마디로 삶의 정돈, 삶을 꾸려가는 것을 의미한다. 그렇다면 "복음에 합당하게 정치해가라."는 말은 복음에 합당하게 삶을 규제하고, 정돈하고, 복음이 제시하는 기준과 윤리를 따라서 살아가라는 의미이다. 이 명령의 의미를 좀 더 구체적으로 적용시켜본다면, 교회는 세상에 속해 있지만 세상의 정신이나 세상의 가치관대로 공동체적인 삶을 살아서는 안 되고, 하나님의 법대로 살아가야만 하는 존재라는 것이다. 그 이유는 그들이 하나님 나라의 시민들이기 때문이고, 바로 그것이 복음의 정신이기 때문인 것이다. 그렇다면 천국 시민의 정체성을 특징짓는 공동체의 법, 복음의 법은 한마디로 어떻게 말할 수 있을까? 그것은 바로 '사랑'과 '진리', 곧 서로 서로를 사랑하고 진리의 말씀을 기준으로 삼아 살아가는 삶이라 할 수 있다. 또한 단순히 개인적인 삶뿐만 아니라, 공동체적인 삶에서도 이와 같은 원칙을 따라 삶을 영위해가야 한다. 즉, 교회든 가정이든 모든 삶의 영역에서 복음을 기준삼아 삶을 규제하고 정돈하며 사랑으로 살아가라는 것, 바로 이것이 바울이 말하는 '정치하라'는 의미이고, 복음에 합당하게 생활하라는 권면의 의미인데, 이것은 우리가 당시의 역사적 배경을 알아야만 바로 해석할 수 있는 구절이다.

128. 여기서 '한마음으로 굳건히 서서'(στήκετε ἐν ἑνὶ πνεύματι)라는 것은 원문대로 직역하면 '한 영으로 굳건히 서서'(you are standing firm in one spirit)라는 의미이다. 이것은 매우 군사적인 용어인데, 전투에서 "절대로 뒤로 물러나지 말고 앞으로 전진하라."는 뜻이다. 당시 바울이 말하고 있는 이 군사적인 용어를 빌립보 성도들은 생생하고도 쉽게 이해했을 것인데, 그 이유는 다음과 같다. 빌립보라는 도시를 세운 알렉산더(Alexander)의 아버지인 빌립의 유명한 전법은 이른바 '밀집 장창 대전법'이었다. 이 전법은 군사를 밀집시켜서 한 손에는 방패를, 다른 손에는 긴 창을 들게 하여 앞으로 전진하며 진격하는 것이었는데, 이 때 두려움으로 한 사람이라도 자리를 이탈하여 대열이 무너지게 되면 적군의 공격을 받게 되므로 '굳건히 서서' 앞으로 전진해야 하는 전법이었다. 이런 전법으로 빌립의 군대는 마케도니아 거의 전 지역을 통일했는데, 아마 빌립보 역시 빌립 대왕의 '밀집 장창 부대'로 드라시안(Thracian)에게서 빼앗았을 것이다. 빌립보 교인들은 이와 같은 군사적인 배경을 가지고 있었기에, 바울이 은유적으로 사용하고 있는 군사적인 용어들을 쉽게 이해하고 있는 것이다. 바울은 군사적인 은유 표현을 사용해서 빌립보가 야만족에 둘러싸여 있지만 로마의 특별 식민지요 시민이듯이, 우리 그리스도인들도 이 땅에 살지만 이 땅에 속하지 않은 하나님 나라의 시민으로 하나님 나라 백성의 자부심과 긍지, 그리고 하나님 나라의 정신과 가치관을 보여주면서 살아야 한다고 권면한다. 또한 그리스도인들이 이 세상에서 살아갈 때 반드시 고난과 핍박이 닥쳐오는데, 그 때 세상과 싸워야 할 그리스도인들이 교회 안에서 자기 이익을 추구하고, 시기하고, 서로 다툼으로 내분이 생겨서는 안 되며, 한 마음과 한 정신으로 마치 빌립 대왕이 군대 대오를 '밀집 장창'으로 무장하고 적대자들에게 일심동체로 돌격하듯이 성도들도 그렇게 세상에 대해 싸우면서 하나님 백성의 모습을 이 세상 속에서 나타내야 한다는 의미인 것이다. O'Brien, *Philippians*, 44-47.

129. 바울 선교 당시 빌립보의 자세한 종교적 배경에 대해서는 Hendrix, "Philippi", 315; Hawthorne, "Philippians, Letter to The", xxxvi를 보라.

130. E. Ferguson, *Backgrounds of Early Christianity*, 2nd ed. (Grand Rapids: Eerdmans, 1993), 300을 참조하라.

131. Ferguson, *Backgrounds of Early Christianity*, 350-352.

132. Ferguson, *Backgrounds of Early Christianity*, 335.

133. Ferguson, *Backgrounds of Early Christianity*, 327.

134. Ferguson, *Backgrounds of Early Christianity*, 327.

135. 숙명의 개념과 이후 설명을 위해 J.M. Dillon, "Fate, Greek Conception of," in *Anchor Bible Dictionary*, D.N. Freedman ed., vol. 2. (New Haven, London: Yale University Press, 2008), 776-78을 참조하라.

136. 사도 바울이 복음을 전할 당시, 소아시아 지방의 영적 상태는 한마디로 '우상 숭배'와 '성도덕의 타락'으로 특징지을 수 있다. 당시 자신의 운명을 거스를 수 없다는 숙명론이 자리 잡은 상황 속에서 우상 숭배는 더 기승을 부리고, 현세의 쾌락을 추구하는 성적 타락은 더 극심해졌던 것이다. 헬라시대 우상 숭배의 특징은 한 개인이 여러 신을 숭배하는 다신교(polytheism)였다. 헬라인에게 여러 신을 섬기는 것은 매우 자연스러운 것이고, 오히려 단 하나의 신만을 섬기는 것은 상당히 부자연스러운 일이었다. 한 개인은 자신의 문제와 필요(건강, 재물, 안전, 임신, 직업, 가족 등)에 따라 여러 신을 선택할 수 있었다. 각각의 신은 그 전문 분야가 정해져 있어서 필요에 따라 섬기고, 그 필요가 없어지면 섬기는 것을 중단해도 된다. 헬라인이 신이나 종교를 선택하는 것은 마치 우리가 물건을 구입하는 것과 유사하다고 말할 수 있다. 그들은 새로운 종교를 접하게 되면 호기심을 보이면서, 그 종교나 그 신이 자신에게 무엇을 해줄 수 있는지 알고 싶어 하고, 그것이 가능하면 어느 신이든 선택했던 것이다. 바울 당시 헬라인의 종교에 대해서는 N.C. Croy, "Religion, Personal," in *Dictionary of New Testament Background*, C.A. Evans and S.E. Porter eds. (Downers Grove: InterVarsity, 2000), 926-31와 J.D. Charles, "Pagan Sources in the New Testament," in *Dictionary of New Testament Background*, C.A. Evans and S.E. Porter eds. (Downers Grove: InterVarsity, 2000), 756-63을 참고하라.

137. J.T. Fitzgerald, "Philippians, Letter to The," in *Anchor Bible Dictionary*, D.N. Freedman ed., vol. 2. (New Haven, London: Yale University Press, 2008),

318-19.

138. 지금의 카발라(Καβάλα)로 빌립보에서 약 10Km정도 떨어진 곳에 위치해 있다.

139. 바울이 유럽을 처음 방문하여 전도지역을 정할 때 항구도시였던 네압볼리 (Neapolis)를 도외시하고 작은 도시 빌립보를 선택한 것은 마케도니아 지역에서 빌립보가 차지하는 중요성 때문이었다. 바울의 선교 전략은 늘 중요한 거점도시들을 중심한 선교였음을 빌립보를 선택한 사실에서 다시 확인할 수 있다. Hendrix, "Philippi", 314 참조.

140. 누가는 빌립보에 복음이 전파되어 교회가 시작된 것을 사도행전 16:6-40에서 극적으로 표현하고 있다. 특히 소아시아에서 유럽으로 바울의 복음 사역이 확장되고 전환된 것에 큰 의미를 부여하고 있다. 이런 강조에 대한 더 자세한 논의를 위해서는, Hans Conzelmann, *History of Primitive Christianity*, trans. J.E. Steely (Nashville: Abingdon Press, 1973), 96 이하를 참조하라.

141. P.T. O'Brien, *The Epistle to the Philippians* (Grand Rapids: Eerdmans, 1991), 6을 참조하라.

142. 학자들은 행 16:13에서 강가에서 예배를 드렸다는 것은 빌립보에는 유대인의 수가 너무 적었기 때문에 그들이 회당이 없었다는 것을 의미하는 것으로 이해한다. 이러한 주장에 대해서는 E.F. Harrison, *Introduction to the New Testament* (Grand Rapids: Eerdmans, 1964), 319과 J.L. Blevins, "Introduction to Philippians," *RevExp* 77(1980): 312를 참조하라.

143. 쿰란 공동체에서도 10명이 모이는 곳이면 어디서든 말씀을 돌려가며 읽고 연구하였는데, 회당의 설립 요건이 이러한 전통과 연관되어 있을 가능성이 있다. Ferguson, *Backgrounds of Early Christianity*, 491.

144. Dio Cassius, *Rom.* Hist. 47. 42-49.

145. 로마서 1:16의 말씀대로 유대인들은 하나님의 언약백성이라는 우선권을 지니고 있었으므로 그들에게 먼저 복음이 선포된 이후 이방인에게 복음이 선포되어야 한다는 신학적인 이유 때문에 바울은 어느 도시에 가든 먼저 유대인의 회당에서 복음을 전했다.

146. 유대인의 삶에 있어서 회당이 차지하는 위치와 중요성에 대해서는 Moore, *Judaism*, 289-90를 참조하라.

147. C.J. Setzer, "Rulers of the synagogue," in *Anchor Bible Dictionary*, D.N. Freedman ed., vol.5. (New Haven, London: Yale University Press, 2008), 841과 특히 회당에서의 설교에 대해서는 M. Saperstein, "Sermons," in *The Cambridge Dictionary of Judaism and Jewish Culture*, 542-43을 참조하라.

148. 사도행전 16장의 루디아가 이의 전형적인 예를 보여준다.

149. 루디아는 소아시아 북부 루디아에 있는 두아디라 출신 이방 여인으로, 고향 두아디라에서 염색한 옷감을 팔기 위해 빌립보에 와있었다. 그녀는 유대교에 호감을 느껴 회당에 다니고 있는 '하나님을 경외하는 자'(God fearer)였다. 이 여인의 본명은 루디아가 아니었고, '루디아 사람'이란 호칭으로 '루디아'로 불리고 있었을 것 가능성이 많다. 더 자세한 논의를 위해서는, J. Weiss, *Earliest Christianity*, vol. 1. (New York: harper, 1959), 281을 참조하라.

150. 빌립보서에 나오는 대부분의 이름들, 에바브로디도, 유오디아, 순두게, 글레멘트 등은 이방인의 이름으로, 이는 빌립보 교회의 구성원이 대부분 이방인이었다는 사실을 보여주고 있다. Hawthorne, "Philippians, Letter to The", xxxv.

151. W.H. Schinz, *Die Christliche Gemeinde zu Philippi* (Zürich: Orelli, Füssli & Co., 1833), 77-80.

152. 1905년 Delfi에서 발견된 갈리오 비문(Gallio Inscription)에 의하면, 갈리오는 주후 51년 7월부터 52년 6월까지 아가야 지역의 총독이었고, 고린도는 아가야 지역의 수도였다. 바울은 제2차 전도여행 기간 중 고린도에 18개월을 머물렀는데, 갈리오가 총독이 되었던 집권 초기에 바울은 갈리오 앞에서 재판을 받게 된다(행 18:12).

153. 로마군대의 역할에 대해서는 D. Kennedy, "Roman Army," in *Anchor Bible Dictionary*, D.N. Freedman ed., vol. 5. (New Haven/London: Yale University Press, 2008), 793-94.

154. C.M. Wells, "Roman Empire," in *Anchor Bible Dictionary*, D.N. Freedman ed., vol. 5. (New Haven/London: Yale University Press, 2008), 804-805.

155. D.F. Graff, B. Isaac, and I. Roll, "Roman Roads," in *Anchor Bible Dictionary*, D.N. Freedman ed., vol. 5. (New Haven/London: Yale University Press, 2008), 783-85.

156. W.D. Thomas, "The Place of Woman in Philippi," *ExpT* 83 (1971-72): 117-20.

157. 바울이 기록한 서신 가운데 자신을 '종'(δοῦλος)이라고 소개한 유일한 서신이 빌립보서이다. 즉, 사도권에 대한 문제가 제기되지 않아 굳이 자신의 사도권에 대한 변호를 할 필요가 없었다는 의미였는데, 어느 다른 교회보다도 친밀한 관계를 유지했던 교회가 빌립보 교회이다.

158. 사도행전 20:1-3을 보면 바울은 적어도 두 번 이상 빌립보 교회를 방문했다. 1차 방문은 54-55년 가을경, 2차는 55-56년 봄이었을 것이다. Feine-Behm-Kümmel, *Introdution to the New Testament*, trans. A.J. Mattill Jr. (Nashville: Abingdon, 1966), 228.

159. 빌립보서 서론에서도 잠시 언급했지만, 저작 장소에 관한 문제는 빌립보서에서 논쟁이 가장 치열한 주제 중 하나이다. 바울은 자신이 수감되어 있다고 분명히 밝히고 있지만(빌 1:7,13,17), 투옥 장소를 언급하지 않고 있다. 이는 빌립보 성도들이 바울의 투옥 장소를 이미 알고 있었으므로 굳이 장소를 언급할 필요가 없었다는 것을 의미하기도 한다. 추정되는 장소는 로마, 가이사랴, 에베소 등 세 곳인데, 가장 전통적인 입장은 로마로 보는 견해이다. 로마로 보는 견해를 위해서는 O'Brien, *Commentary on Philippians*, 19-26; M. Bockmuehl, *The Epistle to the Philippians*, 25-32; G.D. Fee, *Paul's Letter to the Philippians*, 34-37; G.W. Hansen, *The Letter to the Philippians* (Grand Rapids: Eerdmans, 2009), 19를 참조하라.

반면 기록 장소를 에베소로 보는 견해는 F. Thielman, *Theology of the New Testament* (Grand Rapids: Zondervan, 2005), 307; id., "Ephesus ans Literary Setting of Philippians," in *New Testament Greek and Exegesis*, Fs. Gerald F. Hawthorne (Grand Rapids: Eerdmans, 2003), 205-23을 참조하라.

160. O'Brien, *Commentary on Philippians*, 35-36.

161. M. Silva, *Philippians*. 2nd ed. (Grand Rapids: Baker, 2005), 4.

162. Silva는 에바브로디도의 극심한 질병이 로마 도착을 늦어지게 했고, 이것이 이러한 문제를 촉발시켰을 것이라고 주장한다. *Philippians*, 4.

163. Silva, *Philippians*, 6.

164. O'Brien, *Commentary on Philippians*, 36-37.

165. G.W. Hansen, *The Letter to the Philippians* (Grand Rapids: Eerdmans, 2009), 26.

166. 바울의 대적자가 누구인가 하는 문제에 대해서는 Hansen, *The Letter to the Philippians*, 28-30. 여기서 Hansen은 네 가지 대적자들을 제시하는데, 1) 바울에게 고통을 안겨줄 것이라 생각한 그리스도 전파자 2) 빌립보 성도들을 잘 알고 있는 로마에 있던 복음의 대적자들 3) 이방 그리스도인들로 하여금 유대 예식을 따르게 한 유대 기독교인들 4) 로마 도시인 빌립보의 이방 문화의 압력 때문에 "십자가의 대적으로" 사는 이방인 그리스도인들이 그들이다.

167. Hawthorne, "Philippians, Letter to The", 711.

168. 영광의 신학이란 종교개혁 당시에는 로마 가톨릭의 신학을 대변할 수 있는데, 우리가 하나님의 뜻을 완벽히 알 수 있으며, 최선을 다해 이것을 따를 경우, 이 땅에서 물질적 풍요를 누릴 수 있다는 것을 골자로 한다.

169. O'Brien, *Commentary on Philippians*, 357.

170. 빌립보서 3:2에 나오는 손할례당(κατατομή)이란 단어는 신학자나 목회자들에게는 익숙할지 모르지만, 대다수 성도들은 그 의미를 파악하기 매우 어려운 단어이다. 따라서 『개역개정』에서는 '손(損)할례당'이란 단어를 '몸을 상해하는 일'이라고 수정했지만, 이것 또한 부정확한 번역이다. 이 단어는 할례의 본질을 알지 못한 채 은혜의 복음을 반대하는 자들을 비아냥거리는 의미

로 바울이 사용한 독특한 단어이다. 따라서 이것은 할례의 본질을 알지 못한 채 외형적 할례를 강요하는 바울 적대자들의 '거짓 할례'(the false circumcision)를 의미한다. 그러나 상반절의 '악한 일꾼들'(τοὺς κακοὺς ἐργάτας: evil workers)과 연관하여 일관성 있게 번역하려면 '거짓 할례'라고 하기보다는 '거짓 할례자'(자기 살을 베어내는 자)라고 번역하는 것이 문맥상 더 좋을 것이다. 더 자세한 논의를 위해서는 한천설, "바른성경의 원문충실도에 대한 연구(1)", 80을 보라.

171. 어떤 학자는 빌립보 교인들이 이교도들의 종교 제사에 참석하기를 거부함에 따라 경제적, 신체적 고통을 당했다고 말한다. 이런 주장에 대해서는 P. Oakes, *Philippians: From People to Letter*, SNTSMS 110 (Cambridge: University Press, 2001), 59-96를 보라.

172. O'Brien, *Commentary on Philippians*, 35.

173. 흔히 로마의 풍토병이라 한다.

174. Oaks, *Philippians from People to Letter*, 84-89.

175. Oaks, *Philippians from People to Letter*, 77-84.

176. 이에 대한 더 자세한 논의를 위해 M. Reasoner, "Citizenship, Roman and Heavenly", in *Dictionary of Paul and his Letters*, G.F. Hawthorne, R.P. Martin and D.G. Reid eds., (Downers Grove: InterVarsity, 1993), 139-41을 참조하라.

177. J.P. Heil, *Philippians: Let us Rejoice in Being Conformed to Christ*, 1.

178. 바울은 사역이 거의 끝나갈 무렵 로마에 투옥되고(58-60년경), 이때 옥중서신이라 불리는 에베소서, 빌립보서, 골로새서, 빌레몬서를 기록한다. 빌립보서가 가장 먼저 기록되었고, 골로새서는 에베소서와 빌레몬서와 거의 같은 시기에 기록되었을 가능성이 높다. 골로새서의 저작 시기에 관한 자세한 논의를 위해서는 P.T. O'Brien, "Colossians, Letter to The", 19-26; V.P. Furnish, "Colossians, Letter to The", in *Anchor Bible Dictionary*, D.N. Freedman ed., vol.1. (New Haven/London: Yale University Press, 2008), 1095를

참조하라.

179. 이에 대한 자세한 논의를 위해서는 J.D.G. Dunn, *The Epistles to the Colossians and to Philemon* (Grand Rapids: Eerdmans, 1996), 23-35를 보라. 그러한 문제들은 "이단" 혹은 "거짓 가르침"으로 명명될 수 있고, 열거한 특징들은 영지주의, 유대주의, 혹은 골로새에 만연했던 헬라 철학의 한 경향을 대표할 수 있는 것들이다.

180. 전통적으로 골로새 교회의 문제는 외부의 이단으로부터 비롯되었다는 것이다. 그러나 M.D. Hooker같은 학자는 이에 의문을 제기하면서, 골로새 교회의 문제는 외부가 아닌 내부의 문제로 규정한다. 즉 거짓 교사들로부터의 공격을 부인하고, 골로새 교인들이 이교도나 유대교의 신앙을 따라가고 실천하는 위험에 처해 있었다고 주장한다. "Where There False Teachers in Colossae?" in *Christ and Spirit in the New Testaments*, B. Lindars and S.S. Smalley ed. (Cambridge: University Press, 1973), 315-31.

181. Xenophon, *Anabasis*, 1,2,6.

182. L.M. McDonald, "Colossae," in *Dictionary of New Testament Background*, C.A. Evans and S. E. Porter eds. (Downers Grove: InterVarsity, 2000), 225-26. 골로새에 대한 역사적 배경이나 더 상세한 정보를 위해서는 J.B. Lightfoot, *St. Paul' Epistles to the Colossians and Philemon*. 9th ed. (London: Macmillan, 1890), 1-72를 참고하라.

183. C.E. Arnold, "Colossae", in *Anchor Bible Dictionary*, D.N. Freedman ed., vol. 1. (New Haven/London: Yale University Press, 2008), 1089.

184. 바울 당시 골로새의 두 이웃 도시였던 라오디게아와 히에라폴리스는 중요성에서 골로새를 훨씬 능가했다. 로마인들은 라오디게아를 그 지방의 수도인 콘벤투스(conventus)로 만들어 동서 도로의 교차점으로서 상업의 중심지가 되게 했다. 반면 히에라폴리스는 온천수 덕분에 휴양지가 되어 사치와 유흥의 도시로 발전했다. Strabo, *Geography*, 12,8,13.

185. Lightfoot, *St. Paul' Epistles to the Colossians and Philemon*, 16; Dunn, The

Epistles to the Colossians and to Philemon, 20.

186. 이에 대한 자세한 연구를 위해 C.E. Arnold, *The Colossian Syncretism* (Grand Rapids: Baker, 1996)을 참조하라.

187. Arnold, "Colossae", 1089.

188. D.J. Moo, *The Letters to the Colossians and to Philemon* (Grand Rapids: Eerdmans, 2008), 26.

189. O'Brien, "Colossians, Letter to The", 147.

190. Josephus, *Ant*. 12. 147-53.

191. Arnold는 자유민인 유대인의 숫자를 약 7,500명으로 추산하기도 한다. Arnold, "Clossae", 1089.

192. C.M. Wells, "Roman Empire", in *Anchor Bible Dictionary*, D.N. Freedman ed., vol.1, (New Haven/ London: Yale University Press, 2008), 802-803.

193. 이들 학파에 대한 설명은 본서 IV장 4.3 "빌립보의 종교적 배경"을 참조하라.

194. 바울 당시, 소아시아 지방의 영적 상태는 '우상 숭배'와 '성도덕의 타락'으로 특징지을 수 있다. 바울 당시 종교적 상황에 대해서는 본서 IV장 4.3 "빌립보의 종교적 배경"을 참조하라.

195. J.D. Charles, "Pagan Sources in the New Testament," in *Dictionary of New Testament Background*, C.A. Evans and S.E. Porter eds., (Downers Grove: InterVarsity, 2000), 756-63.

196. 바울 당시의 종교적 상황에 대해서는 N.C. Croy, "Religion, Personal," in *Dictionary of New Testament Background*, C.A. Evans and S.E. Porter eds. (Downers Grove: InterVarsity, 2000), 926-31. Croy는 여러 종교적 주제들 중에서도 꿈, 마술, 기적, 점성술, 미신 및 신탁 등을 다루었다.

197. Croy, "Religion, Personal," 928-29.

198. 바울 당시 신비주의 종교에 대해서는 C.K. Barrett, New Testament Back-

ground: Selected Documents (San Francisco: Harper, 1989), 6장과 E. Ferguson, *Backgrounds of Early Christianity*, Rev. ed. (Grand Rapids: Eerdmans, 1993), 235-82를 참고하라.

199. A.J. Köstenberger, "The Mystery of Christ and the Church: Head and Body, 'One Flesh'", *TrinJ* 12 NS (1991): 80-81; M. Myer, "Mysteries," in *Dictionary of New Testament Background*, C.A. Evans and S.E. Porter eds. (Downers Grove: InterVarsity, 2000), 720-25.

200. Barrett, *New Testament Background: Selected Documents*, 6장; Ferguson, Backgrounds of Early Christianity, 237-42.

201. Arnold, *The Colossian Syncretism*, 234; Ferguson, Backgrounds of Early Christianity, 239.

202. Arnold, *The Colossian Syncretism*, 237.

203. Ferguson, *Backgrounds of Early Christianity*, 267; Köstenberger, "The Mystery of Christ and the Church: Head and Body, 'One Flesh'", 81.

204. Ferguson, *Backgrounds of Early Christianity*, 270-78.

205. Merkelbach는 아래와 같이 말하고 있는데, 이러한 것이 본 진술의 근거가 될 수 있을 것이다: "About a dozen of the evidences for the mysteries of Mithra can be dated to between 90 and 140 A.D. From the period after 140 until the year 313, we have hundreds of Mithras monuments, above all from the capital, Rome, and from the military borders (the Danube, the Rhine, and the Wall of Hadrian in Britanny)." R. Merkelbach, "Mithra, Mithraism", in *Anchor Bible Dictionary*, D.N. Freedman ed., vol. 4 (New Haven/ London: Yale University Press, 2008), 877.

206. Ferguson, *Backgrounds of Early Christianity*, 270-73.

207. 이 승리는 콘스탄틴 황제가 가져온 것으로 이해할 수 있다. Merkelbach, "Mithra, Mithraism", 878.

208. Moo, *The Letters to the Colossians and to Philemon*, 187; Arnold, *The Colossian Syncretism*, 234.

209. C.F.D. Moule, *The Epistles of Paul the Apostle to the Colossians and to Philemon* (Cambridge: Cambridge University Press, 1957), 91을 참조하라.

210. 더 자세한 논의를 위해서, K. Rudolph, "Gnosticism", in *Anchor Bible Dictionary*, D.N. Freedman ed., vol. 2. (New Haven/London: Yale University Press, 2008), 1033-40을 참조하라.

211. 에온(aeon)에 대한 좀 더 자세한 설명을 위하여 Martin, *The Gnostics: The first Christian Heretics*, 32-37을 참조하라.

212. 이것은 영지주의의 이원론적 세계관이 가지는 한계이자 그 이론이 가진 논리적 귀결이라 볼 수 있다.

213. Arnold, *The Colossian Syncretism*, 150-55.

214. 학자들은 이러한 상황유추 방법을 '거울 읽기'(the mirror reading)라 표현한다.

215. 영지주의에서 '충만'(τὸ πλήρωμα)이란, 물질세계를 넘어선 천상의 영역을 의미한다. S. Martin, *The Gnostics: The first Christians Heretics* (Herts: Pocket Essentials, 2006), 139를 참조하라.

216. 이는 예배 가운데 환상을 경험하는 데 초점을 맞춘 것일 수 있다. Moo, *The Letters to the Colossians and to Philemon*, 227.

217. J.D.G. Dunn, *The Epistles to the Colossians and to Philemon* (Grand Rapids: Eerdmans, 1996), 190.

218. M. Barth and H. Blanke, *Colossians* (New York: Doubleday, 1994), 359.

219. Moo는 바울이 일반적 철학이 아니라, 거짓 교사들의 철학을 지칭했을 것이라고 생각한다. Moo, *The Letters to the Colossians and to Philemon*, 185.

220. 이 개념을 위해서는 Martin, *The Gnostics: The first Christians Heretics*, 28-30을 참조하라.

221. 영지주의에서 육체(σάρξ)는 곧 악을 의미한다. Martin, *The Gnostics: The first Christians Heretics*, 28.

222. 이 문제에 대한 최근의 연구는 골로새의 이단의 가능성을 다음과 같이 제시하고 있다: 1) 에세네 유대교와 영지주의(G. Bornkamm), 2) 헬라 제의적 신비주의(M. Dibelius), 3) 이교주의 등이다. Anold는 가장 설득력 있는 주장을 개진했는데, 골로새의 이단이 브루기아의 민속신앙, 지역전통 유대교, 기독교의 혼합으로 보았다. C.E. Anold, *The Interface Between Christianity and Folk Belief at Colossae*, WUNT 2/77 (Tübingen: Mohr Siebeck, 1995), 78-81.

223. 데살로니가전서가 최초의 바울서신인 동시에 기독교가 지닌 최초의 문서라는 견해는 교회가 가지고 있는 전통적 견해이다. 이는 북부 갈라디아설을 주장하는 사람들의 전형적 견해이다. 근래 들어 갈라디아서가 최초의 바울서신이라는 견해가 많은 지지를 받고 있는데(남부 갈라디아설 주장자), 저작 시기에 관한 자세한 논의는 이 책의 주제를 벗어나기 때문에 일단 다음과 같이 정리하는 것이 좋을 듯하다: "데살로니가전후서는 신약성경의 책들 중에서 가장 초기에 기록된 서신으로 갈라디아서와 야고보서가 비슷한 시기에 기록되었다." E.M. Krentz, "Thessalonians, First and Second Epistles to The," in *Anchor Bible Dictionary*, D.N. Freedman ed., vol. 6. (New Haven, London: Yale University Press, 2008), 515.

224. Krentz, "Thessalonians, First and Second Epistles to The", 516.

225. 본래는 데살로니가 동남쪽 약 1km 지점의 터마(Thema)가 중심 도시였던 것으로 보인다. '터마'는 '온천'이 발달된 데서 유래된 지명이다.

226. 로마는 주전 148년경 마케도니아에 대한 지배를 확고히 하기 위해 마케도니아의 Adria해안에서 동쪽으로 Byzantium까지 '에그나티아 길'(Via Egnatia)이라는 군사도로를 건설했다. 이 도로에 대한 정보를 위해서는 O'Sullivan, *The Egnatian Way*; Strabo, *Geography*, 7.7.4; Hammond, "The Wesrern Part of the Via Egnatia," 185-94를 참조하라.

227. Politarchs에 대한 자세한 설명을 위해서는 E.D. Burton, "The Politarchs,"

American Journal of Theology 2 (1898): 598-632를 참조하라.

228. 그 후 데살로니가는 비잔틴 시대를 거쳐 한때 터키령에 편입되어 '살로니키'(Saloniki)로 불려졌다. 1913년 이래 다시 그리스 영토가 되어 '테살로니키'(Thessaloniki)로 불렸고, 오늘날은 수도 아덴 다음가는 인구 약 200만 명의 그리스 제2의 도시이다.

229. 사도행전 20:4(데살로니가 사람 아리스다고와 세군도: the Thessalonians, Aristarchus and Secundus); 골 4:10; 몬 24; 행 19:29; 20:4; 27:2.

230. 바울이 전한 복음을 듣고 데살로니가 사람들은 우상을 버리고 살아계신 하나님만을 섬기는 자들이 되었다. 즉 바울이 선포한 가르침의 핵심은 '강력한 유일신관'(Radical Monotheism)이었다. 강력한 유일신관(Radical Monotheism)은 다신교(polytheism) 사회였던 당시 헬라에서는 매우 낯선 개념이었다. 사도 바울이 복음을 전할 1세기 당시의 영적 상황은 우상 숭배와 성도덕의 타락이 만연했었다.

어떤 도시 안에 새로운 종교가 들어왔을 때 헬라인들이 보이는 기본적 반응은 호기심이다. 이것은 아테네의 아레오바고 언덕에서 바울이 토론하던 것을 상기해 보면 된다(행 17:22). 그들은 그 종교나 그 종교의 신이 자신에게 무엇을 해줄 수 있는지 알고 싶어 한다. 그리고 만약 그것이 자신에게 필요한 것이라면 그 종교를 받아들인다. 그 사람이 이미 10개의 종교를 갖고 있다면 그 새로운 종교는 10+1=11번째 종교가 된다. 만약 바울이 기독교의 복음을 전하되, 다른 신들을 여전히 섬기면서 동시에 창조주 하나님을 섬기도록 했더라면 기독교가 다른 종교들과 별로 충돌하지 않고, 평화롭게 다른 종교들과 공존했을 것이다. 그리고 개종도 매우 쉬웠을 것이다. 그러나 바울의 복음은 강력한 유일신관을 갖고 있었다. 유대교, 이슬람교, 기독교가 공통적으로 갖고 있는 이 유일신관은 자신이 11번째의 종교가 되기를 원하지 않는다. 유일신관은 당시에 존재한 모든 종류의 신들을 모두 다 신이 아닌 나무토막으로 보거나 혹은 그 뒤에 '악한 영'들이 있는 것으로 본다. 그러므로 바울의 복음을 받아들이려면 조건이 있었다. 그 조건은 지금까지 믿어온 모든 신들을 다 버리고, 두 번 다시 그것들을 섬기지 않아야 한다는 것이다. 바울이 전한 복음은 배타적(exclusive)이다. 바울은 우상과 창조주 하나님 사이에서 오직 한 존재만을 선택하도록 요구한다. 그 대가가 매우 크지만 그래도 바울은 이 문제에 대해서 조금도 양보하지 않는다(no pluralism). 바울 당시 헬라인의 종교에 대해서는 N.C. Croy, "Religion, Personal," 926-31과 J.D. Charles, "Pagan Sources in the New Testament," 756-63을 참고하라.

231. 이러한 주장에 대해서는 다음의 책들을 참고하라. 특히 로날드 혹(Ronald F. Hock)은 6-7개월(several months) 정도일 것으로 추측하고(*The Social Context of Paul's Ministry: Tentmaking and Apostleship*. 30, ft. 37), 라이너 리스너(Rainer Riesner)는 "많아야 4개월, 아마도 그보다는 적은 기간(at most four, and probably fewer months)"이라고 추측한다(*Paul's Early Period: Chronology, Mission Strategy, Theology*. 364).

232. 빌립보서를 보면 바울이 데살로니가에 있을 때 빌립보 교회가 "한 번뿐 아니라 두 번이나 나의 쓸 것을 보내주었도다."고 기록되어 있다(빌 4:16). 여기서 '한 번뿐 아니라 두 번이나'는 '적어도 한 번 이상'의 뜻이다. 두 도시의 거리는 약 152km이고, 왕복을 하면 약 304km이다. 고대에 하루에 도보로 여행할 수 있는 거리를 약 24km로 보면 편도여행이 대략 7일, 왕복은 14일 걸린다. 그렇다면 빌립보 성도들이 선교헌금을 모아서 두 번 정도 바울에게 보내주려면 여행 시간만 네 주, 즉 한 달이 걸린다. 헌금을 모으는 데에도 시간이 더 필요하므로, 한 달로는 부족하다는 주장이다. Ronald F. Hock, *The Social Context of Paul's Ministry: Tentmaking and Apostleship*. 30을 보라.

233. 데살로니가전서 1:6을 보면 "또 너희는 많은 환란 가운데서 성령의 기쁨으로 말씀을 받아 우리와 주를 본받은 자가 되었으니" 데살로니가 성도들이 바울과 그의 동역자들을 본받으려면(정확한 의미는 '모방하려면') 먼저 다방면에 걸쳐 모범을 보여주어야 하는데, 그렇게 하기에 4주는 너무 짧은 기간이라고 한다. 이런 주장에 대해서는 Rainer Riesner, *Paul's Early Period: Chronology, Mission Strategy, Theology*, 364를 보라.

234. 데살로니가전서 5:12을 보면 "형제들아 우리가 너희에게 구하노니 너희 가운데서 수고하고 주 안에서 너희를 다스리며 권하는 자들을 너희가 알고." 이 구절은 당시 데살로니가교회 안에 일종의 지도자들이 있었다는 것을 보여준다. 새로운 단체에서 리더십(leadership)이 형성되려면 상당 기간이 걸

리는 것이 보통인데, 리더십의 형성을 위해 3-4주는 너무 짧다는 것이다.

235. Best, *The First and Second Epistles to the Thessalonians*, 59.

236. 왜냐하면 '감사와 기도'(Thanksgiving and Prayers) 부분을 보면 데살로니가 교회를 칭찬하는 모습이 많이 있고, 다른 교회에 비해 책망이 적었기 때문이라는 것이다. 이러한 주장에 대해서는 E. Best, *The First and Second Epistles to the Thessalonians*, HNTC (New York: Harper, 1972), 59를 참조하라.

237. "이러므로 나도 참다 못하여 너희 믿음을 알기 위하여 그를 보내었노니 이는 혹 시험하는 자가 너희를 시험하여 우리 수고를 헛되게 할까 함이니 6지금은 디모데가 너희에게로부터 와서 너희 믿음과 사랑의 기쁜 소식을 우리에게 전하고 또 너희가 항상 우리를 잘 생각하여 우리가 너희를 간절히 보고자 함과 같이 너희도 우리를 간절히 보고자 한다 하니 7이러므로 형제들아 우리가 모든 궁핍과 환난 가운데서 너희 믿음으로 말미암아 너희에게 위로를 받았노라."(살전 3:5-7).

238. 바울이 자신의 에토스(ethos)를 변호하기 위해 쓰는 변증법은 '회상 모티브'(motive)이다. 바울의 자기변호는 '회상 모티브'(motive)로 시작하는데, 즉, 데살로니가 교인들에게 자신이 빌립보에서 큰 환난과 박해를 당하고도 데살로니가에 와서 어떤 자세로 복음을 전했는지를 회상해보라고 말한다. 이런 자기 변호에 대해서는 데살로니가전서 2장을 보라.

239. 그 비결을 알기 위해 우리는 데살로니가에서 전한 바울의 가르침을 데살로니가전서에서 찾아내어 그 내용을 잘 살펴보아야 한다. 물론 우리는 바울의 가르침을 완전히 알아낼 수는 없지만 부분적으로라도 우리에게 주어진 자료들에서부터 실마리를 풀어가야 한다. 이런 가르침은 '바울의 교회개척용 가르침'이라고 말할 수 있다.

240. 데살로니가 교회는 핍박 받는 교회였다. 어느 시대건 거룩은 이전의 이방인의 삶을 거슬러 사는 '이전과 다른 삶'이기에 고난을 동반하게 되어 있다. 그러나 데살로니가 교인들은 특히 당시 종교적 상황에서 더 큰 핍박을 받았다. 바울 당시 종교적 상황에 대한 더 많은 정보를 위해서는 Croy, "Religion, Personal," 926-31과 Charles, "Pagan Sources in the New Testament," 756-

63을 참고하라.

241. 바울이 우상 숭배를 하지 않도록 가르쳤으므로 그들이 우상 숭배를 중단한 것으로 볼 수 있다(살전 1:9).

242. "또 죽은 자들 가운데서 다시 살리신 그의 아들이 하늘로부터 강림하실 것을 너희가 어떻게 기다리는지를 말하니 이는 장래의 노하심에서 우리를 건지시는 예수시니라."(1:10; 참고 4:14; 5:1-2).

243. "우리가 이것(환란)을 위하여 세움 받은 줄을 너희가 친히 알리라. 우리가 너희와 함께 있을 때에 장차 받을 환난을 너희에게 미리 말하였는데 과연 그렇게 된 것을 너희가 아느니라."(3:3b-4).

244. 살전 4:1-8.

245. "형제 사랑에 관하여는 너희에게 쓸 것이 없음은 너희들 자신이 하나님의 가르치심을 받아 서로 사랑함이라. 너희가 온 마게도냐 모든 형제에 대하여 과연 이것을 행하도다."(4:9-10a).

246. "또 너희에게 명한 것 같이 조용히 자기 일을 하고 너희 손으로 일하기를 힘쓰라."(4:11). 실제로 바울은 시장에서 밤낮 수고해서 일하면서 복음을 전했다.

247. 살전 1:6-7.

248. D. Luckensmeyer, *The Eschatology of First Thessalonians* (Göttingen: Vandenhoeck & Ruprecht, 2009), 63을 참조하라.

249. A.C. Thiselton, *1-2 Thessalonians through the Centuries* (Chichester: Wiley-Blackwell, 2011), 17.

250. Jewett, *The Thessalonian Correspondence*, 176.

251. L.J. Kreitzer, "Eschatology", in G.F. Hawthorne, R.P. Martin and D.G. Reid(eds.), *Dictionary of Paul and his Letters* (Downers Grove: InterVarsity, 1993), 265-66.

252. Kreitzer, "Eschatology", 266.

253. Aune, "Eschatology", 602. 그의 두 세대 사상은 유대 묵시 사상에 뿌리를 둔 것으로 보인다.

254. 이를 위해서 S.C. Mott, "Ethics", in G.F. Hawthorne, R.P. Martin and D.G. Reid(eds.), *Dictionary of Paul and his Letters* (Downers Grove: InterVarsity, 1993), 272를 참조하라.

255. 여기에 언급된 신앙인은 후암교회 故 김일환 장로님이시다.

Part 5. 바울서신의 특성과 구조 분석

1. J.D.G. Dunn, "Romans, Letter to the," in *Dictionary of Paul and his Letters*, G.F. Hawthorne et al. (Downers Grove: InterVarsity Press, 1993), 839-41.

2. P.T. O'Brien, "Letters, Letter Forms," in *Dictionary of Paul and his Letters*, G.F. Hawthorne et al. (Downers Grove: InterVarsity Press, 1993), 551. 참조. B.W. Longenecker and T.D. Still, *Thinking through Paul: A Survey of His Life, Letters, and Theology* (Grand Rapids, Michigan: Zondervan, 2014), 54.

3. 당시 그레코-로만(Greco-Roman) 시대의 편지 형태를 보기 위해서는 행 15:23-29과 행 23:26을 보라.

4. 그레코-로만 편지 서두 부분은, 1)편지를 보내는 사람(sender), 2)편지를 받는 사람(Receiver), 3)문안 인사(Opening Greeting)로 구성되었다. S.E. Porter, "Exegesis of the Pauline Letters, including the Deutero-Pauline Letters," In *Handbook to Exegesis of the New Testament* (Leiden: E. J. Brill, 2003), 543; Longenecker and Still, Thinking through Paul, 55.

5. 그 수정은 주로 기독교적 표현을 통한 확장을 통해 이뤄졌다. 따라서 바울서신을 읽는 독자들은 확장된 부분을 통해 보다 새로운 인상과 정보를 받았을 것이다. J.L. White, "Saint Paul and the Apostolic Letter Tradition," *CBQ* 45 (1983),

433-44; M.L. Stirewalt, *Paul, the Letter Writer* (Grand Rapids / Cambridge: Eerdmans, 2003).

6. O'Brien, "Letters, Letter Forms," 551.

7. E.E. Ellis, "Coworkers, Paul and His," in *Dictionary of Paul and his Letters*, G.F. Hawthorne et al. (Downers Grove: InterVarsity Press, 1993), 188. 물론, 이들은 편지의 공동 저자(co-author)일 수도 있다. 그러나 만약 그들을 (공동 발신자만이 아니라) 공동 저자로 인정한다면, 어떠한 식으로 편지 작성에 관여했는지 그리고 전통적인 영감설에서 영감의 범위가 어디까지 적용되어야 하는지의 난제를 해결해야 하는 어려움이 있다. 그러나 이들은 공동 발신자로서 편지의 권위를 높이기 위한 것일 뿐 저자는 바울이다. 이 흥미로운 주제에 대해서는 E.R. Richards, *Paul and First-Century Letter Writing: Secretaries, Composition and Collection* (Downers Grove: InterVarsity Press, 2004), 224-29를 참조하라.

8. 참조. I.J. Elmer, "I, Tertius: Secretary or Co-author of Romans," *ABR* 56 (2008), 46-47.

9. 바울서신의 서두 부분(Opening)에서 바울이 주로 사용하는 수신자의 정체성은, (1)성도 (2)신실한 자 (3)하나님의 사랑하심을 받은 자 (4)예수 그리스도의 것 (5)하나님의 자녀 등인데 이런 용어를 통해 바울은 성도가 자신이 누리는 영광과 특권을 깨달음과 동시에, 부르심을 받은 성도로서의 책임도 함께 있음을 상기시키고 있다.

10. 참조. B. Reicke, *The Epistles of James, Peter, and Jude* (Garden City, N.Y.: Doubleday & Company, 1964), xxx.

11. '카리스'(χάρις), 즉 '은혜'라는 단어는 바울서신에 많이 등장하고, 또한 오늘날 우리 교회 안에서도 가장 많이 사용하는 용어 중 하나이다. 그러나 이 단어는 '구원'이란 말을 배제하고는 결코 올바로 이해할 수 없는 단어이다. 왜냐하면 하나님의 무조건적인 사랑에서 기인한 '은혜'는 반드시 인간의 구원으로 귀결되기 때문이다.

12. 감사와 기도(thanks and prayer) 부분에서 하나님을 향한 사도 바울의 감사

의 핵심은 오직 한 가지, 성도들의 '믿음'이다(롬 1:8). 그러나 이 '믿음'은 바울의 서신에서 천편일률적으로 나타나는 것이 아니라 여러 모습으로 다양하게 변형되어 나타난다. 예를 들면, 데살로니가전서에서는 믿음, 소망, 사랑으로(살전 1:3), 고린도전서에서는 은사 주심을 감사(고전 1:4-9), 빌립보서에서는 선교의 사역에 동참한 것을 감사하고 있다. 이는 바울의 뛰어난 대상 연구를 보여주는 것으로, 바울은 감사와 기도 부분에서 성도들이 가장 자랑스럽게 생각하는 것들을 하나님께 감사하면서 동시에 성도들로 하여금 곧 이어질 본론(Main Body)의 교훈을 잘 듣도록 마음을 여는 이중 역할을 염두에 두고 있는 것이다.

13. Cook는 감사 단락의 이러한 기능에 대해 자신의 갈라디아서 연구에서 설명하고 있다. D. Cook, "The Prescript as Programme in Galatians," *JTS* 43 (1992), 511.

14. 사도 바울 당대의 그리스-로마(Greco-Roman) 편지 본문의 3중 구조에 대해서는 J.L. White, "The Greek Documentary Letter Tradition Third Century B.C.E. to Third Century C.E.," *Semeia* 22 (1982), 98-100을 참조하라.

15. 예를 들면, 로마서가 이러한 구조를 취하고 있다: 소망 없던 인간의 과거 상태(롬 1:18-3:20), 그 죄인을 구원하시기 위해 하나님께서 행하신 일(롬 3:21-4:25), 구원의 과정, 그 결과, 구원 받은 신자의 상황, 그들이 누리는 영광과 특권(롬 5-8장).

16. 새 관점 학파(New Perspective on Paul)의 구원론의 내용과 그에 대한 비판을 위해서는 한천설, "'새 관점' 학파의 칭의론과 21세기 한국교회: '새 관점' 학파의 행위구원론에 대한 비평적 고찰,"『총신대논총』 30 (2011): 470-514를 참조하라.

17. O'Brien, "Letters, Letter Forms," 552. '사도적 현존'(apostolic parousia)에 대한 자세한 사항에 대해서는 R.W. Funk (ed), *Parables and Presence: Forms of the New Testament Tradition* (Philadelphia: Fortress, 1982), 81-110을 참조하라.

18. O'Brien, "Letters, Letter Forms," 552.

19. Weima는 고대 그리스-로마(Greco-Roman) 편지의 결어 부분에 드러나는 요소들을 마지막 기원(farewell wish) 인사 혹은 끝 인사, 건강 기원, 2차 문안인사, 문맹 표지 구문(illiterarcy formula), 날짜 구문, 후기 및 서명이라고 제시한다. J.A.D. Weima, "Greco-Roman Letters," in *Dictionary of New Testament Background*, C.A. Evans and S. E. Porter eds. (Downers Grove: InterVarsity Press, 2000), 643-44. 그러나 Weima는 이러한 부분이 분명히 바울서신에서 변형되었다고 지적하는데, 그에 따르면, 바울서신의 결어에는 "평화 축복문(peace benediction)-훈계 단락-다양한 인사들-거룩한 입맞춤-(자필 인사)-은혜 축복문(grace benediction)"의 정해진 순서로 등장하는 경우가 많다고 설명한다. J.A.D. Weima, *Neglected Endings: The Significance of the Pauline Letter Closings* (Sheffield: JSOT Press 1994), 154. 이는 분명 사도 바울이 고대 편지 양식을 자신의 목적에 따라 변형한 중요한 예로 볼 수 있다.

20. Longenecker and Still, *Thinking through Paul*, 165.

21. D.A. Carson, D.J. Moo, and L. Morris, *An Introduction to the New Testament* (Grand Rapids, Michigan: Apollos, 1992), 247.

22. A.J.M. Wedderburn, The Reasons for Romans (Edinburgh: T.&T. Clark, 1988), 142; Dunn, "Romans, Letter to the," 839-41; Carson, Moo and Morris, *An Introduction to the New Testament*, 247; R.N. Longenecker, *Introducing Romans: Critical Issues in Paul's Most Famous Letter* (Grand Rapdis: Eerdmans, 2011), 43, 157-60; Longenecker and Still, *Thinking through Paul*, 168-71.

23. Carson, Moo and Morris, *An Introduction to the New Testament*, 259; P.J. Achtemeier, J.B. Green, and M.M. Thompson, *Introducing the New Testament: Its Literature and Theology* (Grand Rapids: Eerdmans, 2001), 339; S.J. Hafemann, "Corinthians, Letters to the," in *Dictionary of Paul and his Letters*, G.F. Hawthorne et al. (Downers Grove: InterVarsity Press, 1993), 165-67.

24. 참고. Achtemeier, Green, and Thompson, *Introducing the New Testament: Its Literature and Theology*, 339.

25. Hafemann, "Corinthians, Letters to the," 171. 혹자들은 고린도후서 1-9장과 10-13장의 어조의 차이를 두고 고린도후서가 하나의 편지가 아닌 (최소) 2개의 편지가 결합된 것이라고 본다. 참조. J. Murphy-O'Connor, "1 and 2 Corinthians," in *The Cambridge Companion to St Paul*, edited by J.D.G. Dunn, 74-90 (Cambridge: Cambridge University Press), 83-84; Longenecker and Still, *Thinking through Paul*, 145-149. 이러한 주장을 하는 이들은, 10-13장의 내용이 앞서 언급된 '눈물의 편지'라고 주장하기도 한다. 참조. Longenecker and Still, Thinking through Paul, 147. 그러나 어조의 변화는 있을 수 있는 일이며, 사본학적으로 이 부분들이 분리되어 나타나는 경우가 없다는 점 등에서 우리는 고린도후서를 하나의 완전한 편지로 보는 데 문제가 없다고 볼 수 있다. 참조. Carson, Moo and Morris, *An Introduction to the New Testament*, 268; P. Barnett, *The Second Epistle to the Corinthians* (Grand Rapids, Michigan / Cambridge, U. K.: William B. Eerdmans, 1997), 24-25; B. Witherington III, *Conflict and Community in Corinth: A Socio-Rhetorical Commentary on 1 & 2 Corinthians* (Grand Rapids, Michigan: Eerdmans, 1995), 333.

26. 참조. Barnett, *The Second Epistle to the Corinthians*, 592.

27. G.W. Hansen, "Galatians, Letter to the," in *Dictionary of Paul and his Letters*, G.F. Hawthorne et al. (Downers Grove: InterVarsity Press, 1993), 326-27.

28. 룩 존슨, 『최신 신약 개론』, 채천석 역 (서울: 크리스챤 다이제스트, 2002), 416-17.

29. 이에 대한 자세한 논의는 본서 IV장 갈라디아서의 기록 장소와 시기에 대한 3.1 단락의 북부 갈라디아설 및 남부 갈라디아설을 참조하라.

30. C.E. Arnald, "Ephesians, Letter to the," in *Dictionary of Paul and his Letters*, G.F. Hawthorne et al. (Downers Grove: InterVarsity Press, 1993), 244-45; 룩 존슨, 『최신 신약 개론』, 505-506.

31. 그러나 에베소서를 회람서신(a circular letter)으로 판단하는 가장 명확한 근거는 그 내용의 일반적인 성격 때문이 아니다. 그보다는 오히려 사본학적 문제가 존재하는데, 에베소서의 가장 이른 사본들에는 종종 수신지인 에베소라

는 이름이 빠져있기 때문이다. 참조. P.W. Comfort, *New Testament Text and Translation Commentary: Commentary on the Variant Readings of the Ancient New Testament Manuscripts and How They Related to the Major English Translations* (Carol Stream, Illinois: Tyndale House, 2008), 577-79; Longenecker and Still, *Thinking through Paul*, 242.

'에베소'라는 지명이 빠진 이유에 대해서는 두 가지 설명이 가능하다: 첫째, 본래 이 편지는 에베소에 전해진 것이 아니라 여러 교회에 전해진 것으로, 필요에 따라 그 공란에 편지가 도착한 교회의 이름을 써 넣을 수 있게 한 것이다. 둘째, 원래 이 편지에는 특정한 교회의 이름이 있었는데, 편지 내용의 보편적인 성격과 공유의 필요성 때문에 누군가 그 특정한 교회 이름을 삭제했다는 것이다. 두 경우 중 어떤 것이 맞는지는 여전히 모호하지만, 분명한 사실은 에베소서가 에베소 교회에 보관되었다는 것이고 또한 그 교회의 상황에 필요한 말씀이었다는 것이다. 이 점은 다른 교회 이름이 적혀 있는 사본이 발견되고 있지 않다는 점에서도 확인된다.

32. Longenecker and Still, *Thinking through Paul*, 241.

33. Arnold, "Ephesians, Letter to the," 245: "Of all the Pauline letters, Ephesians is the least situational. This does not mean that the letter fails to address real needs and problems faced by its readers; Ephesians simply does not have the same sense of urgency and response to crisis as do the apostle's other letters. Consequently, a vast array of opinions have been expressed regarding why the letter was written."

34. C.B. Cousar, *An Introduction to the New Testament: Witnesses to God's New Work* (Louisville / London: Westminster John Knox Press, 2006), 58. 이와 관련해 Hawthorne은 빌립보서가 "바울서신 중에서 가장 개인적인(the most personal of all of his letters)"이라고 평가한다. G.F. Hawthorne, "Philippians, Letter to the," in *Dictionary of Paul and his Letters*, G.F. Hawthorne et al. (Downers Grove: InterVarsity Press, 1993), 707.

35. 룩 존슨, 『최신 신약 개론』, 469-71.

36. 룩 존슨, 『최신 신약 개론』, 465, 467.

37. Hawthorne, "Philippians, Letter to the," 709; Longenecker and Still, *Thinking through Paul*, 200-201.

38. Cousar, *An Introduction to the New Testament*, 89; P.T. O'Brien, "Colossians, Letter to the," in *Dictionary of Paul and his Letters*, G.F. Hawthorne et al. (Downers Grove: InterVarsity Press, 1993), 147.

39. I.H. Marshall, S. Travis and I. Paul, *Exploring the New Testament: A Guide to the Letters & Revelation*. 2 vols. (Downers Grove: InterVarsity Press, 2002), 152; 룩 존슨, 『최신 신약 개론』, 491.

40. Longenecker and Still, *Thinking through Paul*, 220.

41. 오래 전부터 골로새서의 언어와 신학의 문제를 들어 바울의 저작을 부인하는 많은 주장들이 제기되어 왔다. 그러나 최근의 연구들은 대부분 바울의 저작에 대해 의심하지 않고 있다. 예를 들면, O'Brien은 골로새서와 다른 바울서신들 간의 언어와 문체 그리고 신학적 사항(즉, 기독론, 교회론, 종말론, 전승)에 차이가 보인다고 설명하지만, 그러나 그는 이러한 차이점은 골로새 교회의 상황에 의한 것이지 골로새서의 진정성을 부인할 충분한 근거가 되지는 못한다고 주장한다. O'Brien, "Colossians, Letter to the," 152; 룩 존슨, 『최신 신약 개론』, 491-94; Longenecker and Still, *Thinking through Paul*, 222.

42. 룩 존슨, 『최신 신약 개론』, 358.

43. 갈라디아서의 연대 문제에 대해서는 본서 IV장 3.1 단락을 참조하라.

44. 진정성에 대해 의심하는 이들의 근거들 중 가장 중요한 예로는, 데살로니가전서 4:13-5:3의 종말의 묘사와 데살로니가후서의 종말의 묘사가 서로 모순된다는 것이다. 그들의 주장에 의하면 데살로니가전서는 정해진 순서를 피하는 반면, 데살로니가후서는 사건들의 예정표가 암시되어 있는 것으로 보이기에 이 둘이 조화시킬 수 없이 차이가 난다는 것이다. 이러한 지적에 대해 룩 존슨은, 비록 종말에 대한 이러한 차이가 드러나는 것은 부인할 수 없을지라도 그 차이는 다른 저자가 작성했기 때문이 아니라, 각각은 "공동체의 당황

과 공포의 여러 상태에 대한 한 목회자의 계속적인 응답"이기 때문에 이러한 차이가 나는 것이라고 설명한다. 추가적인 사항에 대해서는 J. W. Simpson Jr. "Thessalonians, Letters to the," in *Dictionary of Paul and his Letters*, G.F. Hawthorne et al. (Downers Grove: InterVarsity Press, 1993), 937; 룩 존슨, 『최신 신약 개론』, 367-68을 참조하라.

45. Longenecker and Still, *Thinking through Paul*, 74-75.

46. A.J. Malherbe, *The Letters to the Thessalonians: A New Translation with Introduction and Commentary* (New York: Doubleday, 2000), 361.

47. 참조. Simpson Jr. "Thessalonians, Letters to the," 934-35.

48. 룩 존슨, 『최신 신약 개론』, 543.

49. Longenecker and Still, *Thinking through Paul*, 272-73.

50. H.-J. Klauck, *Ancient Letters and the New Testament: A Guide to Context and Exegesis* (Waco, Texas: Baylor University Press, 2006), 326-327; Longenecker and Still, *Thinking through Paul*, 283.

51. 룩 존슨, 『최신 신약 개론』, 536.

52. 디도가 그레데에 남겨진 이유는 편지 서두에 잘 나타나 있다(1:5): "내가 너를 그레데에 남겨 둔 이유는 남은 일을 정리하고 내가 명한 대로 각 성에 장로들을 세우게 하려 함이니". 즉 디도는 그레데 교회의 부족한 부분을 바로 세우고, 또한 직분자들을 세워 교회들을 굳건히 할 사명을 받은 것이다. 참조. 룩 존슨, 『최신 신약 개론』, 550.

53. G.W. Knight III, *The Pastoral Epistles: A Commentary on the Greek Text* (Grand Rapids: Eerdmans, 1992), 9.

54. A. Patzia, "Philemon, Letter to," in *Dictionary of Paul and his Letters*, G.F. Hawthorne et al. (Downers Grove: InterVarsity Press, 1993), 703.

Part 6. 결론

1. 이는 현대 성경신학계에서 사회학적 방법론을 도입한 성경해석 방법론과 비슷해 보이지만 근본적으로는 다른 것이다.

부록_ 초기 예루살렘 교회는 교회의 이상적 모형이 될 수 있는가?

1. 예루살렘 교회를 교회의 이상적 모형으로 지목하고 모델로 삼으면서 오늘의 교회가 다시 사도행전에 나타난 초대교회로 돌아가야 한다고 주장하는 학자들과 목회자들은 너무 많아 그 예를 다 들 수 없을 정도이다. 몇몇 예를 들면 김서택은 예루살렘 교회를 기본적이고 바른 교회라고 생각하고 모든 교회의 진정한 모델로 부르며, 성도들이 행해야 할 바는 사도행전의 교회를 세우는 것이라고 주장한다. 『오순절의 부흥』(서울: 솔로몬, 2007), 83; 정성구도 예루살렘 교회를 "이상적이고 참되며 흠이 없는 교회"라고 부르며 예루살렘 교회를 본받아야 할 것을 주장한다. 『이제야 알겠다: 사도행전 주해설교』(서울: 총신대출판부, 1996), 47.

2. 전통적인 교회에 대항하여 새로운 교회의 모습을 대안으로 제시하는 운동은 기독교 초기부터 지금에 이르기까지 여러 모습으로 나타났다. 가장 대표적인 것이 공동체 형태의 운동인데, 초대교회 당시 터툴리안과 몬타누스파를 시작으로 해서 중세교회의 수도원 운동을 거쳐, 오늘날에 이르러서는 영국의 '하나님의 자녀 공동체'(The Children of God Community), 프랑스의 '떼제 공동체'(The Taiz Community), 라틴 아메리카의 '기본 공동체들'(Base Communities), 그리고 한국에서도 '예수원', '두레 마을', '다일 공동체', 그리고 극단적인 형태로서 '신앙촌'과 같은 다양한 공동체의 형태들을 발견하게 된다.

3. Toussaint은 사도행전은 유대교에서 기독교로의 전환을 보여주는 유일한 책이며, 사도행전이 초대교회에 대한 정보와 통찰력을 제공하는 것처럼 오늘날의 기독교인들에게 도전을 제공하는 책이라고 평가했다. Stanley D. Toussaint, "Acts," in *The Bible Knowledge Commentary: New Testament*, John F. Walvoord and Roy B. Zuck, eds. (Wheaton: Scripture Press Publications, Victor

Books, 1983), 349.

4. H. Baarlink, *Inleiding tot het Nieuwe Testament* (Kampen: Kok, 1989), 166-67.

5. 사도행전은 이 새로운 신자들이 사도들의 가르침을 받고, 교제하고 떡을 떼며 기도하는 일에 힘썼다고 기록한다(행 2:42). 약 120명의 제자로 시작한 예루살렘 교회는 대략 25배 정도 증가했고, 그들은 동일한 장소에 모여서 소유를 공유하고 떡을 떼어 함께 먹고 하나님을 찬양했으며 모든 사람들을 선대했다(행 2:44-47).

6. 우리는 이와 관련하여 사도행전에 나타난 성령의 역할에 대해서 정리할 필요가 있는데, Talber는 성령의 역할을 다음과 같이 정리하고 있다. 그는 성령의 3가지 주요 역할과 5가지 일반적인 역할을 소개하고 있는데, 3가지 주요 역할을 소개하면 다음과 같다:

> ① 행 1:8에서 부활하신 예수는 성령의 선물로 증거를 위한 능력을 약속하셨다. 2장에서 그 점이 확실히 증거된다. 제자들이 성령의 충만함을 받게 되었을 때, 그들은 방언으로 말했으며, 보다 일반적인 형식의 설교로써 예수에 대한 강력한 증거를 선포했다. 사도행전에서 성령의 한 기능, 아마도 주도적인 기능은 복음의 증거를 위해 두 가지 방식으로 강력하게 되는 것이다: 첫째, 인간 증인들에게 담대함을 허락하는 것(4:31; 6:10), 둘째 확증적인 기적들을 제공하는 것(5:32).

> ② 그러나 행 2:38-39는 성령의 다른 기능을 언급한다. 여기서 성령의 선물을 재건된 이스라엘, 즉 하나님의 백성에 병합시킨다.

> ③ 하지만 행 2장에서도 발견되는 성령의 또 다른 기능이 사도행전에 있다. 성령은 공동체의 결정(15:28; 16:6-7)과 개인에 대한 지시(10:19-20. 참조.『솔로몬의 지혜서』 9:17)에 있어서 구약의 예언을 통해서든지(예. 2:25-28, 30-31; 28:25), 기독교 예언을 통해서든지(11:28; 13:2; 16:7; 20:22-23; 21:11), 하나님의 백성들에게 신적인 뜻을 드러낸다는 것이다.

C.H. Talbert, *Reading Acts: A Literary and Theological Commentary on the Acts of the Apostles* (Georgia: Smyth & Helwys, 2005), 31-32.

7. 이들이 정확히 누구인지 즉, 새로 세례를 받은 삼천 명을 지시하는지, 아니면 삼천 명이 포함된 전체를 지시하는지 본문에서 분명하지는 않다. 우리는 후자를 지지한다.

8. 원문(ἦσαν δὲ προσκαρτεροῦντες τῇ διδαχῇ τῶν ἀποστόλων καὶ τῇ κοινωνίᾳ, τῇ κλάσει τοῦ ἄρτου καὶ ταῖς προσευχαῖς)에는 사도의 '가르침, 교제, 떡을 뗌, 기도'(διδαχή, κοινωνία, τῇ κλάσει τοῦ ἄρτου, προσευχή)이 네 가지가 한글『개역개정』성경의 "사도의 가르침을 받아 서로 교제하고 떡을 떼며 오로지 기도하기를 힘쓰니라."처럼 논리적이거나 시간적인 선후 관계로 연결되어 있지 않고 모두가 '전심했다'(ἦσαν δὲ προσκαρτεροῦντες)는 동사에 동격으로 연결되어 있다. 최근의 연구들은 본문에 나타나는 네 가지 부분이 초기 기독교인들의 공동체적 생활의 구성 요소로 보는 것은 물론, 초기 기독교의 예배 순서들이었을 것으로 보기도 한다. 자세한 논의에 대해서는 J. Jeremias, *The Eucharistic Word of Jesus* (Norwich: SCM Press, 2011), 118-21; David G. Peterson, *The Acts of the Apostles* (Grand Rapids: Eerdmans, 2009), 159-62; Craig S. Keener, *Acts: An Exegetical Commentary*, vol. 1 (Grand Rapids: Baker Academic, 2012), 1000-11을 보라.

9. 사도들의 가르침'(ἡ διδαχὴ τῶν ἀποστόλων)(2:42)이라는 하나의 표현으로부터 그 당시에 가르치는 권한이 사도들에게만 있었다고 결론짓는 것은 어떤 사람들에게는 성급하게 보일지 모른다. 그러나 사도행전 초반부는 사도들의 행동과 사역을 크게 강조하고 있는 것이 사실이다. 성령의 충만함을 받고 다른 언어를 말하게 된 것은 약속을 기다리던 제자들 모두였지만(2:4), 설교를 한 것은 어디까지나 열두 제자들이었다(2:14). 양심의 가책에 괴로워하던 사람들은 열두 사도들에게 도움을 호소했고(2:37), 특별히 많은 사람들 앞에서 설교를 한 것은 제자들의 대표격인 베드로였다(14절, 38절). 5장 끝에 이르기까지 사도들 이외에 다른 사람들이 가르쳤다거나 설교했을 것이라는 가능성은 어디에서도 발견되지 않는다. 따라서 오순절 직후부터 사도들이나 기존 신자들, 또는 새로운 신자들 할 것 없이 모든 제자들이 예루살렘에서 열심히 복음을 전했을 것이라는 추측은 잘못된 것일 수 있다. 6장에서 일곱 명의 집사들이 임명되고 그들이 복음을 전하며, 또한 스데반의 순교사건으로 사방에 흩어진 제자들이 곳곳에 복음을 전하게 되기까지는(6:4) 복음전파와 가르치는 사역은 사도들에게 맡

겨져 있었다고 말하는 것이 아마도 가장 안전한 판단일 것이다.

10. 칼빈은 교회의 본질을 하나님 나라의 실현으로 보았다. 칼빈이 주장한 "어머니로서의 교회"라는 용어는 교회의 본질로서 먹이고 돌보는, 예수에 대해 가르치는 기본적인 원리이다. Calvin, *Institutes of Christian Religion*(Philadelphia: The Westminster Press, 1970), IV, i, 1.

11. 이 주제에 대한 더 자세한 논의를 위해서는 다음의 글들을 참고하라: E.M. Blaiklock, *The Acts of the Apostles*. Tyndale New Testament Commentaries series (London: Tyndale Press, 1959); reprint ed., (Grand Rapids: Eerdmans, 1979), 34-35; Homer A. Kent, *Jerusalem to Rome*. New Testament Studies series(Brethren Missionary Herald, 1972); reprint ed., (Grand Rapids: Baker Book House and BMH Books, 1985), 61.

12. Everett F. Harrison, *The Acts of the Apostles: The Expanding Church* (Grand Rapids: Zondervan, 1986), 74.

13. Murray J. Harris, "Baptism and the Lord's Supper," in *God's Community: Essays on the Church and Its Ministry*, ed., David J. Ellis and W. Ward Gasque (Wheaton: Harold Shaw, 1978), 21.

14. E. Earle Ellis, *The Gospel of Luke, New Century Bible* (London: Marshall, Morgan and Scott, 1974), 250; G.F. Hawthorne, "Lord's Supper," ZPEB, 3: 978-86; Oscar Cullmann, Early Christian Worship (London: SCM, 1966), reprinted in Robert E. Webber, ed., *The Complete Library of Christian Worship*: vol.1; *The Biblical Foundations of Christian Worship* (Peabody: Hendrickson, 1993), 318-19. 더 자세한 논의를 위해서는 다음의 글을 참고하라:

15. C.K. Barret, *Acts 1-14* (Edinburgh: T&T Clark, 1994), 166.

16. 칼빈은 교회의 표지를 성례(세례와 성찬), 설교 사역 및 교회 징계로 여겼다. 여기서 교회가 기관을 가진 공동체로 보였겠는가에 대한 질문에 대해 칼빈은 교회를 "모든 신자들을 위한 어머니"라는 이념을 지닌 기관으로 제안했다. 동시에 그는 교회를 "평생을 살아가기 위한 신자들의 학교"라고 불렀으며, 어느

누구도 교회 밖에 머물면서 구속을 기대할 수 없다고 말하고 또한 교회를 떠나는 것은 치명적이라고 경고하며 교회가 기관임을 강조했다. 다른 말로 해서, 칼빈은 교회를 유기적 기관, 그리스도의 몸, 하나님께서 설립하시고 보존하시는 기관으로 보았고, 성도들을 그리스도의 통치 아래 있는 몸의 일부분으로 보았다. Calvin, *Institutes of Christian Religion*, IV, i, 3-7.

17. 대부분의 사람들은 공동체의 기원을 사도행전에서 찾으려고 하지만, 실제로는 복음서의 무리들의 모습에서 더 정확한 공동체 생활의 기원을 찾을 수 있다. 더 자세한 논의를 위해서는 R. Pesch, *Die Apostelgeschichte 1*, EKK V/1 (Zürich: Benziger/Neukirchener, 1986), 182를 참조하라.

18. C.H. Talbert, *Reading Acts: A Literary and Theological Commentary on the Acts of the Apostles*, 31.

19. 초대교회가 지니고 있었던 중요한 덕목은 공동체성, 즉, 이웃을 사랑으로 책임지는 것이었다. 빈곤에 처한 형제들을 위해 자기 것을 팔아 공평케 하는 원리를 실현하는 공동체성이 기독교 신앙의 핵심이었다. 이것은 바울에게 이어져 가는 곳마다 복음을 통한 자유와 공동체성을 전파했다. 부연하면, 한마음으로 존재하고, 서로를 사랑하고, 타인을 섬기고, 소유를 함께 하고, 다른 이들을 돌보는 초대교회의 공동체성은 교회에 대한 칭찬과 성장에 큰 영향을 끼쳤다. 그러나 교회는 이러한 전통을 잇지 못하고 개교회주의로 흐르고 말았고, 오늘날 한국교회도 그러한 미덕에서 멀어져가고 있다. 오히려 무슬림들이 선행과 돌봄을 실행함으로 성장을 이루고 있다. 한국교회는 이러한 사실을 주시하고 스스로를 되돌아보아야 한다.

20. G.D. Fee and D. Stuart, *How to Read the Bible for all its Worth* (Grand Rapids: Zondervan, 2003), 97-102.

21. 이 '오천 명'은 이전의 믿는 자들을 포함하는 전체 숫자라고 볼 수는 없다. 우리가 3장 처음부터 읽으면서 '백성'이 어떤 사람들인가를 관찰하면 이것을 분명히 알 수 있을 것이다.

22. 사본에 따라서는 이미 2:47에 '교회'(ἐκκλησία)라는 단어가 처음 사용되었다고도 할 수 있다. 비록 교회라는 단어가 여기서 처음 사용되기는 하지만, 실제

적인 의미에서 교회는 이미 오래 전에, 즉, 예수 그리스도의 부활과 더불어 이미 세상에 탄생했다고 보아야 한다. 오순절에 교회가 탄생했다고 제한할 특별한 이유가 없는 것이다.

23. F.J.A. Hort, B.F. Westcott and Th.E. Page eds., *The Acts of the Apostles* (Cambridge: Cambridge University Press, 2009), 75.

24. 정훈택은 예루살렘 교회는 성령의 역사로 급속히 증가한 3,000명의 새 신자들에게 편의를 제공하기 위한 한시적인 현상이었다고 지적한다. 예루살렘 교회의 그러한 현상은 교회에 대한 심각한 박해로 성도들이 흩어지는 것으로 막을 내리게 된다. 단언하자면, 비록 그들이 예루살렘 교회의 재물을 공유하고 있지 않더라도 그렇게 흩어진 교회들은 정죄 받지 않는다. 이 점은 예루살렘 교회는 교회의 이상적인 표식들이 아니라 한시적인 현상이었다는 것을 보여준다. "예루살렘교회는 이상적이고 바른 교회였는가," 『신학지남』 75/4(2008,9): 169-73.

25. J.P. Miranda는 초기 기독교가 시행한 재산 공유가 철저하고 전면적인 '공산주의'였다고 제안하면서, 심지어 "기독교는 공산주의이다."라는 극단적인 견해를 주장한다. 이러한 해석은 주로 사도행전 2:44-45과 4:32, 34-35과 같은 구절들에 대한 문자적 이해에 의존한다. 하지만 그의 성경 사용은 본문의 폭넓은 문맥에 대한 책임있는 연구 결과들을 거의 반영하고 있지 않음을 발견하게 된다. 그의 논점에 대해서는 그의 책, *Communism in the Bible* (London: SCM Press, 1982), 제1장을 참조하라.

26. C.S. Keener, *The IVP Bible Background Commentary* (Downers Grove: IVP, 1993), 330; F.W. Grosheide, *Handelingen I*, Korte Verklaring (Kampen: Kok, 1945), 46.

27. H.N. Ridderbos, *De Komst van het Koninkrijk* (Kampen: Kok, 1950), 296-98.

28. 최근 한국교회는 예루살렘 교회 공동체를 추구하고 교회의 규모를 키우기 위한 움직임을 보이고, 또한 신자들로 하여금 교회에 의해 제공되는 예배들을 즐기도록 하게 한다. 그러나 그러한 움직임은 그들의 왕국을 건설하기 위한

또 다른 이기주의와 타락의 길로 걸어가고 있는 것이다. 결과적으로 교회는 이 세상으로부터 그 자신을 고집 지역(게토)으로 분리하고 있다. 성경이 가르치는 교회는 세상으로부터의 피난처가 되는 것이 아니라, 그리스도의 빛을 비추면서 세상에서 그리스도인들의 구별된 삶을 살도록 하는 데 있다.

29. 누가는 이러한 공동체적 연속에 대하여 관심이 없었다. D. Marguerat, *The First Christian Historian* (Cambridge: Cambridge University Press, 2004), 28.

30. Barret은 "예루살렘 이외의 지역에 설립된 최초의 교회들은 원-예루살렘 교회와 적절한 관계를 가지고 있다는 것을 보여주길 원했던 것 같다."라고 말하는데, 이것은 필자가 말하는 예루살렘 교회의 특성에 기인한 것일 수 있다. Barret, *Acts 1-14*, 52.

31. 사도행전 15장을 전환점으로 사도들의 대표였던 베드로가 마지막으로 등장하며, 16:4의 사도 칙령에 대한 언급에서 사도들도 마지막으로 언급되고 있다. 이러한 점에 관해서는 Baarlink, *Inleiding tot het Nieuwe Testament*, 174를 참고하라.

32. H.W. Basser, "Derrett's 'Binding' reopened," *JBL* 104(1985), 297-300; A. Schweitzer, *Geschichte der Leben-Jesu-Forsung* (Tübingen: J.C.B. Mohr, 1984), 416f.

33. 사도행전 4-5장에서 사도들의 중점적인 사역은 가르침이었던 것으로 보이고, 당시 유대인 지도자들이 사도들을 대적하고 고발하는데 가장 주요한 원인은 그들의 가르침이었다. M.C. Parsons, *Acts* (Grand Rapids: Baker Academic, 2008), 62-67.

34. 초기 예루살렘 교회는 공동생활이 특징이었는데, 이것이 초기 예루살렘 교회가 엄격한 경제 윤리를 갖게 한 원인일 것으로 생각된다. 아나니아와 삽비라의 이야기는 그 엄격함이라는 것이 어느 정도였는지를 우리에게 보여준다. L.S. Mudge, "Ecclesiology and Ethics in the Western Church," in *The Routledge Companion to the Christian Church*, G. Mannion and L.S. Mudge eds. (New York/ London: Routledge, 2008), 608.

35. Grosheide, *Handelingen I*, Korte Verklaring, 46-47.
36. 성경은 신자의 삶이 교리적인 강요에 의해 강압되기보다는 자발적인 복종이 되어야 한다고 가르친다. 예루살렘 교회의 형태가 강압적이 될 때, 자발적으로 복종하는 자원적(自願的) 신앙은 사라지고, 이것은 신자들로 하여금 참된 신앙을 잃게 만든다.
37. Barret 역시 예루살렘 교회를 모교회로 이해하고 있다. Barret, *Acts 1-14*, 49, 561.
38. 이것은 교회의 독특한 공동생활이 기독교의 발생 초기에 일시적으로 유대교와 기독교 공동체를 서로 구별하고 분리하는 데 있어 중요한 역할을 했다는 의미로 이해될 수 있음을 나타낸다.

참고문헌

Bibliography

Historical and theological background of Paul's letters

참고문헌
Bibliography

Aland B. et al. *The Greek New Testament*. Deutsche Bibelgesellschaft & United Bible Societies. ⁴1993. (UBS4).

―――――. *Novum Testamentum Graece*, 28th. Stuttgart: Deutsche Bibelgesellschaft, 2012. (NA28).

Arnold, C.E. *The Interface Between Christianity and Folk Belief at Colossae*. WUNT 2/77. Tübingen: Mohr Siebeck, 1995.

―――――. *The Colossian Syncretism*. Grand Rapids: Baker, 1996.

―――――. "Ephesians, Letter to the." In *Dictionary of Paul and his Letters*. 238-49. G.F. Hawthorne, R.P. Martin and D.G. Reid eds. Illinois: IVP, 1993.

―――――. "Colossae." In *The Anchor Bible Dictionary*. 1089-90. D.N. Freedman ed. vol. 1. New Haven/London: Yale University Press, 2008.

Aune, D.E. "Eschatology." In *The Anchor Bible Dictionary*. 575-609. D.N. Freedman ed. vol. 2. New Haven/London: Yale University Press, 2008.

Baarlink, H. *Inleiding tot het Nieuwe Testament*. Kampen: Kok, 1989.

Barrett, C.K. *New Testament Background: Selected Documents*. San Francisco: Harper, 1989.

―――――. *Acts 1-14*. Edinburgh: T&T Clark, 1994.

Barth, M. and Blanke, H. *Colossians*. New York: Doubleday, 1994.

Basser, H.W. "Derrett's 'Binding' reopened." *JBL* 104(1985): 297-320.

Bauckham, Richard. "James and the Jerusalem Church." In *The Book of Acts in its Palestinian Setting*. 415-80. R. Bauckham ed. The Book of Acts in Its First-Century Setting 4. Exeter, U.K.: Paternoster, 1995.

Bauer, W. et al. *Griechisch-Deutsches Wörterbuch zu den Schriften des Neuen Testaments und der übrigen urchristlischen Literatur*. Trans. by W. Arndt. *Greek-English Lexicon of the New Testament and other Early Christian Literature*. Frederick William Danker ed. Chicago and London: The University of Chicago Press, 2000.

Baugh, Steven M. "Paul and Ephesus: The Apostle Among his Contemporaries." Ph. D. diss. University of California, Irvine, 1990.

Beker, J. Christiaan. "Contingency and Coherence." *USQR* 33 (1978): 141-51.

──────. "The Method of Recasting Pauline Theology: The Coherence-Contingency Scheme as Interpretive Model." In *Society of Biblical Literature 1986 Seminar Papers*. 596-621. Kent Harold Richards ed. Atlanta: Scholars Press, 1986.

──────. "Paul's Theology: Consistent or Inconsistent?" *NTS* 34 (1988): 364-87.

──────. "Paul the Theologian Major Motifs in Pauline Theology." *Interpretation* 43 (1989): 352-75.

Bell, A.A. *A Guide to the New Testament World*. Herald, 1994; 『신약 시

대의 사회와 문화』. 오광만 역. 서울: 생명의 말씀사, 2001.

Best, E. *The First and Second Epistles to the Thessalonians*. HNTC. New York: Harper, 1972.

Betz, A. "Syracuse." In *The Anchor Bible Dictionary*. 270-71. D.N. Freedman ed. vol. 6. New York: Doubleday, 1992.

Betz, H.D. *Galatians*. Hermeneia. Philadelphia: Fortress, 1979.

─────. "Galatians, Epistle to the." In *The Anchor Bible Dictionary*. 872-75. D.N. Freedman ed. vol. 2. New Haven/London: Yale University Press, 2008.

Betz, H.D. and Mitchell, M.M. "Corinthians, First Epistle to the." In *The Anchor Bible Dictionary*. 1139-48. D.N. Freedman ed. vol. 1. New Haven/London: Yale University Press, 2008.

Bing, J.D. "Cilicia." In *The Anchor Bible Dictionary*. 1022-24. D.N. Freedman ed. vol. 1. New York: Doubleday, 1992.

Blaiklock, E.M. *The Acts of the Apostles*. Tyndale New Testament Commentaries series. London: Tyndale Press, 1959; reprint ed. Grand Rapids: Eerdmans, 1979.

Blevins, J.L. "Introduction to Philippians." *RevExp* 77(1980): 311-23.

Bock, D. *Acts*. BECNT. Grand Rapids: Eerdmans, 2007.

Bockmuehl, M. *The Epistle to the Philippians*. BNTC 11. Peabody: Hendrickson, 1998.

Bruce, F.F. "Galatians Problem. 2. North or South?" *BJRL* 52(1970): 255-70.

─────. *The Epistle to the Galatians*. NIGTC. Grand Rapids: Eerdmans,

1982.

─────. *The Letter of Paul to the Romans: Introduction and Commentary*, rev. ed., TNTC. Grand Rapids: Eerdmans, 1985.

─────. "Phrygia." In *The Anchor Bible Dictionary*. 365-36. D.N. Freedman ed. vol. 5. New York: Doubleday, 1992.

─────. 『사도행전 (하)』. 김재영, 장동민 역. 서울: 아가페, 2014.

Bryan. C. *A Preface to Roman*. New York: Oxford University Press, 2000.

Bunson, M. *Encyclopedia of the Roman Empire*. New York: Facts on File, 2002.

Burge, G.M. Cohick, L.H. and Green, G.L. *The New Testament in Antiquity*. Grand Rapids: Zondervan, 2009.

Burton, E. de W. *Galatians*. Edinburgh: T&T Clark, 1975.

─────. "The Politarchs." *American Journal of Theology* 2 (1898): 598-632.

Calvin, J. *Institutes of Christian Religion*. Philadelphia: The Westminster Press, 1970.

Cameron, E. "Reformation." In *Cambridge Dictionary of Christian Theology*. 434-46. I.A. Mcfarland, A.S. Fergusson, K. Kilby and I.R. Torranceeds. Cambridge: Cambridge University Press, 2011.

Campbell, D.K. & H.W. Hoehner, *Galatians, Ephesians, Philippians, Colossians*. Wheaton: Victor Books, 1983.

Carson, D.A. and D. Moo, *An Introduction to the New Testaments*. 2nd ed. Grand Rapids: Eerdmans, 2005.

Chae, Daniel Jong-sang. *Paul as Apostle to the Gentile: His Apostolic Self-Awareness and its Influence on the Soteriological Argument in Romans*. Cumbria: Paternoster, 1997.

Charles, J.D. "Pagan Sources in the New Testament." In *Dictionary of New Testament Background*, 756-63. C.A. Evans and S.E. Porter eds. Downers Grove: InterVarsity, 2000.

Cole, A. *The Epistle of Paul to the Galatians*. Grand Rapids: Eerdmans, 1965.

Collins, R.F. *First Corinthians*. Minnesota: The Liturgical Press, 1999.

Conzelmann, Hans. *History of Primitive Christianity*. Trans. J.E. Steely. Nashville: Abingdon Press, 1973.

Carroll, S.T. "Cos." In *The Anchor Bible Dictionary*. 1161-62. D.N. Freedman ed. vol. 1. New York: Doubleday, 1992.

─────. "Mysia." In *The Anchor Bible Dictionary*, 940-41. D.N. Freedman ed. vol. 4. New York: Doubleday, 1992.

─────. "Pamphylia." In *The Anchor Bible Dictionary*, 138-39. D.N. Freedman ed., vol. 5. New York: Doubleday, 1992.

─────. "Puteoli." In *The Anchor Bible Dictionary*, 560-61. D.N. Freedman ed. vol. 5. New York: Doubleday, 1992.

─────. "Rhodes." In *The Anchor Bible Dictionary*, 719-20. D.N. Freedman ed. vol. 5. New York: Doubleday, 1992.

Croy, N.C. "Religion, Personal." In *Dictionary of New Testament Background*. 926-31. C.A. Evans and S.E. Porter eds. Downers Grove: InterVarsity, 2000.

Cullmann, Oscar. *Early Christian Worship*. London: SCM, 1966; reprinted in Robert E. Webber, ed. *The Complete Library of Christian Worship*: vol. 1; *The Biblical Foundations of Christian Worship*. Peabody: Hendrickson, 1993.

DeSilva, D.A. 『신약 개론』. 김경식 외 역. 서울: CLC, 2013.

Dillon, J.M. "Fate, Greek Conception of." *ABD* II. 776-78, D.N. Freedman (ed.). New Haven/London: Yale University Press, 2008.

Dothan, M. "Acco." In *The Anchor Bible Dictionary*. 50-53. D.N. Freedman ed. vol. 1. New York: Doubleday, 1992.

Du Toit, A.B. *Guide to the New Testament*. Pretoria: NGKB, 1982.

Duncan, G. *The Epistles of Paul to the Galatians*. London: Hodder & Stoughton, 1934.

Dunn, J.D.G. "Romans, Letter to the." In *Dictionary of Paul and his Letters*. 838-50. G.F. Hawthorne, R.P. Martin and D.G. Ried eds. Downers Grove: InterVarsity, 1993.

─────. *The Epistles to the Colossians and to Philemon*. Grand Rapids: Eerdmans, 1996.

Edwards, D.R. "Tyre." In *The Anchor Bible Dictionary*, 686-92. D.N. Freedman ed. vol. 6. New York: Doubleday, 1992.

Edwards R.B. and M. Reasoner. "Rome: Overview." In *Dictionary of New Testament Background*, 1010-18. C.A. Evans and S.E. Porter eds. Downers Grove: InterVarsity Press, 2000.

Elliot, M.W. "Pelagianism." In *Cambridge Dictionary of Christian Theology*. 377-98. I.A. Mcfarland, A.S. Fergusson and K. Kilby eds. Cambridge: Cambridge University Press, 2011.

Ellis, E. Earle *The Gospel of Luke*, New Century Bible. London: Marshall, Morgan and Scott, 1974.

Evans, Craig A. *Ancient Texts for New Testament Studies: a guide to the background literature*. Peabody: Hendrickson, 2005.

Fant, C.E. and M.C. Raddish. *A Guide to Biblical Sites in Greece and Turkey*. Oxford: University Press, 2003.

Fee, G.D. *The Epistle to the Romans*. Grand Rapids: Eerdmans. 1996.

―――. *The First Epistle to the Corinthians*. Grand Rapids: Eerdmans, 1987.

―――. *Paul's Letter to the Philippians*. NICNT. Grand Rapids: Eerdmans, 1995.

Fee, G.D. and D. Stuart. *How to Read the Bible for all its Worth*. 2nd ed. Grand Rapids: Zondervan, 2003 (1993); 『성경을 어떻게 읽을 것인가?』. 오광만 역. 서울: 성서유니온, 1992.

Feine-Behm-Kümmel, *Introduction to the New Testament*. Trans. A.J. Mattill Jr. Nashville: Abingdon, 1966.

Ferguson, E. *Backgrounds of Early Christianity*. Rev. ed. Grand Rapids: Eerdmans, 1993.

Fitzgerald, J.T. "Philippians, Letter to the." In *The Anchor Bible Dictionary*. 318-26. D.N. Freedman ed. vol. 5. New Haven/London: Yale University Press, 2008.

Fitzmyer, J.A. *First Corinthians*. New Haven/London: Yale University Press, 2008.

─────. *Romans: A New Translation with Introduction and Commentary*. Anchor Bible. Garden City: Doubleday, 1993.

Foerster, Werner. *From the Exile to Christ: A Historical Introduction to Palestinian Judaism*. Fortress, 1964; 『신구약 중간사』. 문희석 역. 서울: 컨콜디아사, 1975. [Werner Foerster, Neutestamentliche Zeitgeschichte, Bielefeld: Luter Verlag, 1986].

Furnish, V.P. "Colossians, Epistle to the." In *The Anchor Bible Dictionary*. 1090-96. D.N. Freedman ed. vol. 1. New Haven/London: Yale University Press, 2008.

Gamsey, Peter, Richard Saller. *The Roman Empire: Economy, Society and Culture*. Berkeley, Calif.: University of California Press, 1987.

Garland, D.E. *1 Corinthians*. Grand Rapids: Baker, 2003.

Gasque, W.W. "Iconium." In *The Anchor Bible Dictionary*, 357-58. D.N. Freedman ed. vol. 3. New York: Doubleday, 1992.

─────. "Malta." In *The Anchor Bible Dictionary*, 489-90. D.N. Freedman ed. vol. 4. New York: Doubleday, 1992.

─────. "Perga." In *The Anchor Bible Dictionary*, 228. D.N. Freedman ed. vol. 5. New York: Doubleday, 1992.

Gempf, C. "Neapolis." In *The Anchor Bible Dictionary*, 1052-53. D.N. Freedman ed. Vol. 4. New York: Doubleday, 1992.

Graff, D.F. Isaac, B. and Roll, I. "Roman Roads." In *The Anchor Bible Dictionary*. 782-87. D.N. Freedman ed. vol. 5. New Haven/London: Yale University Press, 2008.

Grimm, V.E. "On Food and the Body." *The Blackwell Companion to the*

Roman Empire. D.E. Pottereds. Malden/Oxford: Blackwell, 2006.

Grosheide, F.W. *Handelingen I*. Korte Verklaring. Kampen: Kok, 1945.

Guthrie, Donald. *New Testament Introduction*. rev. ed. Downers Grove: InterVarsity, 1990.

Haechen, E. 『사도행전 (II)』. 박경미 역. 서울: 한국신학연구소, 1989.

Hammond, N.G.L. "The Western Part of the Via Egnatia." *JRS* 64 (1974), 185-99.

Han, Cheon-Seol. "Pauline Soteriology and the Korean Church: A Diagnosis of the Korean Church in the 21st Century and the Solutions through Pauline Soteriology." *Chongshin Review* 17(2012): 229-30.

Hansen, G.W. "Galatians, Letter to the." In *Dictionary of Paul and his Letters*. 323-34. G.F. Hawthorne, R.P. Martin and D.G. Reideds. Downers Grove: InterVarsity, 1993.

──────. *The Letter to the Philippians*. Grand Rapids: Eerdmans, 2009.

Harris, Murray J. "Baptism and the Lord's Supper." In *God's Community: Essays on the Church and Its Ministry*. 19-21. David J. Ellis and W. Ward Gasque eds. Wheaton: Harold Shaw, 1978.

Harrison, E.F. *Introduction to the New Testament*. Grand Rapids: Eerdmans, 1964.

──────. *The Acts of the Apostles: The Expanding Church*. Grand Rapids: Zondervan, 1986.

Hawthorne, G.F. "Philippians, Letter to the." In *Dictionary of Paul and his Letters*. 707-13. G.F. Hawthorne, R.P. Martin and D.G. Reideds.

Downers Grove: InterVarsity, 1993.

―――. *Dictionary of the later New Testament and its developments*. Downers Grove: InterVarsity Press, 1997.

―――. "Lord's Supper." *ZPEB* 3: 978-86.

Heil, J.P. *Philippians: Let us Rejoice in Being Conformed to Christ*. Atlanta: SBL, 2010.

Hemer, C. "The Name of Paul." *TynB* (1985): 179-90.

Hendirix, H.L. "Philippi." In *The Anchor Bible Dictionary*, 313-17. D.N. Freedman ed. vol. 5. New York: Doubleday, 1992.

―――. "Thessalonica." In *The Anchor Bible Dictionary*, 523-27. D.N. Freedman ed. vol. 6. New York: Doubleday, 1992.

Hengel, M. and Anna Maria Schwemer. *Paul Between Damascus and Antioch: The Unknown Years*. London: SCM, 1997.

Herford, R.T. *Pharisaism: Its Aim and Method*. London: Williams and Norgate, 1912.

Hohlfelder, R.L. "Caesarea." In *The Anchor Bible Dictionary*, 798-803. D.N. Freedman ed. vol. 1. New York: Doubleday, 1992.

―――. *The Pre-Christian Paul*. Philadelphia: Trinity Press International, 1991.

Hooker, M.D. "Where There False Teachers in Colossae?" In *Christ and Spirit in the New Testaments*, 315-31. B. Lindars and S.S. Smalley eds. Cambridge: University Press, 1973.

Hort, F.J., Westcott and Th. E. Page eds. *The Acts of the Apostles*. Cambridge: Cambridge University Press, 2009.

Hutardo, L.W. "Paul's Christology." In *The Cambridge Companion to St. Paul*. 185-98. J.D.G. Dunn eds. Cambridge: Cambridge University Press, 2003.

Jeremias, Joachim. *Jerusalem zur Zeit Jesu: Eine kulturgeschichtliche Untersuchung zur neutestamentlichen Zeitgeschichte*. Dritte, neubearbeitete Auflage. Göttingen: Vangenhoeck & Ruprecht, 1962; 『예수시대의 예루살렘: 신약성서 시대의 사회 경제사 연구』. 번역실 역. 서울: 한국신학연구소, 1988.

―――――. *The Eucharistic Word of Jesus*. Norwich: SCM Press, 2011.

Jervell, Jacob. *Die Apostelgeschichte*, KEK 3. Göttingen: Vandenhoeck & Ruprecht, 1998.

Jervis, L. Ann. *The Purpose of Romans: A Comparative Letter Structure Investigation*. JSNTS 55. Sheffield: JSOT Press, 1991.

Johnson, H.R. *Who then is the Paul?* University Press of America, 1981.

―――――. *The Acts of the Apostles*. Collegeville, The Liturgical Press, 1992.

Johnson, L. T. 『최신 신약 개론』. 채천석 역. 서울: 크리스챤 다이제스트, 2002.

Jones, B.W. "Claudius." In *The Anchor Bible Dictionary*. 1054-55. D.N. Freedman ed. vol. 1. New Haven/London: Yale University Press, 2008.

Keener, Craig S. *The IVP Bible Background Commentary*. Downers Grove: IVP, 1993.

―――――. *Acts: An Exegetical Commentary*. 4 vols. vol. 1. Grand Rapids:

Baker Academic, 2012.

Kelly, C. *The Roman Empire: A Very Short Introduction*. Oxford: Oxford University Press, 2006.

Kent, Homer A. *Jerusalem to Rome*. New Testament Studies series. Brethren Missionary Herald, 1972; reprint ed. Grand Rapids: Baker Book House and BMH Books, 1985.

Kennedy, D. "Roman Army." In *The Anchor Bible Dictionary*. 789-98. D.N. Freedman ed. vol. 5. New Haven/London: Yale University Press, 2008.

Kim, S. *The Origin of Paul's Gospel*. 2nd ed. Tübingen: Mohr Siebeck, 1984.

Koester, Helmut. *Introduction to the New Testament: History, Culture, and Religion of the Hellenistic Age*. 2nd edition. Walter de Gruyter, 1995;『신약성서 배경 연구: 헬레니즘 시대의 역사, 문화, 그리고 종교』. 이억부 역. 개정판, 서울: 은성, 1995.

Kolb, R. "Luther on the Theology of the Cross." *Lutheran Quarterly* XVI. 2002: 443-66.

Köstenberger, A.J. "The Mystery of Christ and the Church: Head and Body, 'One Flesh'." *TrinJ* 12 NS (1991): 80-97.

Köstenberger, A.J. and R.D. Patterson. *Invitation to Biblical Interpretation*. Grand Rapids: Kregel, 2005.

Kreitzer, L.J. "Eschatology." In *Dictionary of Paul and his Letters*. 253-69, G.F. Hawthorne, R.P. Martin and D.G. Reid eds. Downers Grove: InterVarsity, 1993.

Krentz, E.M. "Thessalonians, the First and Second Epistles to the." In *The Anchor Bible Dictionary*. 515-23. D.N. Freedman ed. vol. 6. New Haven/London: Yale University Press. 2008.

Larkin Jr, W.K. *Acts*. IVPNTS 5. Downers Grove: InterVarsity, 1995.

Leon, H.J. *The Jews of Ancient Rome*. Philadelphia: Jewish Publishing Society of America. 1960.

Levine, Lee I. *The Ancient Synagogue: The First Thousand Years*. New Haven, Conn: Yale University Press, 2000.

Lightfoot, J.B. *St. Paul' Epistles to the Galatians*. ICC. Edinburgh: T&T Clark, 1921.

─────. *St. Paul' Epistles to the Colossians and Philemon*. 9th ed. London: Macmillan, 1890.

Loshe, Eduard. *The New Testament Environment*. Trans. John E. Steely. Nashville: Abingdon, 1976.

─────. *Umwelt des Neuen Testaments*. Göttingen: Vandenhoeck & Ruprecht, 1977;『신약성서 배경사』. 박창건 역. 개정판, 서울: 대한기독교출판사, 1995.

Longenecker, R.N. *Galatians*. WBC 41. Dallas/Texas: Word Book, 1990.

Longenecker B.W. and T.D. Still. *Thinking through Paul: A Survey of His Life, Letters, and Theology*. Grand Rapids: Zondervan, 2014.

Luckensmeyer, D. *The Eschatology of First Thessalonians*. Göttingen: Vandenhoeck & Ruprecht, 2009.

Luther, Martin. *Luther's Works*, J. Pelikan and H. Lehman,ed. Philadelphia: Fortress, 1958-86.

―――. *Lectures on Romans: Glosses and Scholia.* H.C. Oswald, ed. Philadelphia: Muhlenberg, 1972.

Malherbe, A.J. *Ancient Epistolary Theorists.* Atlanta: The Society of Biblical Literature, 1988.

―――. *Social Aspects of Early Christianity.* 2nd enlarged edition. Philadelphia: Fortress, 1983; 『초기 그리스도교의 사회적 이해』. 조태연 역. 서울: 대한기독교서회 1994.

Marguerat, D. *The First Christian Historian.* Cambridge: Cambridge University Press, 2004.

Martin, R.P. *Dictionary of Paul and his Letters.* Downers Grove: InterVarsity Press, 1992.

―――. 『신약의 초석 II』. 원광연 역. 서울: 크리스챤 다이제스트, 2000.

Martin, S. *The Gnostics: The first Christians Heretics.* Herts: Pocket Essentials, 2006.

Martin Jr, H.M. "Athens." In *The Anchor Bible Dictionary.* 513-18. D.N. Freedman ed. vol. 1. New Haven/London: Yale University Press, 2008.

Marxsen, W. *The Resurrection of Jesus of Nazareth.* UK: SCM Press, 1970.

Matera, F.J. *New Testament Theology.* Louisville/London: Westminster John Knox Press, 2007.

―――. *Romans.* Grand Rapids: Baker, 2010.

May, Elmer, C. et. al., *Ancient and Medival Warfare.* Wayne, N.J.: Avery, 1984.

McDonald, L.M. "Philippi." In *Dictionary of New Testament Background*. 780-93. ed. C.A. Evans and S.E. Porter eds. Downers Grove: InterVarsity, 2000.

──────. "Colossae." In *Dictionary of New Testament Background*. 210-73. C.A. Evans and S.E. Porter eds. Downers Grove: InterVarsity, 2000.

McFarland, I.A. "Inspiration." In *The Cambridge Dictionary of the Christian Theology*. 214-53. I.A. Mcfarland, D.A.S. Fergusson, K. Kilby and I.R. Torrance eds. Cambridge: Cambridge University Press, 2011.

McGrath, A.E. "Justification." In *Dictionary of Paul and his Letters*. 517-23. G.F. Hawthorne, R.P. Martin and D.G. Reid eds. Downers Grove: InterVarsity, 1993.

McRay, J.R. *Archaeology and the New Testament*. Grand Rapids: Baker Book House, 1991.

──────. "Corinth." In *Dictionary of New Testament Background*. 227-31. C.A. Evans and S.E. Porter eds. Downers Grove: InterVarsity Press, 2000.

──────. "Cyprus." In *The Anchor Bible Dictionary*. 1228-30. D.N. Freedman ed. vol. 1. New York: Doubleday, 1992.

──────. "Miletus." In *The Anchor Bible Dictionary*, 825-26. D.N. Freedman ed., vol. 5. New York: Doubleday, 1992.

──────. "Athens." In *Dictionary of New Testament Background*, 139-40. C.A. Evans and S.E. Porter eds. Downers Grove: InterVarsity

Press, 2000.

McRay, W. *Archaeology and New Testaments*. Grand Rapids: Baker, 1991.

Merkelbach, R. "Mithra, Mithraism." In *The Anchor Bible Dictionary*. 877-78. D.N. Freedman ed. vol. 4. New Haven/ London: Yale University Press, 2008.

Miranda, J.P. *Communism in the Bible*. London: SCM Press, 1982.

Mitchell, S. "Antioch: Antioch of Pisidia." In *The Anchor Bible Dictionary*, 264-65. D.N. Freedman ed. vol. 1. New York: Doubleday, 1992.

Mitchell, S. "Galatia." In *The Anchor Bible Dictionary*, 870-72. D.N. Freedman ed. vol. 2. New Haven/London: Yale University Press, 2008.

Moo, D.J. *Romans 1-8*. Chicago: The Moody Bible Institute, 1991.

―――. *The Letters to the Colossians and to Philemon*. Grand Rapids: Eerdmans, 2008.

―――. *Galatians*. Grand Rapids: Baker, 2013.

Moody, D. "A New Chronology for the Life and Letters of Paul." In *Chronos, Kairos, Christos: Nativity and Chronological Studies Presented to Jack Finegan*. J. Vardaman ed. Winona Lake: Eisenbrauns, 1989.

Moore, G.F. *Judaism*. Massachusetts: Hendrickson, 1960.

Morris, L. *Galatians: Paul's Charter of Christian Freedom*. Downers Grove: InterVarsity, 1996.

―――. "Salvation." In *Dictionary of Paul and his Letters*. 858-62. G.F. Hawthorne, R. P. Martin and D.G. Reideds. Downers Grove: Inter-Varsity, 1993.

Mott, S.C. "Ethics." In *Dictionary of Paul and his Letters*. 269-75. G.F. Hawthorne, R.P. Martin and D.G. Reideds. Downers Grove: Inter-Varsity, 1993.

Moule, C.F.D. *The Epistles of Paul the Apostle to the Colossians and to Philemon*. Cambridge: Cambridge University Press, 1957.

Mudge, L.S. "Ecclesiology and Ethics in the Western Church." In *The Routledge Companion to the Christian Church*. 607-623. G. Mannion and L.S. Mudge eds. New York/ London: Routledge, 2008.

Murphy-O'Conner, Jerome. *Paul: A Critical Life*. Oxford: Oxford University Press, 1996.

―――. "Corinth." In *Anchor Bible Dictionary*, 1134-39. D.N. Freedman ed. vol. 1. New Haven / London: Yale University Press, 2008.

―――. *St. Paul's Corinth: Texts and Archaeology*. New Haven/London: Yale University Press, 2008

Myer, M. "Mysteries." In *Dictionary of New Testament Background*. C.A. Evans and S.E. Porter eds. Downers Grove: InterVarsity, 2000.

Myers, E.M. "Synagogue." In *The Anchor Bible Dictionary*. 251-60. D.N. Freedman ed. vol. 6. New Haven/London: Yale University Press, 2008.

Niebuhr, Karl-Wilhelm. *Heidenapostel aus Israel*. Die jüdische Identität des Paulus nach ihrer Darstellung in seinen Briefen. WUNT 62.

Tübingen: Mohr Siebeck, 1992.

Norris, F.W. "Antioch: Antioch of Syria." In *The Anchor Bible Dictionary*, 265-69. D.N. Freedman ed. vol. 1. New York: Doubleday, 1992.

Oaks, P. *Philippians from People to Letter*. Cambridge: Cambridge University Press, 2001.

O'Brien, P.T. *The Epistle to the Philippians*. NIGTC. Grand Rapids: Eerdmans, 1991.

──────. "Colossians, Letter to the." In *Dictionary of Paul and his Letters*. 147-53. G.F. Hawthorne, R.P. Martin and D.G. Reideds. Downers Grove: InterVarsity, 1993.

──────. "Letters, Letter Forms." In *Dictionary of Paul and his Letters*. 550-53. G.F. Hawthorne, R.P. Martin and D.G. Reideds. Downers Grove: InterVarsity Press, 1993.

Oster Jr, R.E. "Ephesus." In *The Anchor Bible Dictionary*. 542-49. D.N. Freedman ed. vol. 2. New Haven/London: Yale University Press, 2008.

Ostrogosky, G. 『비잔티움 제국사 324-1453』. 한정숙, 김경연 역. 서울: 까치글방, 1999.

O'Sullivan. *The Egnatian Way*. Newton Abbot: David and Charles, 1972.

Packer, James I., Merril C. Tenney, & W. White eds. *The Bible Almanac*. Nashville: Nelson, 1980.

Parsons, M.C. *Acts*. Grand Rapids: Baker Academic, 2008.

Pattengale, J.A. "Crete." In *The Anchor Bible Dictionary*. 1206. D.N. Freedman ed. vol. 1. New York: Doubleday, 1992.

Patzia, A. "Philemon, Letter to." In *Dictionary of Paul and his Letters*. 703-707. G.F. Hawthorne, R.P. Martin and D.G. Reideds. Downers Grove: InterVarsity, 1993.

Pesch, R. *Die Apostelgeschichte 1*. EKK V/1. Zürich: Benziger/Neukirchener, 1986.

Peterson, David G. *The Acts of the Apostles*. Grand Rapids: Eerdmans, 2009.

Picirilli, R.E. (로버트 E. 피키릴리), 『사도 바울』. 배용덕 역. 서울: 솔로몬, 1993.

Riesner, Rainer. *Paul's Early Period: Chronology, Mission Strategy, Theology*. Grand Rapids: Eerdmans, 1998.

Plasger, G. "The Dymanics of the Reformed Reformation: German Reformed Orders in the 16th Century." In *Calvinism and the Making of the European Mind*. 67-75. G. van den Brink and H.M. Höpfl eds. Leiden/Boston: Brill, 2014.

Porter, D.S. "Lystra," In *The Anchor Bible Dictionary*. 426-27. D.N. Freedman ed. vol. 3. New York: Doubleday, 1992.

Porter, S.E. "Holiness, Sanctification." In *Dictionary of Paul and his Letters*. 397-402. G.F. Hawthorne, R.P. Martin and D.G. Reid eds. Downers Grove: InterVarsity, 1993.

Rapske, Brian. *The Book of Acts and Paul in Roman Custody*. Grand Rapids: Eerdmans, 1994.

Reasoner, M. "Citizenship, Roman and Heavenly." In *Dictionary of Paul and his Letters*. 139-41. G.F. Hawthorne, R.P. Martin and D.G. Ried eds. Downers Grove: InterVarsity, 1993.

―――. "Rome and Roman Christianity." In *Dictionary of Paul and his Letters*. 850-55. G.F. Hawthorne, R. P. Martin and D.G. Ried eds. Downers Grove: InterVarsity, 1993.

Ridderbos, H.N. De *Komst van het Koninkrijk*. Kampen: Kok, 1950.

―――. *Paulus: Ontwerp van zijn theologie*. Kampen: Kok, ⁷2000 (1966).

Reicke, Bo. *The New Testament Era: The World of the Bible from 500 B.C. to A.D. 100*. Trans. David E. Green, London: Adam & Charles Black, 1978(1968); 『신약성서 시대사』 번역실 역. 천안: 한국신학연구소, 1986. [Bo Reicke, Neutestamentliche Zeitgeschichte, Berlin: Alfred Tapelmann, 1964].

Roll, I. "Apollonia." In *The Anchor Bible Dictionary*. 298-99. D.N. Freedman ed., vol. 1. New York: Doubleday, 1992.

Rudolph, K. "Gnosticism." In *The Anchor Bible Dictionary*. 1033-40. D.N. Freedman ed. vol. 2. New Haven/London: Yale University Press, 2008.

Sanday, W. and Headlam, A.C. *Romans*. Edinburgh: T&T Clark, 1977.

Saperstein, M. "Sermons." In *The Cambridge Dictionary of Judaism and Jewish Culture*. 542-43. J.R. Baskined. New York: Cambridge University Press, 2011.

Schinz, W.H. *Die Christliche Gemeinde zu Philippi*. Zürich: Orelli, Füssli

& Co., 1833.

Schmidt, J. "Philippoi." *PW* (1938): 2210-34.

Schreiner, T.R. *Romans*. Grand Rapids: Baker, 1998.

Schweitzer, A. *Geschichte der Leben-Jesu-Forsung*. Tübingen: J.C.B. Mohr, 1984.

Setzer, C.J. "Rulers of the synagogue." In *The Anchor Bible Dictionary*. 841-42. D.N. Freedman ed. vol. 5. New Haven/London: Yale University Press, 2008.

Silva, M. *Philippians*. 2nd ed. Grand Rapids: Baker, 2005.

Schmitz, P.C. "Sidon." In *The Anchor Bible Dictionary*. 17-18. D.N. Freedman ed. vol. 6. New York: Doubleday, 1992.

Smith R.W. et al., "Seleucia." In *The Anchor Bible Dictionary*. 1074-76. D.N. Freedman ed. vol. 5. New York: Doubleday, 1992.

Stegner, W.R. "Jew, Paul the." In *Dictionary of Paul and his Letters*. 503-11. G.F. Hawthorne, R.P. Martin and D.G. Ried eds. Downers Grove: InterVarsity, 1993.

Stein, R.H. "Jerusalem." In *Dictionary of Paul and his Letters*. 463-74. G.F. Hawthorne, R.P. Martin and D.G. Ried eds. Downers Grove: InterVarsity, 1993.

Talbert, C.H. *Reading Acts: A Literary and Theological Commentary on the Acts of the Apostles*. Georgia: Smyth & Helwys, 2005.

Thielman, F. *Theology of the New Testament*. Grand Rapids: Zondervan, 2005.

――――. "Ephesus ans Literary Setting of Philippians." 205-23. In *New

Testaments Greek and Exegesis. Fs. Gerald F. Hawthorne eds. Grand Rapids: Eerdmans, 2003.

Thiselton, A.C. *The First Epistle to the Corinthians*. Grand Rapids: Eerdmans, 2000.

―――. *1-2 Thessalonians through the Centuries*. Chichester: Wiley-Blackwell, 2011.

Thomas, W.D. "The Place of Woman in Philippi." *ExpT* 83 (1971-72): 117-30.

Thompson, J.W. *Preaching like Paul: Homiletical Wisdom for Today*. Westminster: John Knox Press, 2000.

Thorsen, D.A.D. "Samothrace." In *The Anchor Bible Dictionary*, 949. D.N. Freedman ed. vol. 5. New York: Doubleday, 1992.

Toit, A.B. Du. *Guide to the New Testament*. Pretoria: NGKB, 1982.

Toussaint, Stanley D. "Acts." In *The Bible Knowledge Commentary: New Testament*, John F. Walvoord and Roy B. Zuck eds. Wheaton: Scripture Press Publications, Victor Books, 1983.

Van Unnik, W.C. *Tarsus or Jerusalem: The City of Paul's Youth*. Trans. G. Ogg. London: The Epworth, 1962.

Watson, D.F. "Greece and Macedon." In *Dictionary of New Testament Background*. 421-26. C.A. Evans and S.E. Porter eds. Downers Grove: InterVarsity Press, 2000.

―――. "Roman Empire." In *Dictionary of New Testament Background*. 974-78. C.A. Evans and S.E. Porter eds. Downers Grove: InterVarsity Press, 2000.

Weima, J.A.D. *1-2 Thessalonians*. Grand Rapids: Baker, 2014.

Weiss, J. *Earliest Christianity*. vol. 1. New York: harper, 1959.

Wells, C.M. "Roman Empire." In *The Anchor Bible Dictionary*. 801-806. D.N. Freedman ed. vol. 5. New Haven/London: Yale University Press, 2008.

Wineland, J.D. "Amphipolis." In *The Anchor Bible Dictionary*. 216-17. D.N. Freedman ed. vol. 1. New York: Doubleday, 1992.

──────. "Attalia." In *The Anchor Bible Dictionary*. 523. D.N. Freedman ed. vol. 1. New York: Doubleday, 1992.

──────. "Beroea." In *The Anchor Bible Dictionary*. 678-79. D.N. Freedman ed. vol. 1. New York: Doubleday, 1992.

──────. "Derbe," In *The Anchor Bible Dictionary*. 144-45. D.N. Freedman ed. vol. 3. New York: Doubleday, 1992.

──────. "Fair Havens." In *The Anchor Bible Dictionary*. 744. D.N. Freedman ed. vol. 2. New York: Doubleday, 1992.

──────. "Mitylene." In *The Anchor Bible Dictionary*. 878-79. D.N. Freedman ed. vol. 4. New York: Doubleday, 1992.

──────. "Rhegium." In *The Anchor Bible Dictionary*. 709-10. D.N. Freedman ed. vol. 5. New York: Doubleday, 1992.

──────. "Samos." In *The Anchor Bible Dictionary*. 948. D.N. Freedman ed. vol. 5. New York: Doubleday, 1992.

Witulski, Thomas. *Die Adressaten des Galaterbriefes, Untersuchungen zur Gemeinde von Gemeinde von Antiochia ad Pisidiam*. FRLANT 193. Göttingen: Vandenhoeck & Ruprecht, 2000.

Yamauchi, E.M. "Assos." In *The Anchor Bible Dictionary*. 503. D.N. Freedman ed. vol. 1. New York: Doubleday, 1992.

―――――. "Myra." In *The Anchor Bible Dictionary*. 939-40. D.N. Freedman ed. vol. 4. New York: Doubleday, 1992.

―――――. "Troas." In *The Anchor Bible Dictionary*. 666-67. D.N. Freedman ed. vol. 6. New York: Doubleday, 1992.

―――――. "Gnosis, Gnosticism." In *Dictionary of Paul and his Letters*. 350-54. G.F. Hawthorne, R.P. Martin and D.G. Reid eds. Downers Grove: InterVarsity, 1993.

Young, B.H. *Paul, the Jewish, the Theologian: A Pharisee among Christians, Jews, and Gentiles*. Peabody: Hendrickson, 1997.

김서택.『오순절의 부흥』. 서울: 솔로몬, 2007.

정성구.『이제야 알겠다: 사도행전 주해설교』. 서울: 총신대출판부, 1996.

전경연.『원시 기독교와 바울』. 서울: 대한기독교출판사, 1993.

정훈택. "예루살렘 교회는 이상적이고 바른 교회였는가".『신학지남』 75/4 (2008.9): 159-93.

한천설. "초기 예루살렘 교회는 교회의 이상적 모형이 될 수 있는가?".『목회와 신학』(2002, 5): 206-19.

―――――. "'새 관점'학파의 칭의론과 21세기 한국교회: '새 관점' 학파의 행위구원론에 대한 비평적 고찰".『총신대논총』제30집 (2011): 470-514.

―――――. "δικαιοσύνη θεοῦ 개념에 대한 재조명: 바울서신에 나타난 δικαιοσύνη θεοῦ 이해를 위한 예비적 고찰".『신학지남』 79/4 (2012.

겨울): 470-514.

―――. "『바른 성경』의 원문충실도에 대한 연구(1)". 『성경과 신학』 76권 (2015): 67-99.

―――. "바울 신학의 중심: 1980년대까지의 논의와 그 경향". 『신학지남』. 78/2 (2011): 202-226.

―――. "바울 신학의 중심: 1980년대 이후의 논의와 최근 동향". 『신학지남』 78/3 (2011): 279-309.

―――. "로마서 설교를 위한 배경 연구". 『그말씀』. (2000. 6): 20-29.

―――. "바울의 설교 연구: 사도행전에 나타난 설교 연구". 『그말씀』 (1997. 9): 118-132.

―――. 『성경 헬라어』. 서울: 그리심, ³2014.

http://www.iwithjesus.com/news/articleView.html?idxno=810
http://www.hani.co.kr/arti/society/religious/452882.html

색인
Index

Historical and theological background of Paul's letters

성경 색인

사도행전

1:45	62	11:19	63
2:10	182	11:2	62
4:36	66, 98	11:21	63
7:58	45	11:21-24	96
8:3	49	11:25-26	54
9:1	49	11:26	96
9:1-19; 22:3-16; 26:9-17	53	11:29-30	54
9:2	49	11:3	62
9:20	54	13:13	98
9:26-29	54	13:13-14:25	335
9:31	54	13:16-41	93
10:1-11:18	60	13:1; 15:3; 18:23	97
10:15	61	13:2	64
10:34	61	13:4	90
10:44-47	61	13:4-14:28	88-89
11:18	63	13:45-51	94
		13:7	47

14:19-20	94	16:14	261
14:21	224	16:15, 40	261
14:24-25	98	16:16-19	256
14:25	95	16:21	254
14:27	64	16:3	45
14:6-18	94	16:36-39; 22:23-28;	
15:1-5	63	23:26-27;	
15:10	72	24:27; 25:8-12	47
15:11	73	16:6	335
15:12	74	16:6, 18:23	222, 224
15:13-21	75	16:6-7	113
15:16-18	76	17:1	119, 120
15:21	77	17:1	294
15:22-33	79	17:1-15	107
15:3	68	17:1-3	291
15:31	81	17:10	121
15:32	82	17:16-34	198
15:36-41	83	17:2-3	295
15:41	112	17:3	304
15:5	65	17:4	295
15:6-22	70	17:5	296
15:7	71	17:5-10	291, 296
16:1,4	113	18:1-18	124
16:1-40	107	18:1-2	124
16:10	259	18:12	126
16:11	116	18:12-18	49
16:12	117, 252	18:18	129

18:19	129	20:6-12	139
18:22	131	21:1	144
18:23	137	21:15	136
18:23	139	21:16	139
18:23-21:16	133	21:39	48
18:23; 19:1	335	21:7	145
18:27-28	199	21:8	145
18:5	264	21:9-14	139
18:8-10	130	22:19	49
19:1-41	135	22:28	47
19:2	137	22:3	45
19:2	139	23:11	147
19:21-23	264	24:24-25	132
19:22	264	24:26	132
1:22	230	24:27	148
1:23	79	25:11,12	48
20:1	138, 139	25:23	133
20:1-3	264	26:10	49
20:1-37	135	26:11	49
20:14	142	26:5	44
20:15	142	27:1-28:16	145
20:17	139	27:1-44	146
20:2	138, 141	27:2	148
20:2-3	138	27:3	148
20:3-6	264	27:5	147, 149
20:4; 27:2	291	27:8	147, 149
20:6	138, 141	28:1	149

28:1-16	146	15:10	234
28:11	148	15:11	234
28:12	147, 150	15:14-29	188
28:13	147, 150	15:19	187
28:14	147, 151	15:20	181
		15:23	187
		15:24	189
로마서		15:3-5	234
1:1-6	323	16:1	129
1:10	325		
1:13	326		
1:16	326	**고린도전서**	
1:18-4:25	187	1:1	197
1:5, 13; 11:13, 23-24, 28, 31; 15:7-9		1:1-2	331
		1:10	326
1:7, 15	181	1:10-15:58	331
1:8	325	1:10-6:20	331
1:8	325	1:11	208
1:9	325	1:11,12	199
3:22	193	1:16;16:15	198
6:6	312	1:18, 24	211
8:13	312	1:18; 2:8; 3:18-20	211
8:23	201	1:20; 2:6, 8; 3:18	310
12:2	310	1:26-29	199
13:12	310	1:3-9	331
13:14	312	1:4	325
14:1-15:3	186	2:1-2	198
14:14-15	187	2:4	211

2:4-5	357	1:12-13:13	333
3:10,11	198	1:12-2:13	333
3:20	203	1:12-9:15	333
4:6-8	199	1:22; 5:5	201
4:8	209	1:3	325
5:9-11	208	1:3-9	333
7:1-40	209, 331	1:8	326
8:1-11:1	331	2:13	264
8:1-9	209	2:14-7:16	333
10:23-24	214	3:17-18	53
10:27	199	4:4	310
11:17-34	199, 331	5:17	307
11:2-16	331	5:17	311
11:2-34	209	6:2	311
11:5	36	7:12	333
12:1-14:40	332	7:6-7	333
12:6-14:4	209	7:8	333
14:34	28	8:1-4	262
15:1-58	332	8:1-9:15	334
15:11	168	10:1-12:13	334
15:5-58	209	10:1-13:13	334
15:5-8	52	11:9	264
16:1-24	332	11:9	264
16:17	209	12:14-13:13	334
		13:11-14	334

고린도후서

1:1-2	333

갈라디아서

1:1	53, 323
1:11	326
1:11-2:11	233
1:11-2:21	336
1:12	219
1:13	52
1:14	45, 52
1:1-5	336
1:15-16	52
1:15-17	54
1:17	53
1:2	220
1:4	310, 312
1:6	223
1:6-3:21	336
1:6-6:10	336
1:6-9	226
2	61
2:1, 3	68
2:15-21	239
2:16	239, 241
2:18	240
2:19-20	240
2:20	241
2:3-4	234
3:1	221
3:1-4:31	336
3:2-5	226
3:6	240
4:13	226
4:14-15	226
4:21-31	227
4:4	311
4:8-9	226
5:13-14; 6:1-2	227
5:15	227
5:15-26	313
5:1-6:10	336
6:11-18	336

에베소서

1:1-2	337
1:15-23 3	337
1:21; 2:22	310
1:3	325
1:3-14	337
1:5ff	325
1:6-3:21	338
2:1-6:20	338
2:2	310
3:1; 4:1; 6:20	250
4:1-6:20	338
4:24	312

6:12	310	2:23f	265
6:21-24	338	2:25	264, 269
		2:25; 4:2,3	261
빌립보서		2:26	269
1:1	251	2:27	265, 269
1:1-2	339	2:28	265
1:12	326	2:30	265, 269
1:12-2:30	340	3:1-4:1	340
1:12-4:20	340	3:2-21	270
1:27; 2:1-16; 4:2-3	269	3:20	255
1:27; 2:3, 5; 3:15; 4:2, 10	266	3:27-28	255
		3:5	44
1:27; 3:12-15; 3:20ff; 4:3	251	3:5-6	44
		3:6	52
1:27; 3:20f	313	4:1	262
1:28-29	268	4:1-6:20	340
1:3	325	4:10-20	340
1:3-11	339	4:10f	263
1:3-5; 2:25; 4:10-14f	262	4:13	251
		4:15	259
1:4	325	4:16	264
1:4; 18, 25; 2:17-18; 3:1; 4:4,10,13	271	4:2, 10	266
		4:2-9	340
1:7,13,14,17	250	4:21-23	340
1:8	263	4:3	264
2:19	264	4:4	251
2:19-30	264	4:15-16	262

골로새서

1:1-2	341
1:12,27; 2:13	284
1:13-2:15	341
1:13-4:9	341
1:15-19	273
1:19	286, 287
1:3	325
1:3-12	341
1:7-8; 4:12-13	341
2:11; 3:11	273
2:16	273, 287
2:16-4:9	342
2:18	286, 287
2:20	281, 286
2:21	286, 287
2:23	286
2:6,21	276
2:8	273, 281
2:8	287
3:1ff	313
4:10-18	342
4:13	275
4:18	250

데살로니가전서

1:1	343
1:10	304
1:2	325
1:2-5	343
1:5	301
1:6	303
1:6-3:13	343
1:6-5:24	343
1:6-7	296
1:7	293
1:9	295
2	325
2:11	301
2:12	302
2:12; 3:13; 4:13-5:11; 5:23	292
2:12; cf. 4:7; 5:24	302
2:13	301
2:14	303
2:14; 3:4	297
2:2	261
2:3	300
2:3-13	297
2:4	300
2:5	300
2:7	301
2:8	301
3:13	302, 311

3:13; 4:14-17	311
3:13; 5:23	304
3:1b-2	298
3:3	298, 299
3:4	303
3:5	298
3:5-7	298
3:6	299
4:1-12	343
4:1-2,11	308
4:1-5:24	343
4:11	309
4:11b	299
4:13	299, 302, 305
4:13-18	343
4:14-16	311
4:16-17	311
4:16-18	306
4:17	308
4:18; 5:11	309
4:3	302
4:5	302, 309
4:5-8	309
4:7	308
5:1-11	343
5:1-3	307
5:12	296
5:12	309
5:12-24	343
5:13	309
5:14	299
5:21-22	309
5:25-28	343
5:5	302
5:5-10	308
5:6-8	306
5:8	302

데살로니가후서

1:1-2	344
1:3	325
1:3-12	344
2:1	326
2:1-12	344
2:1-3:15	344
2:13-3:15	344
2:13-3:5	344
3:17-18	345

디모데전서

1:1-2	346
1:12	325
1:3	131
1:3-20	346

1:3-6:19	346	**빌레몬서**	
2:1-3:16	346	1:1-3	350
3:14-15	346	1:23-25	350
4:1-4:16	346	1:4	325
5:1-6:19	346	1:4-7	350
5:1-6:2	346	1:8-22	350
6:20-21	347	1:9	250, 326
6:3-19	347		

창세기

15:6	240

디모데후서

1:1-2	348
1:3	325
1:3-5	348
1:6-2:13	348
1:6-4:18	348
1:8; 2:9	250
2:14-4:5	348
4:19-22	348
4:6-18	348

신명기

21:23	45, 48, 53

마태복음

5:22	171
7:21	171
3:8	245
5:16	245
7:21	245

디도서

1:1-4	349
1:5-16	349
1:5-3:14	349
2:1-3:14	349
3:15	349

누가복음

11:1	62
3:8	245

마가복음

15:21	148

7:24　　　　　　　148

베드로전서
2:12,15,18-20; 3:1,13-16;
4:3-5,12-16　　　228

요한계시록
1:4; 2:1-7　　　　131

인명/지명 색인

가이사랴	108, 111, 112, 131, 132, 133, 136, 137, 138, 139, 145, 147	고스	136, 138, 144
		고올	221
		골로새	276, 280, 283, 284
가이사랴 감옥	148	구브로	50, 66, 90, 91, 97, 98, 110, 136
가이오	105		
간지테스 강	253, 259	그레데 섬의 미항	
갈라디아	50, 91, 99, 102, 108, 110, 113, 114, 136, 137, 224		147 148, 149
		그리스	109
		그리스도	183
갈리오	126, 128, 262	글레멘트	261
겐그레아	108, 111, 128	글로에	208
고넬료	57, 60, 61, 63, 71	기오	136, 138, 142
고르디움	114	길리기아	98, 110, 112, 113
고린도	108, 111, 112, 124, 125, 126, 128, 138, 180, 188, 195, 196, 197, 198, 224, 291, 298	길리기아 교회	79
		나사렛	96
		나손	139
		네로	152, 275
고린도 교회	28, 37, 187, 194	네압볼리	108, 111, 116, 258

누가	81	레기온	147, 148, 150
다뉴브 강	180	레카이온	128
다메섹	47, 51, 53, 54	로도	136, 138, 144
다소	43, 48, 95, 113, 136	로마	114, 117, 131, 140, 147, 149, 151, 152, 153, 180, 183, 187, 189, 221, 252, 253, 254, 258, 261, 277, 280
더베	90, 93, 94, 95, 105, 108, 110, 113, 222		
데메드리오	130, 138		
데살로니가	108, 111, 112, 120, 121, 138, 141		
데살로니가	293, 294, 295	로마 교회	181, 182, 183, 184, 185, 186, 187, 189, 190
델피	49, 126		
돌레마이	136, 138, 145		
두기고	341	로물루스 아우구스툴루스	152
두란노 서원	130	루가오니아	64, 68, 90, 94, 95, 104
두로	136, 138, 144		
두아디라	111	루기아의 무라	147, 148, 149
드로아	108, 110, 111, 114, 115, 136, 137, 138, 141, 258	루디아	111, 117, 261
		루스드라	90, 93, 94, 95, 102, 105, 108, 110, 113, 222
드루실라	132		
디도	235, 349	루시우스 뭄미우스	125
디모데	94, 259, 264, 265, 298, 299, 346, 348	루커스	274, 275
		루키우스 유니우스 갈리오	49-50, 126
디오클레티아누스	152		
라오메돈	119	루터	177, 192, 183
라이트풋	222, 223, 275	리바트	150
라인강	180	린도스	144

마게도니아	106, 117	바실리카	118
마르쿠스 안나이우스 노바투스		바울	17-
	126	발칸	109, 110, 111,
마케도니아	111, 115, 119,		137, 139, 293
	120, 136, 137, 138, 139,	밤빌리아	64, 68, 90, 91,
	140, 188, 252, 253, 258,		92, 98, 99, 100
	259, 293, 294, 302	버가	98, 99, 100, 101
마케도니아 왕국	151	버니게	133
맛디아	230	베드로	54, 60, 61, 62, 70,
메블라나 사원	104		71, 72, 73, 74, 75,
메소포타미아	276		83, 206, 236-239
멜리데	147, 148, 149, 150	베뢰아	108, 111, 112,
모세	59		121, 122, 138, 298
모팻	222	베마	127
몰타 공화국	149	베스도	133
무디나	150	베츠	222
무시아	108, 110,	벡스코	289
	113, 114, 141	벨릭스	132
뭄미우스	196	보디올	147, 148, 150
미둘레네	136, 138, 142	보블리오	150
밀레도	136, 137, 138,	본도	112
	139, 142, 143	뵈닉스	148
바나바	54, 63, 66,	뵈뵈	129
	67, 68, 76, 83, 91, 92,	부루투스	253
	93, 97, 108, 110, 224	부르기아	113, 114
바벨론	276	불가리아	115
바보	90, 92, 98	브드나도	209

브루기아	104, 110, 136, 137, 139, 274, 276, 280	셀루커스 왕조	95
브루스	222	셀류커스 니카도르	95
브리스길라	112, 124, 184, 197, 198	셀류커스 왕국	151
		셀류코스 1세(니카도르)	97
비두니아	110, 258	셀수스 도서관	131
비마	119	소크라테스	123
비시디아	64, 68, 98, 99, 114	수라구사	98, 147, 148, 150
비시디아 안디옥	90, 93, 94, 102, 222	수리아	79, 91, 110
		수리아 안디옥	90, 95, 100, 108, 110, 111, 112, 133, 136
비잔틴 제국	152		
빌레몬	350	수에토니우스	182
빌립보	108, 111, 117, 118, 120, 136, 138, 141, 252, 254, 259	순두게	261
		스데바나	209
		스데반	63, 94
사모	136, 138, 142	스트라보	129
사모드라게	108, 111, 116	스트리몬	119
사울	47, 63	스페인	153, 189, 190
사이프러스	91, 98	시돈	147, 148
살라미	90, 91, 98	시리아	43, 95, 103, 180, 255, 275
살로니키	293		
서기오 바울	92	시이저	195
서머나	43, 142	실라	81, 109, 110, 259
세군도	291	실루기아	90, 95, 97
세네카	126	아가야	49, 106, 125, 126, 139, 188, 302
세바스테 도로	93, 99, 100, 101, 103, 104, 105		
		아가이고	209

아고라	100, 120, 123, 127	안디옥	43, 60, 63, 66, 95, 96, 97, 112, 180, 224
아구스도	254		
아굴라	112, 124, 185, 197, 198	안디옥 교회	54, 58, 63, 65, 66, 67, 68, 71, 79, 80
아그립바 1세	133		
아나톨리아	106		
아낙시만드로스	142	안토니우스	152, 253, 254
아낙시메네스	142	안티오쿠스 3세	276
아데미	99, 131	안티오쿠스	95
아라비아(나타비안 왕국)	53, 54	알렉산더	95, 117, 119, 145
		알렉산드리아	180, 206
아레오바고	112, 124	암브로시우스	182
아리스다고	291	암비볼리	108, 111, 119, 120, 138, 294
아리스토텔레스	141, 256, 278		
아볼로	138, 200, 206	앗달리아	92, 100, 101
아볼로니아	108, 111, 120, 294	앗소	136, 138, 141
아우구스투스	43, 88, 102, 117, 152, 221, 254	앙키라	221
		야고보	70, 75, 76, 77, 78, 225
아카데미	141		
아카이아	123	에게 해	114, 252, 258
아크로폴리스	123	에그나티아 도로	116, 117, 121, 140, 141, 253, 258, 294
아탈루스 2세 필라델푸스	101		
아테네(아덴)	43, 108, 111, 112, 123, 125, 138, 196, 198, 298		
		에바브라	273
		에바브로디도	264, 265, 266, 269
아펜니노 산맥	151		
악티움 해전	152, 253	에베소	43, 103, 129, 130,

	131, 137, 138, 139, 144, 187, 198, 223, 274, 346	유오디아	261
		유프라테스 강	180
		이고니온	90, 93, 102, 222
에트루리아인	151	이스라엘	62, 64, 76
에페소	131	이집트	180, 255
에피메니데스	149	이탈리아	254
영국	149	일러소스 강	123
예루살렘	50, 56, 57, 68, 69, 77, 83, 111, 131, 136, 137, 138, 139, 147, 183, 188, 224	줄리어스 시저	253
		지중해	87, 95, 98, 180
		카르타고	151
		카산더	120
예루살렘 교회	58, 61, 63, 64, 67, 68, 69, 70, 71, 75, 77, 78, 79, 80	카산드로스	294
		카시우스	253
		칼리굴라	152
		콘스탄티노플	140, 253
오네시모	341, 350	콘스탄티누스 11세 팔라이올로고스 드라가세스	152
오론테스	95		
옥타비아누스	117, 152, 253, 254	콘야	104
		콜로니아 율리아 필리페니스	117
올림푸스 산	293		
요세푸스	276	크레니테스	182, 253
요셉 바사바	79	크레테	98
요한 마가	92, 93, 109, 110	크리스토스	183
욥바	60	클라디우스	152
유다 바사바	79	클라우디우스	126, 182, 184, 185, 197
유두고	138		
유스도	198	클레오파트라	152

키피소스 강	123	헤롯	131, 133
타비움	102	헬라	137
타우루스 산맥	93, 95		138, 141, 195
탈레스	142	헬레니스틱 왕국	151
터키	102, 115	히에라폴리스	275
테살로니카	294		
톨레미 왕국	151		
트라키아	253		
트로이	115		
티베리우스	144, 152		
판가에우스	119		
판게우스	253		
팔레스타인	46, 95, 112, 131, 144, 151		
팔레스틴	180		
페니키아	148		
페르가뭄	100		
페리클레스	123		
페시누스	102, 221		
펠라기우스	247		
펠레폰네소스	195		
폼페이우스	43, 180		
플라톤	123, 256		
피타고라스	142		
필립 왕	294		
핍립 2세	117		
헤로도투스	275		